江西师范大学规划教材
本教材得到江西省普通本科高校卓越新闻传播人才教育培养计划项目支持

电视编导基础

主　编　姜　滨
副主编　李海丽
编　委　余克东　王小利
　　　　朱　婕

合肥工業大學出版社

图书在版编目(CIP)数据

电视编导基础/姜滨主编. —合肥:合肥工业大学出版社,2017.12(2020.8 重印)
ISBN 978-7-5650-3815-0

Ⅰ.①电… Ⅱ.①姜… Ⅲ.①电视节目制作 Ⅳ.①G222.3

中国版本图书馆 CIP 数据核字(2017)第 328024 号

电视编导基础

姜 滨 主编 责任编辑 刘 欢

出 版	合肥工业大学出版社		版 次	2017 年 12 月第 1 版
地 址	合肥市屯溪路 193 号		印 次	2020 年 8 月第 2 次印刷
邮 编	230009		开 本	787 毫米×1092 毫米 1/16
电 话	总 编 室:0551-62903038		印 张	19
	市场营销部:0551-62903198		字 数	430 千字
网 址	www.hfutpress.com.cn		印 刷	安徽联众印刷有限公司
E-mail	hfutpress@163.com		发 行	全国新华书店

ISBN 978-7-5650-3815-0 定价:55.00 元

目　录

第一章　电视的视听语言

第一节　认识电视

一、电视的概念

自19世纪末影视艺术诞生以来[①]，在一百多年的发展中，电视艺术已成为当下应用最广泛、影响最大的传播媒介和艺术形式之一。所谓“电视”，英文“Television”原意是“远距离观看”，即把组成画面的元素分解，然后采用电的方法传输，在接收端再恢复原来的图像。在这一个世纪里电视从黑白到彩色，从背投到OLED，从胶卷记录到数字记录，从标清到高清，电视技术发生了翻天覆地的变化，尤其随着互联网的发展以及与媒体的深度融合，网络电视、智能电视、电影电视、短视频等也在一定程度上颠覆普通人对电视的理解，电视的概念和电影、视频(video)的界定也日渐模糊，所以在互联网新时期下，我们可以这样说：电视，是以光电技术为传播手段，以声画造型为传播方式，运用艺术的审美思维，把握和掌握客观世界，通过塑造鲜明的屏幕形象，达到以情感人的一种特殊屏幕艺术形态。

(一)电视的技术性

电视作为一种大众传播媒介，很大程度上是由它的技术性决定的，同时电视的技术性其实大部分是和电影相通的，原理均是围绕着画面的摄取与传输，在这里主要介绍一下三种基本原理：

1. 凸透镜成像原理

这是一个简单的物理成像原理。简单地说，物理上分为凸透镜和凹透镜，当物体放在焦点之外，在凸透镜另一侧成倒立的实像，实像有缩小、等大、放大三种，物距越小，像距越大；实像越大。物体放在焦点之内，在凸透镜同一侧成正立放大的虚像，物距越大，像距越小，虚像越小。凸透镜没有成像功能，但具有修正像差、减少变形的功能。摄像机正是采用了这个原理来捕捉世界的外形。因此，我们采用什么样的镜头，比如多大焦距的镜头，将影响我们

① 有关电视发展史的内容可参考《中国电视史》(郭镇之，文化艺术出版社，1997年版本)，《广播电视概论》(徐志祥编著，武汉大学出版社，2000年出版)等相关书籍。

对画面的处理。

2. 感光原理

这是一个关于物质世界复原的原理。在画面中只有世界的外形轮廓还不足以让人们分辨事物，还需要表现出它们的明暗、色彩以及线条特征。于是人们利用科学技术把体现明暗、色彩以及线条特征的光信号转换成某种可记录的信号，这样就完全记录下了物质世界的外形。目前利用感光原理转换光信号的有三种，光转换成电磁信号，光转换成化学物质信号，光转换成数字信号，并以此产生磁带转换成电磁记录、胶卷记录和数字记录三种不同的记录方式。透镜成像后，电视摄像机依靠光学系统把明暗和色彩首先转换成 R、G、B 三基色光像，再利用光电转换系统把三基色光像转换成电磁信号加以记录。

在凸透镜成像原理和感光原理的基础上产生了照相技术。但照相技术还不能记录运动着的世界的摄像，产生活动摄像还得依赖下一个原理。

3. 视觉暂留原理

这是一个关于摄像活动的原理，也可以说是和时间有关的原理。人们可以看到夜空中火把飞舞残留的印迹，长时间凝视蓝屏幕闭上眼睛也可以看到残留的印迹，这些都是人类视觉暂留现象的表现，人类正是利用了这一原理发明了电影和电视。当画面以每秒 24 帧的速度连续放映时，电影就诞生了。电影诞生之初，画面播放的速度也有每秒 16 帧、30 帧等，但以每秒 25 帧的速度连续放映时，电视就诞生了，符合自然常态的活动的世界也就呈现在了我们眼前。

（二）电视的艺术性

电视的技术性决定了电视媒介属性，另一方面，电视和电影一样是一门向大众传递精神文化的艺术形式，具有沟通信息、传播舆论、传播知识、普及教育、服务大众、提供娱乐等作用，具有显著的艺术特征。

1. 综合性

电视艺术的综合性表现在它综合了戏剧、文学、绘画、建筑、音乐、舞蹈、摄影等多种艺术门类的多种元素，并对其进行了具有质变意义的化合改造。比如，电视艺术综合了戏剧的表演，综合了文学的故事性和叙述方式，综合了美术中的色彩和光影等造型手段，综合了音乐艺术中的节奏感和音乐感染力，同时电视还是时间和空间的综合，科技与艺术的综合，所以强大的综合性是电视保持旺盛生命力的主要特性之一。

2. 逼真性

逼真性是电视艺术基本的美学特性。电视艺术的逼真性是由其技术性决定的，凭借现代科学技术所提供的强有力手段，电视能够十分准确地记录客观现实的影像、色彩、声音、动作，并且能将它们在屏幕上呈现出来。因此在所有的艺术形象中，电视艺术形象真实、最具有直观性，能够在人们眼前精确地再现事物的一切细微特征，从而具有其他任何艺术无法企及的真实地反映对象的独特能力。

3. 假定性

电视可以高度逼真地再现物质世界的影像、色彩、声音、动作，但是屏幕毕竟只是以二维空间的平面世界来表现三维空间的立体世界，展现的只是现实的影像而不是现实本身。自然现实本身与艺术再现的影像之间必然存在着一条界线，艺术的真实显然只能通过人为的方法实现。逼真性要求电视尽可能再现生活的真实，但是艺术本身又不可能把生活的真实完全重复，因此，假定性是必不可缺的。

4. 造型性

电视艺术首先是以视觉为主的视听艺术，必须通过电视画面来塑造人物、叙述故事、抒发情感、阐述哲理，将活动的画面形象作为电视艺术的基本表现手段。电视艺术与绘画、雕塑、摄影等造型手段一样，既是以造型作为一种信息传递的手段，又通过造型性给观众以巨大的艺术感染力，并形成影视空间和荧屏形象的规律。

电视艺术造型性的特点，在色彩、光线、构图甚至是声音的应用上都有所体现。尤其在现代电视中，造型性不仅仅给观众创造客观的视觉空间，而且还创造主观的思维空间，艺术家们将各种造型手段和造型形式综合起来运用，调动电视造型的多种功能，使电视画面具有更强大的情绪感染力和视觉冲击力。

第二节　电视的视觉语言

语言，是人类沟通的主要工具，是人类认知把握世界的方式。每一门艺术都有自己的语言：色彩和线条是绘画艺术的语言，音节和节奏是音乐的语言，肢体动作是舞蹈的语言等，电视作为艺术门类之一也有着自己的语言——声音和画面，所以我们也把电视艺术的语言称为视听语言，电视艺术从业者便是通过视听语言表达情感和把握世界的。由于电视和电影在语言语法上在很大程度是相通的，所以本书所指的电视语言也可看成是电影语言，并会以影视作品为例。

一、景别

（一）概念

什么是景别？一般我们指被摄主体在画框内呈现范围的大小，这里的画框就是摄影机的取景框或者银幕的画框。景别通常受两个因素影响：一是摄影/摄像机位与被摄对象之间的物理距离，即物距或视距；二是光学镜头的焦距长短。因此，在焦距固定的情况下，可以通过改变机位与被摄主体之间的距离来变换景别。同样，在同一物距的情况下，也可以通过改变镜头的光学焦距来变换景别。值得注意的是，使用焦距来变换景别与改变物距变换景别不同的是，各自的景深会有所变化。所谓景深，即最远清晰点与最近清晰点的距离。景深的大小不仅跟焦距大小有关还跟光圈的大小有关。

（二）类型

景别的类型一般分为远景、全景、中景、近景和特写五种基本类型，它主要表述的是人们对事物的关注度，观察事物时的兴趣点，尤其是事物动作和环境之间的关系，这三点是导演选择不同景别镜头的主要依据。

1. 远景

远景是被摄对象表现范围最大、视距最远的影视画面。人物在画面中所占的比例很小，环境交代非常清楚。

远景常用来展示事件发生的环境。与全景不同的是，远景更重视表现环境的气势和规模，渲染气氛和情绪，所谓“远取其势”，简而言之，远景表现影视剧发生在“什么样的大环境”里，其客观的描述中带有很强的主观情绪。如日本电影《情书》中，女主角从雪地上醒来，随着缓慢悠扬的音乐响起，画面变成远景，营造出悲凉寂寥的主观情绪。（图 1－2－1）

图 1－2－1

2. 全景

全景是被摄对象表现范围较大，视距较远的影视画面，表现人物能被看清形体动作的全身和场景全貌。

在拍摄影视剧时，全景常常是一场戏的总角度，它既制约着该场戏的机位调度、演员调度、画面造型的衔接，也是该场戏份切镜头的依据。

全景也常用来展示事物发生的环境。与远景不同的是，全景更重视表现人物动作和环境的关系，即“人物的动作发生在什么样的特定环境中”。

例如，影片《铁皮鼓》中的第一个镜头就是一个全景镜。绵长的地平线将画面切割成上下两部分：上面是阴沉的天空飘起了小雨，下面是辽阔的田野；雨雾迷蒙的环境使影片从一开始就充满了压抑与不和谐的气氛。这个有特定气氛的环境交代得很清楚。在画面中还可以看到：主人公奥斯卡的外祖母穿着大裙子，坐在田地里，而在画面左上方隐约出现的外祖父渺小的、运动着的身影。仅仅这样一个全景镜头就交代了外祖父外祖母相遇在一个什么样的特殊环境里，外祖母的大致相貌，以及大致动作等，拉开了故事发展的帷幕。对于这样的全景，也可以称为“大全景”。与之相对的“小全景”通常指环境更小，但是能呈现人物全貌的景别。（图 1－2－2）

图 1-2-2

3. 中景

中景是表现人物膝盖以上或场景局部的影视画面。中景常被用来展示具体动作和情节，交代人与人、人与物、物与物的关系，并对这些动作、情节、关系作叙述性的描写。中景既照顾到了人物的表情，又顺带出了人物所在的环境，是叙事功能最强的一种景别。

在电影《罗曼蒂克消亡史》中，陆先生回到公寓与情妇小五对话的一场戏中采用的是一个中景镜头，一方面体现出了陆先生与小五的情人关系，一方面还突出了老上海的民居环境，具有强烈的时代感。(图 1-2-3)

图 1-2-3

4. 近景

近景是表现人物胸部以上或物体更小局部的影视画面。

近景常用来表现人物更清晰的外形特征、更细微的动作和心理活动的外化表象，即“什么样的人物在怎么动作以及他的态度”，此所谓“近取其神”。在近景中，由于画面视觉范围较小，一方面有利于展示人物表现的面部或者其他部位的表情神态，细微动作以及景物的局部状态；另一方面可以呈现情感，逼近人物内心世界。

在电影《第三个人》中，高圆圆饰演的肖可在遇见心仪的对象时，在一个长达 3 分多钟的近景镜头里，双眼红润、眼袋突出、面色苍白憔悴，向神秘男子款款吐露心声，这样一个近景镜头，很形象地表现出其患有绝症时无奈、绝望、孤独，渴望爱情的心理状态。(图 1-2-4)

图 1-2-4

5. 特写

特写是表现人物肩部以上的头像、身体的细微部分或物体某些细部的影视画面。

特写可以说是影视艺术特有的手段，是近景的强化。它利用影视独有的光学镜头放大、强化、突出被摄体的细微之处，从而揭示事物本质、刻画人物性格。因此，匈牙利电影理论家贝拉·巴拉兹说："特写镜头不仅使人的脸部在空间上同我们更加接近，而且使它超越空间，进去到另外一个境界。""特写往往能生动地揭示内心的真正活动。""它作用于我们的心灵，而不是我们的眼睛。"

各种景别中莫过于特写与观众的距离最近，最适合突出和放大细部信息，给观众以强烈的视觉感染。

在苏联影片《战舰波将金号》中敖德萨阶梯大屠杀一节里，有这样一个特写镜头，把母亲看到儿子中枪倒地时的惊恐表现得淋漓尽致，强烈地感染着观众。了解特写的性能对演员表演有极其重要的作用。一些舞台剧演员不了解镜头特写的放大突出功能，演出时依旧像在舞台上表演，拍摄成特写后就显得夸张做作，这一点尤其需要注意。（图 1-2-5）

图 1-2-5

有的镜头很难判断究竟是哪一种景别。比如,一把扇子或一幢楼房,都以自身体积占满整个画面,近似特写却有整个物体的全貌,近似全景却又没有表现环境,这种镜头很难把它归属于哪一类景别,人们通常将它叫作“满景镜头”。刚才提到的电影《铁皮鼓》中,在火中烧烤土豆的画面,就是这样一个近似特写却有整个物体的全貌,近似全景却又没有表现环境的“满景镜头”。

总而言之,影视艺术有了景别的变化,创作者才可以灵活地在相同或不同的时空中表达自己的思想,影视艺术才真正成为符合人类视觉心理而不同于一般艺术的艺术。

二、焦距

焦距是指光学镜头的焦点距离,焦距的长短决定着镜头视野和景深范围的大小,景物的透视关系也会受影响,正是这种技术原理,镜头不仅常常被比喻为人的眼睛,而且它具有人眼所不具备的一些特殊的修辞功能。镜头按照焦距不同一般可分为如下几类:

(一)标准镜头

标准镜头是指焦距接近或等同于画面画幅的对角线长度的镜头,通常焦距为40～50毫米的镜头。它和观众用肉眼观察到的效果基本一致,真实、自然,景物不易发生形变。这是常规影片通常采用的镜头,也是现实主义风格的常用镜头。

(二)短焦距镜头

上节我们说到景深的概念,那么什么是景深镜头呢?所谓景深镜头是指短焦距的广角镜头,指焦距小于40毫米的镜头,画面中被拍摄物体具有清晰的纵深感,前后景都在正确的调焦范围之内。景深的大小与焦距、光圈、物距等因素有着密切的关系。短焦距镜头的景深长于长焦距镜头;焦距越短、光圈越小、物距越远,景深清晰度的范围越大;焦距越长、光圈越大、物距越近,景深清晰度的范围越小。

短焦距镜头可以强化画面的纵深对比、烘托等各种修辞关系。这种镜头在表现横向的场面时可以强化场面的宏伟性,在拍摄纵向的运动时可以增强运动的速率感。像《勇敢的心》《大决战》等史诗风格的影片,在表现战争场面时就经常使用短焦距镜头,造成一种磅礴的气势和恢宏的风格。

景深提供的现实是多重和丰富的,它更能表现现实的暧昧性,因此它更要求观众更积极地思考,甚至要求他们积极参与场面调度。有时候采用景深镜头是为了使两个有关联的视觉元素同时出现在一个画面中,以达到对比或暗示作用。另外景深的处理拓宽了空间,从原来的二维空间向三维空间、从平面空间向立体空间过渡。景深镜头的空间呈现比较完整。

(三)长焦距镜头

长焦距镜头指镜头焦距大于50毫米的镜头,又称望远镜头。标准的50毫米的焦距的视角为45°左右,而长焦距的视角则窄于这个角度,长焦距镜头视野小,景深也小。

长焦距镜头拍摄压缩了现实的纵深空间,物体近大远小的正常透视关系被削弱,物体的距离感缩小,处在不同距离上的被摄体压缩到一起,使深度空间被压缩为平面空间。在《毕业生》的结尾,达斯汀·霍夫曼扮演的男主人公要赶去教堂阻止自己的恋人与别人的婚礼,在他奔跑的画面中就使用了长焦距镜头,造成一种迟缓、紧张的感觉。由于纵深空间中景物只有在聚焦点前后很小的一段范围内才能形成清晰的影像,所以繁杂的背景容易被虚化,而画面主体则更显得突出。许多人物近景都通过这种方式,让前景人物清晰,后景模糊不影响前景的鲜明但又构成一种人物的背景。

(四)变焦距镜头

变焦距镜头指焦距可以发生变化的镜头。一般是摄像机位置不变,通过安装在机体内变焦距镜头的内部变化,造成影像效果的变化。变焦距镜头使拍摄对象在不改变距离的情况下,作急速或匀称的变化,形成不同的情绪和节奏,造成画面纵深感、物象体积、运动速率的变化,也可以产生推拉镜头的效果,有时还用来造成一种虚实焦点的对比。在影片《毕业生》中,有一段变焦距镜头的使用,镜头焦点从女儿移到母亲,引发观众对人物关系的判断,观众几乎和女儿一起意识到,这位年轻女孩的男朋友的情人正是女孩的母亲。变焦起到了引导过渡的作用。

如果是速度很快的变焦,有一种把人物突然拉近,或者某个物体突然迎面掷来的感觉。急推或急拉手法,可以形成特殊的运动节奏,造成视觉的冲击力,这种镜头可以用在戏剧高潮的关键时刻。

三、构图

构图是指结合被摄对象和摄影造型要素(光、影、明暗、线条、色彩等),按照时间和空间位置将其有重点地分布、组织在一系列活动的影视画面中,形成统一的画面形式。

从某种角度讲,构图是一种方法,是把上述画面造型元素结构起来的方法,而不是画面造型的元素。但是,当我们把这些结构的方法加以总结,形式化、规律化、模式化后,构图实质上成为一种固有的元素。因此,这里把构图作为一种特殊的画面元素——具有综合性的元素加以讨论。

(一)影视构图的要素

影视画面构图的要素包括:主体、陪体、环境(包括背景)、景别、运动、角度、光彩色、前景、后景等,这些要素以线条为基准对画面进行分割,从而形成构图。前景和后景在前面还没有讲述过,这里介绍一下。

按照被摄体距离镜头的远近,影视画面在空间上可被分割为前景、后景。

1. 前景

前景,指在画面中靠近镜头的被摄体所处的位置。处于该位置的被摄体可能是主体,也可能是陪体,也可能是环境。如电影《白鹿原》中,鹿兆鹏在黑娃婚礼照相那场戏中,黑娃在后,鹿兆鹏在前,此时鹿兆鹏是主体,是前景。(图1-2-6)

图 1 - 2 - 6

2. 后景

后景，也被称为背景，与前景相对应，指在画面中远离镜头的被摄体所处的位置，处于后景的被摄体同样可以是主体、陪体或者环境。在上面的例子中，后景是黑娃。无论前景还是后景，只要经过合理准确的选择，都有突出主体、构造画面空间纵深、营造生活氛围的功能。当主体、陪体分属前景后景时，前景后景往往还具有对比、连接、呼应、衬托等功能。

在画面中，前景、后景不是无序分布的，而是依据一定的法则进行结构，从而形成不同的结构样式。

（二）影视构图的形式

如前所述，时间的介入使影视画面构图具有不同于一般空间艺术的特点，由此影视画面构图也呈现多种样式。影视画面的构图按不同标准可分为以下不同的样式。

1. 静态构图与动态构图

按影视画面构图的运动性，可将构图分为静态构图和动态构图。前者是所有空间艺术共有的构图形式，后者是影视艺术独有的构图形式。影视艺术更多地采用动态构图，很少采用静态构图。

动态构图是电视画面中最具特色的构图方式。在动态构图中，画面元素处于运动变化的状态中，由此带来了画面格局的连续变化，其特点是在连续运动中完成的。动态构图要从光线、色彩的变化，场面调度，摄像机运动，镜头组接关系，故事情节等诸多因素考虑。在运动画面中，摄影师要抓住主要因素来变化构图，始终要注意运动的方向、速度和节奏的变化。

例如电影《天注定》中，王宝强扮演的歹徒在杀了三个抢劫者后，影片使用了一个长镜头，由于主体的不断变化，形成了多景别、多角度、多主体的变化，形成流畅、真实、连续的美学特征。（图 1 - 2 - 7）

静态构图一般被认为是用固定摄像的方法表现相对静止的对象和运动的对象暂处的静止状态。与绘画、照片构图有共同之处，不同处在于影视可以表现其时间过程。

影视画面平面构图来自绘画，是静态的概念。一般构图要求画面上的各种元素达到美学上的均衡，即主客体的配置、方向、色彩、面积、虚实、动静等方面有相对平衡的呼应关系。

静态构图由于其稳定的画面结构，有利于展示对象性质、形状、体积、规模、空间位置，广

图 1-2-7

泛应用于新闻报道和纪录片中,另外静态构图还有利于人的神智、情绪和心态,在展示空间的距离感上有很强的表现力,给人一种宁静、庄重、稳定的主观感受。

例如在侯孝贤执导的《刺客聂隐娘》中,在聂隐娘上山向师父复命的一场戏中,影片使用了静态构图,师父站在悬崖上,其白色衣服与青山对应,固定的山势与流动的雾气对应,展示出了强烈的空间感,营造出了一种缥缈、空灵的东方美学意境。(图 1-2-8)

图 1-2-8

2. 完整构图和不完整构图,规则构图和不规则构图

完整构图,指布局完整具有整体性的一个镜头或单幅画面中的构图。完整构图常常表现为规则构图。规则构图指遵循构图规则和章法所形成的构图,规则构图具有完整性。

不完整构图是影视艺术中很重要的构图形式,是对影视艺术构图的运动性、整体性的响应——单一镜头的构图不一定要求完整,而要求数个单一镜头构图的组合具有结构性的完整。不完整构图常常表现为不规则构图。

不规则构图,指不遵循构图规则和章法,甚至是随意形成的构图,这种构图比较符合个人观察生活的情形——人在平常生活中不会时刻进行着规则构图式的观察,对生活的观察往往是随意的、非规则性的,比如它可以打破平衡;只有在经过刻意的加工、提炼之后,即艺术从生活中提炼出来之后,才会有理性的规则构图等一系法则的产生。因此,不规则构图有助于打破人为的、理性的艺术法则，使整个艺术的叙事(从形式到内容)与真实自然的生活融合起来，这一点恰恰是作为“物质世界外形的复原”的影视艺术可以容纳和接受的。

比如，陈凯歌执导的影片《黄土地》中就采用了一些不完整、不规则的构图。影片中多处厚重的黄土地把人和天压得很小，厚重的黄土地象征着沉积在民族文化深处的保守性格以及无法摆脱的可悲的命运，导演以此来表达在命运面前人物的渺小与无奈。(图 1－2－9)

图 1－2－9

(三)影视构图基本方法

1. 线性构图

所谓线性构图，指以线条概括图画中主、陪体，前、后景等以及它们之间的关系而形成的构图形式，是主要的构图方式，包括水平线构图、垂直线构图、三角形构图、斜线构图、S 形构图、圆形构图、椭圆形构图等。以上多数构图在“线条”中已有论述，这里主要谈谈三角形构图，包括金字塔构图和倒金字塔构图。

水平线在下两条斜线在上所组成的三角形构图就是金字塔形构图。由于两斜线交接点位于水平线之上，在上位的点与在下位的线的位置关系使整个画面表现出三角形构图的稳定感。在电影《铁皮鼓》的第一个镜头中，外祖母身着深色厚实的大裙子坐在篝火边，整个姿态呈三角形。这个三角形的底线同地平线水平，使整个画面具有一种极强的稳定感，传达出德国妇女坚韧沉稳的性格，并为外祖母在整个影片的地位、作用以及性格定下了一个基调。(图 1－2－10)

金字塔构图还给人这样一种感觉：斜线运动的日的在于斜线交接点，或由该点出发向水平两点由上而下地运动，所以也使人觉得处于交接点的人或物具有权威感。如在电视剧《康熙王朝》中，康熙和朝臣们说话时组成的图形是金字塔结构图，康熙皇帝位于塔顶，充分显示了他的权威与地位。(图 1－2－11)

水平线在上，两条斜线在下，即组成倒金字塔形构图，由于斜线交接点位于水平线之下，在上位的线与在下位的点的位置关系使整个图画表现出斜线构图的动感，特别是不稳定感。而且由于构图上重下轻，下位的点有被压迫、处于劣势的感觉。

三角形构图在日常生活中也大量存在。比如法庭上法官和罪犯的构图关系，既有三角形构图的关系，还有俯仰角度的关系。但是在一些电视画面上，不知道为什么能看到罪犯高高在上俯视法庭的画面，想来是一些年轻的记者或导演喜欢用艺术手段来解构画面，可惜的是他们并没有把握好艺术构图的真正精髓。

图 1-2-10

图 1-2-11

2. 黄金分割式构图

黄金分割式构图，其实也是线条分割的一种构图形式，即按照黄金分割律进行画面布局的构图形式，比如按照黄金分割律来安排主体的位置、地平线的位置等。黄金分割律是指把一直线段分为大小两段，使小段与大段之比等于大段与整段之比，比值为 0.168(图 1-2-12)，小段与大段的分割点即黄金分割点，比值即黄金分割率。这种分割的方法被认为是最具有审美意义的分割方法，被称为“黄金分割律”。

图 1－2－12

3. 九宫格式构图

九宫格式构图，实际也是黄金分割式构图法的一种。将画框的四条边线分三等分，分别将上下、左右四点连接，形成一个包含九个面积相等的小方块的图形，就是九宫格式构图，由于画框中四条线相交呈“井”字形，这种构图也被称为井字形构图。

从图 1－2－13 中我们可以看到，所有的线条交接点都近似于黄金分割点，所以它实际也是黄金分割式构图的一种变形。中间四条线就是人们常说的趣味线，中间交叉的就是人们常说的趣味点，处于趣味线和趣味点上的物体会格外突出和醒目。九宫格式构图在影视艺术中运用相当广泛。

图 1－2－13

（四）影视构图的基本准则

可以这么说，当摄影机对准物体记录时，构图已经开始——因为我们已经在用画框去选取世界。

构图体现着人们审美观念，负载着审美功能，生发着审美意味的构图，总是人们根据心灵发出的要求概括出某些艺术的法则，再按照这些法则结构画面主体、陪体和环境而实现的。审美的观念是流变的，由观念衍生的法则也在变动之中。但是就目前而言，构图仍然依据以下一些基本准则：

1. 突出主体

主体是一个镜头含义的主要承担者，突出主体能使镜头获得清晰的含义。特别是在具有运动性和时限性的影视构图中，简化形式、突出主体成为最重要的准则之一。

本书所举的所有例子，无一例外地遵守着这条原则。

2. 追求平衡

就根本而言，平衡是人类的心理现象之一，是人类受自身重力影响而产生的心理活动。这种心理活动投射到人的实践活动中，特别是艺术活动中，就变成了一种审美要求。

作为审美要求的画面平衡，是指以画面中主体为支点，画面中诸构图要素在彼此连接的结构关系中视觉力量（既有视觉重力，也有视觉引力）均衡所形成的态势。

所谓视觉重力，指画面中的物体因为颜色、体积的特征所表现出来的重量。比如，同样大小的物体，黑色看上去比白色重，也就是黑色体的视觉重力大于白色体。一般说来，色彩越深，视觉重力越大。色彩相同的物体，在画面中所占体积越大，视觉重力越大。

所谓视觉引力，指画面中的物体与画框的位置或者彼此之间的位置关系，所表现出来的物体与画框或者物体彼此之间的引力。比如，正三角和倒三角图形相比，我们会觉得正三角图形很稳定，而倒三角图形很不平衡，这就是视觉引力。

平衡又分为对称平衡和非对称平衡。

(1)对称平衡，指构图诸因素以画面中心为支点（此时主体常处于画面中心），上下左右形式对称、视觉力量相同的结构形式。在现实生活中，对称平衡随处可见，中国传统建筑的美学原则就是对称平衡。西方文明中，天平就是最好的对称平衡的例子。

对称平衡构图具有秩序、稳定、庄重的感觉，有时也显得单调、呆板，甚至保守、压抑。

最著名的对称平衡的画面构图要算达·芬奇的名画《最后的晚餐》。整幅画水平构图，耶稣居中，十二门徒分列两侧，显示出稳定、庄重的整体感觉。

在影视剧中也不乏对称构图的例子。中国、英国、意大利联合拍摄的电影《末代皇帝》（导演：贝尔纳多·贝尔托鲁齐）中，表现末代皇帝溥仪登基的镜头就采用了对称平衡，把皇家的威严，登基仪式的庄重展现得淋漓尽致（图 1－2－14），中国目前制作的大量清宫剧里，也有很多对称构图，一般也用于皇帝登基的场面。

在一部影视剧中，过多地运用对称平衡会使整部戏的情绪压抑、沉闷。比如，在电影《大红灯笼高高挂》一片中，为了表现陈家大院这个人性的坟墓时，画面就多次使用了对称平衡式构图，这使整个画面透射出陈家大院的压抑和沉闷，当然也表现出陈家大院的主人极力想要维持的秩序——这种看似平稳的秩序正是压抑的根源（图 1－2－15）

图 1-2-14

图 1-2-15

(2)非对称平衡，指构图诸因素以不处于画面中心的主体为支点，所形成的平衡关系的结构形式。(图 1-2-16)

在非对称平衡中，构图诸要素并不具有形式上的对称，而是通过各要素与画框的关系以及彼此间大小、方向、位置、色彩、明暗、虚实、疏密、繁简的对比、呼应产生视觉力量的平衡。

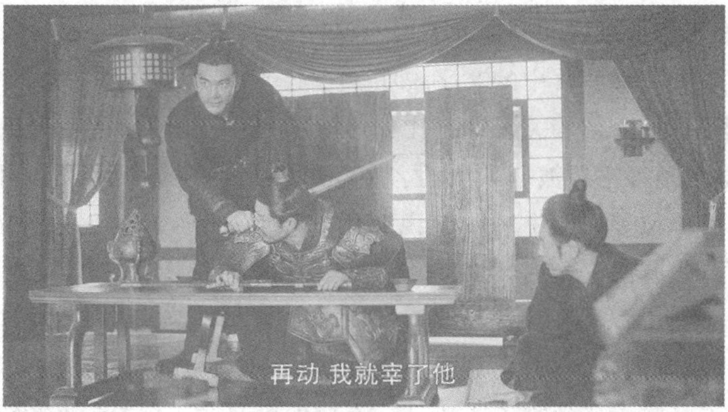

图 1-2-16

3. 打破平衡

打破平衡，也就是非平衡，这是影视艺术运动性的必然要求，因为，打破平衡易于造成动感或特殊的意义。这种动感在画面整体性的结构中又会具有平衡的态势。

打破平衡，通常是让构图诸要素的彼此关系非平衡，一方强于另一方；也可以通过改变诸要素与画框的关系来获得。巴西影片《上帝之城》（导演：费尔南多·梅里尔斯和提亚·路德）就常常采用这样非平衡构图，来增强整部影片的动感。例如影片开头在巴西贫民窟的街道，在磨刀杀鸡的一系列快切镜头中，大量使用主观和非平衡构图，营造一种紧张、动感的节奏。（图 1-2-17）。

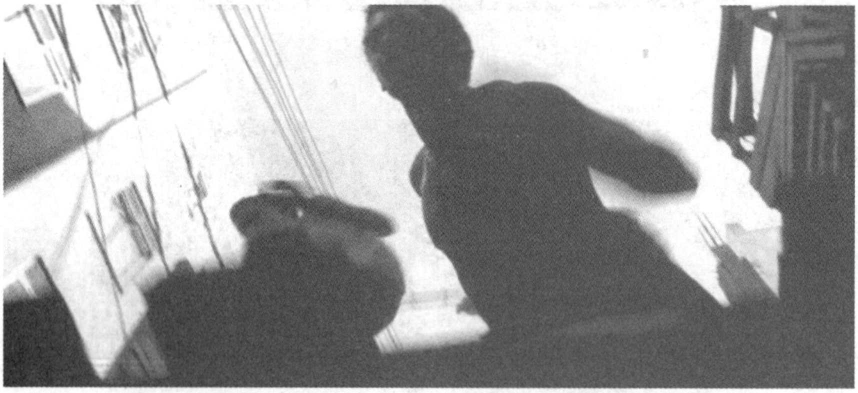

图 1-2-17

由此可见，非平衡总是为平衡服务的，非平衡的目的在于制造动感，在动感中求得更好的平衡。

中国有句俗话：亦有法，亦无定法。构图也如此。在熟知掌握了构图的基本准则后，根据主题的需要，构图的方法和准则可以大胆突破和创新。新的构图形式是每一个有创意的导演应当追求的目标之一。

（五）文字

很多人并不关注这个重要的画面元素——文字。文字在画面中通常表现为字幕。字幕又分为片头字幕、片尾字幕和片中的文字说明。

字幕一般用来说明、介绍相关影像。比如，片头字幕一般用来说明影像的题目、名称，介绍导演、编剧、男女主角等主要演职人员的名字等。片尾字幕通常用来介绍整个影像的制作人员，鸣谢相关协助单位等。片中的文字说明用途较为广泛，有的用来分隔段落，有的用来配合片中人物的台词，有的介绍片中人物的身份，有的甚至还交代时间或者故事的资料来源、后续结果等。

这里需要大家注意的是，字幕出现在画面中，依然要受到画面整体风格、思想内容和构图需要的制约，而不是随心所欲毫无章法。一个聪明的导演，一部好的影像，在什么时候、什么地方、如何出字幕，也是非常考究的。有的导演在处理片头字幕时，构思出非同一般的画面构图，留下可以出字幕的空白，并且选用适于这部影像风格的字体、字号，以合适的速度出现在画面中，使字幕和整个画面浑然一体。

四、运动

在电影艺术诞生初期，摄影机是固定不动的，因为它模拟的是舞台演出时乐队指挥的固定视点。1896 年的春季，卢米埃尔的摄影师普洛米奥在威尼斯发明了移动摄影，“于是电影摄影机第一次开始活动起来了。这种手法获得了很大成果，它可以把人们在火车上、爬山电车上、氢气球上以及巴黎铁塔的升降梯上所看到的风景拍摄下来”。法国电影理论家马尔丹也说：“的确，摄影机摆脱定点摄影，这在电影史上是异常重要的。电影作为艺术而出现是从导演们想到在同一场面中挪动摄影机的那一天开始的：人们发现了景的变换（摄影机的运动是一种特殊情况，但是应当指出，景的任何变换都以摄影机的运动为基础，不论这运动是实际存在的还是虚拟的），从此，甚至也就带来了作为电影艺术基础的蒙太奇。”由此可知，运动是电影艺术一种非常重要的属性。

（一）概念

在影视作品中，运动的概念有广义和狭义两种。广义的运动包括画面内部运动和外部运动。画面内部运动是指被摄体的运动，如搏击长空的雄鹰、怒气冲霄汉的天兵、倒海翻江的巨澜、漫卷西风的红旗、过大江的百万雄师、舒广袖的寂寞嫦娥、奋起千钧棒的金猴、展翅九万里的鲲鹏等。画面外部运动是指摄影机的运动，如下面将要重点论述的推、拉、摇、移、跟、升、降等形式。狭义的运动仅指摄影机的运动，如果没有特殊说明，通常所说的运动都取其狭义。对此，美国电影理论研究者梭罗门说得很清楚：“活动镜头所说的运动，只是指摄影。”

（二）运动镜头的类型

影视艺术中的运动包括摄影/摄影机的运动和拍摄对象的运动。这里，我们主要探讨摄影/摄影机运动带来的画面运动，主要有三种形式：机位运动、机身运动和变焦运动。对于技法而言，也就是我们通常所说的推、拉、摇、移、跟。

1. 推镜头

推镜头：推镜头，指摄影/摄像机机位、机身不发生运动，镜头焦距由短焦距调至长焦距的拍摄方式，这种拍摄方式通过控制变焦镜头上的“T”（telephoto，远摄镜头的缩写）按钮实现，推镜头可以在同一镜头内改变画面的景别，强调重点，使观众了解到总体概况中的局部重点，以及被摄主体和环境的关系。

例如，在电影《公民凯恩》中，整部影片围绕凯恩临终遗言“玫瑰花蕾”的真实含义来设置悬念，直到最后一幕，镜头推向正在壁炉上焚烧的雪橇，当镜头定住的时候谜底也就揭开了，通过景别的变化来突出强调主体。（图 1-2-18）

推镜头不仅仅具有突出、介绍的作用，同时推镜头还可以作为幻境、想象、会议等段落的契机，也可以随着镜头的推进，捕捉人物的细腻表情和情绪，将观众带入人物的内心世界。另外推镜头在一个镜头中景别不断发生变化，有连续前进式蒙太奇的作用。

图 1-2-18

2. 拉镜头

拉镜头，指摄影/摄像机机位，机身不发生运动，镜头由长焦距变成短焦距的拍摄方式，这种拍摄方式通过控制变焦镜头上的“W”(wideangle，广角镜头的缩写)按钮实现，拉镜头同样是在一个镜头内改变画面的景别，可以使观众在同一个镜头内从局部了解到整体；还有先突出问题，再渐次回答问题的意味。

比如，影片《教父》中的第一个镜头，先是一个男人正面说话的近景，然后镜头慢慢拉出变成一个带着环境的中景，最后拉成带着一个人的手做前景的全景。这个拉镜头使观众从一个男人说话的局部，了解到这个男人是在一个阴暗的房间里对着一个神秘人物说话。

同推镜头一样，变焦运动产生的拉镜头也不同于机位运动产生的拉镜头，前者的主观色彩不如后者强烈。比如在苏联电影《小偷》(导演：丘赫莱依)中有这样一个机位移动的拉镜头：男主人公托杨的囚车逐渐远离，桑亚喊着“爸爸”追赶上去，桑亚摔倒在雪地里，镜头随囚车越来越远，这个镜头有很强的主观色彩，观众仿佛就在囚车上看到了这一幕凄惨的景象。如果用变焦运动的拉镜头，观众的参与感、现场感就没有了。

3. 摇镜头

摇镜头：通常所说的“摇”，指摄影/摄影机位置不发生改变，摄影/摄影机机身做上下、左右、旋转等运动，从而改变视线方向。这方式称为“摇拍”“摇摄”“摇镜头”，快速急摇的镜头通常称为“晃镜头”。甩、晃镜头也属于摇镜头。摇镜头可以改变拍摄角度、拍摄对象，也可以对拍摄对象进行跟踪，因而具有更大的自由度和灵活性。

例如在电影《海上钢琴师》里，镜头的一开始，便是从阶梯慢慢摇到独白者 MAX，故事由此娓娓道来。被摄主体在摇镜头中处于相对运动状态，其画面有渐次展开的特点(见图 1-2-19)。此外摇镜头还有保持空间完整性以及描绘作用，某些导演也经常利用摇镜头的起幅和落幅的反差来展示独特美学追求和一些转场手法。

图 1-2-19

4. 移镜头

移镜头：移，指拍摄没发生位移的被摄主体，摄影/摄影机自身机位处于运动之中，这种方式称为"移拍""移摄""移镜头"。移镜头使用很早，1896 年，法国人普罗米奥最先使用横移镜头"使不动的物体动起来"。它有如下特点：被摄主体在镜头中呈相对运动状态；移动可以多角度、多方位展示被摄主体的特征；移动使拍摄体周围环境处于变化之中；做主观镜头时，有较强的主观色彩。

移动镜头通过摄像机的不断运动，空间关联感很强，表达起来完整流畅，富有动感，具有很强的纪实性。这点在导演贾樟柯的电影中表现明显，他善于使用长时间的移动镜头来体现电影的真实感和流畅性，前面提到的《天注定》中就是一个很好的例子。另外移动在表现大场面、大纵深、多景物、多层次的复杂场景时具有气势恢宏的造型效果，这在吴宇森《赤壁》和徐克的《龙门飞甲》以及好莱坞电影等大场面都可以看到。

5. 跟镜头

跟镜头：跟镜头是指摄像机在与运动着的被摄物体保持基本相同距离的纵向运动下进行的拍摄。跟镜头的特点是画面始终跟随一个运动的主体，被摄对象在画框中的位置相对稳定，这与摄像机位置向前推进有很大的不同，它具有移动镜头和推镜头两者结合的美学特征。

跟镜头能够连续而详尽地表现运动中的被摄主体，既能突出主体，又能交代主体的运动方向、速度、体态以及与环境之间的关系，并且跟镜头与被摄对象一起运动，形成运动主体不变，静止的背景变化的造型效果，有利于通过人物引出环境。此外，从人物背后跟随拍摄的跟镜头，具有很强的主观性和纪实性。例如在《天注定》中，王宝强饰演的歹徒盯上从银行出来的顾客，残忍行凶的段落，通过一个长的跟镜头，完整流畅地展现了暴徒行凶全过程，场面真实具有强烈的感染力。（图 1-2-20）

图 1-2-20

五、角度

影视艺术中的角度含义复杂，有叙事角度、镜头角度等，镜头角度通常指摄影/摄像机的视点与被摄体的位置关系。广义上，角度包括距离（远近关系）、向度（朝向关系）、高度（高低关系），狭义上讲角度主要指向度和高度。

（一）向度

向度指摄影/摄像机视点与被摄体在水平方向的相对位置，也就是人们通常所说的拍摄方向。以被摄体主体特征面为中心，在同一水平线上，摄影/摄像机的视点与被摄体的位置关系有五种——视点在被摄体正面（前面）、在被摄体背面（后面）、在被摄体正侧面、在被摄体前侧、在被摄体后侧，如果加上左右之分，共有八种，即正面、背面、左侧、右侧、左前侧、右前侧、左后侧、右后侧。

摄影/摄像机视点相对于被摄体的左右之分产生了拍摄和剪辑中的轴线问题，在以后的章节中将专门讲述，本小节不再讨论。通常情况下，向度可以概括为三种关系：正面、背面、侧面。

1. 正面拍摄

摄影/摄像机正对着被摄主体正面进行的拍摄是正面拍摄。

正面拍摄有利于表现物体的主体特征，帮助人们认识了解被摄体，也有利于被摄人物与观众的交流。但是正面拍摄不利于表现空间纵深感和被摄体运动。在程耳导演的《罗曼蒂克消亡史》中就存在大量的正面拍摄镜头。（图 1-2-21）

图 1-2-21

2. 背面拍摄

摄影/摄像机正对着被摄主体的背面进行拍摄，就是背面拍摄。

背面拍摄时观众看不到被摄体的正面（特别是人物的面部表情），因而画面具有很强的悬念感。如在影片《千禧曼波》（导演：侯孝贤）中一开头就是一个女子背面拍摄的长镜头，女子朝前快走，但是我们不知道她是谁，在什么地方走（近景带来的悬念感），她有什么样的心情，为什么这么走。这个背面近景给我们留下了极大的悬念，而这个悬念正是背面拍摄带来的。（图 1-2-22）

图 1-2-22

3. 侧面拍摄

摄影/摄像机对着被摄主体除正面和背面以外的其他各面进行的拍摄是侧面拍摄。侧面一般又分为正侧、前侧和后侧。

正侧面拍摄，有利于表现物体富有变化的轮廓线条和运动姿态，也有利于表现处于彼此交流的被摄体的状态。但是正侧面不利于表现空间纵深感和被摄主体的立体感。

前、后侧拍摄既能表现拍摄主体的特征、动感，还能表现空间纵深感和被摄主体立体感，这种拍摄方法对于整个画面构图至关重要。从某种意义来说，前后侧面集正面、背面和正侧面的优点于一身，同时又具备自己独特的优点。因此，前、后侧面拍摄是影视艺术中运用最多的拍摄方法，如影片《勇敢的心》（导演：梅尔·吉布森）为了表现交战双方的阵容，就采用了大量的侧面拍摄。

（二）高度

高度，指摄影/摄像机视点与被摄体在垂直方向上的相对位置。这种相对位置有三种情况：

摄影/摄像机视点与被摄体在同一个水平高度上，即人们常说的平角、水平角度，以此角度进行拍摄被称为平拍；

摄影/摄像机视点低于被摄体，即人们常说的仰角，以此角度进行拍摄被称为仰拍；

摄影/摄像机视点高于被摄体，即人们常说的俯角，以此角度进行拍摄被称为俯拍。

1. 平拍

平拍时摄影/摄像机视点与被摄体处于同一水平线，画面结构稳定、平实，整个画面的视觉效果与人们平时观察生活的视角一致，是一种最符合日常生活的角度。

平拍是影视中运用最多的拍摄角度，它是一种正常普通的视角，在纪录片《幼儿园》中，大量使用的就是平视，通过对小孩的平拍，营造小孩的世界。（图 1-2-23）

图 1-2-23

2. 仰拍

仰拍时视点低于被摄体，产生由低到高、从下至上的视觉效果。

仰拍时地平线被推到了画面下端或是被推出了画外，这种手法常使单一干净的天空或一些特定物体成为被摄体的背景，而被摄体主体更加突出。

仰拍画面中的主体一般被视为权势、威严、崇高、庄重的化身。在纪录片《舟舟的世界》中，舟舟作为一个患有身体缺陷之人，在描述其指挥时，导演大量采用的是仰拍镜头，以表示对舟舟崇高的敬意。

3. 俯拍

俯拍时视点高于被摄体，被摄体的全貌和层次可以尽收眼中，给人“一览众山小”的视觉效果。

俯拍远景、全景时地平线被推到了画面上端，或是被推出了画外，使地平面上的景物得以平展开来，显示出全貌和层次。这种拍摄方法经常用于表现运动物体、多人物等场面比较宏大的场景，例如在电影《1942》中逃荒的人群。（图 1-2-24）

六、光影

光影是光线与影调的总称，光影是电影造型的基本组成部分，也是电影视觉语言的重要组成部分，光是影视艺术得以存在的先决条件，如果没有光，一帧帧画面就没法摄录下来，从这个意义上说，影视是“光”的艺术。不同光源的设置，不同影调的使用，都对电影的叙事、立

图 1-2-24

意、造型产生影响，也是导演用来表达思想的重要手段。

（一）光线

光线是电影得以完成摄影画面曝光实现影像的物质基础，同时也是电影艺术的重要元素。光线不但能够使观众看清楚画面内容，而且能够引导观众的注意力，画面中的视觉中心就不会被观众忽略掉。此外，光线及其造成的阴影运用得合理、出色，对在银幕上强调被摄物体的造型特点、刻画人物性格、烘托和渲染气氛、交流感情都能起到有效的作用。

例如在电影《第三个人》中，肖可（高圆圆饰）怀疑姐夫（徐峥饰）是杀害自己双亲的凶手，便通过捆绑逼问，以期得到答案。在审问过程中，这里的光线不仅仅承担着照明的作用，而且渲染一种紧张、激烈的气氛，光线打在人物上的高反比硬光造成的“阴阳脸”的人物造型，增强了人物“愤怒、急切、仇恨”的心理状态。（图 1-2-25）

图 1-2-25

光线的种类有很多，按性质可以分为柔光和硬光，柔光比较分散，硬光比较集中。

1. 柔光

柔光光源比较分散，方向性较弱，画面效果比较均匀和谐。一般柔光更多的是起到照明的作用，比较适合表现欢快、自然、明亮的气氛和情绪。例如在电影《阳光灿烂的日子》中，在械斗友好和解后的双方相聚“老莫”餐厅欢庆的戏中，柔光的使用使画面富有朝气、活力，渲染了一种狂欢、青春、欢快的气氛。（图 1-2-26）

图 1-2-26

2. 硬光

硬光比较集中，有明显的方向性，硬光会造成明显的影子以及鲜明的质感和轮廓，画面的布光不均匀，各个区域分割明显，这种光的效果比较强烈，具有一定的视觉冲击力，例如电影《教父》开场的一场戏采用的就是硬光(图 1-2-27)。不管硬光还是柔光，这些术语都是相对而言的，大部分灯光效果都位于这两端的中间，只有在需要特殊效果时，导演才会故意强化光的质量和差异。

图 1-2-27

按方向分可以分为：顺光、逆光、侧面光、底光和顶光。

顺光又叫正面光，光源在被摄物体的前面，顺光拍摄下被摄物体的阴影较少，没有很清晰的轮廓，造型平面化，是一种最基本、使用最广泛的光源方式。(图 1-2-28)

逆光，光源在被摄物体的背后，与顺光在方向上相反的一种光源。逆光会造成剪影效果，突出被摄物体的轮廓，在电影中经常使用这种方式来营造神秘、阴森、恐怖的效果。(图 1-2-29)

侧面光，光源位于被摄物体的侧面。在侧面拍摄下，被摄物层次分明、对比突出，具有一种严峻感。如以极强的侧面光塑造角色的特征，可以突出鼻子、颧骨、嘴唇，制造强烈的阴影。(图 1-2-30)

底光，光源在拍摄物的下方。底光可能使画面有一种违反日常视觉习惯的反常性，使被

摄物体有变形感，常常用来表达一种恐惧或狰狞的效果。（图 1－2－31）

顶光，光源在被摄物的上方。如中午时段，太阳垂直照射时候的光效，由于顶光来自顶部，光比大，被摄物体就显得扁平，缺乏中间层次，容易夸大演员的面部缺陷。（见图 1－2－32）

光的方向并不只有简单的照明作用，而是电影美学造型的一个重要手段。光线从光源的核心到黑暗的外部旅程就是光线的历险和戏剧，灯光影响我们对被描述的物体本身形状和质的感受，所以电影也是“光”的艺术。

图 1－2－28 （顺光）

图 1－2－29 （逆光）

图 1－2－30 （侧面光）

图 1-2-31 （底光）

图 1-2-32 （顶光）

（二）影调

影调指画面中所呈现的明暗层次，也是光线修辞手段的基本表现形式。影调有黑白影调和彩色影调之分。黑白影调由黑、白、灰色表现出来的不同亮度构成；彩色影调由色彩的不同明度构成，其实也取决于不同的亮度构成。实际拍摄中，通过影调/摄像机的取景框观察彩色事物时，只能看到物体黑、白、灰的状况，因此，人们通常采用黑白影调来决定彩色画面的影调性。

在黑白影调中，亮度从黑到灰再到白递增。人们一般把大量运用中性灰色到白色的画面影调称为亮调、高调或明调；把大量运用灰色、深度灰到黑色的画面影调称为暗调、低调。

根据一幅画面中明暗的反差，影调又可以分为硬调、软调。画面中两个相邻阶调明暗对比强、反差大的是硬调；画面中两个相邻阶调明暗对比弱、反差小的是软调。

影调中亮调、暗调、硬调、软调的不同直接影响画面气氛以及观众的情绪。（表 1-2-1）

表 1-2-1 不同影调的情绪感受

亮调	兴奋、欢乐、幸福、喜悦、轻松等
暗调	压抑、忧愁、痛苦、悲哀、沉重等
硬调	紧张、平和、激烈、焦急、慌乱等
软调	松弛、平和、淡雅、温柔、甜蜜等

在影调中还有一种不同于硬调或软调、亮调或暗调的中间调。中间调黑白灰三色分布均匀，明暗配置适当，接近于人们用肉眼观察景物时的印象，这种影调并不带有强烈的情感色彩。

现举例对不同的影调加以说明。

在电影《我的父亲母亲》中，回忆母亲在路边等父亲，父亲来了，母亲又躲进树林里的一节，画面影调是典型的亮调，灿烂的阳光，年轻的面孔，鲜艳的衣服，整个画面处于明亮之中，表现了母亲对爱情的向往、对幸福的憧憬。观众在观看时也会产生愉快的感觉。

相反，年迈的母亲给父亲送葬一节的画面是典型的暗调，阴霾的天空，暗淡的泥泞小路，被处理得偏暗的白雪，衣着灰暗的人群，表现了人们尤其是母亲的痛苦。观看这几段戏时，情绪会自然地受到影响，变得抑郁。

从《我的父亲母亲》整部影片来看，影调属于软调，比如亮调中很少有特别暗的部分，暗调中很少有特别亮的部分，同一幅画中明暗并没有太大的反差。因为创作者意在讲述人们平常生活中平实的爱情和痛苦，而不是要突出激烈的冲突和紧张的情绪。（图 1 - 2 - 33）

与之相反，前面提到的影片《教父》在表现激烈冲突时就采用了硬调。比如，在教父女儿婚礼一出戏中，黑暗的屋子里，教父及其儿子、助手正在密谋，这场戏是典型的暗调。但是，所有打在人物脸上、身上的光都十分强烈，整幅画面中明暗反差很大，使这场戏一开始就透出神秘、紧张的气氛，这正是硬调功能的主要体现。

七、色彩

人们在用眼睛知觉事物时一般依靠两个因素：物体的形状和物体的颜色。形状和颜色的不同，将此事物与彼事物区分开来，这就是形状和色彩的认知功能。

但是，在认知功能完成之后，我们会觉得色彩还传递一些引起我们心理变化的东西，如在看到一面红色的墙和一面白色的墙时会产生不同的心理感受。

视觉造型艺术正是要利用色彩引起人们心理变化的特点，创造出与人类的情感紧密相连的五彩缤纷的艺术世界。因此，可以这么说：色彩的主要功用不在于区分类别的认知，而在于表现和传递人类的情感变化，我们将之称为色彩的修辞功能。

那么，为什么色彩最富于情感表现呢？色彩的情感属性当然是人赋予的，这不仅与光波对人的感色神经的刺激有关，而且受到人的生活经验和阅历的影响。

自然界里存在三原色（红、蓝、绿），人的视网膜上也存在感色神经。不同物体反射不同长度和比例的光波，人的神经中枢就会受到不同程度的兴奋刺激。人受到红光的刺激时，产生的兴奋程度最大；蓝光使人眼产生的兴奋程度最小。基于不同色彩的光波对人类神经中枢产生的不同程度的刺激，人们在现实生活中形成了对色彩的心理感受的定式，色彩被赋予了不同的情感特性。

在影视艺术中，色彩是公认的极富情感表现的视觉元素。一部影片整体色彩基调的确定以及色彩运用几乎全部来源于色彩表达情感的功能——这正如法国电影理论家马赛尔·马尔丹认为的那样："电影色彩的真正发明应该从导演们懂得了下列事实的那一天算起，即色彩并不一定要真实(即同现实完全一致),必须首先根据不同色调的价值和心理与戏剧含义去运用色彩。"[1]色彩作为影视造型的基本元素,只有在被艺术家用来表达情感的时候,才真正被赋予了生命,也被赋予了艺术的生命。当然,这并不意味着影视剧艺术就彻底抛开了色彩还原世界表象的语法功能。

(一)色彩的修辞功能

1. 色彩的分类和特征

色彩分为两类:消色和彩色。消色包括黑、白、灰三色,这三种颜色以非选择性的方式反射或吸收三原色光(红光、绿光、蓝光),它们是众多色彩中最特别的三种颜色。除去黑、白、灰三种消色外,其他颜色都属于彩色。

色彩有三个基本特征即色别、明度和纯度。

色别,又称色名或色相,是色与色的主要区别。红、橙、黄、绿、青、蓝、紫等颜色就是不同的色别。严格地讲,黑色、灰色和白色并不是颜色,而是亮度,由于人们习惯上把它们视为颜色,所以这里将它们冠以"黑色""白色""灰色"的色名。

明度,又称亮度、明暗度等,表示色的明亮程度。明度可以用来表示相同色别的颜色之间不同的明暗、深浅之分,如同样的黄色,有浅黄、中黄、深黄之分。另外,不同色别其明度也不相同,在可见光谱中,黄色明度最高,红色、绿色明度居中,蓝色、紫色明度最低。明度受物体的表面性质和反射光线的影响。

纯度,又称为色的饱和度,指某一颜色的鲜艳程度。色彩中包含彩色和消色的比例多少,是影响纯度的主要因素。如在纯色中加入消色,其纯度就会降低;加入的消色越多,纯度也就越低。

2. 色彩的修辞情感

色彩的三个基本特征与人的视知觉心理结合起来,产生了色彩的各种感觉(冷暖感、大小感、远近感、轻重感等)以及不同的色彩情感特征。虽然色彩呈现无穷的变化,但总体说来,人们对若干常见的色彩已经形成了较为固定的"看法",同一种色彩对大多数人而言,会引发相类似的情绪感受。

现将一部分色彩的情感特征列举见表 1-2-2:

表 1-2-2

色彩	情感特性
红色	生机、温暖、激情、革命、暴力、血腥、警示、性、色情
黄色	轻松、乐观、天真、活泼、幸福、愉悦、高贵、尊严
绿色	执着的生命力、平静、眷恋、希望、满足
蓝色	压抑、凉意、清冷、深沉、天真、纯洁、淡雅、忧郁、哀愁

① 马赛尔·马尔丹:《电影语言》,北京,中国电影出版社,1992.

（续表）

色彩	情感特性
紫色	高贵、神秘、变化多端、诡异
黑色	庄重、权威、沉重、压抑、悲哀、恐怖、死亡、冷酷
白色	高贵、纯洁、神圣、和平、宁静、冷淡、悲伤

同一色相的色彩在明度和纯度上的不同变化也会引起观众不同的心理感受。一般来说，明度和纯度较高的色彩会产生较强的兴奋刺激，更容易让人产生活跃之感。相反的，明度和纯度较低的色彩产生的兴奋刺激较弱，给人以安静、沉稳的感觉。比如电影《红高粱》中明度高、饱和度强的红色让人联想起旺盛的生命力、激情；而《大红灯笼高高挂》中明度较低、饱和度差的红色将人带进一个悲伤、耻辱、阴暗和压抑的世界。虽然同为红色，但明度和纯度上的变化引起了不同情绪上的变化。

（二）色调的修辞功能

色调，即色彩基调，指彩色影视画面中总的色彩组织或配置所构成的某种色彩倾向，俗称“调子”。色调按色别可分为红调、绿调、黄调、蓝调等；按明度可分为高调、低调、中间调（与影调的划分相同）；按色彩的心理感受可分为冷色调（蓝调等）、暖色调（红调、黄调等）。

在影视创作的过程中，几乎每一件即将出现在镜头中的事物、每一个出场的人物都存在着选择自身色彩的问题。这些色彩的选择不仅要适于表现人物性格、外化思想情绪、塑造人物关系，适应和推进叙事发展，而且还要搭配协调。色彩的协调搭配会比色彩的单独运用更具有说服力，使整个画面充满情感。因此，更多地考虑色彩搭配使用的问题，将大大拓宽一个影视导演表达情感的天地。

进一步说，整个画面的色彩搭配要与画面整体色彩基调（即色调）相统一。画面整体的色彩基调是由每个镜头、每个场景、每个段落中色彩的运用综合起来确定的。而画面的色彩基调作为影像整体风格的一种体现，也规范和制约着每个镜头、每个场景、每个段落中色彩的运用。

一般来说，在画面中占主导地位的色彩就是该影像的色彩基调，如影片《教父》中的冷色调，就是该片的色彩基调。因为该片画面中的黑色占据了主要地位：人物衣着多为深黑色，黑色汽车，整个画面阴影较多；黑色面积占据大部分画面，在影调上形成了暗调，在色调上形成了冷调子。这与影片想要表现的黑社会生活和影片的主题十分吻合。

在一部影视片中，也有可能会出现几种基调，如《我的父亲母亲》中存在两种情绪相反的色调：欢乐的暖色调和忧郁的淡蓝色调，这种情况被称为“色调转换”，即影视画面由一种色彩倾向转换为另一种色彩倾向，它既可以在不同的场景和镜头中转换，也可以在同一镜头内转换。色调转换往往暗藏着情绪的转换，影片《我的父亲母亲》中回忆父亲母亲年轻时相识相爱的场景段落是欢快的暖黄色调，当回到现实时影调转为淡蓝色调，与父亲的死亡给人们特别是给母亲带来忧伤情绪相吻合。这种色调转换其实已经在潜移默化地感染着观众情绪的变化。（图 1－2－33）

图 1-2-33

从上述例子中我们还可以看出决定色彩基调的两个因素:空间因素,作为基调的色彩必须在画面中占较大的色块面积;时间因素,带有基调色彩的画面在整个影视片中的时间长度上占绝对优势。如《教父》中的黑色,在时间上贯穿全剧,在空间上占据主要画面和画面的主要部分。如果一部影视剧中,没有既在空间又在时间上占绝对优势的色彩、色彩倾向不突出或色彩之间没有内在的联系,就是“没有基调”和“色调不统一”。

色彩基调总是和影像的整体风格、主题思想相对应,并表达着创作者总体情感意图。一旦形成了某种色彩基调,某种色彩的修辞功能就成为色彩基调的修辞功能参与到艺术的创作中,影响着整部片子的风格和主题思想。

第三节　电视的听觉语言

与早期的无声电影不同,电视从问世便有了声音,声音的出现对于影视的发展来说是革命性的,它改变了电影的制作方式和传播,促进了电视的普及,是影视中极为重要的语言之一。

声音是由物体振动产生,以声波的形式传播,影片中的声音是一种物质的存在,它分为人声(对话、旁白、独白)、音乐和音响。这些声音的类型伴随着声音的响度,音调音色与影视艺术的视觉元素一道成为现代影视艺术的基本视听语言。一方面,它移植、模仿、复制生活的原音,呈现环境的地域感和逼真感,形成影视艺术创造的特殊地理空间;另一方面,它经过美学的处理,表现出创作者对生活的理解和感悟,实现超越现实世界的审美想象,构建影视艺术的审美空间,因此,声音作为听觉语言,在影视艺术体系中和视觉语言共同实现创造银屏幕形象、表现主题等多种艺术功能。

影视声音的组成类型在不同的理论体系中有不同的提法,所以在本章中我将听觉语言分为人声、音乐、音响以及声画关系来讲解。

一、人声

人声是指由人发声器官发出的一切声音。影视作品中的人声由对话、旁白和独白组成，马塞尔·马尔丹的《电影语言》:艺术家电影的旁白和解说归为对话的附属形式。从影视的美学实践来看，将旁白、独白与对话分开讨论比较合适。

(一)对白

对白显意。在人声中最重要的是人物的对白。影视作品中人物的对白是塑造人物表现性格的一种手段。人物对话的内容、语气、语调、表情，都可以表现出人物的性格特点和人物说话时的心理状态。可以说，对话的出现使影视艺术的表现能够更加细致化和复杂化。

从影视艺术的实践来看，对话一般有以下几种主要功能：

1. 表达作品的主题

对话在电影声音中是最直接的表达思想的形式，它不像绘画、音乐和音响，需要观众想象和再创造才能实现功能。影片中的人物对话，往往能最直接地表达主题。如日本电影《入殓师》中，大提琴手小林大悟因为集团的解放，不得不从事给死人化妆的工作，他经过了心灵净化的全过程。他起初看到死人，恶心想辞职，因太太强烈反对，感觉生命无望，在社长等人的劝导下，在一次又一次死者家人的感谢声中，他越来越感受到这项工作的意义，最后在熟悉的洗澡堂大娘的火化炉前，焚烧工说出了一段话，这段话虽然是对死亡的认识，其实是这部作品的主题："在这里待这么久，自然会这么想：死亡就像是一道门，死亡并不是结束，而是通过这道关卡，进入下个世界。就好像一道门一样，而我则是守门人。在这里，一边送走无数的人，一边对他们说，一路走好，来生再见。"这段话不仅打动了入殓师夫妇，也感动了死者的儿子，死者儿子虽然没有直接与焚烧工对话，而是面对着火化炉的火光与死者交流："妈妈，对不起，对不起，请原谅我。"随后的画面是空镜头：和平鸽在天空飞翔，年轻的入殓师与怀了身孕的妻子在空旷的乡间游玩。接下来关于"石文"的对话，更预示着情节的转变。这是一部表露了亲情、爱情，充满了大爱和日本传统价值观的职业电影，不仅呈现了日本入殓的风俗，还通过大提琴师改行的故事，引导观众认识死亡的意义和人生各种工作的意义，同时也表达了亲情的可贵，尤其是小林大悟，最后亲手给失踪多年的父亲做入殓化妆的场景特别感人，再恨的感情最后都融化了。无论是人物的对话还是随后的画面，都将这部电影的主题揭示得非常充分。

用对话揭示主题比旁白更显得自然直接和深刻。在美国影片《肖申克的救赎》中，当安迪花费了 19 年的时间，用小锤子在监狱里挖出了通道逃了出去后，他最密切的朋友瑞德感觉特别的寂寞，这个已经在监狱里度过 40 年的老犯人和监狱官一段对话不仅很深刻，也再次表现了这个智慧、果敢、善良的老狱犯的个性，这段对话实际上是对监狱制度和监狱罪恶的抨击。

监狱官：瑞德，你因终身监禁已被关 40 年了。你觉得你已经改过了吗？

瑞　德：改过？让我想想……我不明白那是什么意思。

监狱官：你有心理准备重新投入社会吗？

瑞　德：我知道你们是怎么想的，对我来说，那只是用来掩饰的词，政客用的词语。你们年轻人能穿西装打领带，有一份好工作。你到底想知道些什么呢？我对自己所犯的罪恶感到后悔么？

监狱官：你有后悔么？

瑞　德：没有一天我不感到后悔的，不是因为我在监狱里，或者你认为我该这样，我回忆起以前走的路，一个年轻的、愚蠢的犯了滔天大罪的孩子，我想和他谈谈，我想和他讲讲道理，告诉他做人之道，但已不能了，那孩子已无影无踪了，只剩下这个老人，我得这样活下去。

监狱官：改过？

瑞　德：这只是个虚有的名词。把我说的话打到文件上去吧，别再浪费我的时间，说句实话我根本不在乎了。

这段对话基本上是瑞德的话，导演用了长篇的近乎是独白的话语表达了瑞德的心声。这段对话实际上是影片最深刻的一段对话，不仅是对监狱制度的揭露，也表达了在监狱待了几乎一辈子的瑞德对自由的理解。正如他和安迪说过的："朋友，我告诉你，有希望才危险。希望能把人弄疯，希望无用，你最好认命。"瑞德的这个理解正和执着追求自由的安迪形成一种反差，观众也从这些对话中领悟到作品的真谛。

2. 突显人物性格

话语是表明人物身份的元素："因此人物所说的话以及他如何说，与他的社会和历史地位是必须相称的。"好莱坞影片《一夜风流》中有一段对话很能表达两位主人公的身份和个性。

埃丽：你从来都没想过爱上什么人吗？

彼得：我吗？

埃丽：是的。你一点都没想过吗？我觉得你能使有的姑娘非常幸福。

彼得：（鄙夷地）可能。（停了一会儿）当然，当然，我想过的，谁没想过呢？要是我能遇到对的姑娘，我就……（打断自己），但是你到哪儿去找她呢——那样一个真人，一个活人，现在不会再有这样的人了。

埃丽显然感到失望。

彼得：（近景）我甚至傻乎乎地做了很多计划。（深深地吸了一口烟）有一次我在太平洋看见一个岛，我永远也忘不了它。那正是我想带她去的地方，但她必须是那样一个姑娘：她愿意在月光下跟我一起跳进滚滚的浪涛，而且要像我一样爱它。

埃丽的特写，这时候，彼得对那个把她排除在外的天国的动人描写使她深为感动，她继续听他说下去。

彼得的声音：（近景）（抽完了烟，现在他梦幻般地仰望着）我要同她在浪涛中游泳，我要伸手去为她采摘星辰，我要同她一起笑一起哭，我要吻她湿润的嘴唇……我要……

他突然住口，慢慢地回过头来，因为他意识到埃丽就在身边，她站在他的床边，倾慕地俯视着他。

他们挨得很近，彼得的脸一动不动，埃丽跪了下来。

埃丽：（深情地）带我一起走，彼得。带我到你的岛上去，彼得我要亲身体验你说的那些事。

这段对话把男主人公的精明、智慧和女主人公的浪漫、单纯表现得非常充分。女主人公爱莉是一个富家女，她从小过着无忧无虑的生活，这次旅途，她是为了反抗父亲给她安排的婚姻而逃离温暖之乡的。

对话是一种独立的叙述手段，在影视艺术中往往能直接表现出人物的性格。人物的对话几乎都来自日常生活，这些日常生活的对话极好地表达了人物的性格和人物的生存状态。

3. 直接或间接地推动情节的发展

影视艺术的对话常常具有情节的暗示意味，能直接或间接地推动情节的发展。影片《蝴蝶梦》中，新来的太太刚刚进入庄园后，和绝对忠实于前女主人丽贝卡的管家丹佛斯太太有一段对话。

门开了，丹佛斯太太进来。

"我"：（画外音，失望地）噢，晚安，丹佛斯太太。

丹佛斯太太：晚安，太太。

镜头随拍丹佛斯太太进入屋内，她瞥了女仆爱丽斯一眼，示意她去，爱丽斯退出。

"我"拿起发刷，开始刷头发。

丹佛斯太太：（站在"我"的旁边）您对爱丽斯满意吗，太太？

"我"：谢谢你，很满意。

丹佛斯太太：她是客厅的女仆，在您的女仆没来之前，先由她来伺候您。

"我"：（抬头看）噢，可我没有女仆，我相信爱丽斯一定能胜任。

丹佛斯太太：（冷冷的）恐怕不能总这样下去，太太像您这样身份的夫人一般都有几个贴身女仆的，（转身环视了一下房间）我希望您能喜欢这新装饰的房间，太太。

"我"：（转身面向丹佛斯太太）啊？我……我不知道是你布置的，我希望没让你太费心。

丹佛斯太太：我只是照德温特先生的吩咐去做的。

"我"：（啊）那以前是什么样呢？

丹佛斯太太：（走近"我"）糊墙纸是旧的，陈设也不一样，过去很少用这个房间，偶尔招待一下客人。

"我"：啊，这原来不是德温特先生的卧室。

丹佛斯太太：嗯，不是的，他从未住过这间房。

丹佛斯太太：（转身朝着窗户走去，走出画面，她走到窗前，窗帘是左右挑开的）当然，从这边不能看到海。

"我"看着丹佛斯太太走过去。

丹佛斯太太：只有西房间才能看到海。

"我"感到该是为麦克西姆的选择进行辩护的时候。

"我":这房间很美,我……我会感到很舒服的。

沉默片刻。

丹佛斯太太:(从窗前转向"我")太太,您如果有什么事,尽管吩咐我。

尴尬地沉默了片刻,"我"走向丹佛斯太太,并尽量显出高兴神情。

这段对话即把两个人物的个性刻画了出来,又推动着情节的发展。丹佛斯太太,因为效忠原庄园的女主人丽贝卡,对新任女主人心怀冷淡、轻蔑,加上其老于世故,故在这段对话中含而不露地把对女主人的轻蔑情绪表露了出来,她明明知道女主人没有女仆,故意刺激她,表面上似乎询问女主人对房间的装饰是否满意,实际上想告诉女主人,这间房子原来是个客房而且看不到海(前太太房间能看到海,意味着档次不同),德温特先生也从来没有住过,话中有话,平静的话语中处处隐藏锋芒,挖苦、讽刺成了丹佛斯太太讲话的基调。而与老于世故的丹佛斯太太相反的则是女主人,其个性单纯直率,大度从容,处处不设防,也不摆太太的架子,对丹佛斯太太的话中话似乎并不太在意,而是善良真诚地看待这一切。这段对话是她们之间的第一次正面交锋,你一言我一语中,隐藏着无穷的潜台词。这段对话也为下面情节的发展作了暗示、铺垫。西方看海,这些暗示着庄园的秘密信息,实际上是推动情节发展的关键性因素,在下面的情节中发挥着巨大的作用。这段对话戏剧感特别强,就像中国经典戏剧《雷雨》中四凤和鲁四贵的对话一样,充满着潜台词,预示着情节的发展。

4. 表达人物的情感和心理

表达人物情感和心理的对话,胜过影片的情节和事件,甚至可以超过人物的动作。印度电影《阿育王》中,阿育王的母亲和阿育王有段简短的对话,那母亲逼着儿子离开,这段对话,只用几句便把母亲的冷静和儿子的忠诚表现了出来。

西部片《正午》中,警长凯恩和艾米举行婚礼后,很想有短暂的私人甜蜜的空间。这时男主人公带着妻子离开祝贺婚礼的人群,到一间房间里,他们希望亲热一下,下面的一段对话将两个人此时理性而又充满真情的情感表达了出来。

艾米:(羞涩的)威尔!

凯恩:那些人都……

他拉她离开门口,向他的办公桌走去。

凯恩:(边拉边说)才结婚的人想独处一下。

他说话故作正经,但艾米懂得他是急于要避开客人们。

艾米:我知道。

他俩面对面地用目光互诉衷曲。

凯恩:我会努力的,艾米。我会尽力而为。

艾米明白,他是想用自己的诺言来代替婚礼上那种老一套的誓词。

艾米:(温柔的)我也会。

这是两个刚举行婚礼的人的对话,不像现在的年轻人,迫不及待地表达热切的情感,两个人都很克制，但感情又都很真挚。这段对话不仅把两个人的个性表现得十分鲜明，也把双方的情感特质表现了出来，也正因为凯恩情感热烈中有克制和理性，才有后来为了使命停止新婚旅行的情节。因为艾米对凯恩的情感真挚，才有可能误解消除后坚决地和站在一边与对手战斗的故事。这段对话既刻画了人物的个性，也表达了人物的情感。

现代电影导演越来越重视对话，以此表达出人类心理上细微的不同。《肖申克的救赎中》当安迪在吃饭时，听说昨天犯人胖子因为不能忍受监狱第一天的寂寞而痛哭被狱警打死后，一言不发。他和挑逗胖子的犯人有一段对话，这段对话表现出安迪具有同情心和正义感。

安迪：他叫什么？

犯人：你说什么？

安迪：我只想问，有人知道他的名字么？

犯人：关你屁事，新来的？他叫什么都无所谓了，他已经死了。

安迪：……

在对方的强大压力下，安迪用沉默、悲伤的表情作了回答，他的身份和冷静的个性不可能像别的犯人一样谩骂对方，或者说一些粗俗的语言。这段对话后紧接着就是他向瑞德要小工具，挖逃生通道的计划从此开始实行。冷静的瑞德也正因为观察了这个新来的犯人基本素质后才帮助他的。

5. 调节影片的节奏

过分紧张的动作和冗长的静止状态都会使观众产生不良的情绪，影响影片的观赏。导演如果应用对话作为一种分句，在需要禁止的时候，用人物的对话来停止紧张的动作，这不仅给观众提供喘息的间歇，而且使影片具有张弛有致的节奏性。同样用紧凑的对话也会使有可能拖沓的情节变得既符合生活逻辑，又节奏鲜明。在电影理论中，人们更多地关注视觉节奏，听觉节奏的问题常常被理论界所忽视，因为影视剧中的视觉因素始终处于运动之中，它们必然要参加某种节奏的形成。画面、镜头、光线，这些视觉元素的变动会非常明显地影响视觉节奏，而听觉节奏常常隐藏在人们对时间的感受中，有时候一句台词会使节奏变得紧凑，美国电影《巴顿将军》中，巴顿的副官牺牲的那段戏，影片只用了三个镜头来表现这件事，而且只有一句台词——把他摆到我的车上。这种简洁的对话处理是符合生活逻辑的，因为从生活的逻辑来说，在战斗正酣时，没有人会顾及死人的事，巴顿是一个以打仗为乐趣的将军，他虽然也关心部下，但这个时候他更关注的是后面的战争进程。

对话在某些时候可以形成一种大跨度的省略，略去不必要的视觉材料而形成时间和空间的浓缩，这也避免了因情节的冗长而造成的拖沓感，也使作品形成张弛有致的艺术节奏。

6. 体现作品风格

人物对话的设计不仅传达出人物的性格特点，对情节起到推动作用，而且人物的对话，从某种程度上还体现出一种风格。日本著名导演北野武的电影中，人物对话都比较简洁，简洁中透着深意。影片《火花》中，妻子对西加敬说了 6 个字："对不起，谢谢你。"一切感激之情全包含其中。霍建起电影一贯的标志性风格是唯美,哪怕是拍摄悲苦的场景,剧中人物的对话也是与这个风格统一的,在《暖》中,井河相隔十年后与暖的相逢,那段对话没有人物悲愤的发泄和控苦,而是在平静中蕴含着理解;《秋之白华》中的人物对话更是体现出导演的一贯风格,尤其是桥上男女主人公的一段对话,深情中富有诗意。

(二)旁白

旁白是画面外的人声,对故事情节、人物心理、人物身份加以叙述、表达和议论的语言形态。从叙事学的角度出发,旁白是一种介入性语言,在影视纪录片中,常以解说词的形式出现。

在影视艺术中,旁白有着重要的作用,具体体现在以下几点:

1. 勾连情节,形成省略

旁白的设计几乎是从剧本创作开始的,导演根据表达的需要往往将旁白作为叙事的元素加以运用。旁白的叙述不仅仅使情节发展清楚明白,还使情节张弛有致。张艺谋导演的《红高粱》中有 14 段"我"的旁白,这些旁白大多出现在重要的情节点前,来交代叙事的进程,不仅省略了历史的过程,而且使情节节奏变得紧凑。例如,九儿回娘家还没有到达青杀口,旁白已经告诉观众她嫁的那个李大头死了,也不知是谁干的。这里省略了杀李大头的全过程,同时也搁置了悬念,是谁杀了李大头?刚结婚就死了老公的九儿,今后怎么办?还有哪些故事发生?这些疑问必然引起观众的观看欲。《乱世佳人》中,导演也多次用旁白勾连叙事线索,形成省略,起到辅助叙述的作用。

2. 扮演叙事者的角色

影视剧中的旁白可以充当"第一人称"或"第三人称"的叙述人。电影《红高粱》的旁白是由作为"爷爷""奶奶"的孙子的"我"来讲述的,这个角色在剧中非常有意义,至少具有以下作用:一是他作为故事的叙述人不仅可以勾连情节,使大跨度的情节叙述得井井有条;二是"我"这个角色作为目击者,可以突出"我"想讲的内容,省略不想讲的内容,知道的故事多讲,不知道的就不讲,这是影片形成简洁而又跳脱的叙事风格的一个很重要的原因;三是这个角色与故事中的人物有一定的情感,他把对人物的感情通过"旁白"全部表达出来,形成了温情的作品风格。姜文的电影《阳光灿烂的日子》一开始的旁白是成年后马小军讲述的。后来的马小军的旁白基本上与故事保持同步发展,叙述故事,交代时间、地点等。作为第一人称的旁白,主观性较强而且带有叙述人的情感色彩,但是"我"看不到、听不到的东西不能讲述。

在叙述者角色中,如果这个"旁白"作为"第三人称"出现,这个角色就是全知视角。在这类作品中,旁白似乎能知晓人物的全部秘密,预见人物的命运,揭示人物的心理,全方位地表现主题。

正因为旁白常常扮演叙述者的角色,因而常常能影响观众的同情心和道德评价。旁白在影视剧中一般是"介入性"地叙述,这种风格化的、主观化的旁白常常可以引导观众判断影视剧画面的内容,形成对作品的评价。在电视剧《人到四十》第 16 集中,当郑洁和梁国辉因为华硕的介入而分居后,作为父亲的梁国辉和儿子有一段交谈,紧接着是儿子在电脑上写文章,妻子独自在办公室内发呆,梁国辉躺在床上沉思,这时旁白响起:"郑洁走了,是被不听话的儿子气走的，还是如郑洁所说，她看穿了一个中年男子的内心深处那一层不愿示人的隐私，看清了梁国辉在抗拒一个年轻女孩子的诱惑时的内心挣扎，这对一个青春不在的中年女人来说，无疑是一个打击，而梁国辉在精神上的内忧外患对于年过四十的他来说又何尝不是一个考验，一对中年夫妻应该如何开始他们的明天变成了一个大大的问号。"这段旁白既对无声的画面进行了解说，也是对梁国辉和妻子郑洁分居这个事实的评价，同时暗示了情节的发展走向。

3. 表达人物的心理

旁白用于表达人物的心理这个手法早就被采用了。"那是在 1930 年，由布努艾尔和希区柯克两人同时发现的：在布努艾尔的《黄金时代》中，当丽亚·李斯与加斯东·莫笃默默地拥抱时，观众听到了细语的对话与名句：'杀死我们的孩子多痛快！'在希区柯克的《谋杀案》中，有一个长镜头表示海·马歇尔正在对着镜子刮胡子，此时，画外音谈出了他自己对一些良心问题的看法。"[①]这种手法如果运用得巧妙而简练，确实能产生意想不到的效果。

4. 粘连和转换时空

影视作品的时间和空间的转换需要富有逻辑性、不突然，导演常常用旁白将分割的时间和空间粘连起来，使观众在观看时不显得突然。粘连和转换时空在记录电影中是惯常使用的。电视剧《下海》中大量的旁白将大跨度的时空粘连了起来。

5. 营造意境，抒发情感

从某种程度上讲，旁白比对话更为自由，情感色彩的表达更为直接，旁白能利用语言的魅力指引观众到达某种意境中，并使观众在特定的氛围中感受到画面呈现的意义和情绪。解说、评价性的旁白能够充分发挥语言的文学性和哲理性的品格，对画面意境的开掘具有一定的意义。

当然，旁白要与情节、画面结合，如果一味饶舌，会影响观众的观看。新版电视剧《红楼梦》旁白太多，遭到了观众的诟病，观众认为这类说书式的旁白影响了观看，这是影视剧创作者需要引起注意的。

（三）独白

独白原本是文学创作中表现人物内心活动的一种手法，是无人在场的自言自语，即自己和自己说话。后来用在戏剧中，一般由扮演的演员独自念出当时的心理状态、思想和感情等。独白实际上是人物把自己的心理的主观感受以声音形式外化出来，将隐蔽的内容直接地表达出来。这种方式有明显的叙事性特征。妨碍了观众情绪地介入，因而在电影中应谨慎使用。

1. 独白的形式

独白的运用一般没有作者介入其中，直接将说话人的意识和心理活动展示给观众，而无需用"他说""他想"之类的引导性词句。独白的形式一般分画内独白和画外独白。

① 马赛尔·马尔丹：《电影语言》，何振淦译，中国电影出版社 1980 年版，第 160 页。

画内独白与文学中的直接内心独白是相似的，所不同的是影视片中的人物心理有语调、表情和动作的呈现，观众一瞬间就能感受到人物的心理路径和情感特质。而文学中的独白则需要读者通过间接想象获得说话者的感受。画内独白常常以第一人称的形式出现，声源虽然不在画框中出现，但是展示的是画内人物的心理活动。《肖申克的救赎》中，安迪第一次和瑞德正面交谈后，瑞德看着安迪的背影有一段画内独白："我现在明白他们看中他了。他不太说话，一举一动都不像普通的人。他漫步着，就像公园里与世无争的人，他像穿了隐形的护革。可以说，一开始我对安迪就有好感。"这段独白既描述了瑞德的心理活动，也为下面他们成为好朋友埋下了伏笔，起到了一石二鸟的作用。在独白时，基本上都有瑞德的脸部特写，或正面或侧面。瑞德的表情始终处于微笑状态，他很得意自己的眼光，对安迪赞赏有加，这个心理活动为他们日后的合作奠定了深厚的基础。

画外独白常常以戏剧性独白的形式出现，仿佛有一位无所不知的人介入到描写人物的精神内容和意识活动的过程中，对人物的意识进行表达和描述。但比起人物自身的独白，它所表现的意识深度是有限的。

2. 独白的作用

(1)与旁白一样起到一个叙述的作用。从某种程度上说，独白与旁白一样起到一个叙述的作用。所不同的是，旁白大都运用的是第三人称，而独白运用的是第一人称，是有人物在画面中出现的。画内独白常有人物口型的变化，画外独白只有人物表情和行动，没有口型的变化。香港导演王家卫特别喜欢运用独白，因为他的电影大都是表达特定时期香港人的生存心态，而内心的独白往往比对话更能表达出人物内心的那种难以言说的心理状态。例如，《重庆森林》一开头就是金城武扮演的角色"233"的声音："每天你都有机会跟别人擦身而过，你也许对他一无所知，不过也许有一天可能变成一个朋友或是知己……我是一个警察，我的名字叫何志武，编号233……"这里的独白显然是作为人物出场的引导词出现的，使人物出场别有意味，也代替叙述人讲述人物的身份。

(2)刻画人物的性格。影视中的独白是画内人物主动向观众敞开心扉，把人物最隐秘的潜意识用言语的形式告诉观众，让观众感受到人物的所思所想，体味到人物的心灵境界，感受到他们的真实情感和理念。从某种程度上来说，画外独白是人物心灵的密码。电视剧《武则天秘史》中，当武媚娘见皇上看着自己的亲侄女敏月荡秋千发痴时，心生嫉妒。导演用一段独白把人物的个性和内心世界揭示了出来："皇上都看痴了，他果真在敏月的身上看见我年轻时的身影吗？姐姐和她肚子里的孽种还没有除掉，现在又来了一个更可怕的对手，我突然有一种深深的不安，甚至是恐惧。"这段对话把武媚娘敏感、狠毒又长期没有安全感的内心世界表现得非常充分，也为后来她杀死自己的亲姐姐韩国夫人的情节做了铺垫。

独白表现人物的性格，在许多电影中都有很好的范例。王家卫的《阿飞正传》里男主角阿飞那段关于鸟的独白将人物的内心世界表述无遗："世界上有一种鸟是没有爪子的，它只能一直飞呀飞，累了就睡在风里，这种鸟儿一辈子只可能着地一次，也就是它死的时候。"这段独白确实是感伤而智慧的，这种骨子里透出的虚无其实是王家卫借人物之口道出的心里话。

(3)过渡剧情。《重庆森林》中有两个爱情片段，当第一个爱情片段结束、另一个片段开始的时候，何志武来到快餐厅有一段独白："我跟她最亲近的时候，我们之间的距离只有0.01厘米，我对她一无所知，六个钟头后，他喜欢了另一个男人。"这时何志武消失，另一个男人，即"633"出场，接着，影片开始叙述第二个片段。这段独白在这儿显然具有过渡性功能，连接剧情，使剧情逻辑上更加连贯。

(4)深化主题。在影视作品中，所有的元素都会直接或者间接地指向主题。因为独白是人物内心的语言，比起对白更具有深刻性。王家卫的电影《花样年华》(图1-3-1)表现的是都市人那种漂浮不定、难以言说的复杂情感，导演用两个人物的独白将主题升华到一个高度。男主人公周慕云说："是我，如果有多一张船票你会不会跟我一起走?"而陈太则用独白的声音说："是我，如果有多一张船票你会不会带我一起走?"两个行动上十分相爱的人，为什么没有走到一起，这两段独白把本片的主题都升华了。

图1-3-1

二、音乐

(一)音乐的概念

电视音乐是一个较大的概念。从广义上来讲，所有在电视中出现的音乐元素，都可以称为电视音乐。从利用电视手段转播的音乐会，到我们熟知的音乐电视(MV)，电视片里的配乐，电视剧里的片头、片尾曲、插曲、主题歌等、都属于电视音乐的范畴。狭义地讲，电视音乐主要指与电视画面相配合，刻画画面形象，渲染气氛，升华主题的音乐元素。那么，前面我们说的利用电视手段转播的音乐会就不属于狭义的电视音乐，而音乐电视(MV)，电视片里的配乐，电视剧里的插曲、片尾曲、主题歌、电视广告音乐，甚至电视标志音乐(台标音乐、节目标志音乐)等，都属于狭义的电视音乐。

(二)音乐的分类

从音乐发出来源看，电视音乐还可分有源音乐和无源音乐。有源音乐是指在画面中看到的声音源所产生的音乐，比如在画面中有一架钢琴，同时传出钢琴弹奏出来的音乐；画面内有一个人在唱卡拉OK，同时传出这个人的歌声和乐曲声，这种音乐就称为有源音乐。需要注意的是，有些时候为了取得更好的音质效果，或者取得更特殊的音质效果，在后期加配上和画面内声音源发出的相同的音乐，这种音乐我们还是把它称为有源音乐。无源音乐是指声音不是从画面中的时空里发出来的，而是由创作者根据情节情绪的需要，加配上去的，比如纪录片《幼儿园》中的配乐《茉莉花》。

从音乐创作来源看，电视音乐还可分原创音乐和选配音乐。电视原创音乐指的是为电视片专门谱写，并运用于电视片中的音乐。比如，大型电视专题片《话说长江》中的主题歌《长江之歌》，电视剧《红楼梦》中的主题歌《枉凝眉》等，这些音乐不光是片头片尾出现，还大量地运用在电视片当中。选配音乐指的是选择、利用已有的音乐作为电视片的音乐，这种音乐较多地出现在专题片、纪录片、文艺片和一些电视栏目中。比如，电视小说《命若琴弦》中采用了《二泉映月》等中国经典二胡曲目，穿插其间，既参与电视片的叙事，又烘托了整个电视片的情绪。

按音乐内容，电视音乐通常包括主题音乐和主题变奏两大部分。主题音乐，是用以概括影片基本情绪基调或刻画主人公性格和命运的音乐，是影片音乐的核心。主题变奏，则在主题音乐的基础上，通过节奏、和声、配器等音乐元素的变化，使主题音乐的表现力产生变化和发展，从而适应情节、人物发展的需要。再以《日瓦戈医生》为例，片中有十分优美的主题曲，基本以俄罗斯七弦琴演奏。但是在不同的场景下有很多变奏。比如，在母亲下葬后的夜晚，小日瓦戈孤独地躺在屋里，窗外狂风不止，树叶敲打着窗棂，忧郁、脆弱、伤感的音乐主题变奏响起，而在后来的故事中，日瓦戈长大成人后，和家人逃避战乱来到乡下，满地黄色的花朵，日瓦戈一家终于得到片刻的安宁和休息，欢乐、轻松、热爱生活的主题变奏音乐响起。

（三）音乐的作用和运用

电视音乐具有诠释画面意蕴，渲染气氛，抒发情感，分段与转场等作用。

电视音乐能诠释画面潜藏的意蕴，甚至升华这种意蕴渲染气氛，抒发人们心中的情感。比如在纪录片《幼儿园》中有这么一组很经典的段落：周五，幼童们焦急不安地在等待着爸爸妈妈来接自己回家，其中有一个叫陈志鹏的小朋友通常是最后一个被接走。于是他着急地跑出教室，拎着塑料口袋，坐在幼儿园两道大门中间的台阶上等大人来接，不停地朝两道大门来回张望，这时候，主题曲《茉莉花》音乐响起，画面中孩子孤单无助的样子，一下子被诠释得淋漓尽致，气氛也被渲染得非常到位，紧接着又是一组其他孩子等大人来接的镜头，观众心中的情绪马上被调动起来，引起了心中对孩子的怜爱之情。

在影视创作中，声音也常常用来分段和转场，其中主要是用音乐和音响分段转场。音乐转场的例子很多，例如法国电影《两小无猜》里用一首老歌《玫瑰人生》完成了最后段落的转场。影片中所有的音乐都来自《玫瑰人生》，每场戏里都用上了《玫瑰人生》，并且用它不同的翻唱版本的年代来表示每场戏的年代，可谓独具匠心。影片的最后，男女主人公朱丽安和索菲在灌注水泥的柱子里紧紧拥抱在一起，两个人终于结束了他们从童年开始持续的打赌游戏，在混凝土的底部印证了他们的爱情。两个人拥抱的身体在水泥中散发着光亮，渐渐远去，镜头慢慢拉出来，是一盘透明的格子棋，此时转场音乐响起，还是那首《玫瑰人生》，索菲和朱丽安已经是老年人了，美妙的歌声让观众沉浸在两个人奇特的爱情中。两位老人深情相吻，接着是快速剪辑他们不同年龄段的接吻镜头，一直回到童年最初的那个吻。

电视音乐在电视创作中十分重要。在电视音乐这个领域，十分需要编导自身的艺术解读力、创作力，更需要编导做出创作性的工作。除音乐创作者之外，电视音乐往往也倾注了编导大量的心血。比如纪录片《幼儿园》的导演张以庆在接受《东方全纪录》栏目采访，谈到《幼儿园》的音乐运用时说："《茉莉花》这个音乐很符合片子的情绪，有一点淡淡的忧伤，是我重新录制的。一开始我就老在哼这个歌，已经哼了两年了，虽然有几种选择，但是还是觉得《茉莉花》特别吻合。欧洲不是说《茉莉花》是中国的第二国歌吗，我也找不到第二首童声的东西能够搁在这里面了。我可以一年、半年不听音乐，到快剪辑的时候才去听，去找到吻合的东西。其实我也不太懂音乐，但是我能够把握住怎么把情绪传达给观众。只有这样你才可以让别人和你是共通的，节奏感也是一样的，才能引起共鸣。当然这种情绪的表达，也会有局限，因为人们感受类型不同，而且感受力跟文化也没有关系。"

正是因为有了这样深刻的认识和理解，《茉莉花》这首中国经典民歌在《幼儿园》中起到了画龙点睛的作用，有力地烘托了情绪，诠释了情节，抒发了导演含而不露的情感。

总之，音乐不仅传达着浓郁的时代、地域、民族等特征，而且是烘托气氛的常见手段，有些音乐甚至直接成为影视剧作品中情节发展的重要线索。

三、音响

所谓音响，指除人声语言、音乐之外的所有声音，包括自然声、环境声和动作声等，音响也称为音响效果。音乐属于乐音，音响属于噪音。在电视艺术里，属于乐音的音乐和属于噪音的音响被统一在了一起，成为电视声音中不可或缺的组成部分。

在电视声音中，音响和音效起着极为重要的作用，在渲染气氛、再现环境、转场、补充说明画面内容等方面具有很好的表现力。

音效首先肩负着声音重要的再现功能，在塑造环境氛围的时候发挥着强大的作用，音效同样具有表现功能，是导演在渲染情感气氛时常用的"工具"。比如，在影片《勇敢的心》中，战马的奔跑声、战士的呐喊声、刀斧的砍伐声，都是我们所说的音响。好的影视剧离不开好的音响，试想《勇敢的心》若然没有逼真得犹在耳边的砍伐声、马蹄声甚至刀剑出鞘的声音，效果一定会大打折扣。

在影视片特别是影视剧的拍摄现场，一般看不到音乐制作人但是肯定能看到音响师。这些音响师在做什么呢？录音或者拟音。主要是录取人物对话的现场同期声和现场的环境声。如果现场的环境声还不能达到理想的或者预期的效果，那就还需要音响师后期拟音加入作品中。

因此，导演还要明确一对概念——同期声和非同期声。同期声是在拍摄现场，用摄影/摄影机记录画面的同时，用录音设备记录声音，包括人声、环境声等。非同期声是在拍摄后期在录音棚里制作的声音。人声、音效，几乎任何声音都可以在录音棚里做出来。即便是采用同期录音工艺的影视作品中，也多少存在一些非同期声（如一些特殊音效等）。一般而言，同期录音效果较好,但所需的经费也是比较高的。是否采取同期录音,以及哪些段落的声音需要进行特别加工,这些工作都是导演及录音师要事先进行设计和考虑的。

一些刚刚从事影视创作工作的年轻导演们,往往忽略了音响的作用,这个问题在拍摄一些小型的专题节目中尤其明显。有这么一个例子,在一个拍摄现场,正式由主持人采访之前,摄像师先拍摄一段农家小院的生活,公鸡在打鸣,女主人一边喂鸡,一边在和男主人说着话,话题都是些日常琐事。这部片子的女编导和主持人在一边正讨论着下一步该如何采访,另外一个随行人员的手机响了,随行人员接起了电话。拍摄采访结束之后,用所有的素材做成了一个小电视专题片。在审片过程中,编导被要求加入被采访者的生活环境。女编导终于找到采访前拍摄的女主人喂鸡时那段对话素材,很是高兴,一用才发现里面的声音除了男女主人的对话的声音外,还有电话铃声,接电话的声音,自己和主持人说话的声音,而且这些声音混在一起,根本无法用音频技术手段剥离。结果只能用这段画面,抹去整个音响,再配以音乐弥补,环境的感染力大打折扣。这件事后,女编导在以后的拍摄中要求所有的在场人员关闭移动通信设备,不许说话,保持静默,以求获得最真实的现场声。音响在电视节目中的重要性可见一斑。

这里还需要提醒的是拍摄静场时,对声音的处理。所谓静场,就是没有声音的场面。在拍摄一些表现环境的空镜头时,往往会碰见静场。有些导演为了让环境显得格外安静,干脆让摄像师关掉录音话筒,只拍摄画面。结果安静倒是安静了,可人们一看就觉得少了些什么,不是真实自然的生活场景。原因是切除自然声响的环境不是静场。在安静中,大自然还是会发出不为人们注意的声响。编导所要做的是打开录音话筒,记录下好像没有声音的那些声音,才是真正的静场。

总之,声音是影视艺术重要的一翼。它的出现,往往能克服影视画面的局限性,使影视作品的表达功能更加丰富完备,更有利于揭示和深化主题。

第四节　声画关系

一、概述

我们知道,电视和电影的基本语言就是声音和画面,这两种构成了影视艺术,影视的语言从而也被称为声画语言或者视听语言。在电影诞生之初,电影在很长一段时间内是没有声音的,即所谓的"默片"时代,同时也诞生了很多伟大的电影《摩登时代》《战舰波将金号》《党同伐异》等。再后来在放映默片时,出现了现场的配乐、解说和配音,直到 1927 年美国电影《爵士歌王》上映,电影才结束了"伟大的哑巴"时代,进入有声的世界。

二、声画关系的类型

声音进入影视并和画面配合,在当时不亚于 3D 电影技术对传统电影的冲击,在长时间的探索与进步中，声画关系逐渐成为电影艺术重要的艺术语言，被赋予深刻的内涵。在声音和画面的协调配合中，形成了两种声画关系：声画同步与声画分离。

（一）声画同步

所谓声画同步，指的是镜头中的画面影像和它所发出的声音同时呈现，同时进行，同时消失。声音即该画面影像所发出的声音，画面即发出该声音所应有的画面影像，也叫声画统一，声画合一。

声画同步真实地再现了生活的样态和世界的本原，使镜头具有非常强烈的真实感、可信度，因此，成为影视作品中运用最多的，也是最常见的声画关系。声画同步在影视节目中常常表现为画面与同期声的关系。

同期声，就是在记录影视画面时，同时记录下来该画面中所有的声音，包括画面中的独白、对话、环境声等。同期声能真实地反映、还原当时的现场感。新闻资讯类节目、纪实类节目对同期声的要求较多、较高。其他文艺类节目一般倾向于采用后期配音或者其他的声画关系，除非为了追求真实感要求拍摄具有同期声的节目。比如，有一些室内电视剧，为了追求现场的对话效果、氛围，就采用了"同期录音"的方法，记录下同期声。

当然，同期声大多数时候也还是需要后期雕琢、加工、润色的。所以也有人说同期声是修饰过的真实，并不是真正的真实，但在一般情况下，同期声是最具有真实感，最接近事件事物本身的真实。

（二）声画分离

所谓声画分离，指的是镜头中的声音不是画面影像所发出的，或者镜头中画面不是发出声音所应有的画面影像，而是根据镜头的需要在画面上附加别的声音或者在某种声音里附加别的画面。

声画分立更多地表现为解说词、配乐等形式。在技术上，还可以把声画分离细分为声画并行和声画对位。

1. 声画并行

声画并行，指的是虽然声画分立，但声音和画面指向同一内容。准确地讲，声画并行中的声音和画面是一个内容的两个方面，二者互为补充，使内容更加充实完善，要特别注意的是，"并行"不等于"同步"。"同步"是声画从形式到内容上的完全统一；"并行"中的声画统一于内容，而形式上是不同的，画面自有其不在镜头中的声音，声音自有其不在镜头中的画面。

解说词是声画并行的最好范例，还有一种声画并行的例子很常见，就是随着声音的内容切换相关的画面。比如，支持人介绍现场嘉宾有"××""××""××"时，镜头切换到这些嘉宾身上，声音是主持人的，并不是嘉宾发出的，但声音内容指的就是画面内容　　嘉宾，这也是声画并行。

2. 声画对位

声画对位，指的是声音画面在内容上各自独立没有联系，但是在情绪或节奏等形式上又紧密相连的声画关系。

“对位”这一术语来自音乐，在复调音乐中，根据一定的规则以音对音，将不同的曲调同时结合，从而使音乐在横向上都保持各声部的独立与相互间的对比和联系，在纵向上又能构成和谐效果的写作方法，就是“对位法”，简称“对位”。在对位音乐中，关键词是“独立”和“联系”。“独立”指每个旋律保持它自己的线条或横向的旋律特点。“联系”指这两个或几个旋律具有某种联系可以合成一个单一的和声结构。声画对位也有这样的特点，声画对位的“独立”主要指声音、画面在内容上各自独立。“联系”主要指二者在内在情绪、节奏上相互关联。

影视配乐和画外音是声画对位的最好范例。伊朗电影《小鞋子》中，在高潮处有这么一段戏：男孩阿里为了当第三名，好领取一双球鞋的奖品，让过了前两名的选手，结果被后面第四名和第五名的选手超过，阿里拼命地朝前冲，想重新超过第四名和第五名选手。这时，电影镜头进行了升格处理，画面中阿里的跑动动作变慢，画外响起了妹妹稚嫩的声音，那是早些时候阿里告诉妹妹会给她一双球鞋，妹妹不相信的疑问声，疑问声和阿里跑动的画面内容无直接关联，并不是阿里跑动发出的声音，这种画外音属于声画对位，与此同时，舒缓的、具有宗教圣洁悲悯情怀的伊斯兰音乐响起，其节奏、其情绪和阿里变慢跑动的节奏、身体挣扎的情绪丝丝入扣，令人感动。妹妹的声音，伊斯兰音乐都不是画面中的影像所发出的声音，也与阿里跑步无直接关联，但是他们在情绪上却有着深刻的联系，不可或缺。

这出戏还有一种声音是阿里在剧烈的跑步中发出的急促的呼吸声，它和画面之间是声画同步的关系，正是有了这样的同步和对位，复杂又精巧地处理了声画之间的关系，才让阿里纯洁、美好、坚强的心灵凸显在观众面前，使这一出戏成为整个影片中最为经典的段落。

这里提一下配乐、画外音和拟音的区别。拟音是为了更清晰、更生动、更准确地让观众听到画面中影像所发出的声音，不通过同期录音而在后期模拟、录制该影像所发出的声音，再剪辑组接到画面中的方式。拟音中的声音是镜头中的影像当时发出的声音，只不过不是同期现场录音，而是后期模拟录音。配乐，画外音中的声音不是画面中的影像当时发出的声音。

第五节　电视的语法——蒙太奇

一、蒙太奇的概念

在文学上，文字和词语是文学的语言，主谓宾定状补是文学的语法，同样，蒙太奇则是影视中最重要的语法。蒙太奇是法文 montage 的中文译音，原来为建筑学术语，为构成、装配、组合的意思，在电影的早期是不知道蒙太奇的，因为摄影机总是固定在一个位置上，即全景的距离（或者说是剧场中中排观众与舞台的距离），把人的动作从头到尾一气拍完。后来一个偶然的机会（一说大火，一说胶片卡机），发现胶片可以剪开、再用药剂黏合，于是有人尝试把摄影机放在不同位置，从不同距离、角度拍摄。他们发现各种镜头用不同的连接方法能产生惊人的效果。这就是蒙太奇技巧的开始，从此电影摆脱舞台剧的叙述与表现手段的束缚，有了自己独立的手段的开始。在电影中，蒙太奇是指按照特定的创作目的和遵循一系列艺术规则对镜头与镜头、画面和声音进行有机组合的基本手段，通过这种手段来创造和谐的节奏和风格。

二、蒙太奇的基本功能

（一）叙述故事

电影艺术作为一种叙事性艺术，叙述的首先是由人物、事件、环境所构成的故事，而这些故事并不是在一个画面、一个场景、一个人镜头或者一个段落中被叙述的，而是由许多从不同空间时间角度使用不同的艺术手法和拍摄的画面、镜头、场面和声音组合而成的。通常在一个100分钟标准长度的故事影片中，镜头的数量就大约在500个以上，甚至超过1000个以上。因此，蒙太奇的第一个基本功能就是将选择出的片段综合成为一个简短、节奏精确的镜头，将事件的主要发展元素以他们的自然序列串联在一起，通过对各种电影基本元素的组合完成一个完整的叙事故事作品。

（二）表达情感

蒙太奇不仅可以链接时间和空间，组成完整的情节，而且可以通过对镜头的组合创造出情绪和感情。我们还是举库里肖夫的实验，他将莫兹尤辛的3个没有任何表情的特写镜头：桌上的一盘汤、棺材里的女尸、小女孩的玩具狗熊相互连接起来。结果观众在观看中却似乎发现了莫兹尤辛的情绪变化，产生了对莫兹尤辛的表演的评价。他们指出，他看着那盘桌子上没喝的汤时，表现出沉思的心情；他们因为看着女尸那副沉重悲伤的表情而异常激动；他们还赞扬他在观察女孩玩耍时的那种轻松愉快的微笑。但实际上，这三个组合中的脸部特写镜头都是完全一样的。这个例子充分说明了蒙太奇不仅能够表现出而且可以创造情感。在电影作品中，用江河奔涌来创造辉煌壮丽的情绪，用黑云压顶来创造紧张感，用风雨交加来创造心潮澎湃都是常见的蒙太奇修辞手法。

（三）阐述思想

电影艺术是一种视听艺术，很难直接抽象地表达思想观念。而蒙太奇则可以使影片用画面之间存在的隐喻转喻关系和象征性来阐述抽象的思想观念。在电影《战舰波将金号》中，影片中多处出现石狮子的画面，用以象征俄国民主意识的觉醒。

（四）创造节奏

蒙太奇的节奏是电影风格的一个重要组成部分。蒙太奇可以用一系列有规则地间隔闪现在屏幕上的事件画面组成韵律节拍。镜头与镜头之间的长度、色彩、光线、景别、机位、运动方式的变化等，都会以一种节奏的方式来创造电影作品的风格。如《黄土地》用蒙太奇节奏的缓慢凝重创造了一种苦涩沉思的电影风格，《红高粱》则用跳跃紧凑的蒙太奇节奏创造了一种热烈奔放的电影风格，《英雄》则用舒缓流畅的蒙太奇节奏创造了一种诗情画意的电影风格。蒙太奇节奏一方面是一种画面节奏，同时也是一种叙事节奏，它直接影响到电影风格的形成。

三、蒙太奇的类型

(一)叙事性蒙太奇

所谓叙事蒙太奇,以交代情节、展示事件为主旨,按照叙述的顺序来组合镜头、场面和段落,引导观众理解剧情。这类蒙太奇既有常规的连接蒙太奇、顺叙性的和倒叙性的蒙太奇、转换蒙太奇,也有各种闪回蒙太奇、插入蒙太奇,还有特殊的形式如平行蒙太奇、交叉蒙太奇等。

分类:

1. 线性蒙太奇

这是比较常规的蒙太奇思维方式,是指按照事件逻辑顺序连续叙事。例如电影《美国往事》是按照"面条"成长经历为逻辑顺序叙述故事的。

2. 平行蒙太奇

平行蒙太奇是在故事情节发展过程中,将两条或两条以上不同时间或空间的相对独立的情节线索组接在一起,并列出现,分别叙述,而最终又统一于同一主题的蒙太奇形式。例如电影《开国大典》中就有许多平行蒙太奇的使用。其中一条情节线是叙述以毛泽东为首的中共中央领袖们的运筹帷幄,另一条线是叙述以蒋介石为首的国民党上层的负隅顽抗,两条线索平行推进,为作品提供了一种双重视点和复调结构,它们即相互连接,又相互独立,扩展了信息量,强化了平行线索的对比、对照关系,增强了电影作品的叙述能力和表现能力。

平行蒙太奇的常见情形有:同一时间、不同空间的平行表现,如影片《这里的黎明静悄悄》中,一面是瓦斯科夫在指挥战斗,一面是女战士奔跑在回去报告的路上;同一时间、同一空间的平行表现,如影片《南征北战》中,我军与敌军同时争夺凤凰山摩天冷主峰;不同时间、不同空间的平叙,如影片《淮海战役》中,在某个时空,蒋介石召集军事会议,在另一个时空,我中央举行"五大"书记会议。作为电影平行结构艺术,平行蒙太奇也注意从视觉造型方面做探索,如不同情节的银幕画面分割表现等。

最早的平行蒙太奇可见于《党同伐异》。1916 年,大卫·格里菲斯完成了他的鸿片巨制《党同伐异》,影片由"巴比伦陷落""基督受难""圣巴米节的屠杀"和现代剧"母与法"四个部分组成。影片展现的空间横跨几大洲,时间跨越上下几千年,对电影的空间表现力是一次极大的突破。影片中四个部分故事交替出现:开始时,他们像四条分开的、流得很慢很平静的河流,以后渐渐接近,愈流愈快,最后汇成一条奔腾不息的大河。他用一个个加快剪辑的节奏,最后达到高潮。

平行蒙太奇的作用是多方面的:可以删除不必要的过程,以便集中篇幅强调影片的重点内容;也可以通过几条线索的平行表现,相互烘托,形成彼此呼应的艺术效果;还能通过时空灵活转换使影片结构多样化。

3. 交叉蒙太奇

交叉蒙太奇是将在同一时间、不同空间发生的紧密联系的情节交叉组接的蒙太奇形式。

它们之间有密切的因果关系，相互推进，交替频繁，最终会合在一起。

交替蒙太奇是由平行蒙太奇发展而来的。平行蒙太奇注重剧情和事件的内在关系，段落持续时间长，表达的两条或多条情节往往独立成篇。而交叉蒙太奇则以迅速频繁的交替形式造成紧张的气氛和强烈的节奏感。

爱德温·鲍特在《一个美国消防员的生活》中，第一次运用交叉剪辑的手法，通过两个彼此无关的镜头，一个镜头是消防员驾着马车冲向火场，另一个镜头是数里外火灾现场，将观众带到了紧张、危急的火灾现场。

《一个国家的诞生》中的"最后一分钟营救"是最具有代表性的交叉蒙太奇，一面是卡梅伦全家的拼死抵抗，一面是三 K 党的马队的疾驰救援，一系列交替的画面，使观众体会到情绪上的压迫感。最后，卡梅伦一家得救。最后一分钟营救是好莱坞类型屡试不爽的制胜法宝，导演习惯运用这种手法把剧情推向高潮。所以，制造悬念、加快节奏、强化戏剧冲突，是交替蒙太奇的重要叙事性功能。

4. 错觉蒙太奇

错觉蒙太奇是编导巧妙地利用观众的思维定式，反道其行，通过出人意料的镜头组接，达到意想不到的效果。

《51 号兵站》中前一个镜头是我地下党员挥起木棒猛击特务，但紧接着的镜头却是出于另一空间中的特务头子马福根猛地抬头。导演通过镜头的组接，巧妙地用两个有一定连贯性的动作来转换场景，并起到调动观众情绪的作用。

《法国中尉的女人》中这种蒙太奇剪接方式也有体现，迈克和安娜对台词，对到戏中的萨拉应该如何摔倒时，安娜表演摔倒，接下来一个镜头就变成迈克所扮演的戏中人物查尔斯接住了安娜所扮演的萨拉，成功实现了现在时空向过去时空的转换。

《天堂电影院》中，被火烧的阿尔弗莱多摸着少年托托的脸说心里话，当镜头经过阿尔弗莱多多次回到托托时，托托已经长大成人了。

《辛德勒的名单》中，辛德勒把自己的打火机给了伊萨·斯坦，用以贿赂救人。斯坦拿着打火机按了两下，镜头推到了打火机特写，一只手再按了两下，镜头推到了打火机的特写，一只手再按第三下的时候，镜头拉开，这时候已经到受贿者的手中。

（二）表现蒙太奇

所谓表现蒙太奇是以镜头排列组合为基础，使相连的或相叠的镜头、场面、段落在形式或内容上的相互对照、冲击，产生抒情、比喻、象征的效果，创造更为丰富的含义。表达某种心理、思想、情感和情绪。一般分为以下几种类型：

1. 对比蒙太奇

对比蒙太奇是将内容（强与弱、穷与富、先进与落后、文明与野蛮等）或形式上（景别的大与小、角度的俯与仰、色彩的丰富与单调、光线的亮与暗、声音的强与若等）具有强烈的视觉反差的影像连接在一起，用以强化所表现的内容、情绪，传达创作者的某种寓意。"朱门酒肉臭，路有冻死骨""商女不知亡国恨，隔江犹唱后庭花"其实都是这种对比蒙太奇的形式。

在影片《一江春水向东流》中，将两条叙事线索进行对比，前方是素芬一家在战火中艰难地生存，后方却是张忠良与王丽珍的夜夜笙歌，这种极强的反差生成了强烈的批判态度。

在伊朗影片《小鞋子》中，影片的前半部分着重描写阿里生活的空间，几乎见不到任何奢华的场景，但在阿里和父亲外出打零工的一场戏里，父子俩骑着破旧的自行车，沿途看到的却是一组高楼大厦的镜头。两人像进入一个物质文明高度发达的都市，这和阿里的生活空间完全是两个世界，前者的贫穷简陋与后者的奢华、现代形成了鲜明的对照。

2. 隐喻蒙太奇

隐喻蒙太奇是通过镜头或场面的对列引导观众进行类比，含蓄而形象地表达某种寓意或事件的某种情绪色彩。隐喻手法往往将不同事物之间某种相似的特征凸显出来，以引发观众的联想，使作品获得丰饶的审美内涵。比如用山岳象征伟岸高大、花象征美好、青松象征不朽、冰河解冻象征春天到来、红旗暗喻革命。

普多夫希金在《母亲》一片中，将工人示威游行的镜头与春天冰河解冻的镜头组接在一起，用以比喻革命运动势不可挡。《小城之春》中，镜头1——两个人在散步，镜头2——断壁残垣，这种镜头的连接，就有着深刻的隐喻意义——爱情的残败。再如《三毛从军记》中有一段，将日本侵略中国的战争场面与日本高层人士在饭桌上狼吞虎咽的场面剪辑在一起，其隐喻意义也很明显：中日战争是日本军国主义分子在中国的弱肉强食。

《邦妮与克莱德》开始时，克莱德手里的酒瓶和枪，都是青春欲望的一种象征，观众有基本的精神分析文化知识，才能理解这样的意义。《大红灯笼高高挂》从整体到局部都具有象征意味，张艺谋在牢狱般的大院场景中布置了60余盏红灯笼，添加的大红灯笼道具使得画面富有强烈的暗示意味。围绕着灯笼进行了“挂灯、点灯、吹灯”仪式，一方面凸显出陈老爷的排场和家长威仪，另一方面又昭示着原来只起到装饰作用的灯笼，却主宰了妻妾们的生活和命运。在《黄土地》中，小憨憨逆人流而动的场面，是新生命渴望变化的挣扎的象征。

3. 重复蒙太奇

重复蒙太奇是一个镜头或场面在影片中特定位置的一再出现，造成提醒、强调、呼应、对比、渲染的效果。比如《乡村女教师》中的地球仪、《红色娘子军》中的四个银毫子等画面一再出现。再比如《秋菊打官司》中多次重复出现山道弯弯的相同镜头，这一蒙太奇手段的使用主要是为了暗示秋菊打官司的经历和过程将是艰辛而曲折的。

4. 积累蒙太奇

积累蒙太奇是导演利用内容性质相同的多个镜头，取其不同的长度、景别、角度组接起来，造成或紧张、或激烈、或浓烈的气氛和节奏。

战场上，如果同一景别的爆炸场面一个接一个，效果并不理想，但如果远景、近景交替出现，开炮、中弹、逃窜等内容各异的镜头相继组接在一起，气氛就出来了。这种积累手法凝聚着丰富的内涵，既令人联想到仪式的感染力，又让人体会到沉重感。

5. 心理蒙太奇

心理蒙太奇，指通过镜头组接或声画组合展示人物的内在精神世界以及被心理活动主观化的外部世界。如：回忆、梦境、幻觉、遐想、潜意识等。

（三）理性蒙太奇

蒙太奇除了上述叙事和表现两大功能之外，还有人划分出理性蒙太奇，这是指通过在画面之间建立关系来传达特定的抽象思想，从而引发观众的理性判断和思考。比如《战舰波将金号》里连续出现的三个石狮子，就表达了一定特殊的过程，用画面之间存在的隐喻、转喻关系和象征性来阐述抽象的思想观念。爱森斯坦对蒙太奇的这一美学功能作了特殊的强调，他认为电影可以将两个镜头对列在一起产生新的表象、新的概念和新的形象，他在影片《战舰波金号》中就在故事情节的发展进程中，分别切入了石狮扑卧、抬头、跃起三个镜头，以此来说明人民从沉睡到觉醒到反抗的思想主题。尽管爱森斯坦过分强调了蒙太奇这种理性思维的功能，但是蒙太奇的确是电影艺术阐述思想的重要手段。

（余克东）

本章思考题：

1. 电视的视觉语言包括哪些元素？
2. 声画关系有哪几种类型？
3. 蒙太奇的类型有哪些？

第二章 电视新闻类节目的编导

电视的出现是大众传播媒介领域一大革命。从1936年11月,英国广播公司(BBC)在伦敦郊区亚历山大宫开播以来,广播电视的发展迄今已有八十多年的历史,它以十分惊人的速度给社会带来十分重大的影响。今天,它在大众传播媒介中已雄踞第一媒介的宝座。

电视新闻随着电视广播的开始而诞生,它以现代电子技术作为传播手段,又从报刊、广播、电影等其他传播工具那里继承了制作、传播的方法、技巧。它博采纵长,汇集众家之精华,以声、画形象发挥了独家的优势,在新闻媒介中异军突起,后来居上。它使人们能不出家门而"目睹"天下;它沟通了上下的情况,促进社会各界获知国内外消息。电视新闻的卫星传播,更缩短了地区与地区、国家与国家之间的距离,使全球成为一个"村庄"。电视新闻是"地球村"居民互相了解的最快速、最有吸引力的信息通道。在信息社会中,它以神奇的魅力影响着人们的思想、行动,推动着社会的发展。

电视从诞生到成长为重要的新闻传播媒介,经历了一个发展过程。从世界电视的发展史看,电视发端之初,无不以娱乐节目为本,而在其成熟之后则愈来愈显现出新闻传播的重要地位。当今社会,人们通过电视接收信息已经成为一个自然习惯,电视新闻已经越来越深入社会生活,成为人们获知国内外消息的主要来源。因而,各电视台对于电视新闻节目的制作和传播十分重视,对于电视新闻节目的编排及其效应给予了足够的关注。由于电视新闻节目的形态丰富,其编辑制作规律也各不相同,本章将着重对电视新闻的编排原则和技巧进行具体介绍。

第一节 电视新闻节目的社会价值和发展趋向

电视新闻是以现代电子技术为传播手段,因此,它的发展繁荣离不开科学技术的进步,现代科技为电视新闻的发展繁荣创造了技术条件;电视新闻面向社会传播,因此它的发展繁荣离不开社会的需求,社会的发展进步为电视新闻发展繁荣创造了社会条件。

一、电视新闻价值的构成要素

电视新闻价值是选择和衡量新闻事实的客观标准。这个标准是什么,即测定某一事件所具有的新闻价值的要素是什么呢?哥伦比亚大学麦尔文·曼切尔教授在《新闻报道与写

作》中对新闻价值的因素归纳为：①

影响：很可能影响很多人的事件。

时间性：最近发生的或者正在发生的事实。

声望：涉及著名的人物和机构的事件。

接近：发生在传播或广播地区的事件。

冲突：反映人们之间或组织之间的冲突的事件。

异常：极其偏离人们日常生活经验和想象的事件。

传播：正在被谈论的事件或社会问题。

二、电视新闻节目的发展趋向

我们在技术革命的推动下进入了信息社会，信息成了财富。把握时代脉搏，洞悉世界风云、了解社会变动、知晓生活的变迁，已经成为一种普遍的社会需求。人需要与外界沟通，需要了解外部世界。与此同时，信息技术的飞速发展，让世界真的变成了一个村落，寰球从此可以同冷暖、共呼吸。在技术革命的推动下，观众从看到已经发生的新闻，到今天可以看见新闻的发生、看着新闻的发展。在技术变革的背景下，电视新闻在未来呈现以下几个趋势。

（一）时效性

媒介融合时代信息的传播速度加快，信息获取的渠道也更多。在各种媒介的竞争中，电视媒体为了保持传统媒体的地位，就要提高信息传播的速度，加强新闻的时效性。电视诞生初期，所采用的摄录设备是电影胶片机，这种设备极大地限制了新闻的时效性，因为胶片拍完要冲洗，然后再剪辑。便携式摄录一体机的出现，使新闻采编播一体化，新闻时效性凸显。卫星通信技术也极大地提高了新闻的时效性，甚至让新闻的播出与事件的发展几乎零时差，最大限度地保证了新闻的时效性。在互联网背景下，媒介融合是趋势，电视新闻也在媒介融合背景下实现了多平台播出，互联网上实时发布与播出的新闻，弥补了传统媒体线性播出的不足，真正体现了电视即时传播的特性。

（二）贴近性、文化性

西方电视新闻节目的最大特点就是“接近民生”，我国电视新闻节目要进军国际便要适应国际的“口味”，只有满足了国际的要求才能立足于国际，但是我国的新闻节目又必须符合我国的国情，同时顾全这两方面的要求是我国新闻节目面临的艰巨考验。与此同时，我国新闻素来的“三贴近”原则与国际新闻的发展理念具有相似性，这一契合点对我国新闻节目进军国际是十分有利的；在品牌文化风靡全球的今天，我国的电视新闻节目只有树立具备中国特色的品牌才能在国际上有一席之地，例如 2008 年奥运期间开设的奥运专栏、几十年来坚持不变格调的《新闻联播》、每逢新春佳节主持人都会身穿喜庆服饰亮相，这些都构成了中国的文化品牌，既接近百姓，又体现了文化传承。

① 《新闻报道与写作》，艾丰等编译，中国广播电视出版社，第 67 页。

（三）与国际接轨

这几年我国电视新闻一直在不断进行调整与改版、变革和创新，伴随着我国经济的发展与综合国力的增强，与中华民族的伟大复兴相适应的是我国中央电视台的电视新闻节目也从“引进借鉴国外的”逐渐转变为“被国外引进借鉴”，说明代表我国媒体形象的中央电视台在电视新闻方面已经取得越来越高的国际地位。中央电视台开设了国际频道，不同语种的新闻栏目的开设使得世界各国的人民都能收看我国的新闻节目，这也推动了我国新闻节目的国际化进程。

（四）媒介融合是趋势

新形势下，媒体的种类不断增加，功能也愈来愈先进，电视传媒巧妙地利用这些新兴的传媒方式扩大电视新闻的传播范围，增强与观众联系的密切性，使新闻节目受到更多观众的关注，不仅使新闻节目的发展更为迅速，也使得新闻栏目有更广阔的材料来源。

（五）探索“第四代”电视新闻节目

目前对于“第四代”电视节目的探索只是刚刚开始，我们无法进行精确的描述，但是第四代电视新闻节目会具备多媒体及超文本的基本特点。为应对网络媒体的挑战，国内电视新闻工作者必须提高网络素养，培养运用网络进行远程采访、超文本编辑写作、网上主持等能力。

第二节　电视新闻节目的类型及其特征

一、按体裁分类

（一）消息类电视新闻节目

消息类电视新闻节目，通常人们习惯地称之为电视新闻，即狭义的电视新闻，它是电视新闻节目中的主干部分。消息新闻是电视台实现国内外要闻总汇的主要渠道，是观众了解国内外大事的主要窗口，《新闻联播》是消息类新闻节目的代表，传播广泛、信息量大，旨在以真实、客观为基点，迅速、广泛、简短地报道国内外新近或正在发生、发现的事实。首先，消息类电视新闻以快取胜，“快”是消息类新闻的第一要义，是信息时代新闻制胜的法宝。其次，消息类电视新闻短小精悍，迅速简要地报道国内外大事，由于求快且播出时间短，消息类新闻应主要立足事件、事态发生的现在，即使运用背景材料，也要用最简洁的语言、最典型的画面形象来突出主题。

在报道形态上，消息类电视新闻一般不能独立播出，而只能置于某一个新闻栏目中，并与其他新闻报道捆绑在一起播出。

1. □播新闻

这是一种以有声语言作为传播手段，播报员出图像播送文字新闻稿的消息类电视新闻报道样式。视听手段相结合、以听为主获取信息，是口播新闻的要义所在。播报员播报、有声语言和文字新闻稿是口播新闻的三个构成要素。

2. 字幕新闻

字幕新闻是伴随着电视技术的进步而出现的一种以简略的文字形式快速报道新近发生的重要新闻的消息类电视新闻报道样式。运用电子计算机控制字幕发生器，在电视屏幕上叠加文字，及时向观众报告最新发生或是正在发生、即将发生的新闻信息①，这是电视新闻最为简便的一种报道方式。字幕新闻可以分为静态字幕新闻和动态字幕新闻两类。

3. 图片新闻

又称为"图片报道"，指电视运用单张或是多张图片，结合文字解说来报道新闻事实的一种消息类电视新闻报道样式。② 图片新闻可以弥补缺少新闻现场画面的不足，特别是摄像机无法进入，或是无法拍摄的新闻现场，可以起到扩大报道面的作用。

4. 活动图像新闻

活动图像新闻是电视采用电影摄影或电子摄录方式摄录图像和声音，结合新闻解说词对事实进行报道的一种消息类电视新闻报道样式③，也是电视最基本的一种报道新闻的方式。主要有两个特点：一是画面与声音同步摄录，二是即时成像。活动图像新闻以文字、画面和声音为基本传播符号，声画并茂、形象生动地再现事件过程，与口播、字幕、图片新闻相比，活动图像新闻更能体现电视新闻形象直观的优势，更能给观众身临其境的真实感。

5. 现场报道

现场报道又称为"电视现场报道"，属于活动图像新闻的范畴，指记者在新闻事件发生现场，面向观众，以目击者或参与者的身份向观众作出图像(包含现场音响)报道的一种消息类新闻报道样式④。与活动图像新闻相比，现场报道具有更强烈的现场感，观众随着记者的现场解说，更有"身临其境"之感。

6. 连续报道

连续报道类电视新闻节目分为连续报道和系列报道两种类型。这两种类型被视为消息类新闻节目的一部分，但因其并非单条新闻，在播出上会有一定的时间跨度。二者在题材选择、时效性、报道序列和传播功能上有比较明显的差异。

连续报道是对正在发生、发展中的新闻事件及所追踪的事态进行及时、持续的报道。连续报道的题材往往是重大新闻，它的特点主要体现在对报道的时效性有比较高的要求；报道有较强的连续性，连续一般是纵向的；报道在总体结构上具有完整性；从报道层次上看是逐渐递进的；报道具有一定的广博性；报道在声势上具有强烈的悬念感。

系列报道是围绕同一主题从不同角度、不同侧面进行多次报道。系列报道是我国电视

---

① 赵玉明、王福顺：《广播电视辞典》，北京广播学院出版社，1999 年版，第 100 页。

② 赵玉明、王福顺：《广播电视辞典》，北京广播学院出版社，1999 年版，第 107 页。

③ 赵玉明、王福顺：《广播电视辞典》，北京广播学院出版社，1999 年版，第 99 页。

④ 赵玉明、王福顺：《广播电视辞典》，北京广播学院出版社，1999 年版，第 105 页。

新闻界的创造，它以集中的强大声势宣传党的路线、方针、政策和成就，引起社会舆论的关注，产生良好的宣传效果。系列报道的主题具有同一性，传播具有系统性，信息是密集化的。

7. 综合新闻

综合新闻即围绕某一报道主题，把若干分散的、不同地区、不同性质、不同体裁的新闻，按照一定规则集中编排整合为一个报道整体的报道方式。内容的整合性、报道的集中性是综合报道最主要的两个特征。一个组合报道往往由三篇或三篇以上稿件组成，组合报道可以分为同向组合、反向组合的体裁组合三种类型。

（二）专题类电视新闻节目

专题类电视新闻节目是综合运用各种电视表现手段与播出方式，深入报道某一重大新闻事件或某些具有新闻价值又为广大观众所关心的典型人物和典型经验，或新出现的社会现象，以及表现某一行业、地区新面貌新气象等内容的新闻报道形式。哥伦比亚广播公司(CBS)驻华盛顿首席记者希利曾说“每个电视记者都希望有机会从事新闻专题报道工作”，因为新闻专题可以发挥记者的全部创造力。专题类电视新闻节目可以分为电视新闻专题节目、电视新闻调查节目和电视新闻深度报道等类型。

1. 电视新闻专题节目

电视新闻专题节目又可分为典型报道、事件的现场报道、重大事件综述和思辨性报道等几种类型。

2. 电视新闻调查节目

电视新闻调查节目是利用电视的表现手法，以揭露社会负面事实为主要目标，由新闻媒体独立完成采访报道任务的电视新闻节目类型。电视新闻调查节目是一个电视新闻频道的核心竞争力所在，同时也是体现媒体公信力的重要手段。这类节目对记者和编辑提出的要求较高，因此，节目往往能够产生深远的社会影响。

3. 电视新闻深度报道

电视新闻深度报道是运用电视的表现元素和报道方式对新闻事态的发生进行前因后果的解释、分析和预测。电视新闻深度报道具有理性思辨的色彩，同时它的表现手法丰富多样，多侧面、多视角、多层次的立体报道是它的一大特点。由于对事态有深层次的思考，因此，深度报道节目往往能够在社会中引起较大的影响。评论类电视新闻栏目就是一个例子，它是通过对新闻事实的深入调查采访、认真分析论证，在摆事实讲道理的过程中，由记者或主持人代表传播媒介旗帜鲜明地表达对所报道的新闻事件或社会热点问题的看法和认识的一种栏目形态，它是电视新闻深度报道的重要形式之一。

（三）访谈类电视新闻节目

这类节目是以采访者与受访者面对面谈话的形式，就某一新闻事件展开交流的电视新闻节目形式。访谈类电视新闻节目可分为人物专访和谈话节目两种类型。

1. 人物专访

人物专访是采访者通过与新闻事件中的焦点人物进行面对面的深入交流，把新闻事件与新闻人物融为一体，以人物为视角来解读新闻。

2. 谈话节目

谈话节目是在主持人的驾驭下，由嘉宾和观众共同参与，就社会热点事件展开平等的对话交流，为各种意见和观点提供沟通平台的节目类型。《实话实说》就是这一类节目的代表(《实话实说》在题材上可按新闻访谈归类，形式上亦可按谈话类节目大方向归类)。

（四）杂志类电视新闻节目

“杂志”一词原为阿拉伯语，原意为“仓库”。因此“杂志”一词本身就含有兼收并蓄、分类排列的意思。美国哥伦比亚广播公司的《60 分钟》栏目是杂志类新闻节目的代表，由记者兼主持人华莱士主持，该栏目打破了一期节目一个主题的做法，改为一期节目三个板块，讲述 3～4 个题材重大、富有人文色彩的新闻故事。杂志类新闻节目是一种将不同新闻内容与报道形式，经过编排后在固定时间播出的节目样式。[①] 其节目名称因类似定期出版的杂志而得名，故有学者将它作为电视节目的一种编排方式。一般来说，一档杂志类新闻节目是由若干个节目单元构成的，而每一个节目单元下面又设有若干个小栏目。杂志类新闻节目的“主持人”“单元”和“节目内容”称为杂志类新闻节目“三元素”。

（五）重大事件特别报道

重大事件特别报道，是指电视媒体综合运用各种电视节目形态和表现手法，对已经或正在发生、发现的具有深远和持续影响力的事件进行细致、全面、深入报道的方式。由于这种方式社会效益突出、影响力不可估量，因而，尽管其报道持续时间长、制作难度大、形式多样化，所投入的人力、物力、财力多，因此，各大电视媒体每逢重大事件仍不惜全台之力投入报道。若以事件的性质为标准，重大事件特别报道还可以划分为可预知的程序性重大事件特别报道和不可预知的突发性重大事件特别报道。

1. 可预知的程序性重大事件报道

可预知的程序性重大事件是事先经过了精心策划和安排的、有大致轮廓的、甚至有比较详细的时间表的事件。当然，可预知的程序性重大事件特别报道也有可能出现事先无法确定的环节。如首脑会晤、重大会议等。

2. 不可预知的突发性重大事件特别报道

突发性重大事件往往是不可预知的，但它最能够检验电视媒体和记者的新闻敏感和反应能力。虽然如地震等自然灾害有时会有一定前兆，但事件发生的确切时间、地点和进展过程以及可能引发的后果都是事先难以预料的。面对突发性重大事件，电视媒体必须在第一时间赶到事发的第一现场，通过现场连线或影像报道将事件的最新进展呈现给受众。由于缺乏事先准备，突发性重大事件报道在开始时难免粗糙和凌乱，但这种原生态的记录方式和事件本身的不可预知性，恰恰是最吸引受众的要素。

① 孙保国：《中国电视节目形态研究》，新华出版社，2007 年版，第 19 页。

二、按播出形式分类

在电视业近百年的发展历程中，人们不断采用新技术改进电视节目的生产方式。目前数字技术、卫星直播技术都被广泛运用于电视制作领域，形成了多种电视节目制作方式。

（一）ENG 方式

ENG，即电子新闻采集(Electronic News Gathering)。这种方式，指的是使用便携式的摄像、录像设备来采集电视新闻，是电视新闻使用最多的采访报道方式。设备简单，就是一台摄像机和一条编辑线。在 ENG 制作方式中，一般是使用便携式摄录机，需要时再加上一到两名记者就可以构成一个流动新闻采访组，可以方便灵活地深入街头巷尾等现实生活中去实地拍摄采访。由于 ENG 方式非常机动灵活，被其他节目采集素材时大量采用。因此，ENG 制作方式也是一种基本的电视节目制作方式。我们目前看到的新闻节目基本都采用这种播出形式。

（二）EFP 方式

EFP，即电子现场制作(Electronic Field Production)。它是将一整套设备连结为一个拍摄和编辑系统，以进行现场拍摄和现场编辑的节目生产方式。EFP 也是电视技术迅速发展的产物，它是一种适用于“野外”(准确地说是“台外”)作业的电视节目生产方式。它必须具备的技术条件是一整套设备系统，包括两台以上的摄像机，一台以上的视频信号(图像)切换台，一个音响操作台及其他辅助设备(灯光、话筒、录像机运载工具等)。

利用 EFP 方式，可以在事件发生的现场或演出、竞赛现场制作电视节目，进行现场直播或录播。如果电视节目是在事件发展同时播出，我们称之为现场直播；如果电视节目是在事件发生、发展的同时进行录制，然后再播出，我们称之为现场录像、实况转播。不论是现场直播还是现场录像，摄录过程与事件发生发展同步进行，因此现场性特别强烈。这是 EFP 方式最突出的优点。因此，EFP 也可称“即时制作方式”，又由于 EFP 需多台摄像机拍摄，所以也同“多机摄录、即时编辑”的概念相通。EFP 是最具有电视特点、最能发挥电视独特优势的制作方式，因此，每一个成熟的电视台都将 EFP 制作视为必须具备的能力。尤其是电视新闻节目，随着新闻时效性的加强，与事件发生的同步现场直播，这种几乎零时差的电视新闻极大地满足了受众的心理需求，也成为考验一个电视台新闻制作水平与能力最好的方式。

（三）ESP 方式

ESP，即“电子演播室制作”(Electronic studio Production)。电子演播室制作，主要是指演播室录像制作。由于演播室在设计和建造时预先充分考虑到了节目录制、播出的技术要求；它具有高保真的音响效果；完备的灯光照明系统和自动化调光系统；布景中心；录制设备和控制设备等。使用质量好的固定式摄像系统如高清晰度、数字化的广播级摄像系统，摄像机的体积和重量不受某些条件的限制，并可架设于有移动轮的液压支撑设备上，可使摄像机的操作移动平稳可靠；应用特技功能较多的高级多功能型特技切换系统等。因此，ESP 制作方式技术质量高、特技手段丰富，是一种较为理想的制作方式。

ESP方式既可以先拍摄录制，后编辑配音，也可以多机同时拍摄，在导演切换台上即时切换播出。ESP方式综合了ENG和EFP两者的优点，手段灵活，可用于各类节目的制作，已成为电视台各类大、中、小型自办节目的主要制作手段。但是，由于ESP常需要搭景、排练，演播室因此而被占用一定时间，所以加强对演播室的科学管理，改进电视布景、道具的搭置工艺，提高导播和摄录效率，缩短演播室制作周期，是一个至关重要的问题。

第三节　各类型电视新闻节目编导

一、消息类电视新闻节目的编导

这里所讨论的消息类电视新闻节目主要是指各级电视台所制作和播出的综合性的新闻节目。消息类新闻栏目包括整点播报、滚动播出、随时插播最新消息等多种形式。整点播报让观众在固定的时间里看到新闻；滚动播报则满足了人们对最新信息的需求，并使得新闻与时间的流动相呼应；而随时插播最新消息则又具体涉及口头插播、文字插播以及图像插播等不同样式，更是充分体现了电视新闻对突发新闻事件的应变能力。

（一）新闻的选题

既符合政治对宣传的要求，又符合大众对信息的需求，同时还能实现节目在收视率及媒体影响力的双高诉求。具体来讲新闻的选题指标有以下几条。

其一，符合政治宣传的指标。新闻的政治性应排在首位，选题如何体现社会体系中的政治立场与主张以及引导舆论至关重要。

其二，符合新闻价值的指标。一是新闻信息对社会可能产生的实质影响；二是人们对这种实际影响的认识是指一个事实所包含的足以构成新闻的各种特殊素质的总和。即符合时效性、重要性、显著性、接近性、趣味性等条件。

其三，符合电视的媒介属性。用活动的声画影像来传递信息，具有直观生动、形象逼真以及现场效应方面的独特优势。

其四，符合节目的自身属性。从节目的自身定位及其自身的节目特色出发形成有个性的选题依据与标准。

（二）新闻的编排要求

电视新闻节目的编排要求包括头条新闻的遴选、节目顺序的组合、现场最新动态的插播等内容。

1. 慎选头条——头条新闻“先声夺人”

电视节目的线性播出方式，使得新闻播出的先后顺序变得至关重要。选择头条新闻的基本标准是新闻价值的高低。头条新闻是新闻节目编排思想的集中体现，应该反映党和政府当前的工作重心，既是国内外重大新闻事件的纪录，也是广大受众关注的社会生活的反映。不同时段的新闻对于新闻头条的选择是不同的，18：30至20：00这一时段的头条需要更多地侧重党的舆论宣传内容。而其他时段，确定头条的最根本标准应该是新闻价值的重要性程度。例如中央电视台《新闻联播》头条新闻的主要内容：

一是党和政府的重大内政外交活动；

二是能反映党和政府中心工作的带有倾向性的典型报道；

三是重要的文化、体育活动，有突破性的重大文化体育成就；

四是重要的建设成就；

五是重大天灾人祸。

当然，不同的电视台、不同的新闻节目的服务对象各不相同，因而，新闻节目头条选择的标准也有差异。比如各省市级的《新闻联播》节目基本按照中央电视台《新闻联播》对于头条选择的标准；而民生类的新闻节目，因为党政方面的时政新闻比较少，所以在头条的选择上基本上遵从新闻价值的大小。

2. 节目编排顺序

新闻编排既体现新闻媒介（编辑）对新闻信息评价，也是帮助、吸引观众收视的手段。成功的编排能展示新闻性节目的个性，提高收视率，带动收视特点，所以编排工作具有举足轻重的作用，正确的编排思想是编排好电视新闻的前提。编排思想是“灵魂”，编排思想是报道思想的具体体现，编排技巧是为编排思想服务的。正确的编排思想来自编辑对全局形势情况的了解；对实际情况的了解；来自政策水平的高度；来自对新闻的认真分析以及观众的反馈。编排思想有如下几种：

（1）全局观念。编辑要有胸有全局，面对整个形势，站在时代高度处理具体新闻、编排新闻节目。电视新闻是舆论宣传，它所肩负的使命要求电视新闻工作者要特别注意全局问题。树立全局观念要“吃透两头”，既要了解党和政府的中心工作精神，与党中央保持一致，又要了解实际情况。尤其要加强对党的政策的研究，深入领会，吃透精神，使报道既准确又及时。

（2）节目观念电视新闻是通过节目进行宣传活动的，编辑的主要职责就是编制节目，要下功夫研究电视新闻节目的内在规律、基本特征和编排制作的艺术。编排一次新闻节目要有重点、有目的性，要研究新闻的配置和优化组合，要注意新闻节目之间的内在联系，充分挖掘其蕴含着的新闻价值，从而达到最佳宣传效果。节目观念还要考虑到不同的新闻性节目的个性。

如《新闻联播》在安排新闻的次序上，基本是“先国内后国际”，国内 25 分钟左右，国际 5 分钟左右。国内部分是按照时政、经济、军事、科教文卫、民生、简讯等“先硬后软”的惯例，这符合新闻价值的一般规律。

表 2-3-1 《新闻联播》2017 年 3 月 22 日节目单

《新闻联播》（2017 年 3 月 22 日）	
1	践行新理念激发新作为：下“绣花”功夫打脱贫攻坚战
2	李克强对全国春季农业生产暨现代农业产业园建设工作会议作出重要批示，李克强强调完善强农惠农政策推进农业供给侧结构性改革提高农业稳定发展能力和农村发展水平实现农民持续增收

（续表）

《新闻联播》(2017 年 3 月 22 日)	
3	李克强离京正式访问澳大利亚新西兰
4	刘云山在人民日报社调研，刘云山强调推进媒体融合发展为党的十九大召开营造良好舆论氛围
5	国务院印发《关于新形势下加强打击侵犯知识产权和制售假冒伪劣商品工作的意见》
6	军委纪委通报查处的 10 起典型违纪问题
7	实施税收联合惩戒构建社会诚信体系
8	世界水日：绿色发展全面推行河长制
9	外交部“12308 微信版”正式上线：提供实时领保咨询服务
10	北京全面启动医改推行“医药分开”
11	河北威县：“金鸡帮扶”农民奔小康
12	国内联播快讯：a. 我国去年海平面上升 38 毫米；b.“扫黄打非”启动多个专项行动；c. 文化部公布首批艺术品市场检查结果；d. 326 家影院瞒报票房被处罚；e. 浙江：千余乡镇签订治水责任书
13	美英发布航班携带电子设备禁令：a. 中东和非洲 8 国 10 个机场受影响；b. 美称恐怖组织可能袭击商业航班；c. 土耳其埃及等国反对美国禁令；d. 英发布赴英航班携带电子设备禁令
14	韩前总统朴槿惠接受 21 小时检方调查：a. 朴槿惠否认大部分指控；b. 韩检方或近期决定申请逮捕令
15	俄罗斯在克里米亚举行大规模军演
16	国际联播快讯：a. 叙政府军击退反政府武装新攻势；b. 伊朗最高领袖强调重视经济；c. 涉嫌“空饷门”法国内政部长辞职

(3)受众观念。电视新闻节目编排要强调受众观念。观众是我们服务对象，电视新闻既要和党中央保持一致，也要为观众所喜闻乐见，这两者是一致的。要不断收集观众对新闻节目的意见，了解他们的愿望，根据观众意见改进新闻报道。

做好受众调查，根据观众反馈信息改革新闻报道，使电视新闻更接近观众，接近生活，接近实际，这是编排新闻中必须要树立的观念。

电视新闻编排顺序要遵循新闻价值大小，同时也要考虑观众的兴趣，接受心理。电视是线性传播，要把观众从无意注意心理状态下收看转到有意注意心理状态，编排顺序也是十分重要的。不注意调动观众的注意力，单纯按新闻价值的重要性来安排次序，效果未必好，而注意调动观众的注意力，使观众始终处于兴奋状态，或不时地把观众的收视兴趣调动起来，有着意想不到的收看效果。编排技巧有如下几种：

(1)优化组合，有序编排。优化组合是编排突出重点的最常用方法。编排时要通过合理巧妙地搭配排列，实现整体优化，即从整体效益上超过单条新闻效果之和。应重点突出，条理清楚，层次分明。

(2)组合排列：组合排列是把同类题材或内容相近，或有内在联系的新闻排列在一起，使之形成一组，在一次节目中形成“重点”。组合式编排，类似积累蒙太奇组接，能产生强烈的传播效果，国外把这种组合称为“包裹式”新闻集纳。

(3)对比排列：是把内容反差极大的新闻编排在一起，以鲜明的对比冲突思想内涵，给观众留下深刻印象。对比排列也同样能鲜明地体现编辑部对新闻评论作用，它遵循了用事实说话的原则，旗帜鲜明地表明赞成什么反对什么，起到积极的舆论导向作用。

(4)集纳式综合编排：综合编排是把同类题材综合在一起编成一组综合新闻，一条条播放同类题材的新闻会给人以雷同单调之感，而各取有特点部分以综合播放会给观众留下深刻印象。新闻组配就是将几条从不同侧面、不同角度但有一定内在联系的新闻集纳编排，或组合，或对比，或关联，互作补充，互为背景，使一档新闻节目在有限的时间内承载更大的信息量，从而增强新闻内容的密度、力度和深度。(表 2-3-2)

表 2-3-2 《新闻夜航》2008 年 8 月 7 日节日编排串联单

新闻夜航(2008 年 8 月 7 日)			
标题	作品体裁	作品来源	播出方式
版块名称：时效新闻			
夜航气象(一)		本台自采	图像解说
爱心接力营救中毒幼儿	消　息	双鸭山台	图像解说
小区门口蜜蜂开会	消　息	安达台	图像解说
女子无聊骚扰火警	消　息	密山台	图像解说
公路上面跑“火车”	消　息	本台自采	图像解说
悬浮汽车惊现街头	消　息	本台自采	图像解说
哈尔滨一市民拾到钱包	消　息	本台自采	口　播
版块名称：夜航调查			
城管变身广告业务员	消　息	本台自采	图像解说
特勤科长揭秘特别业务	消　息	本台自采	图像解说
“彩票王”变成阶下囚	消　息	本台自采	图像解说
影帝擒凶	消　息	本台自采	图像解说
殡仪馆内观遗容谁料乾坤大挪移	消　息	本台自采	图像解说
版块名称：给梦想插上翅膀			
通知书来了妈妈走了	消　息	本台自采	图像解说
版块名称：看图说变			
追梦之旅		本台编辑	图像解说

（续表）

新闻夜航（2008年8月7日）			
钱包的失主找到了	消　息	本台自采	口　播
夜航气象（二）		本台自采	图像解说
版块名称：其他			
动物奥运也精彩	消　息	本台自采	图像解说
奥运新发型火炬上头顶	消　息	本台自采	图像解说
花甲老人叫板体操王子	消　息	本台自采	图像解说
倒骑自行车我能拿第一	消　息	绥化台	图像解说
轮滑婚礼独具创意	消　息	牡丹江台	图像解说
夜航气象（三）			
版块名称：口播资讯			
于再清当选国际奥委会副主席	消　息	新华社	口　播
国务院发布《加强节油节电工作的通知》	消　息	新华社	口　播
我省商品房均价每平方米3048元	消　息	黑龙江日报	口　播
全省粮食作物播种面积再创新高	消　息	黑龙江日报	口　播

表2-3-1案例中，在“其他”这个版块中，五条新闻都是围绕运动展开，形成了累积的效果，让观众印象深刻，可以很清晰地显示组合排列。下面的案例是青岛电视台《今日60分》栏目的节目单，这个节目的编排中既有组合编排，又有对比编排。第二个版块7～10条新闻，都是以“第一场雪”为主题，从农业、交通、休闲娱乐、供暖等不同角度报道了青岛新年的第一场雪。第11条和第12条新闻采用了对比编排的组合手法，第11条新闻以供暖不利为主题，说的是“冷”，而第12条新闻说的是给寒冷冬天里辛苦的协警送福，体现的是“暖”，一“冷”一“暖”的对比编排别出新意，通过对比更突出了新年第一场雪中人们心中的“冷”和“暖”。

案例：青岛电视台《今日60分》栏目2008年1月11日节目单

① 青岛市十四届人大一次会议胜利闭幕

② 人代会议案锁定轨道交通地铁规划有望出台

③ 稍后《今日视点》播出《解读民生关键词》

④ “感动青岛”十佳人物评选投票截止

⑤ 山东省取消期中期末统考制度

⑥ 备战奥运　运动健儿冬训忙

小提要　小片头

⑦ 新年第一场雪：岛城银装素裹　农村旱情缓解

⑧ 新年第一场雪：高速公路封闭　航班延误

⑨ 新年第一场雪:市内交通顺畅　部分路段打车难

⑩ 新年第一场雪:冬泳者雪中畅游

⑪ 暖气不热　居民家中穿棉衣

⑫ 送“福”上街头:交警协管员你们辛苦了

小提要　小片头

⑬ 1550 套保障性住房今起公开销售

⑭ 春节临近　家政服务遭遇“用人荒”

⑮ 新闻追踪:老曹何时能拿到 18 万元赔偿金

⑯ 汶上路一居民楼发生天然气泄漏燃爆事故

⑰ 新闻链接:天然气使用的安全常识

小提要　小片头

⑱ 今日视点:解读“两会”民生关键词

板块式结构构成,如“国内新闻”“国际新闻”“地方新闻”等。各个板块之间或由主持人串接,或由特技画面转换。实际上,有些电视新闻主编把精力集中在让观众一看就懂的几个板块上,每个版块有各自的重点。许多新闻节目播出时间变长,分段有利于形成制作的结构意识,各段之间播出广告或者新闻片头,这符合观众的收视心理。

新闻节目的编排营造节奏——加强变化。

第一,可以使用不同报道方式的转换,现场报道与口播新闻,图像配解说与同期声采访;

第二,可采用长短新闻的穿插、搭配以及男女声搭配播报的方式,使节奏起伏、流畅。

(2)电视新闻编排还包括新闻提要与串联词的撰写,具体需要注意以下方面:

① 新闻提要是为了突出重大新闻事件、吸引观众收视而采用的一种编排技巧,运用得当既可体现编辑意图,又可为观众提供有益的服务。

新闻提要有两种主要方式:

一是在播出开始时,由播音员或主持人选播部分重要新闻的题目,帮助观众预先了解本档新闻的全貌或重点。提要也可以在口播的同时打出字幕或插入照片或活动画面。

案例:《新闻 1+1》节目提要

解说:你妈是你妈,这还需要证明吗? 需要。

《人民日报》记者:一家三个人想出去旅游一下,办各种手续的过程当中,其中就有一项,需要他留紧急联系人,最好是填自己的父母,证明他们是这个母子关系的话,(等于)要去证明我妈是我妈。

解说:你妈是你妈,是必须要证明的吗? 不一定。

《人民日报》记者:这个旅行社怎么摆平的,我们不知道,但是就交 60 块钱就可以了。

解说:要不是特事特办,他就当不上全国劳模;要不是特事特办,她的教师资格就泡汤了。

海南省歌舞团团长　彭煜翔:省委省政府能派专门的人协助你通过政府的协调,找不到主要领导的我们会电话沟通(协助盖章)。

解说:《新闻 1+1》今日关注:证明你妈是你妈,谁的笑话?

二是在一档新闻播出过程中,间或出现播音员或主持人插叙方式的提示,这样可以强调新闻的重要内容;提示新闻之间的内在联系(如相关、对比等);显示编排中的分类、分段结构意图,引导观众转换注意。这几种功能都有助于增强节目的可视性与吸引力,从而减少在稍纵即逝的播出过程中信息损耗。

② 新闻回报,是第一种新闻提要的复述。在新闻结束之前,再播报一次全部新闻或部分重要新闻的题目,加深观众的印象和记忆。由于回报带有概略重播的性质,对于中途收视的观众,不外乎是一种信息补偿,目前《新闻联播》中既要提要,也有回报,首尾呼应。

③ 串联词的编写也是电视新闻编排的重要方式。串连词是指一档节目中将各个组成部分串联为有机整体的语言文字。简言之,就是指上下新闻之间的承上启下的简短议论和介绍,用好串连词可以使整档节目形成一气呵成之感。目前,串连词主要有三类:

一是新闻导语,开门见山地由播音员概括出新闻事实。

二是背景介绍,说明相关情况,起一种提示作用。

例如"本台刚刚收到的消息""今天下了入冬以来的第一场雪,下面请看一组报道",通过对新闻时效性或特殊意义进行简短概括,给观众更多的有用信息。

三是简短的议论,提纲挈领、简明扼要地点明新闻事实的思想含义,使观众一目了然,有助于观众深刻理解新闻内涵,简短议论还能体现出与观众平等交流的关系。对于最新动态的插播,应把握好插播的时机,争取在最短的时间内,用最快的速度进行处理、审查和播出。

总体来说,电视新闻编排是一种创造性的劳动,是思维的艺术,虽然它本身并不直接去制作具体的新闻,但它可以运用各种编排手段开发出新闻的潜在价值,发挥 1+1>2 的系统优势。为了达到这个目标,电视新闻编排应力争做到:

① 内容准确无误;

② 形式活泼新颖;

③ 版面有张有弛;

④ 提要引人入胜;

⑤ 排序鲜明醒目;

⑥ 衔接自然流畅。

(三)新闻稿件的撰写

新闻稿件的撰写包括策划方案、采访提纲、拍摄脚本、剪辑脚本、新闻标题、节目提要、解说稿、串接词及短评等内容。对于策划方案而言,一般较为简单,最主要的就是确定主题,没有十分硬件的指标所限。采访提纲简单,除五大要素 where、what、when、why、who 之外,要视新闻现场的实际情况进行交代。

二、新闻杂志类节目的编导

杂志型电视栏目的策划和编导同样是一个复杂的系统工程。对于策划者来说,其首要的职责就要为策划的服务对象——电视台、节目制作机构,策划出有观众、有市场、有前景、有价值的电视栏目;对于编导来说就是要在充分理解策划意图的前提下,组织制作班底,实施采拍制作,并最终创造性地完成整个节目生产任务,实现策划目标。目前,我国新闻杂志类节目在编导过程中有以下几点需要注意:

(一)明确策划的目的

首先,编导要对节目制作单位的实力有所了解,不是每个制作单位都有实力摄制杂志型电视栏目。有些制作单位,即使有一定经济实力,但人才储备不一定能满足大型杂志类节目的需求。只有两方面条件都具备了,才有生产电视新闻杂志节目的可能。

其次,编导必须对同类和相近的节目有所了解,以便制定出科学的竞争策略——如果自己所服务的媒介实力雄厚,决策人又有争做第一的勇气和信心,那么就不妨制定一个对撼策略,取长补短、互通有无的横向联系也是好策略。在什么环境与条件允许干什么有一个清醒的认识。

(二)编导要明确的工作内容

(1)栏目宗旨。首先要考虑的就是栏目的宗旨和目的,就是栏目是为什么而制作的,是为了获得社会效益,还是要获得经济效益?抑或两者兼而有之。

(2)栏目定位。包括栏目的内容定位和收视对象定位。

(3)栏目板块。栏目板块的划分没有固定的模式,也没有统一的规则可遵循。有的只是这样几种还比较行之有效的思路:

首先是板块组合式,按人、事、现象来切换,如《东方时空》栏目就是按照这一组合方式,分成了"东方之子""生活空间""面对面""时空连线"四个板块。板块组合式的特点是板块众多、信息丰富、形式多样,汇聚天下信息于一个栏目。

其次是事件组合式,就是在每一期节目中播出几则深度报道的节目形态,通过主持人的点评、串联形成一个有机的节目整体。中央电视台《世界周刊》就是这类节目组合方式,并从重大事件、热点问题、新闻人物出发,分为"扫描""视线""人物""点睛""故事"等五个板块。

最后是主题组合式,就是把多个内容迥异的子栏目组合在一起播出,如中央电视台杂志新闻栏目《天涯共此时》就有五个子栏目,分别是《台湾故事》《两岸寻亲》《百家姓》《一方水土》《神州纪事》五个子栏目,虽然各个子栏目的小主题不相同,但是都统一在一个大的主题之下。

(4)栏目选题。电视新闻杂志栏目的选题是有自己特殊性的,这种特殊性就是它的选题是一个长期的过程,其他节目可以一次性完成选题工作,但杂志型电视新闻栏目的选题必须要有长期规划,要细水长流。

(5)栏目风格。栏目的风格是能够设计的,但要真正体现出来并得到观众的认可,却需要一个过程。栏目的风格包括:节目内容、包装形式、主持风格、采访制作。

(三)杂志型新闻节目的组合原则

之前在讲述消息类新闻节目的时候重点讲述了消息类新闻节目的编排,其实不但是消息类新闻讲求编排的艺术，杂志型新闻节目同样需要。如果编排得当整期节目就会主题突出、节奏鲜明，反之节目就会缺乏内在的逻辑关系，节奏拖沓。因此，杂志型新闻节目在编排时必须遵循以下组合原则：

1. 组合排列，突出有序

杂志类新闻节目的“杂”，是建立在有序组合基础之上的，而不是不分顺序、不分主次的“杂”，呈现出很强的分类性。如《东方时空》栏目下面的“时空报道”是消息类新闻节目板块；“东方之子”是新闻人物专访节目板块；“生活空间”是讲述老百姓自己的故事的生活纪实类板块；“面对面”是以新近发生的民生新闻为主题的谈话类节目板块。子栏目虽然形式内容不统一，但是分门别类并有序排列，既满足了观众对于不同内容的收视需求，也有利于节目形成固定的工作方式，提高节目制作效率。

2. 注重“讲故事”的叙事策略

杂志型新闻节目中有深度调查报道、人物专访和纪实类节目等，所以与消息新闻相比，杂志型新闻节目更应侧重在叙事策略上，尤其是要以“讲故事”的方式细致、详尽地将事件的发生、发展和变化的过程呈现出来，而这个过程构成了节目的故事性。人有听故事的天然特性，对于观众来说，故事能够有效地唤起观众的关注兴趣。

3. 板块组合灵活生动

国内外的杂志类新闻节目都有一个不断优化的组合过程，也是杂志型新闻节目不断调整的过程。因为，首先任何节目设定都是从当时的条件出发，如节目来源条件、制作能力条件、观众兴趣条件等都是当时的客观存在于人头脑中的具体反映。其次情况是变化的，一档节目经过一段时间的运行后，很可能由于内、外原因需要进行一定调整，或是进一步优化组合：如内部制作实力的增强、对节目的认识加深、节目理念更新等；外部原因如观众的兴趣和“口味”的变化，以及同行同类节目的兴起与变化。

总之，杂志型新闻栏目要求编导者能够调动并发挥子栏目的“团队效应”，从而让所策划和编导出来的整档节目能够越来越受到观众和市场的重视和欢迎，力争获得社会效益和经济效益的双丰收。

三、深度报道类电视新闻的编导

与其他电视新闻节目相类似，深度报道类电视新闻节目的编导制作流程也需经过前期筹备、采访拍摄、后期剪辑等程序。

（一）选题的侧重点不同

1. 对新闻时效性要求不同

消息类新闻节目对选题的要求最高，因为新闻是“易碎品”，所以新闻要抢时效，甚至可以采用现场直播的方式，达到近乎零时差的效果。其实，深度报道也讲求时效，但相比消息类新闻，由于深度报道的采访和制作具有复杂性和深刻性所以在时效上要略逊于消息类新闻，深度报道的时效不在新闻的第一落点，而是在新闻第二落点，侧重于报道新闻的成因，新闻事件的影响等。

2. 对新闻材料深度的要求不同

不同类型的新闻报道形式有不同的价值取向。消息类新闻节目求“快”要第一时间，将新闻的事实以最快的速度播报出去，传播新闻事实。深度报道更侧重对新闻成因和影响的报道，深度报道则强调对新闻事实的原因、过程、结果、影响以及未来趋势作出客观的报道和评判，从深度（深刻性）和广度（广延性）两方面指出了新闻文本以受众认知效用为主导的运作方向。

（二）强化细节意识

在细节的选取上，要有画面细节，电视新闻不同于纸媒的新闻报道，因为电视记录的是活生生的画面和转瞬即逝的瞬间，所以电视编导和记者要善于用画面说事，要用画面细节突出主题。同时，又不能仅局限于画面影像，还要注意对人物同期声、现场环境声效、音乐音响效果、解说词、字幕的抓取和应用。在细节的处理上，对关键的细节可以采用“重复使用”“慢镜头处理”“强调性圈描加工”“提示性话语强调”“特殊色调处理”等方法来完成。

（三）节奏的把握与控制

应做到每期节目都符合本栏目整体的风格要求。每个栏目的风格和结构不尽相同，所以深度报道的剪辑编排也要根据每一个栏目的具体要求而做出相应的调整。在剪辑编排过程中，处理好节奏问题，可以从情绪上抓住观众，从而很好地控制住节目的进展并顺利地将编导对事件的理解表述清晰。

（四）“讲故事”的策略

将最精彩、最有悬念、最具代表性的镜头放在节目开始部分，让精彩在第一瞬间抓住受众的心。在宣传片、内容提要、节目片头、下期预告中加入精彩镜头、悬疑提问等。此外，悬念的设置方法不一定非要先因后果、先声夺人，只要节目编导符合“超乎寻常的事件情节，时常在此出现”与“本属寻常的事件情节，从未在此出现”，那么“悬念”就可以设置得很不错了。

（五）声画结合增加深度

若能用好画面和同期声作进一步的评论（或佐证、或深描、或印证）则会使节目的水准更上一层。同期声讲解乃近乎小景别镜头的传播，画面叙事恰似于图像式的思维。

总之，深度报道类电视新闻节目的编导工作要从电视的媒介属性及新闻节目的内容属性两方面着手才能创作出适应观众口味、符合时代需求、契合宣传舆论要求、合乎电视新闻自身特点的经典节目。

四、电视新闻直播节目的编导

电视新闻现场直播是电视记者在新闻现场，以采访者、目击者或参与者的身份，采用完全纪实的手法，边报道、边摄录、边同步播出现场情景的报道形式。这种报道形式通过对视觉和听觉两个相对原始通道——时间上的同步性、空间上的接近性——使事件的发生与观众的接受几乎零时差，把新闻的客观性提高到了一个新的层面。

直播的三层含义：

(1)节目的后期合成与播出同时进行，有演播室直播和现场直播两种形式；

(2)现场的声音、图像与事件、活动的进程同步播出的形式；

(3)将新闻现场发生的新闻事件转换为电视信号，直接发射，即时播出的一种报道和播出同步进行的方式。

新闻现场直播编导策划，是在预知新闻事件即将发生时，在充分认识、预测所要报道的新闻事实基础上，以受众的心理需求为依据，以同步报道播出新闻现场及相关背景材料的有机整合为内容，以达到预期传播效果为目的，对报道方式、人员组织、设备调度、设置播出等诸多环节进行系统统筹、精心准备的过程。

电视新闻现场直播编导策划的分类见表2-3-3：

表2-3-3　电视新闻现场直播编导策划的分类

现场报道的类型	现场的特点	报道的难点及对编导、记者的要求
重大突发事件	突发性、不可预知性、是最高层次	条件艰苦，"现在时""进行式"有挑战性；现场应变能力、即兴的语言组织能力、现场的观察判断能力，如报道突发灾难事件
重大非突发性事件	可预料性、可作较充分的准备	策划详细；语言表达能力、应变能力，如重大活动直播
"过去时现场"报道	具有弥补性质、验证性质，现场采访的较低层次	尽量找寻与事件相关的细节及事件的后续情节，如一些调查类报道

电视新闻现场直播编导具有以下要点：

1. 现场感的充分再现

新闻现场就是新闻事件正在发生的现场动态和环境。新闻现场直播报道重点在新闻现场的再现，可以给电视机前的观众充分的现场感，让观众有身临其境的感觉。

2. 为动态信息预留空间

现场直播报道通常都是报道一个动态变动的正在发展的事件，随时都有可能有突发情况出现，为了保证播出的顺利，就要有预见性，在事件发展的过程中预留出空间。

3. 电视纪实手段的充分运用

电视纪实手段是指在声画表现上最大限度地凸显新闻的真实性、现场感。比如说长镜头、跟拍、抓拍，还有同期的运用等，这些都是特别有效的电视纪实手段。

4. 重视对现场细节的捕捉

细节是最打动人的，细节是最能体现新闻价值和主题的事实的局部，细节也是新闻的记忆点。观众在观看新闻时，细节是观众注意的焦点，应通过捕捉细节来突出和深化主题。电视新闻直播对于现场细节的抓取，能让观众更好地理解新闻事实，感受现场。

5. 直播内容的主题设计

新闻信息最核心的要素是主题，对于可预料的、已知的主题可以做好充足准备进行主题的内容对应；而对于直播内容来说，其内容是突发的，具有不可知性，首要需明确立场、确定主题，并根据可知与未知内容的比例进行一定程度的模糊主题预设，只表明正、误，善、恶立场，随事件逐渐明朗化之后再鲜明地切入主题。

6. 媒介融合背景下多种手段的运用

在多媒体形式的时代背景中，单纯电视媒体的利用者已经越来越少，灵活、有效地利用多种媒体为新闻信息直播服务，能更有效地使直播内容更迅速、准确地在各种新媒体中传播，而不是新媒体用户自发的揣测性"自语"，有助于新闻真实性的保持。

7. 直播过程中悬念的设置

新闻直播行为自身就有着某种不可控性，与较为拘谨的新闻播报和故事叙事倾向明显的杂志类新闻栏目相比，紧张感一直贯穿在直播过程中，而良好地利用这种媒体与受众均有的紧张感，适当地将事件发生、发展中的疑问、悬念的部分稍加处理就会自然地产生一定的情绪导向。但要注意，新闻仍然是新闻，不是真人秀，不能过分强调悬念与情节。

（李海丽）

本章思考题：

1. 电视新闻节目按体裁可分为哪几类？
2. 消息类新闻的编排要求有哪些？
3. 新闻杂志类节目的编导有哪些注意事项？
4. 深度报道类电视新闻的编导在制作上可应用哪些技巧？
5. 电视新闻现场直播的编导要点有哪些？

第三章　电视谈话类节目的编导

电视谈话节目在中国的兴起，主要受西方电视节目的影响。从1953年开始，NBC(美国国家广播公司电视网)推出的《杰伊·利诺今夜秀》(*The Tonight Show with Jay Leno*)所沿用的传统夜间脱口秀模式以及Harpo公司制作的《奥普拉·温弗瑞秀》(*The Oprah Winfrey Show*)所代表的女性化模式，乃至于CNN(美国有线新闻网)的《拉里·金直播》(*Larry King Live*)所代表的信息(infotainment)、娱乐(Entertainment)在客观前提下并行的模式，都给中国谈话类节目以极大影响。

以中央电视台的《实话实说》(1996)的创办为标志，中国的谈话类节目逐步进入蓬勃发展的时代。作为大众传播媒介的一种节目形态，谈话类节目已经在新闻、文化、艺术、经济等领域印证了电视作为大众传播媒介的主体性功能——传播交流。

第一节　电视谈话类节目概述

一、电视谈话类节目的界定

在我国电视理论界，电视谈话节目有广义和狭义之分。广义的谈话节目是指所有面对面以口头交流信息为主的电视节目形式，覆盖了演播室主持人与嘉宾的一对一或一对多的访谈节目。节目形式通常是主持人与被访者之间的一问一答，以谈话的方式达到最快地传递新闻信息，探讨国内外要闻，如中央电视台的《新闻会客厅》，凤凰卫视中文台的《时事开讲》等节目即是如此。这类形式借助面对面的人际传播语境，但因以问、答为主，信息的传递相对单向、固定，信息交流的渠道比较狭窄，谈话应有的双向和即兴的特点并不突出。狭义的谈话节目是指在一个相对固定的谈话现场，主持人与嘉宾、观众进行群言式的讨论。参与者较多，信息的交流范围广，现场观众和嘉宾可以各抒己见，双向的互动性强，即兴感强，能较为完整地展现人际传播的语境。美国的《奥普拉脱口秀》、中央电视台的《实话实说》《艺术人生》等属于此类节目。

对于电视谈话节目的定义，《电视百科全书》(*Encyclopedia of Television*)的定义是：电视谈话节目代表所有脱稿交谈、即兴对观众谈话的电视节目。①

① Encyclopedia of Television, Press of Oxford, 1997.

孙宝国认为电视谈话节目是将人际间就公众关注的新闻人物、新闻事件、热点话题等产生的口头传播引入屏幕,并将这种传播方式本身直接作为节目的内容元素和形式元素的社教类电视节目形态。①

《世界电视前沿》一书中认为电视谈话节目是由主持人与嘉宾或参与观众以演播室为基本谈话空间,围绕某一主题展开即兴讨论的一种节目形态。②

依据上述观点,本书对电视谈话节目所进行的概念界定是:电视谈话节目的节目形态都是由主持人、嘉宾和观众(有时也可无观众)在谈话现场,在轻松活泼的气氛中,就具有一定社会影响和探讨价值的话题,以平和、平等的心态,谈论、辩论或对话交流的方式,表达各自的意见、见解、情感和思想观念。

二、电视谈话类节目的特征

(一)让电视节目内容回归日常生活真实,贴近受众,使电视产生真实感

在综艺娱乐节目占据主要电视空间的背景下,电视谈话节目以一种真实的话语交流、纪实性的画面表达呈现出电视的亲切维度。谈话节目的兴起表明了这样一种现状与趋势:人们在电视节目中期盼看到更具有人情味、更贴近人心的节目,观众们想要在电视节目中感受真实生活中相似的话语表达,更想要听到电视中出现更多的私人话题的讨论。另外,对于公众领域的新闻事件的讨论也满足了一部分受众渴望的虚拟参与社会事务的心理需求。

(二)人际交流与大众传播的巧妙结合

根据传播学的一般理论,传播包括四个基本元素:传播者、接受者、传播环境和传播内容,电视谈话节目运用最强大的人类交际工具:语言——在特定的传播环境中由被选定的传播者驾驭,向受众传达想要传达的内容信息,期待获得受众的接受与认可,而受众的回馈又会使话题更加深化和升华。在现代社会中,电视谈话节目越来越广泛地与社会、生活、娱乐等各个层面相关联,形成了较为良好的互动态势。

(三)以受众为本位的对象性传播

电视谈话节目现身之初就从理念上表现出引领人们关注社会实际问题的良好趋向,针对分化为不同群体的节目受众的需求,确立自身的定位及节目选题,积极在价值取向、审美情趣与认知水平上向平民靠拢。与综艺节目所走的明星路线不同,谈话节目更好地呈现出人文关怀的视野,《实话实说》就是最明确定位其社会服务属性的谈话节目代表。

三、中国谈话类节目的发展历程

我国电视谈话节目的发展可以大致划分为传统的谈话节目和新式的谈话节目两个阶

---

① 孙宝国:《中国电视节目形态通论》,中国传媒大学出版社,2011 年版,第 122 页。

② 汪文斌、胡正荣:《世界电视前沿》,华艺出版社,第 156 页。

段。所谓“传统的谈话节目”是指作为我国电视谈话节目的早期节目形态，镜头只是对准社会精英等公众人物，一般采用问题式提问“对白”或“独白”的谈话方式，视点单一，也缺乏话语的活力，回答或者宣讲、演讲的意味较浓。“新式的谈话节目”则利用人际传播的方式，以面对面的形式，由主持人、嘉宾，亦可有观众在场，在演播现场围绕某个话题展开平等、即兴、双向的交流，通过电视媒介再现或者还原日常对话状态的节目形态。这种形式的谈话节目更具有社会性，关注公众人士，更关注普通人的生存状态，同时赋予平民百姓话语的权力，视点多元，表现形式灵活。

传统电视谈话节目可以追溯到 1958 年。当时，北京电视台以现场直播的方式播出了“工人先进生产者和农业合作社主任庆祝‘五一’座谈会”，虽然形式上与现在的谈话节目相去甚远，但有了“谈”的状态。1960 年 11 月 4 日，北京电视台播出了周恩来总理在当年 9 月 5 日与英国记者格林的电视谈话新闻纪录片，这也是电视谈话节目中“一对一”形式的最早呈现。另外，20 世纪 60 年代北京电视台还设有《电视台的客人》这样的栏目，曾邀请多位文学家、艺术家和劳动模范王进喜和时传祥等到演播室与观众见面，发表讲话。虽然当时由于时代政治意识的局限，讲话大多为报告、演讲的形式，但已经开启了运用“人”与“语言”来进行电视节目创作的栏目先河。

1993 年 1 月，上海东方电视台播出了由主持人、嘉宾和观众互相讨论的节目——《东方直播室》，这也可算是我国新式谈话节目的开端。该节目最重要的突破之处就在于现场不仅有主持人、嘉宾，还增加了观众，采用了“大家谈”的方式对一些热门话题进行探讨。之后，上海电视台又播出了同类节目《今晚八点》。随着新式谈话节目逐渐受到观众注目，各级电视台陆续开始推出了《北方直播室》(黑龙江电视台)、《岭南直播室》(广东电视台)、《午夜相伴》(山东电视台)等。同年中央电视台大型新闻杂志《东方时空》设立《东方之子》栏目，也采用了主持人访谈这一形式。1995 年 5 月 4 日，中央电视台播出纪念《东方时空》创办两周年的特别节目，其节目样式成为后来脍炙人口的谈话节目《实话实说》的雏形。

1996 年 3 月，《实话实说》(中央电视台)推出，节目不仅现场嘉宾、主持人、观众，又增加了契合谈话节奏的灯光设计与现场乐队，现场对谈气氛热烈，镜头设计方面也进行多机位灵活调动，打破了原来近、中、全三机位固定切换的僵化摄录模式，场景调度多借鉴了国外脱口秀的录播形式。主持人崔永元则真正实践了“脱口秀”式的主持样式，现场妙语连珠、生动自然，一经开播就获得了观众的支持与认可。《实话实说》的开播标志着谈话节目这种形式进入我国电视观众的视野，也让电视制作机构真正看到了这一种节目类型的大好前景。其后中央电视台的《对话》《聊天》《相约夕阳红》《五环夜话》，北京电视台的《荧屏连着我和你》，深圳电视台的《魔方舞台》，重庆电视台的《龙门阵》以及上海电视台的《有话大家说》，湖南卫视的《玫瑰之约》《新青年》，凤凰卫视的《锵锵三人行》等均采用演播室录播的形式，主持人的主导作用明显呈现出来，在嘉宾身份、话题范围方面愈发拓展，谈话节目的热潮逐渐涌来。

21 世纪以来，电视谈话节目纷出，模仿之风渐长。时代的大浪淘沙后，有着明确定位的谈话节目如《鲁豫有约》《艺术人生》《杨澜访谈》《超级访问》《讲述》《锵锵三人行》等拥有广泛的受众群体的节目，成为中国电视谈话节目不同类型的代表性节目。

第二节 电视谈话类节目的分类及其特征

一、电视谈话节目的分类

目前我国谈话节目众多，对其的分类也存在着多种标准，按照谈话形式可划分为辩论式谈话节目、群言讨论式谈话节目以及个案类叙述式谈话节目；按照参与谈话的对象可划分为有观众参与的与无观众参与的谈话类节目。本书就其题材和功能进行划分，将电视谈话节目概略分为以下几大类别：新闻类谈话节目、娱乐类谈话节目、服务类谈话节目。这一划分标准出自杰尼·格拉汉姆·斯克特，也已经为大家所公认。[①]

（一）新闻类谈话节目

这一类谈话节目的话题主要以时事新闻等硬性话题为主，政治性较强，谈话风格也偏严肃性。当人们知道发生了什么新闻事件，往往想更多地了解事件信息，包括前因后果、来龙去脉以及相应较为权威的专家的意见，以期找到自己观点的归属。以话题题材为基准，新闻类谈话节目可分为两种主要形式：时事话题类和社会话题类。

1. 时事话题类

这一类节目着眼于当代社会的热点、焦点、难点问题，把谈话现场作为时事分析和发表意见的公共空间，谈话嘉宾多为此类问题的相关专家、学者，交谈过程中，会逐渐对正在或已经发生的事件、问题的相关背景及其对社会的影响状态、趋势加以解析、探讨。这类节目允许有不同的观点表达，允许争论，更倡导个性化的表达和语言状态，让观众从不同嘉宾对时事的解读中获得更大的信息量，并由此引导出相应的立场，凤凰卫视中文台的《时事辩论会》《一虎一席谈》都是此类节目。节目以某个时事话题为核心议题，邀请几位观点对立或各异的嘉宾进行现场辩论，试图让观众认同自己的观点。而主持人则在其中把控节目节奏和彼此之间话题的延展程度以及调节现场气氛。嘉宾一般遵循“脱口秀”的原则，略带表演性“作秀”之感，谈话场内往往“刀光剑影”，话题的争论互不相让。

2. 社会话题类

这类节目一般不去关注以时效性为主的事件、问题，而是关注社会普遍存在的或者较为特殊的某种现象，邀请嘉宾或者现场观众参与讨论的谈话节目。嘉宾大都为与某一个特殊现象相关的人或者是某一个群体的代表者。这类节目重视现场观众的话语空间，重视大众智慧的力量。整个谈话场如同一个社会的缩影，融合各种立场，同时也碰撞各种观点。中央电视台的《实话实说》、上海电视台的《有话大家说》以及重庆电视台的《龙门阵》都属于此类节目，现场观众的观点呈现与沟通是其重要特征。

---

① 杰尼·格拉汉姆·斯克特：《脱口秀——广播电视谈话节目的威力与影响》，苗棣译，新华出版社，1999年版。

(二)娱乐类谈话节目

西方的电视谈话节目把嘉宾和观众放于“真实秀”(Reality Show)之中,对到场的嘉宾有如下约定:必须带有煽动性的情绪谈论与话题有关的事情,而忌言生活中与此无关的事情;嘉宾不能保持沉默,必须懂得所讨论的话题无不与主持人和现场观众有关,因此必须不断地诉说;嘉宾必须为表现得能够被人理解的有代表性的人,而且嘉宾的行为、语言和外表必须足够使人娱乐,并且给观众造成一种优越感,使观众为没有成为其人而感到庆幸;嘉宾事先也不会被告知会遇到什么样的人。① 这样的嘉宾设计有了明显的娱乐特征,同时也形成了特征性的内容、风格倾向。

日本的娱乐类谈话节目的主持人通常为谐星,现场气氛活跃,有代表性的几大节目主要有明石家秋刀鱼主持的《秋刀鱼御殿》、岛田绅助主持的《排队等候的法律咨询所》(岛田绅助退出娱乐圈后,该节目由多人轮流主持)等。娱乐类谈话节目在内地较为贴近于服务类谈话节目,缺少娱乐特质,这也是由内地的电视伦理约束使然。在中国香港、中国台湾此类谈话节目较为常见,但一般也被称为综艺栏目,因其中虽以语言“对垒”为主,偶尔也会穿插其他版块内容。此类节目为凸显其娱乐性常使主持人以捉弄嘉宾为乐,或主持人自身以各种冒失言语为荣。蔡康永、小S、天心、尹乃菁等人主持的各色以谈话形式为主的新型综艺节目即是如此。

(三)服务类谈话节目

这类节目往往话题呈现两极性:一是理性且与衣食住行等息息相关;另一个方向是感性诸如人生、婚姻、家庭、友情、生活中遇到的问题等话题为主,但并不以娱乐调侃的方式去处理,而是以一种较为严肃的口吻去谈论。节目给观众提供一种内心情感释放的空间,充当着心理治疗的功能。这也是当下受众较为青睐的谈话节目,美国的《奥普拉脱口秀》是较为代表性的服务类谈话节目。

二、个案分析——《奥普拉脱口秀》

(一)节目概述

《奥普拉脱口秀》(*The Oprah Winfrey Show*)又译作《奥普拉·温芙瑞秀》《奥普拉秀》《欧普拉·温芙瑞秀》《欧普拉秀》等。该节目由美国脱口秀女王奥普拉·温弗瑞制作并主持,是美国历史上收视率最高的脱口秀节目。同时,它也是美国历史上播映时间最长的日间电视脱口秀节目。从1986年12月8日始播,播放了多达3000多集。在播出了25年之后,《奥普拉脱口秀》于2011年9月9日结束。

从节目的选题来看,《奥普拉脱口秀》一般以话题型为主,关注性、虐待儿童、减肥困难、缺乏自信等与普通百姓生活息息相关的现实问题,试图通过对典型事例的探讨和分析,给人

① Vicki Abt and Leonard Mustazza, Coming After Operah－Cultural Fallout in the Age of the TV Talk Show, Bowling Green State University Press, 1997, p39.

们提供一种指导性的建议。尤其是减肥，成了没有话题时最大的话题。奥普拉认为，肥胖者受歧视问题是美国当前最新的偏见之一。此外，家庭生活也是《奥普拉脱口秀》的关注点之一，在节目中经常讨论关于理财、安全、装修等话题，为人们提供帮助和参考。《奥普拉脱口秀》节目话题性较强，往往是一些有争议性或轰动性的事件，或是一些令人困惑的心理问题。因此，节目往往会邀请一位心理专家，帮助嘉宾解决自己的困惑，并提供一些建设性的意见。

奥普拉在节目中专访过很多世界顶级明星，比如流行音乐之王迈克尔·杰克逊，流行天后玛丽亚·凯莉、惠特尼·休斯顿等，她还采访过美国阿拉斯加州前州长、曾经是共和党副总统候选人的萨拉·佩林。该节目形式上也更为灵活，有时前半部分探讨一个社会问题，后半部分则邀请一位明星作访谈。在美国，无论是嘉宾还是主持人，都敢于在屏幕上秀出自己的生活、经历、想法，展现自己的个人魅力，再加上热情高涨的台下观众，很容易就把现场炒热。奥普拉不仅能设身处地地体会他人的苦乐，还敞开自己的心扉，真诚地与观众进行感情交流。在一次讨论有关于乱伦问题的节目现场，一位嘉宾含泪诉说了自己被亲生父亲强暴后，生下了一个患有自闭症的孩子。奥普拉在听完了她的故事后，触景生情，泪流满面，并和这位嘉宾紧紧地拥抱在一起。接着，毫无事先准备地向观众讲述了自己幼年时期被表哥强暴的痛苦遭遇。奥普拉乐于向电视观众展现她生活中的每个细节，这在体现节目"秀"的特质的同时，也赢得了观众对她的好感和信任，广大观众也真正把她当作可以信赖和倾诉的对象。这种富有个性特征的现场主持艺术是奥普拉的谈话节目经久不衰的重要保证。

（二）具体节目流程与内容——以访问迈克尔·杰克逊一期为例

片头（时长 2 分钟左右）

旁白：他全球知名，舞跳得又好，小时候唱歌已十分好听。他的歌声伴随着我成长，他是个奇才。"这个孩子样样皆能，与众不同，独一无二"；"他的为人与音乐都不落俗套"；"人们为他疯狂，为看他一眼不惜互相践踏"；"他是演艺界至尊"；"我真不知他为何能跳出这种舞步"；"他是一流歌手，我爱他"；"他是天才"；"他是流行音乐之王"；"他真棒，我七十多岁尚且欣赏他，年轻人更可想而知"；"我认为他震古烁今"；"他是喜欢音乐人士的恩物"；"我希望他放下城府，展现真我"。

奥普拉出场：晚上好！我是奥普拉·温弗瑞，现在向北美及全球各国直播独家采访超级巨星迈克尔·杰克逊。现在我置身于他在加州的家中，位于圣芭芭拉郊外的一个牧场，他打破各项音乐记录，多年来拒绝访问，拒绝定型，25 年来开创舞蹈录影带时代潮流，一举一动皆受世人注目。今晚迈克尔·杰克逊会展现他令人咋舌的庭居，包括私人影院与正规游乐园，你还可以看到他的特别表演，欣赏到他最新的音乐录影。今晚，他将打破沉默。

迈克尔出场。主持人与迈克尔面对面落座，两人单人画面的近中景及两人中全景随机切换。谈话开始。

奥普拉话语导入，调节气氛：在你的家中，现在有多紧张？你真的不紧张吗？真的？第一次接受全球直播访问也不紧张？这就好了，因为你不紧张，所以我也不紧张。

我想让大家知道，我们有言在先，你答应过言无不尽，而今晚的问题未经商议。

早年的片段，旧事是否涌上心头？

迈克尔：我忍不住笑起来，因为好久没看了。

奥普拉观察迈克尔观看视频时的反应，并自然引出关于童年的话题。

奥普拉表现自己的诚意并引出话题：为了拍这个节目，我看过你每一段录影，尤其早年的，你表演时的确发出奇光异彩，即使是小时候，已非池中物。你台上台下都那么开兴吗？

迈克尔：对我而言，舞台就是家，我总觉得怡然自得，现在亦然。但我一步下舞台，便会很伤感……孤独、伤感，面对成名的压力……总会因孤独而哭泣。

奥普拉的轻松调侃：我记得当时我还是个小女孩，我做梦都想嫁给你哥哥杰基·杰克逊。我的意思是我们都认为成就名利是世界上最美妙的事情。

奥普拉表达并非个人妄下定论的立场并抛出重要问题：我前几天找 Susan 谈过，我们谈到的是：到底你是否失去了童年？

视频重温 Susan 对迈克尔童年的看法：他不到十二岁就失去了童年，去哪儿都要有保镖、轿车以躲避疯狂的歌迷，不能去公园、看电影、看天空，我觉得成名令他付出沉重的代价。

奥普拉的引申：我想知道那个代价有多大？到底失去童年是什么滋味？……每个孩子都有想象的天地，一个逃避现实的童话世界，你有过吗？

迈克尔：正因为没有，现在才需要补偿。

迈克尔披露内心独白：人们总纳闷我为什么总跟孩子们玩，因为，在他们身上我找到我失去的迪斯尼乐园，游乐场、电子游戏。

奥普拉总结：原来冠军唱片无数的 Michael Jackson 会因为自己不能像别的小孩子一样玩耍而哭泣。

奥普拉继续提出疑问：与家人的关系……Latoya 出的书以及书中所提到的多少是真的？

迈克尔表示从未读过这本书，奥普拉不再追问，继续下一个问题——真的是痛苦的童年，没有睡衣舞会？

迈克尔坦言青春期成长的苦恼，暗疮满面不敢照镜子被爸爸嘲笑，引出父子关系。

奥普拉对于父子关系提出问题：距离最后一次采访已有 14 年，故意遁世是为了保护自己？

迈克尔：是的。生活，父亲，让人伤感。

奥普拉追问隐私问题：父亲有没有打你？

迈克尔说明自己对父亲的恐惧以及父亲曾多次打自己：父亲很严厉很严格，看一眼就魂飞魄散。奥普拉提出较为尖锐质疑：你真的可以原谅他吗？如果不曾正视自己的感受，就不能从受害者身边转而原谅人。

迈克尔表态：我可以去原谅，传媒对我的报道渲染失实，一派胡言。我想谈谈这个问题，报道无中生有，哗众取宠。我发觉谎言重复多次后，人们就开始相信。

话题引到了传言上，奥普拉用纸质记录来逐条质疑，以表明这是从他人处获得的信息，而非自己现场主观质问：关于氧气舱，买“象人”遗骨，用白人小孩代替黑人小孩出演他的小时候，皮肤肤色问题，整容问题。迈克尔一一澄清。

因各种传言质疑和迈克尔的情绪稍显激动，奥普拉调节气氛：有没有经常照镜子，说自己很俊？替为人母的观众问：你为什么要抓裤裆？

迈克尔笑，放松。回答一切舞蹈动作受音乐驱使，并非事先设定。

意外出现：房间报警器响了，奥普拉沉着说明并播放穿插视频。

视频后回到谈话现场，奥普拉先说明报警器响的缘由，之后内容转向迈克尔的成就，迈克尔的表演。

奥普拉陈述：世界公认迈克尔是最伟大艺人；流行音乐之王名号由何而来，引出其与伊丽莎白·泰勒的关系。

突然提出敏感隐私问题：你是否是个处男？会不会成家立室？

迈克尔尴尬，回答我是个绅士。正与波姬·小丝在约会。

请伊丽莎白·泰勒上场。

伊丽莎白·泰勒回答奥普拉提问：对迈克尔的评价，童年的相似最早期的共通点，最想让世人了解他什么：爱心、慷慨、善良、幽默。

穿插视频，谈话场地移动。

外景，来到游乐园

奥普拉提问：这些游乐设施为自己而建，还是为了小朋友？可以重温美梦吗？

迈克尔回答主要款待一些癌症儿童，而自己在家时每天都要玩一阵子。

进入电影院，门口有糖果，影院中建有入墙医疗室。迈克尔解释给癌症儿童发病或应对紧急状况的，可以让那样的孩子躺在床上继续观看电影与表演。

奥普拉随意地坐在舞台上。回到童年的话题：如果不曾有过那样的童年，就不会有今天的举动。

迈克尔陈述对孩子们的各种基金资助。

奥普拉继续质疑：最荒诞的谎言，传言舞步是假的？

引出迈克尔对于“太空步”的解释——并非自己创造，而是贫民区的黑人小孩创作的。

迈克尔被要求现场表演舞步、清唱；奥普拉随之手舞足蹈。

重温录影，从前都是纯唱歌而迈克尔第一次以故事的形式解析电影，制作出了最初的MV。

奥普拉提问：面对人海的如痴如醉，你有何感想？

迈克尔回答：感到的是爱，爱护。我很荣幸作为上帝的乐器，每次歌唱，都会觉得荣幸与开心。

奥普拉追问：可相信神灵？你的生命的意义是什么？

迈克尔回答：我相信上帝，深信不疑。透过音乐和舞蹈，奉献出自己。我忠于艺术，艺术的最终目的是结合肉体与精神。我，就是把音乐、爱、和谐带给小孩子、年轻人的使者。

电影院播放：全球首映录影 *Give In To Me*。

奥普拉提到传言中的动物园问题。

迈克尔回答为什么喜欢动物，因为在动物身上看到了孩子的特质，简单、忠诚、纯粹，不会想从你身上得到什么，它们只想和你做朋友，我觉得很可爱。

奥普拉做最后关于传言的总结并意想不到地提出有趣疑问：我想我们现在已经清除了所有的谣言：没有猩猩到处跑，没有高压氧舱，还有，你是否会减少抓裆次数？

迈克尔笑答：问音乐吧。

奥普拉貌似随意扔出最后一个传言：对了，我们还没谈到就职典礼的事情，你是否要求克林顿总统只请你一个献唱？

迈克尔：简直太荒谬了，这是我听到的最愚蠢最疯狂的故事之一。

奥普拉：你最想要的是什么？你最想让世界了解你什么？

迈克尔：我想让人们知道，我是一个艺人，一个出色的艺人。我热爱歌唱，想得到人们的爱护，无论我走到哪儿，都能得到世人的爱护。我从心底热爱世界各族人民。

奥普拉借用影评人 Gene Siskel 的提问：你现在已经 34 岁了，你对什么深信不疑？

迈克尔：我还在学习，我的意思是，生活就是一课，我不能说什么深信不疑，这个我由衷相信。

访谈结束，奥普拉轻松地拉起迈克尔去乘坐摩天轮。两人背影渐远。

（三）启示与思考

对于电视谈话节目而言，话题的设计、主持人提问方式的设计是关键要素。大多数优秀的谈话节目是以主持人风格为标准来设计节目气质与倾向。奥普拉对于很多被采访者如姊如母，问话方式多为谈心式，偶尔穿插略犀利的简短问题，虽瞬间气氛紧张化但随即再回旋至其他随性对谈上，节目节奏张弛有致。

案例的这一期节目迈克尔专访，所设计的核心话题之一是关于巨星迈克尔“失去童年”的问题探究。开端奥普拉声明本次谈话未经事前沟通，杰克逊也允诺言无不尽。谈话正文开始从刚播出的杰克逊的童年经历切入，谈论受人瞩目的童星的内心感受，穿插制作人苏珊的状况描述，引出杰克逊“悲伤”的孩童内心与“失去童年”的无奈。这样的核心话题与现实中人们对此的困惑直接相关，如为何迈克尔喜欢接近孩子，为何在家中建电影院、游乐场、动物园等：因为失去童年，现在才喜欢与孩童玩耍，才在家中设置动物园与游乐场以备能时时弥补缺憾以及让更多没有条件玩耍的孩子体会到这份开心与快乐。

因为整场访谈必须涉及让迈克尔不舒服的种种质疑，奥普拉在以“童年”为切入点开始后，顺势而为地将有关游乐场等的世间舆论转向了“谣言”的话题上，这是观众最为关心的部分，同时也给予了迈克尔一个关键性的立场信息：节目组关于“谣言”的倾向性定位。之后的迈克尔便在摄像机前就一个又一个谣言进行澄清，特别是有关“肤色”的争议性话题也能够谈论一二，这是沉默 14 年的迈克尔对着摄像机、观众进行的一次非常坦诚而宝贵的解释与倾诉，体现出奥普拉脱口秀的与众不同乃至于巨大魅力。

本期节目中，上述“童年”和“谣言”是话题的核心，特别是“谣言”。而提出问题的方法经过精心设计，形成了良好的现场效果。

首先，出其不意地提出问题。

在现场气氛融洽的情况下，被采访者会逐渐放松，对于话题的警觉也会降低。这个时机突然抛出问题，很有可能获得真实的信息以及来不及掩饰的情绪。本期节目中，奥普拉就几次用到了这个方式：

“我想我们现在已经清除了所有的谣言：没有猩猩到处跑，没有高压氧舱，还有，你是否会减少抓裆次数？”

“问音乐吧。”

“对了，我们还没谈到就职典礼的事情，你是否要求克林顿总统只请你一个献唱？”

“简直太荒谬了，这是我听到的最愚蠢最疯狂的故事之一。”

其次，“他者”立场，缓解现场的对立性。

主持人作为访谈节目的主导者，在与被采访者面对面的时候，很容易让被采访者产生对立感，因主持人的提问中极有可能包含了让被采访者不舒服的敏感话题。此时，主持人所表现出的立场感至关重要。奥普拉在现场提问“谣言”内容时，很聪明地采用了纸质稿念述的方法，表明此部分疑问来自电视机外、来自“他者”而非现场的自己，而自己只是一个“传声筒”。令迈克尔愤怒的“氧气舱”“象人遗骨”以及肤色等质疑就没有了现场的尖锐感，也使其能够较为平静地回答主持人的问题。

最后，真诚说出自己的感觉。

奥普拉一开场就感觉到了迈克尔的稍许僵硬，于是非常轻松地调节气氛：“在你的家中，现在有多紧张？你真的不紧张吗？真的？第一次接受全球直播访问也不紧张？这就好了，因为你不紧张，所以我也不紧张。”这样的开端被国内很多主持人学习模仿。杨澜在采访王菲、李亚鹏夫妇的时候就用了这样的方式作为开端。

面对迈克尔关于童年回忆的沉重感，奥普拉马上轻松调侃：“我记得当时我还是个小女孩，我做梦都想嫁给你哥哥杰基·杰克逊。我的意思是我们都认为成就名利是世界上最美妙的事情。”这使迈克尔马上失笑出声，气氛调节的目的达到，下一个问题的转向也顺畅自然。

第三节　电视谈话类节目的编导艺术

电视谈话类节目的编导首先应该具有栏目定位意识，纵贯整个栏目的策划、制作、推出过程，这是一个必要的前提。栏目定位是在栏目策划过程中传播主体对节目的内容和形式做出的设计与规定，也就是说，在对市场、受众等各种环境进行充分调查后所得出的节目形象定位。定位是一个栏目存在的先决条件,它决定与其他节目的区别,而准确而有有特色的定位,是一个节目是否有长久的生命力的关键所在。

每一档节目都有自己的内容定位、风格定位,是严肃还是娱乐,抑或二者有之,这是在栏目策划阶段就必须确定的方向,且因是栏目特色,轻易不能改变。如以"访谈"为特征的《杨澜访谈录》、以论辩为风格的《一虎一席谈》、以故事叙事为形式的《鲁豫有约》以及以漫谈或清谈为主的《锵锵三人行》等,都属于栏目的风格定位,这种明确的风格定位使编导在此前提下进行主持人角色的把握、嘉宾选择、观众群体定位以及话题设计、其他辅助手段的有效利用,下面进行详细探讨。

一、主持人角色的把握

(一)主持人的角色素养

从电视谈话节目诞生之日起,主持人就成了该类型节目的核心,主持人的言语、行为、仪表、内涵等决定了谈话节目的性质与内涵,因而主持人的素养是编导在节目策划阶段就必须首要考量的问题。

谈话节目的主持人必须要有"和人打交道的感觉、能力":"记者与谈话节目主持人都需要有追问的能力,不同的是记者无休止地问,目的是要拿到所需的事实,而谈话是要构造一个氛围非常好的现场,能让嘉宾说得非常愉快。作为主持人,最重要的是八个字'人情练达、世事洞明',这是一种和人打交道的感觉能力。"①要做到这一点,主持人需要有良好的修养、深厚的文化素养、过硬的知识底蕴以及丰富的人生阅历。有良好的修养才会在与人交谈时注意谈话气氛,温和、细腻,不让被访者紧张甚至反感,如鲁豫在谈话过程中一直微笑倾听,偶尔插话引导但绝不尖锐质疑,让嘉宾如同坐在家里的会客厅般轻松自然;有深厚的文化素养才会理解和包容不同文化阶层被访者的观点与身份意识,产生被认同的交谈诉求,如《实话实说》面对的是不同社会阶层、不同身份的嘉宾与观众,崔永元就很轻松地跨越彼此的界限,轻松自然地从对方角度进行问题解析,使得在场的嘉宾与观众都有了想说实话的冲动;有过硬的知识底蕴才可能面对各种身份、各种职业的嘉宾侃侃而谈、丝毫没有界限与鸿沟。主持人不可能是各种学科门类的专家,但必须有虚心学习、不断积累知识的能力;而有丰富的人生阅历才有可能面对各种事件、人物时不卑不亢、从容自然。如美国的《新闻60分》其中有关于事件、人物的调查与访问环节,主持人基本都是年上六十的"老人",他们面对的有总统、明星等多种多样的"大人物",但无论面对的是谁,他们身上让人无法忽视的岁月痕迹与丰富的人生阅历都会使被访者敛下光芒,虚心以对。

编导在栏目定位的前提下确定主持人,也可能在确定主持人的前提下定位栏目,编导应根据以上要求进行主持人角色定位,切忌那种有"绝对核心"感的主持人:自以为是、不认真倾听、自说自话、随意抢话,把节目当成了自己的表演舞台。这样的主持人搞错了自己的身

① 欧阳国忠:《中国电视前沿调查》,经济日报出版社,2002年版,第167页。

份和角色，更不具备基本的谈话节目主持人应有的基本素养。

（二）主持人要有意识地“谈”而非“访”

奥普拉曾说过：“我从来不准备问题，我只是坐在那里和人聊天。”她认为被访者与她是平等的，这也是她对自己作为主持人角色的定位。这样的定位才能使她在节目中用心倾听嘉宾的诉说，并在尊重对方的前提下提出合适的问题，并在气氛允许的情况下涉及尖锐或有争议的问题，以期挖掘嘉宾最为真实的一面。这是一种普通却不失深度的聊天方式，嘉宾不会觉得不适，奥普拉全程也是聊天的主体，而观众也看到了二者平等、自然而和谐的对谈过程。德博拉·坦纳评价奥普拉的节目是“亲切谈话（rapport－talk），是一种你来我往的交谈”；相反，评价一些男性主持节目是“报告谈话”，即主持人“访”，负责倾听和衔接，而嘉宾才是“谈”的主体。[①]。

我国电视谈话节目的主持人的角色定位较多的是一种“访”的形式，将更多的“谈”的任务放到了嘉宾的身上，如鲁豫《说出你的故事》中纯粹倾听者的定位，《艺术人生》《杨澜访谈录》等非“亲切谈话”而是主持人提问、嘉宾解答及展开的形式等，均是主持人为次要角色，最终目的是让嘉宾根据主持人提示的问题“谈”出内容，整场访谈中嘉宾的“谈”占据了绝大部分的节目构成，双向交流明显较为缺少。

编导在进行节目策划与主持人引导的时候，需要注意的便是如何调动主持人的现场“谈话”意识：策划过程中，编导也可以让主持人参与策划，共同商定谈话内容和提问问题，顺序安排交由主持人自主决定；尽量少用串联词或者根本不用，让主持人用自己觉得适宜的问话方式和交流方式；在现场不随意打断主持人的谈话，如果出现比较严重的失误时才在耳麦中提醒；后期剪辑时让主持人直接参与，明确主持人说话的思路和感觉，剪辑时才不会漏掉重要的谈话信息与良好的节奏信号。

二、嘉宾的选择

广义上的嘉宾，指的是被邀请到节目现场，参与节目的所有客人；狭义上的嘉宾，专指在主景区与主持人共同作为谈话主体的某位或某几位客人。[②] 在谈话节目中，嘉宾所指的是狭义上的。中国内地，20世纪90年代随着《东方时空》《实话实说》等节目兴起，嘉宾作为一种特殊的电视现象被确认。从传播与接受的双方来看，嘉宾在录制节目的现场，既是传播者、又是接受者；而对于场外、电视前的观众而言，嘉宾与主持人共同都是传播者。主持人交代、引导话题，而嘉宾展开、升华话题。在谈话节目中，选择好了嘉宾，节目等于就成功了一半。

每一档节目在策划期就应该确定观众群体、受众群体，有针对性地制作节目。《奥普拉脱口秀》的嘉宾不分年龄、种族、贫富或者受教育程度的高低，只要他们身上有某种人性的闪光点就可能被奥普拉邀请到节目中讲述自己的故事。这些平民百姓的故事里所包含的坚强

① 高建忠、吕晓志：《奥普拉·温弗瑞秀节目风格研究》，载《中国电视》，2007年第7期。

② 雷蔚真：《电视策划学》，中国人民大学出版社，2008年版，第194页。

而乐观的精神或是无私而伟大的爱正是人类共通的东西，这种嘉宾的平民化视角，使节目赢得了美国民众的热爱。我国《艺术人生》《头脑风暴》《咏乐汇》《波士堂》《静距离》《杨澜访谈》等绝大多数的谈话节目所邀请的嘉宾都是明星、学者、政治家、企业家等社会上的精英人士；而《鲁豫有约》则走情感路线，邀请"有故事的人"，也会经常邀请"特殊"的普通人参加节目。随着网络等新媒体媒介的迅猛发展，如今的中国社会已经进入到"话语时代"，社会精英把持着社会议题的格局已经被打破，更多的人参与进了社会议题的讨论。在这种大的时代背景下，我国谈话节目应该顺时代趋势而行，让更多的"普通人"发出他们的声音，发表他们的观点，参与到社会议题的讨论中。这样，也能够使电视在诸多新媒体的强大冲击下保有自己的存在空间与基本利益。

除却嘉宾的群体性，重要的还有对嘉宾个体一些基本素养的考量。作为谈话节目的嘉宾要有能谈的"资本"、能表达的"谈技"，无论对于什么定位的栏目，嘉宾都需要有个体上的专业、方向对应能力以及能够流畅、自然、生动表达的能力。如在讨论型、辩论型的电视谈话节目中，嘉宾就需要有严密的逻辑与清晰的条理，能够深刻地对话题加以分析，富有感染力地说出自己独到的见解，必要时则针锋相对、一针见血。《面对面》中王志采访易中天时对其作为大学教师涉及"名利场"的问题非常犀利，而易中天的回馈也非常精彩，不仅明确表达了自己的态度，还讽刺了王志及其所传达的"部分人的观点"；《一虎一席谈》中每一期嘉宾基本都能够根据话题形成鲜明的立场并以辩论式的风格将话题展开、深入并形成明晰、简洁的道理。而在叙事型电视谈话节目中，嘉宾不但要有与众不同的经历与个人故事，如"大人物"即公众人物的小生活、"小人物"即普通民众的闪光点，更要在讲述故事以及自己的观点时能够不矫情、不夸张，真诚、真心、真情、动人。如《鲁豫有约》中，无论是公众人物还是普通人都带着特别的人生故事登台，而且在表述上也都可圈可点。

当确定嘉宾人选后，对于编导而言最为重要的是如何发挥最大的嘉宾参与性，最好地营造使嘉宾感觉舒适、自然、亲切的谈话氛围，使嘉宾感觉到被尊重，从而能够最大限度地讲出"能够在公众面前说出的话"。为达到这样的效果，最直接的方式是编导与嘉宾事先的认真沟通与协调，而前提条件是要足够"了解"这个嘉宾。建立嘉宾档案是一种有效而积极的做法。嘉宾档案，顾名思义，是对于嘉宾至今为止的资料集合的提炼，特别是嘉宾的兴趣爱好、说话风格等感性行为上的内容要尤为注意。表 3－3－1 为赵本山的嘉宾档案：

表 3－3－1　赵本山的嘉宾档案

××节目访谈嘉宾个人档案之赵本山	
基本情况	民族，汉；出生地：辽宁铁岭市开原市莲花乡石嘴沟。离异一次，与前妻有一子（智障）一女。现妻马丽娟，有一对"龙凤胎"。
个人爱好	喝酒，聊天，唱戏，开车，是球迷。
喜欢话题	家乡和小时候的事情，自己的龙凤胎子女，小品的表演艺术。
讨厌话题	婚变原因等私人感情问题，演员从商，小品是低俗形式等。

（续表）

××节目访谈嘉宾个人档案之赵本山	
艺术成就	1982年以《摔三弦》在辽宁一摔成名；首届东北艺术节以拉场戏《一加一等于几》夺冠；以《大观灯》等节目爆红沈阳，创下一家剧场连演207场记录；以《麻将豆腐》等节目红遍东北；三进三出，终于以小品《相亲》登上春晚。从此成了每年春晚的必邀角色；主演《一村之长》，主演或导演《乡村爱情故事》系列及《马大帅》等影视剧获广泛好评；"本山艺术学院"办得红红火火，发现和培养了大批后起之秀；主编辽宁卫视的《明星转起来》，推动东北二人转的正面发展等。
难忘的事	小时候的艰苦生活，母亲在自己5岁时去世，19岁借房子成亲。
奋斗目标	把小品这种"大俗艺术"进一步发扬光大。把东北二人转彻底从低俗的民间艺术转型为健康的民间艺术。让自己的学生都有其发展的空间。

在上述嘉宾档案中，赵本山的基本个人艺术生涯成就、比较明显的喜好等较为清晰地呈现出来，在编导设计话题、与主持人进行相关谈话内容指导时可作为重要参照。

三、观众群体的定位与选择

在谈话节目中，广义的观众是指播出所要面对的受众，而狭义的观众，指的是现场录制时形成"谈话场"的现场观众。

在节目策划阶段，观众的选择所针对的是节目的具体受众，即广义上的观众。日本富士电视台在播放每周一晚九点的电视剧（俗称"月九剧"[①]）时，就曾经精密调查过这个时间段收看电视的观众构成，发现25～40年龄段的都市女性占有非常大的比重，于是在电视剧的内容、题材、风格表现上都倾向于这个年龄段的女性欣赏格调，如《东京爱情故事》《101次求婚》《爱情白皮书》等，果然获得了较高的收视率。这样的调查就是在节目推向市场、面向观众之前所必须要进行的：需要明确的不仅仅是节目本身的内容策划依据，更要预先调查可能关注的群体范围。知识性、科技性话题为主的节目在策划时所定位的观众大多为受过高等教育、具有一定现代技能的都市人群；明星参与的娱乐性谈话节目则大多面对追星现象严重的青少年群体；而家庭话题、社会话题为主的谈话节目则更多地关注中年的年龄层受众。

《奥普拉脱口秀》的收视群体定位主要以美国中产阶级家庭妇女为主的全球妇女，立志做"全球妇女的知音"，节目也致力于解决妇女在情感上的困惑以及与家庭成员的关系，话题选择上也以家庭为核心拓展开，涉及妇女生活、家庭、社会环境等方面。如理财、装修、减肥、家庭暴力、儿童安全，甚至还有更为深刻的贫富差距、种族歧视等，加上她亲切的情感沟通方式，使得节目成功吸引了以女性为收视核心的观众群体。

而现场观众的定位，从《实话实说》开始有了鲜明的指向性：现场观众必须能够参与到节

① 日本周一至周日分别用"月曜日、火曜日、水曜日、木曜日、金曜日、土曜日、日曜日"来表示，周一即"月曜日"，周一晚九点播出的电视剧即为"月九剧"。

目当中，所谓的“参与”就是头脑持有观点、语言表达流畅，并且有能“上电视”的正面形象代表性。正如策划《实话实说》的关秀玲说的：“我们台上不请英雄，台下不请看客……对于那些真正想参加讨论，立志要个说法的观众，一个不让漏网；对于只想来看看热闹，对话题一无所知的，坚决不让充数。”[①]《艺术人生》的访谈现场观众也必须是到场嘉宾的支持者，要不仅仅“追星”，更要“懂星”，形成良好的现场互动节奏和气氛。当然，这是特指较小人数的观众参与现场，《鲁豫有约》的访谈现场，观众只是作为观众存在，基本只能观看与鼓掌，这样的现场观众基本没有了“电视现场”的存在意义。

四、话题与谈话脉络

话题，是电视谈话节目的灵魂。一档优秀的谈话节目，必须有一个具有较高品位的话题，能够达到高雅文化与通俗文化的和谐统一，满足不同层次的受众欣赏需求。在实际操作中，可以利用明星效应与权威效应，利用新闻事件与新闻人物，注重多元价值观的碰撞与融合。而话题的选择、确认和提问问题的设计是编导的主要职责所在，可先确定嘉宾再确定话题，亦可根据话题找嘉宾。

（一）话题的选择

一般来说，话题要能引起观众的关注。谈话节目的一个主要形式是公众人物的访谈，特别是艺能界明星。对于这样的名人访谈，话题往往更多地倾向于私人感情、成长历程、生活方式等观众无法在影像中看到的平常一面。因而在设定的时候一般会以此为核心，如中央电视台的《艺术人生》、东方风行（北京）传媒文化有限公司制作的《超级访问》都属于此范畴。只要明星出场，能够谈及明星的生活、情感、人生经历特别是未公开的私人隐私相关的话题都会获得观众的关注。

另一种谈话话题聚焦于新闻事件、新闻人物以及社会问题等方面，此类谈话话题本身或者有极强的时效性，或者已经形成了一定的社会关注度。谈话节目需要对于话题进行新的切入点的设计以及更纵深事件空间、更深刻的新闻解读、更正确舆论导向的社会问题解答等角度的考量。同样的话题，往往需要更新的视角才能获得观众的认可，如日本冰上芭蕾运动员荒川静香在获得冬奥会冠军后，多家电视台采访了她，但内容上都是大同小异，都是以其“为国争光”“努力拼搏”等着眼点设计话题。而有一家电视台却独辟蹊径：话题自荒川为了训练所欠下的千万债务开始，最后呈现的观点是日本体育事业的最大问题——很多选手的成长要么依靠某个企业培养，要么全额自费。这样的现实极大地限制了日本参赛选手的能力，形成了日本奥运代表团每个选手不是为了国家而“战”，而是为了企业、为了自己不被债务压垮的怪现状，而荒川在退役之年获得了金牌，不能不说是冒险之后的“意外”。

话题还要具有一定的探讨空间。话题具有一定的深度，有可探讨的空间，才能在节目中有所展开，而不是大家趋向的统一观点，也会增加话题本身的可操作性。因而，多元、可以形

① 时间、乔艳琳主编：《实话实说的实话》，上海文化出版社，1999 年版，第 47 页。

成争论的话题是比较优先的选择。《一虎一席谈》中的每一个话题都具争议性，形成两方针锋相对的效果，也形成了节目独有的特征。而《奥普拉脱口秀》所采访的名人或某个群体的代表者，现场都会提出较为具有争议性的质疑，时而尖锐时而温和，使观众能够获得公众感兴趣的信息的同时又会引发关于其社会性的思考。

（二）话题的脉络设计

话题如何展开、深入，是一种技巧与方法，它与主持人的主持风格直接关联，也与被邀请嘉宾要探讨的话题密切相系。一般谈话都会有一个核心的话题，编导需根据这个话题进行层层深入、抽丝剥茧的逻辑设计，与主持人充分沟通，最终获得观众满意的答案。

如前述案例中奥普拉采访迈克尔的话题脉络设计就是从迈克尔作为童星的不为人知的"失去童年"的痛苦开始展开，如同聊天一般沿着这一脉络引到了其与家人的关系再到各种传言的澄清。可以说，这样的设计不仅让嘉宾没有被质疑的不快、产生了倾诉的欲望，更使观众自然而然地进入到谈话情境中。杨澜每一次采访嘉宾的时候，都有着明确的问题脉络，如她在采访林志玲的时候，首先抛出的就是大家的印象感觉"这是一个嗲妹妹""究竟是有意而为还是天性使然"这样的问题点，最终要获得的回答直指"林志玲"到底是一个什么样的女孩子。过程中便一直从林志玲的家庭环境、求学过程、自立打工、拼命演戏、真诚待人等依次延展开去，紧紧围绕"你到底是什么样的性格"这样的问题，到最后得到了"她是一个外表看似柔弱，其实性格坚强"的自立女性，无愧于"亚洲十大杰出女性"称号。《艺术人生》中的朱军在采访张学友的时候，运用了几张光碟作为道具进行话题脉络设计：艺术起伏的历程中对人生的感悟，一张光碟是一段历程的顶点或者低谷，并且伴随着深刻的记忆。

五、影像资料的运用

对于电视谈话节目而言，关于嘉宾、话题等仅仅靠主持人的口播表达难以满足节目需求，穿插资料片成为最常见的一种补充方式，同时也呈现出了影像的力量。

影像资料片的引入有两种方式：一种是为现场话题补充信息。如《奥普拉脱口秀》在主持人开放式的谈话中就时而穿插制作精良的短片，张弛有度，让长时间的话题探讨不显得冗长，同时也能在感性上让观众更贴近嘉宾、在理性上更了解一些客观事实。奥普拉采访杰克逊那一期中，开端引入便是杰克逊的总括式介绍视频，而在其家中采访时又补充了现场视野所不及的杰克逊的家中景色。另一种则是对未到现场的嘉宾以及相关人士的访谈。提前采访因种种原因未能到现场的某位嘉宾、或与此期节目设计有关的人物，后在现场播放，可提升现场谈话的讨论气氛，引发嘉宾情感、情绪的新高潮。当下比较盛行的情感类谈话节目就经常采用这种方式。

前述的《艺术人生》就很有效地利用影像语言来进行嘉宾介绍乃至于节目主题的关联。在采访张学友的一期节目中，最开始的影像介绍张学友平淡无奇，是所有谈话节目的普通样式，但接下来的影像以张学友的几张碟片为主要介绍对象，从中尝试解读张学友与这几张标志性碟片与共的歌坛起落，并请其现场发声陈述记忆中深刻的心路历程。在节目中，张学友感叹时光荏苒、人心难测，同时又真诚表达“亲情无价”。这样的影像串联起了张学友最感性的人生记忆，同时也与其他访谈节目以“成就”为中心的话语表达方式相区分。

但需要指出的是，影像资料在谈话节目中应该是从属、补充的地位，谈话节目的魅力来源于现场，来源于主持人与嘉宾之间运用语言所进行的思想碰撞与富有内涵、意趣的表达。电视谈话节目的发展与兴行，也正是源自于此：引入了人际传播的方式，在屏幕前展示自然生动的人际传播活动，有效地传递了信息，使观众能够通过这种一对一或群言式的方式真切感受交谈双方的语言、思想、行为等。

（姜　滨）

本章思考题：

1. 电视谈话节目的概念与分类？
2. 电视谈话节目的编导需从哪几个方面进行？

第四章　综艺类节目的编导

综艺是综合文艺的简称。综艺类节目是范围较难界定的节目类型，因其无论在形式还是内容以及节目风格上都具有很大的可变性。从广义范围而言，综艺包括脱口秀、真人秀、益智游戏类以及综艺晚会。而在电视节目形式分化、细化的今天，已不应再将这些已具有明显个性特征与类型特征的节目形式都并和到一起，而应该独立地、分别地进行研究。在唐世鼎、黎斌编的《世界电视节目荟萃》中，也曾作出如下论述：通常意义上的娱乐节目包括电影、电视剧、文艺节目、游戏类节目、娱乐资讯节目等，其中一些节目类型已经发展得十分成熟，成为独立的节目形态，例如电视剧、游戏节目、真人秀等，其他尚没有被独立划分出来的节目类型分为综艺节目、娱乐资讯、公共舞台节目。[①] 因此，在本书对综艺节目的界定范围中将不再包含上述已分化并自成类型的节目形态。

综艺节目起源于美国，1948 年，滑稽明星弥尔顿·伯尔采以"米尔泰大叔"的名义主持了滑稽杂耍综艺节目《德克萨科明星剧场》(*Texaco Star Theater*)，节目中包括了滑稽表演、杂技、流行音乐、芭蕾、歌剧甚至木偶戏等多种表现形式，还邀请受观众关注的明星参演，如同一个大杂烩一样，却契合了不同口味的大众群体。此节目被 NBC 电视网推出后，迅速形成了轰动性效应。同年，CBS 也推出了综艺节目《城市名流》(*Toast of the Town*)。这个时期的综艺节目，还是以"杂耍"为主要特征，主要是把当时最流行的表演形式挪到舞台上展现。但在一定意义上，它们的推出进一步明确了美国的商业电视指向，更为电视节目形式的繁荣和发展做出了贡献。

随着电视文化的发展，电视的传播及交流功能逐步提高，综艺节目也开始更重视社会价值的实现。1975 年，NBC 推出了以滑稽剧、脱口秀、黑色幽默以及"恶搞"新闻等多种样式的综艺节目《周六夜直播》(*Saturday Night Live*)，在汇聚公众最关注的社会话题、最流行的音乐艺术时尚的同时，还以"恶搞"为主要表现形式引领了美国的喜剧文化。之后的《疯狂电视》(*Mad TV*)、《喜剧中心献礼》(*Comedy Central Presents*)虽然在形式上趋向单一性，但都继承了《周六夜直播》的制作理念，承传了美国特有的综艺喜剧文化。

相对而言，中国的综艺节目起步较晚，而且由于国情与文化的差异，中国综艺节目更强调的是"综合"与"文艺"特征，而在一定程度上淡化其喜剧、幽默效果及社会功能。1990 年，《综艺大观》与《正大综艺》分别推出，不仅融合了中国香港、中国台湾的娱乐文化、娱乐语言

① 唐世鼎，黎斌：《世界电视节目荟萃》，中国传媒大学出版社，2005 年版。

等娱乐特征，还加入了知识问答、风光旅游短片及影视剧场等互动性内容。在电视节目形式相对匮乏的时代，承袭综艺晚会形式的《综艺大观》使百姓在媒介“喉舌”制造的正统氛围中感受到娱乐的脉动；而《正大综艺》则让“综艺”这个节目的定性意义从此脱离综艺晚会的束缚，而成为一种文艺栏目的新形态。时至今日，《综艺大观》已退出历史舞台，《正大综艺》亦风光不再，但在其带动下产生的中国综艺节目逐渐发展、分化，在不断借鉴中发展并呈现出鲜明的中国本土性特征。

第一节　综艺节目的模式与中国综艺节目的发展历程

综艺类节目发展至今，由于文化审美、地域风格等条件的制约呈现出了不同的表现形式与运营模式，而随时代发展、传媒进步，节目运作模式越来越显现出其重要性和必要性。因对一档节目而言，有一个历经时间、受众考验的标准样板可以参照是其获得成功的保证。中国综艺类节目由于客观因素的限制起步较晚，因此也就不可避免地“失去”了原创的最好时机，而更重要的是海外诸多成功范例已经为中国综艺节目发展提供了良好的参照样板和“改造”对象。“引进成熟模式是开启本土化节目模式创新的大门。”①可以说，中国十几年就完成了由传统的版块式迅速发展为多样、多元、多变的风格及形式的变化历程，这与对海外模式的本土化改造是密不可分的。

一、综艺节目的模式

具体说来，所谓的“海外模式”包括欧美模式、日韩模式和港台模式。

（一）欧美模式

给予亚洲电视综艺节目发展以重要影响的《德克萨科明星剧场》与《城市名流》所代表的多种艺术形态自由组合形式可视为综艺晚会的发端，而现代新型综艺类节目的原型则应该是《周六夜直播》，其资讯加娱乐的传播形式成了综艺节目与综艺晚会划分的重要标志，而且在节目制作风格上也极大地影响了亚洲综艺节目的发展趋向。

《周六夜直播》节目的板块基本固定，有对当时政治的调侃，有滑稽剧、乐队（歌手）演唱、无厘头新闻板块“周末刷新”，有明星或演艺新人参加的互动单元“俱乐部快讯”以及脱口秀等环节。这种板块设计颠覆了原来的以歌舞表演为主的娱乐形式，换之以新闻、资讯、娱乐有机结合，在宣扬“娱乐至上”理念的同时突出电视媒介的公共性与社会职能。而另一方面，滑稽剧的“恶搞”情结也成了欧美综艺节目中不可或缺的设计元素，从时事歪说、“搬演”人物到“消遣”经典、“亵渎”权威，把娱乐与时尚、文化、政治、消费相关联，甚至直接影响了受众的

① 石拓：《中国好声音》节目模式创新研究[J]，电视研究，2013，(3)，第70—71页。

道德观与判断能力。

（二）日韩模式

就影响力而言，日本是亚洲综艺节目风格与形式的策源地。当然最重要的原因是日本在二战后政治上被统治、文化上被压制，这导致其行为、观念迅速西化，这种西化也大大减弱了其在模仿电视节目时进行本土化改造的能力。但是尽管这样，对于以中国港台为首的周边地域而言，日本所制作的综艺节目模式依然在一定程度上呈现出同源文化的借鉴优势，因此，从20世纪60年代开始，中国港台的很多节目，尤其是中国台湾，基本上是模仿日本模式而成。从形式及风格上看，日本综艺节目以搞笑为主，形式大胆，将娱乐手段用到极致，这种特性与欧美模式有着直接的关联。另一方面，日本文化的排他性与兼容性也决定了节目的杂糅思想——对强势异文化的尊崇到融合、传统文化意识的缺失到回归两种意识的嬗变过程，这个嬗变过程直接导致了节目理念的无序化与为逃避意识矛盾而产生的无“文化”化，表现在节目制作上以娱乐身体为主要特征的低俗化现象。如日本最红的综艺节目《男女纠察队》就因为内容过于低俗而被家长们评为“最不想让孩子看的节目”，而其主持人田村淳也自然成了监护人们最不喜欢的电视形象之一，但其节目模式却因为其独特的制作样式依然成为韩国、中国港台参照与借鉴的样板。

韩国综艺比日本起步要晚，在发展的最初阶段主要模仿日本模式，但在模仿过程中由于固守本土文化精神而对舶来品很宝贵地进行了本土化的特色改造。时至今日，韩国综艺节目已经在亚洲独领风骚，甚至其影响力在一定程度上超过了日本。而且，相对于日本，韩国在文化上的成功承接显现出了娱乐精神的可贵特质，超出了以娱乐身体为主的日本综艺节目。

（三）中国港台模式

中国港台电视节目一直是中国内地电视节目制作的最好借鉴对象（对欧美、日韩风格的借鉴及再次创作后），港台电视节目利用其通达的地域优势、连年累积的电视运营经验和厚重的文化思辨风格不仅影响了内地电视初期的文化定位，更直接影响了内地电视的风格把握。早在1967年，香港无线就推出了直播综艺节目《欢乐今宵》，以服务市民的亲民色彩，通俗娱乐的平民定位，街头卖艺的吆喝笑骂，家庭氛围的自由收视，成就了娱乐文化的世俗化与情趣化。[①] 而中国台湾综艺节目的定位从开始阶段就借鉴了日本自20世纪40年代开始流行的以歌唱形式为主的节目形式，如1962年开播的《群星会》及后来的《星期之歌》《宝岛之歌》及《时代之歌》等。上述节目均为现场直播节目。

20世纪90年代开始，港台综艺开始走娱乐游戏路线，这也是对内地综艺节目影响最大、持续至今的模式。游戏的低龄化与节目的竞争性、博彩性与嘉宾的明星效应及观众的互动参与相辅相成，不仅增加了节目娱乐的氛围，更保证了稳定的收视市场。但另一方面，文化意识、理性思想的缺失与娱乐无极限的滥情，使这类综艺节目不可避免地呈现出了低俗、媚

① 钟大年：《香港内地传媒比较》，北京广播学院出版社，2002年版，第87页。

俗与世俗混淆不清的现象，也直接影响了内地综艺节目的定位与态势。

二、中国综艺节目的发展历程

中国综艺节目从20世纪80年代至今，与中国社会的意识形态变革紧密相系，与中国电视观众从“大众”走向“分众”“个体”的趋向息息相关。中国电视综艺节目已经在内部元素、形式形态、运作方式、经营理念以及节目趣旨上发生了鲜明的变化。

从中国综艺节目的发展历程来进行考察，学者对于其分期有着不同的看法和观点，有三阶段之说：一是积累经验、出手不凡的萌芽初创期；二是全面改革开放中“崛起”的繁盛期；三是问题很多、面临突破的时期。有从综艺观念衍变的角度概括为“4个＋”式：一是有关表演的“演员＋表演”式；二是有关游戏娱乐的“明星＋游戏”式；三是有关益智的“平民＋知识”式；四是有关真人秀的“平民＋选秀”式。也有学者将综艺节目的发展历程概括为时间周期的四个阶段：第一阶段是1990年《综艺大观》开播，标志着电视综艺晚会时代的开始；第二阶段是1996年湖南卫视的《快乐大本营》以及其后的《欢乐总动员》等综艺节目的开播，这让人们接触到综合游戏、益智的娱乐节目；第三阶段是新旧世纪交替之时，综艺节目逐渐从原来的嘉宾表演型向现场嘉宾、观众、主持人三方互动的形式演变，李咏主持的《幸运52》《非常6＋1》即是如此；第四阶段是真人秀时代，综艺节目更新换代后成为荧屏霸主，对其的称谓有“真人秀”与“综艺”两种，两者界限开始暧昧不清。

本书对中国综艺节目的发展历程的界定是：以表演为主的传统综艺节目阶段；以游戏、益智为主的版块综艺节目阶段；以脱口秀、表演为主的新型综艺阶段；以真人秀为主的多元综艺节目阶段。在这四个阶段中，并无明确的年代分期，有的代表性栏目在多个时期中是通过微调、改版的形式来适应时代、受众的需求的。

（一）以表演为主的传统综艺节目阶段

传统综艺节目最具代表性的是中央电视台《春节联欢晚会》《综艺大观》《曲苑杂坛》《艺苑风景线》等。《综艺大观》创办于1990年3月14日，《曲苑杂坛》则在次年的11月登上荧屏，此外，《艺苑风景线》(1992年7月)、《东西南北中》(1993年1月)等也都相继开播。春晚自20世纪80年代直播开始，成为中国人不可缺少的“年夜饭”，更成了中国传统文化、艺术的综合展示平台。但因其“栏目性”是特殊形式的一年一期，本书后面章节中有对电视晚会的研究，故本章不再重复讲述。《综艺大观》可谓是以表演为主的传统综艺节目的代表性栏目，它是在《周末文艺》与《文艺天地》的基础上扩展而出的，1990年3月首播，每两周一期，每期50分钟，节目采用现场直播的方式，节奏明快、信息量大、雅俗共赏。《综艺大观》最隆盛的几年为倪萍主持，从形式到风格都很受观众认可。1996年倪萍离开《综艺大观》；1997年节目顺应版块综艺节目发展趋向进行改版，增加“新视点”“综艺传真”以及“系列剧”等版块，加强直观性与观众参与性，主持人周涛以及后来的曹颖在主持风格上也可圈可点，但综艺节目整体下滑的收视状况难以回天。2004年10月，多次改版的《综艺大观》被撤下荧屏。以表演为主的传统综艺栏目除了晚会类外，基本已经退出了历史舞台。

因时代局限，在电视尚未处于优势的大众传媒格局下，表演类综艺热潮延续了电视作为人民群众日常生活的“娱乐工具”的功能，并在较高层次的精神层面给观众以美的享受和情的满足。在社会观念不甚开放，媒介不太发达，娱乐方式尚不丰富的当时，表演类电视综艺热潮无疑为丰富人民群众的精神文化生活立下了汗马功劳。[①]

（二）以游戏、益智为主的版块综艺节目阶段

电视媒体日益成为主流新闻媒体。就整个社会来说，经济的市场转型带动了社会的转型，观众的收视热点开始转向与经济、市场相关的新闻资讯，再由于本体意识的觉醒，部分观众开始对表演类综艺节目单向、单一的传播模式表现出排斥的倾向，电视综艺逐步受到冷落。受到各种因素的影响，表演类综艺陷入前所未有的危机，在这样的背景下，综艺节目的两个新发展倾向开始逐渐显现出来：益智、游戏。

益智类综艺节目可以溯源至1990年4月开播的《正大综艺》。《正大综艺》以台湾中视的《绕着地球跑》为蓝本制作，由“世界真奇妙”“五花八门”和“名歌金曲”“正大剧场”四个版块构成。以世界各地的旅游文化为切入点，通过猜谜的形式向观众介绍世界各地的风光、习俗、名胜、趣事。节目强调观众的参与互动，虽然游戏规则简单，但已经开始用简单的游戏取代了文艺化的表演，有着与以表演为主的传统综艺节目不同的制作特征。从第40期起，抢答器被引入现场，变问答为抢答，观众可以通过现场抢答、与嘉宾搭档、场外答题、有奖竞猜等多种形式参与节目；1997年改版，增加新版块“一笑茶园”；2000年后，《正大综艺》又增加了“吉尼斯世界纪录”“X行动”等新版块；2010年9月，《正大综艺》重归中央一套，推出季播节目《正大综艺·墙来啦》，开始以新型综艺节目的“明星＋游戏＋对抗”的形式呈现；2011年10月，又推出明星戏剧表演真人秀《正大综艺·谢天谢地你来啦》；2013年推出亲子节目《宝宝来啦》；2016年推出《正大综艺·脑洞大开》；2018年1月推出科普益智竞猜节目《正大综艺·动物来啦》等。从创播伊始，《正大综艺》一直着重表达的是综艺节目中与观众互动性最好的“益智”元素，也正因此，虽后来收视状况不佳，但该节目在综艺节目更新换代迅猛的中国电视荧屏上一直占有一席之地。

1996年，台湾中国电视公司推出的益智类综艺节目《我猜我猜我猜猜猜》（2011年变更为《你猜你猜你猜猜猜》，2012年8月停播），给予内地节目制作以一定的启迪与引导。

1998年11月，中央二套（当时的经济生活服务频道）推出了由李咏主持的《幸运52》，这是一档在借鉴国外同类节目形态（由英国BBC制作的GOBINGO）的基础上，根据中国观众的欣赏口味加以本土化改造的新型节目样式。这一档节目较《正大综艺》更集中凝练出了“益智”的特色，开播后不久，《幸运52》以其新颖别致的节目形态、别具一格的主持风格、知识性与娱乐性融为一体等特点，赢得了社会与观众的喜爱。借此势头，2000年7月，中央二套再接再厉，又在周末晚间黄金时间适时推出了由王小丫、李佳明主持的另一档益智类综艺节目《开心辞典》。《开心辞典》开播不到半年，在CCTV-2年底频道栏目排名中，收视率位居

① 张国涛：电视综艺的观念演变，现代传播，2005年第6期，第65页。

第二，仅次于《幸运 52》。此外有代表性的益智类综艺节目还有:《三星智力快车》(中央一套，2000 年 7 月 16 日开播),《财富大考场》(上海卫视，2002 年元旦开播),《无敌智多星》(江苏卫视),《赢遍天下》(广东卫视),《超级英雄》(湖南都市频道)等。

而游戏类节目则以 1997 年 7 月 11 日开播的《快乐大本营》为一个标志性的起点。“尽管不是游戏娱乐综艺的始作俑者，但作为领风气之先者，它引领了游戏娱乐的综艺热潮。”① 最初的《快乐大本营》包括“快乐传真”“心有灵犀”“爱的抱抱”“火线冲击”以及“音乐大不同”等以现场游戏为主要形式的版块结构。《快乐大本营》带来的“快乐旋风”席卷全国，其火爆的程度和速度出乎意料。在追逐收视率的冲动下，各地省级卫视和城市台在短时间内纷纷上马以“快乐”为宗旨，以“游戏”为内容的游戏娱乐节目。瞬间，综艺节目风行“无敌”，达到空前的鼎盛。“周末、开心、快乐、欢乐、非常、幸运、大本营、总动员、快车、新干线”等词漫天飞舞，蔚为大观，其中较为有影响的有《欢乐总动员》(北京卫视),《非常周末》(江苏卫视),《开心 100》(东南卫视),《超级大赢家》(安徽卫视)等。

(三)以“明星＋脱口秀＋游戏”为主的新型综艺节目阶段

“明星＋脱口秀＋游戏”，是新型综艺节目的主要特征。这一阶段最直接的代表栏目是改版后的《快乐大本营》。而实际上，在日韩及中国港台地区已经开始了此类型综艺节目的制作，其理念影响到了内地，首当其冲的是《快乐大本营》。从开播以来，《快乐大本营》以明星参与游戏、表演等为主要形式，主持人的无“脚本”台词、明星与主持人、观众互动娱乐是其主要特色;2004 年，开始以普通观众为视角，淡化“大综艺”的明星套路，尝试“海选”“真人秀”“现场 PK”等“泛娱乐化”的新概念;2006 年《快乐大本营》正式改版为邀请明星来访谈、游戏以及与观众互动游戏等新形式，至此，国内综艺节目的“明星＋脱口秀＋游戏”的新形态正式形成。

《快乐大本营》的新型综艺改版借鉴了台湾节目《我猜我猜我猜猜猜》《康熙来了》等，而实际上，中国台湾综艺节目受日本影响颇深。至 20 世纪末，中国内地的节目更新改版往往追随着中国香港、中国台湾的脚步，而非直接借鉴欧美，因节目制作需要的本土化改造在经由港台后更为容易接受。但 2000 年后，中国内地的综艺节目开始逐渐越过中国港台地区与日韩，直接引进欧美版权，说明中国内地电视的制作能力已经处在了较高的水平，电视理念已经与世界制作同步，完全有能力进行自主性的本土化、民族化改造。

(四)以真人秀为主的多元化综艺节目阶段

这一阶段表演类传统综艺节目已成明日黄花，游戏、益智类综艺节目风行导致受众的审美疲劳，“真人秀”的概念开始逐渐渗透到电视栏目制作过程当中。2005 年《超级女声》的崛起让中国综艺节目制作者意识到了危机同时也看到了机会。前述《正大综艺》《快乐大本营》的改版几乎都落在了“真人秀”上。而对于真人秀节目是否属于综艺节目，还是单列出来，各国学者有着广泛的争议。对于真人秀节目，本书的观点是“国内综艺节目更新换代的新节目

① 张国涛:电视综艺的观念演变，现代传播，2005 年第 6 期，第 66 页。

类型”，后面章节将对其进行解析与解读，这里不再赘述。

2004—2006年的《超级女声》，2007—2009年的《星光大道》，2010—2012年的《非诚勿扰》《中国好声音》等，这些节目和它们所代表的真人秀节目类型曾占据着综艺节目的荧屏。但2013—2014年两年间，突然有约30种新出现的综艺节目类型呈“井喷式”地活跃在电视荧屏上，不少新类型节目还成长为“现象级”节目，实现了对综艺娱乐风潮和社会文化话题的双重引领。① 除却亲子真人秀类型的《爸爸去哪儿》等，旅行类的《花儿与少年》、竞技类的《奔跑吧！兄弟》等持续辉煌，《中国好声音》《我是歌手》《中国好歌曲》《出彩中国人》《梦想星搭档》《幸福账单》以及《喜乐街》等代表性节目让“老类别掀起了新高潮”，还有《中国汉字听写大会》《一年级》《开讲啦》《超级演说家》《我不是明星》《十二道锋味》《喜从天降》《笑傲江湖》以及《星兵报道》《有你一封信》等引进模式经过深入本土化改造后受到观众欢迎的各种节目类型。自此，综艺节目的传统藩篱终于被打破，以真人秀元素为核心打造综艺节目的“百家争鸣”的时代到来了。

第二节　中国综艺节目的特征

中国综艺节目从广义上看起源于20世纪80年代的文艺晚会，繁盛于20世纪90年代竞技博彩、益智游戏以及表演选秀模式的反复“复制”。二十年来，广义上的综艺节目一直在中国呈上升趋势，它在国人文化生活中所起到的无可替代的作用是有目共睹的。但就其特征而界定的话，在不凸显上述任何个性特征，而是在综合娱乐与资讯中体现文化与消费才应该是真正意义上的综艺节目，即狭义上的中国综艺节目。

真正意义上的中国综艺节目的代表应该是湖南卫视在1997年推出的《快乐大本营》，该节目形式上以娱乐性为主，融合文艺、游戏、新闻、脱口秀、猎奇等元素，不仅兼具知识性与趣味性，还在内容定位上贴近生活的基调，掺入了文化的调味。自《快乐大本营》诞生之后，引领了其他电视媒体的制作方向，中国综艺节目的类型化趋向及其特征也以其为蓝本初步形成。

从目前中国综艺节目的发展现状出发，可以总结其特征及其问题如下：

（一）形式的多样化与随意化

从《快乐大本营》到北京台的《欢乐总动员》、浙江卫视的《假日总动员》、云南卫视的《快乐周末》等栏目的陆续推出，中国电视掀起了快乐浪潮，同时也带动了综艺节目从艺术形式到表现形式的多样化与多元化发展。

如同综艺节目在美国发源时期所赋予的“杂糅”风格一样，中国综艺节目也在艺术形式上实现了广泛的融合性和综合性。从歌曲到舞蹈、从相声到小品、从采访到辩论、从新闻到

① 刘俊、胡智峰：多元类型的“井喷”：中国电视综艺节目内容生产的新景观，第22页。

故事、从游戏到竞技等无所不有,突破了各种艺术形式之间的壁垒,在一个整体中实现娱乐、文化与商业价值。而且,表现形式也不拘泥于被局限的时间与空间和固定的艺术手段,在服装、化妆、道具、音响、灯光、舞美等方面都越来越趋向丰富与多变。另一方面,主持人也不再如同传统的一人、两人、四人及男女搭配方式,而是根据节目性质与主持人特质进行了随意性更大的调整,三人、五人等男女不限,更符合综艺节目发展的需要。

与形式的多样化进程同时,综艺节目也出现了节目无主旨、不重视叙事化策略的问题。如同样处于综艺节目核心地位的韩国《情书》与中国《快乐大本营》相比较的话,不难发现,《情书》的最大优势就在于其在利用多种表现形式提升节目自身的艺术效果的同时,更注重悬念设置、逻辑连接与结构构筑等叙事化策略,使节目在无形中充满整体性联系。而《快乐大本营》则主要以主持人脱口秀与嘉宾的才艺表演为主,以游戏环节为辅,但各环节之间却各自独立,并未形成故事的连贯性,节目自体具有随机、随意的可变性的同时也易产生无法把控的局面。

(二)内容的生活化与泛娱乐化

综艺节目集多种艺术形式于一身,融娱乐性、欣赏性、知识性、趣味性于一体。于丰富的表现形式中折射时代特征,于鲜明的文化特色与地域特征中实践社会职能,于广泛的大众参与与互动中迎合世俗与生活。它的内容,没有任何一种电视艺术形式可以匹敌。

综艺栏目制造的不仅仅是笑声,更是快乐。真正的媒介快乐应是媒介在对文化的共同认知、对民族品格的共性理解以及对真实生活的认真诠释的基础之上传播给大众的。综艺节目以其内容的丰富性深入生活各隅,多角度反映了时代精神,使快乐与生活相关联,而文化更因与生活的直观连接成了可知、可品的东西,其融合在快乐中实现了传播目的。《正大综艺》让人们在家里了解了“世界真奇妙”;《快乐大本营》让观众从单纯观赏表演的模式中解放出来,参与到了节目本体当中;《开心辞典》让家庭梦想与益智博弈相结合,有知识更有梦想与希望……但在综艺“风行”的20世纪90年代末,综艺栏目彼此之间无底线的模仿与复制现象开始出现,综艺节目能为观众做什么?为谁而做?这样应该深思的问题湮没在浮躁的追逐利益大潮中。打开电视,观众看到的几乎是千篇一律的综艺游戏现场,明星为了金钱而频繁“走穴”到各个电视台的综艺节日,节日雷同严重。观众对于综艺节目的热情很快被消磨掉,转而形成了深深的审美疲劳,同时更让用心制作的综艺节目陷于尴尬的境地。

而另一方面,在媒介形式变容、时代意识变革的背景下,“大众”意识已经难以解决越来越“个体”化的视听需求,现场的游戏、答题、演出等大众形态为主体的综艺节目若不能深入探究受众的文化品位与生活品位,将难以再回归被认可与被支持的荣光时代。

(三)风格的个性化与趋同化

最初的《正大综艺》将综艺节目定位在以益智审美、开阔视野为主的风格上,而《快乐大本营》则开始推崇娱乐文化,将现场互动与明星效应融为一体,在呈现鲜明个性特征的同时也引领了中国综艺的发展风格,一时间,各电视台纷纷跟风、竞相复制,难以再区分其个性与共性。而为争取收视，2004 年以来《快乐大本营》不断进行改版，从淡化“大综艺”的明星套路开始，到融入“全民娱乐”和“娱乐至上”的新理念，乃至于回归偶像明星路线，成立“快乐家族”主持群，使节目收视率与商业回馈一直居高不下。

一个电视栏目要想生存，必须形成自己独特的风格。目前竞相“克隆”的混战局面应该不会长久，市场经济的发展与知识产权意识的深化将淘汰大批劣质栏目，而风格化、个性化的具有创造性的综艺栏目才能经得起时间的考验、受众的考验与市场的考验。

(四)发展的开放化与无序化

这一点与节目自身的定位有关：谈话节目的关键词在于“谈话”，是一种明确的有思想有目的的公开交流行为；真人秀的关键词在于“真人”与“秀”，是一种将参与者、参与方式、参与目的等各种元素都明晰化的栏目形态。而综艺节目在于“综合”与“文艺”，这两个词都是难以定位的概念且组合到了一起，其内涵与外延都比较宽泛，难以界定。虽然有着开放化的特性，但因其定位的模糊性，所以开放的程度、方向都不能准确甚至精确，只能“摸着石头过河”，虽可以不断产生新构想、新形式，但也容易随波逐流、人云亦云。

综艺节目自《快乐大本营》确定其娱乐游戏路线开始，国内各路综艺节目争相登场，有模仿更有创新，不仅在表现形式上更在风格上呈现出了鲜明的开放性特征，这也取决于前述两种元素的广义扩展——娱乐与游戏。但也正因为如此，就更加难以对综艺节目进行范围上的界定与性质上的规范，甚至进而产生了现在无序化的发展局面：有游戏，有益智，有表演，有脱口秀等，只要娱乐元素丰富，就是综艺节目。

过去我们只能通过唯一的电视平台观看综艺节目，而当下网络电视、手机电视、移动电视等新媒体不断涌现，多元化的媒体平台不仅改变着人们的收视行为，也不断改变人们的收视习惯。同时，年轻受众群体的信息反馈也不再是从前的与媒体进行信息回应，而是更倾向于在社交媒体上进行节目信息的分享与扩散。群体传播时代终将过去，观众的审美需求、收视行为和收视习惯始终会与时代同步、与社会发展相匹配。这就要求编导一定要杜绝循规蹈矩的思维，而是要培养开放性的传播理念，迎接时代对于综艺节目的多元化要求。

第三节　综艺节目的编导艺术

综艺节目不同于其他更具有专门指向的电视栏目，作为一名综艺节目编导，不仅要具有对节目文化定位的把握能力、对多种艺术形式和表现形式的操作能力，更要具有对节目制作理念和风格兼容思考的能力。换而言之，是技巧，更是艺术。

一、文化定位

面对目前资讯、游戏与娱乐内容及形式的操守底线摇摆不定的现状，制作综艺节目应要注重的不是表面上的变革，而是深层次文化底蕴的再次审视。中国的综艺节目正处于一个尴尬的发展阶段，即不得不靠借鉴、改造海外模式进行本土节目制作的时期，在这个阶段里，虽然也因为意识到了地域、文化的不同因素而进行着贴近中国大众的部分创新，但这种创新并未深入到文化层次，而仅仅限于形式上的浅尝辄止而已。

作为综艺节目的编导，在策划节目的阶段就应该想到节目自身的文化定位问题，即使是形式上的不拘模仿，独特的文化意蕴是模仿不了的，如同中国港台地区一样，在模仿欧美模式的同时形成自己的文化品位与地域风格。《欢乐今宵》是模仿澳洲 *Melbourne Tonight* 节目而生的，但在节目制作理念上加入了香港特有的自由港思想、文化和生活百态，因而历经二十几年而不倒，甚至制作集数之多创下吉尼斯世界纪录，而中国内地综艺需要谨慎和注意的恰恰就是如何将本土文化融入节目制作之中。

对于综艺节目的文化定位，应该注意处理好以下纵向、横向关系：

(一)传统与现代

在游戏、益智为主体的综艺类型取代了传统的表演综艺类型时，仿佛中国的综艺节目进入了“现代”的门槛，扬弃了陈旧的传统观念与形式。在经过 20 世纪 90 年代末期的浮躁之期后，对中国文化、传统以及民族性等的关注逐渐成为综艺节目制作的核心要素。

改版后的《非常 6＋1》就较好地融合了传统文化与现代娱乐元素：在塑造中国好家庭的基础上定位于全民传播，既有中国传统文化中“家庭”的亲切温馨与本土特色，也有着现代社会环境中媒介传播方式的灵活应用。《开心辞典》所诉求的是智力问答之后达成的“家庭梦想”，也是将综艺节目的最终目的“落”在了传统的中国文化意识上，而非重金诱惑。《爸爸去哪儿》弱化了原版节目强调的激烈竞争与胜负对决，更强调传统意义上中国圆融的家庭观念和仁和的教育理念。还有不少户外旅行和竞技类节目，也注重在中国典型的名胜古迹、人文景观取景拍摄，活在叙事主体上，以典型的家庭人际关系为模本，这些都符合本土观众的认知习惯。

(二)舶来与本土

中国的综艺节目起步较晚，受国外节目的影像颇深，由于国情的不同，中国不能直接将“舶来品”全盘利用，这里便出现了如何进行本土性改造的问题。本土化改造主要指根据本土观众的集体性格(认知习惯、行为习惯、价值观念等)来改造域外节目模式，这种改造最终落实在对本土观众收视习惯、价值观念的契合度上。“选择模式时应考虑独特性、领先性和可操作性，并根据中国观众的收视特点进行本土化改造。综艺节目也要传递正能量，表达主流价值观。”①

1998 年夏天，中央电视台花 40 万英镑从英国 BBC 买进了大型博彩娱乐节目 GOBINGO。在英国有着三十年历史的 GOBINGO 是 个纯粹的博彩节目，剥离博彩性质后改头换面登陆央视，就成了《幸运 52》。可以看到，虽然买进的是博彩娱乐节目，但中央电

① 刘正举：阳光、勇气、智慧、坚持——从《开门大吉》看引进类节目的本土化改造创新[J]，电视研究，2013，(7)，第 31—33 页。

视台的本土化改造恰恰是去除了这个最重要的节目特性:博彩。同理,2000 年,中央电视台引进《谁是百万富翁》节目模式,推出《开心辞典》——进行式的竞猜闯关游戏节目。这个节目也去除了其中关键的"为了金钱而答题"的节目设定模式,将智力考验与家庭梦想结合,体现出浓厚的本土、民族特色。而浙江卫视的《中国好声音》也把荷兰版(*The Voice of Holland*)中注重"娱乐"与"作秀"的价值取向,改成了强调对"励志"与"梦想"的价值追求,更具本土情怀。

中国有着与其他国家不同的社会体系、价值观体系以及伦理道德基准,在制作节目的时候就必须遵从这些本土环境中衍生出来的规则与诉求,而非"拿来主义"。

(三)明星与平民

"明星化"是影视领域最为核心的竞争手段和运作模式,综艺节目中,明星凭借其所拥有的社会地位和资源优势形成了受众群体中强大的号召力和影响力。因而,在综艺节目发展历程中,明星的"标签"一直被贴着,而随着明星资源的挖掘与枯竭,受众个体的表现需求以及新类型的发展,专家学者、知名人士等公众人物陆续"加盟",平民化更成为综艺节目的一个新倾向。

有学者认为综艺节目的观念变迁中最为显著的是其文化属性:从"殿堂"到"广场"。这一种说法生动描摹出了综艺节目发展的阶段特征:早期的表演型综艺节目就如同高高在上而又异彩纷呈的舞台与殿堂。"殿堂"暗含高雅、精英等含义,又强调了一种不可亲近、不可逾越的距离感。这也正是这一阶段的晚会、综艺节目给人们带来的最直观感受。随着游戏综艺节目的诞生与发展,综艺观念发生了深刻的转变,越来越多的街头属性和广场化征兆出现。游戏节目不再像晚会那样彬彬有礼、高高在上,而是呈现出自然、自由的率性。嘉宾在舞台上玩得不亦乐乎,观众在台下笑得前仰后合。人们在这样的游戏现场中暂时忘却了身份、地位,更忽略了电视本身与他们之间的距离。这是在晚会时代所不可能出现的场景,因在晚会、传统表演综艺中,明星是唯一的节目主角,而普通平民在电视文本中实质上处于缺席状态。进入真人秀类型的综艺节目阶段,综艺节目真正由"殿堂"降到了"广场",普通人的参与不再是遥不可及的梦想,甚至成了节目发展的关键因素。

(四)艺术与娱乐

在电视综艺节目的类型演变过程中,"艺术"与"娱乐"的此消彼长,是一个无法回避的总体趋势与显性特征。传统表演型综艺节目以彰显艺术格调为主要目标,能登上舞台的都是成熟的艺术家或者精彩、有内涵的艺术作品;游戏、益智型的综艺节目闯入荧屏后,高雅、庄严、崇高的艺术审美情境一去不返;而真人秀类型出现后,以"才艺"方式出现的"艺术"又重新回到了人们视野中,但因被赋予了浓重的功利色彩与竞争性,甚至被拿来消遣、恶搞与捉弄,使艺术逐渐沦为了综艺这个庞大娱乐平台的点缀。

当然,传统艺术、高雅艺术的确存在着一个远离大众的问题,以何种方式呈现在电视综艺节目中,是一个值得探究同时又是一个难以解决的问题。艺术的平民化、如何实现艺术的互动性参与以及如何进行形式创新等都需要编导用心思量。

二、叙事技巧

“叙事就是叙述事件、讲故事，它构成了一切叙事性文学作品的共同特征。”①叙事策略在各类真人秀类节目中被广泛运用，而对于完全脱离综艺表演形式束缚的现代综艺节目来说，更应该重视这种以悬念设置确定情节导向，进而控制受众情绪的表现技巧。如前所述，韩国综艺节目《情书》以故事化的叙事方式，设置开端、高潮与结局，使受众在次第迭出的悬念中感受步步新奇的刺激。而美国的真人秀节目更是将叙事化策略运用到极致，让受众如同乘坐过山车一样感受未知又享受未知。如何将多种艺术形式并合为具有逻辑联系的艺术整体，是综艺节目编导艺术的主要体现。

（一）悬念设置

在剧情类节目中，悬念的设定一般为结构悬念，而非剧情性的，综艺节目要设置悬念则属于“场面悬念”的范畴。电视编导的动机不着力于制造“紧张的情节”，而是应着力于制造“延宕的情绪”．用这种情绪变化与波折引起观众期待，从而达到一定的兴奋点可以是《幸运52》中的“砸金蛋”，也可以是《超级女声》中的“让选手露怯”，还可以是《中华小姐》冠军产生前的“击鼓延宕”、《开心辞典》最后闯关与否的现场音乐、舞美情境营造以及综艺主持人的“悬疑性”设问……在制作综艺节目时，由于整场节目需要现场气氛维系，就必须努力着眼于基于大小悬念而产生的各种兴奋点的制造，甚至有“每三分钟一个兴奋点”的说法。

（二）情节导向

随着综艺节目在制作中不断导入剧情类的叙事技法，综艺节目的叙事特征也逐渐强化。传统的节目录制在演播厅，现场几个机位切换来“拼凑”起整场节目，因而它的叙事是表演性的、零碎镜头进行的艺术组合与加工。而新型综艺节目加入了“脱口秀、游戏”等灵活、有着不可控性质的内容，非剧情类的节目也开始有了“情节”这样的剧情词汇。在主持人以脱口秀的形式与嘉宾进行沟通时，一般会拟定一个主要话题进行拓展与加深，而这个逐渐深入的话题就有了“开端、发展、高潮”剧情样式的起伏。随着这个话题的节奏，现场的游戏、表演、问答均会进行应和，使整场气氛和谐自然同时又富含起承转合的“拐点”。这也与影视剧的“情节点”类似，是一种叙事的架构衔接点，也是提起观众兴趣的故事情节“拐点”。因而，如何人为设计现场“情节”的发展，使其与主持人风格、嘉宾气质以及现场气氛相契合，是编导需要重点关注的节目策划与编导要点。

（三）情绪控制

综艺节目受观众欢迎在于其“火热”的现场情绪形成的现场气氛，但并非越是“火热”就越成功，有“放”有“收”，有“张”有“驰”的节奏才最适宜。节奏是“艺术美之灵魂”，任何一部艺术作品若没有节奏的变化，都会进入一种表面与内在的矛盾状态。在综艺节目中，节奏张

① 童庆炳：《文学理论教程》，高等教育出版社，1998 年版，第 207 页。

弛的变化是促成节目情节叙事和情感表达的重要手段。综艺节目的节奏张弛形成的情绪控制手段最主要的是主持人的临场反应、摄像机调度、音乐音响的有机组合。

20世纪90年代末期复制风气盛行，各电视台纷纷出台以游戏、问答为主的综艺节目，看似热热闹闹，主持人风格上模仿港台、一路狂呼乱跳的大有人在。但事实证明，未足三年，这类风格的综艺节目就迅速冷场。而如《快乐大本营》般，给予主持人正确定位，形成了成熟的"主持团队"，彼此之间相互协调、互补，共同构建有热情同时又有情绪控制的综艺现场，才会真正经历大浪淘沙，立于不败之地。

综艺节目在20世纪90年代盛行时期对于画面切换、音乐音响配合较其他节目类型已经有了画面增多、切换速度加快以及音效叙事的区别，但只是一种气氛的辅助营造方法，并未成为节目最明确的情绪控制手段。真人秀类节目作为综艺节目的更新换代类型诞生之后，丰富的镜头数量成为其最大的特征。《我是歌手》的总决赛现场共动用了38台摄像机来捕捉场上歌手与场下观众的全场表现与精彩细节；《中国好声音》的节目现场有不少于26个的机位，每期会将1000多分钟的镜头素材制作成96分钟左右的成片；《爸爸去哪儿》动用40多个机位，其中20多个活动机位，每期一千多小时的视频素材最终留下90分钟。① 当下的综艺节目虽然在机位上也有不同程度的增加，但尚无法与以叙事为主要特征的真人秀类节目相比，现场情绪控制还依然有浓厚的舞台表演特性和机位调动形态。因而编导需要在此认识的基础上更灵活调度移动机位，彻底摒弃20世纪90年代综艺的"演播室机位"思维束缚。

三、气氛营造

营造综艺节目现场气氛的关键，是主持人、嘉宾还有其存在的环境。

(一)提升主持人地位

综艺节目的主持人基本掌握着现场的操控大权。对于综艺节目而言，其主持人应该是能在现场控制参与者情绪与心情，可以调控现场节奏甚至制造喜怒哀乐气氛的人；应该懂得怎样与嘉宾、观众进行更多更好的互动，让整个节目更生动有趣。作为编导，不应该限制和约束主持人的主观能动性，在节目策划期间最好就能让主持人参与，共同探讨现场流程与语言表达方式及内容等，让主持人自己能充分理解节目并积极自主地进行现场语言、行为的设计。而编导最好少写串联词或根本不写，将更大的控制现场气氛的权力交给主持人，提升主持的积极性。《幸运52》最突出的特色就是由主持人李咏调动起的现场气氛，现场的问答、观众互动等根本无法由编导面面俱到地进行设计和编排，而是均由李咏在现场即兴发挥，根据自己的思路来进行节目推进及细节的处理。

(二)嘉宾定位

综艺节目的嘉宾从最开始就基本确定为明星，这一定位也成为综艺节目一直以来发展

① 罗姣姣：升级制片人[J]，中国广播影视，2014，554(4)，第38—44页。

的核心形式。

《快乐大本营》自推出后，一直走明星路线，嘉宾作为主要的“表演者”吸引受众。这也是综艺节目在世界发端时的主要特征，20 世纪 50 年代美国的综艺节目《德士古明星剧场》《艾德·苏利文秀》，20 世纪 70 年代开始的综艺《周六夜现场》，中国香港的老牌综艺节目《欢乐今宵》等都是以明星嘉宾为主要特色吸引受众。传统综艺节目中嘉宾是演员，受众只能看到舞台上只能“远观”的表演者，而新型综艺节目中，嘉宾不仅是表演者，还是灵活自由的“思想者”“话语者”与“行动者”。因而受众在节目的主持人与嘉宾的对谈中获得了嘉宾的观点与独特的话语表达方式，在游戏与问答中获得了嘉宾的思想与行为能力，而在看似即兴的表演中又得到了一个才智能力完整统一的新的明星嘉宾形象。可以说，嘉宾在综艺节目中是一切兴趣的根本点、是主体，而主持人是诱导者、节奏的把控者。良好地调动嘉宾的主观能动性，良好地利用嘉宾的一切优势，展现其能够展现的魅力与能力，是编导在进行节目构思时首当其冲要思量的问题。

（三）环境设置

大屏幕、游戏道具和一定的表演空间一直是综艺节目的舞台环境设计核心，但也形成了容易使人产生审美疲劳的趋同化，更重要的是 20 世纪末很多综艺匆匆上马，大屏幕仅用来播放视频和调节气氛，而游戏道具大多看起来便宜简陋，不讲究细节。随着受众审美需求的明朗化，如何使用富含动感、时尚元素的色彩，如何选取有质感有新意的材料，如何合理配置进行空间设计以及如何更有效利用灯光进行舞台造型等成为当下综艺舞台设计中创新的几大角度。“电视综艺舞台的设计形式已经走向多变、创新的道路，大量高科技元素的加入几乎将传统的综艺舞台设计彻底推翻，建立了一种新的模式和视觉效果，并且这种改变已经和艺术进行了很好的融合，最终将影视舞台设计推上了一个新的高峰。”[①]大型科学类真人秀节目《最强大脑》中出现了令许多人叹为观止的道具，如 127 个蜂巢组成的迷宫，真人扮演的铜人茶馆以及规模庞大的赛车场等；还有许多节目走出演播室，先进的技术手段已经使节目录制不仅仅局限在固定的环境、情境中。真人秀节目的技术性走在了各种类型节目的前端，传承传统综艺发展至今的“正宗”综艺节目尚需在摄制技术、舞美设计等方面增加高科技技术含量，让综艺节目有自己的一片独立天地。

本章小结

综艺是综合文艺的简称。综艺类节目是范围较难界定的节目类型，因其无论在形式还是内容以及节目风格上都具有很大的可变性。综艺类节目发展至今，由于文化审美、地域风格等条件的制约呈现出了不同的表现形式与运营模式。中国综艺类节目十几年就完成了由

① 万国：论电视综艺节目的舞台设计创新[J]，当代电视，2014，(9)，第 34－35 页。

传统的版块式迅速发展为多样、多元、多变的风格及形式的变化历程，与对海外模式的本土化改造密不可分。《快乐大本营》引领了其他电视媒体的制作方向，中国综艺节目的类型化趋向及其特征也以其为蓝本初步形成。虽然中国综艺节目的发展状况看似节节攀升，实际在内容、形式与风格上还存在诸多问题，作为综艺节目的编导，要从中国综艺节目的发展现状出发，从文化意识、表现技巧等方面进行重新定位与思考。

（姜　滨）

本章思考题：

1. 目前中国综艺节目的特征有哪些？
2. 综艺节目的编导应从哪些方面思考综艺节目的文化定位问题？

第五章　电视真人秀节目的编导

第一节　电视真人秀节目概述

一、关于真人秀节目

兴起于西方电视界的真人秀节目也称真人实境秀、真实电视(Reality Show),普遍称为真实电视。国内学者一般认为真人秀是英文“Reality TV”或“Reality Show”的中文译名,也有学者认为是美国电影《楚门的世界》(*Truman Show*)的直译。关于真人秀节目的概念,目前为止学界依然未能统一。维基百科对真人秀的解释是:“真人秀又称为‘真人实境秀’,是一种强调现场实播、没有剧本、不是角色扮演并声称百分之百反映真实的节目。”《现代汉语新词语字典》对真人秀节目做出的解释是:“指由制作者制定规则,由普通人参与并录制播出的电视竞赛游戏节目。”而在国内的电视话语中,“真人秀”和“选秀”“娱乐节目”“综艺”等词语使用至今仍存在着不同程度的混淆,而明确“真人秀”的节目称呼则较为稀少。学界对于此概念的辨析通常从“真人”和“秀”的辨析出发,认为二者对应着不同的制作理念。诸多学者也给出了不同的解析:谢耕耘,陈虹在《真人秀节目:理论、形态和创新》①中指出:“所谓真人秀节目,就是指由普通人而非扮演者,在规定情境中按照制定的游戏规则展现完整的表演过程,展示自我个性,并被记录或者制作播出的节目。”尹鸿、冉儒学、陆虹在《娱乐旋风——认识电视真人秀》②一书中对真人秀节目做出如下定义:“电视真人秀作为一种电视节目,是对自愿参与者在规定情境中,为了预先给定的目的,按照特定的规则所进行的竞争行为的真实记录和艺术加工。”同时该书还确定了真人秀节目的几大要素:参与者、悬念、竞争、淘汰与选拔规则、时空规定、现场记录和艺术加工。电视真人秀节目迎合了观众的求知欲与猎奇心,受到越来越多中国观众的青睐与关注。

真人秀是电视中风格最为多样、内容来源最为丰富、现实性和娱乐性兼备的节目类型之一。真人秀节目的起源众说纷纭,或可以追溯到 20 世纪 70 年代美国的公共电视(PBS)在

---

① 谢耕耘,陈虹:《真人秀节目:理论、形态和创新》,复旦大学出版社,2007 年 9 月第 1 版,第 1 页。

② 尹鸿,冉儒学,陆虹:《娱乐旋风——认识电视真人秀》,中国国际广播出版社,2006 年 1 月第 1 版,第 6 页。

1973 年首播的《美国家庭》的纪录片，亦可追溯到导演 Allen Funt 开创的隐形摄像机。20 世纪 90 年代起真人秀节目开始受到观众青睐，如 1992 年的《真实世界》、1997 年瑞典的《鲁滨逊探险》、1999 年荷兰的《老大哥》和 2000 年 CBS 的《幸存者》等。其中《老大哥》与《幸存者》分别成了室内、室外竞技类真人秀隆盛的开端。从 20 世纪 90 年代开始，真人秀节目开始在中国出现，从备受质疑到获得认可、从简单模仿到重视创新、从类型单一到节目多样，真人秀节目逐渐成为中国电视娱乐节目的主流，其内容涉及选秀表演、生存竞技、社会服务等多方面题材。

二、真人秀节目在中国的发展状况

（一）2000－2004 年：发展初期

受中国香港亚视与日本电视台联合制作的系列节目《电波少年》的启示，国内首个独立制作的真人秀节目《生存大挑战》开播。《电波少年》表现分别来自日本及中国香港的两个青年结伴互助历经旅程的各种坎坷最终穿越非洲的故事。1996 年暑期，广东电视台试播了《生存大挑战》专题节目，表现大学生在只有五元钱的条件下从广州到佛山的生存状态。“在接受挑战的短短几天内，大学生们凭借自身顽强的毅力，在面包店、大排档、职业介绍所、汽车服务站毛遂自荐，自谋职业，赚得餐费和住宿费，全面挑战自身的意志与信心，知识面、交际能力、承受能力等”。[①] 试炼成功后，2000 年 6 月 18 日到 12 日，广东电视台推出了第一期《生存大挑战》。该节目从全国 500 多名应征者中挑选出三名互不相识的“挑战者”——湖北籍青年诗人吕岛、新加坡航空公司空姐王樱和北京退伍军人张钧，要求他们每人在 6 个月的时间里只带一个背囊、一双运动鞋、一些药品及地图、指南针、水壶、帐篷和 4000 元旅资，完成广西、云南、西藏、新疆、内蒙古、黑龙江、吉林、辽宁等八省的 3.8 万公里边境地带的旅途，整个过程历时 195 天。在活动过程中，贯穿着真人秀节目的原则：制作者制定规则，由普通人参与并全程录制播出，摄制组不能在经济、交通上提供任何帮助。[②] 一经播出后，在国内产生了极大影响，之后又于一年后推出第二届以“重走长征路”为主题的生存挑战，这一期节目充分借鉴了美国 CBS 的《幸存者》节目，引入淘汰机制、竞技游戏等真人秀节目元素。随后，央视、上海、湖南、四川、贵州、浙江等省级电视台纷纷开播真人秀节目，形成了中国真人秀节目的制作浪潮：中央电视台在《龙行天下》基础上推出了《金苹果》，贵州电视台在《星期四大挑战》基础上推出了《峡谷生存营》，拇指英雄联合央视在《开心辞典》《幸运 52》特别节目的基础上制作了《欢乐英雄》，几乎都是“野外生存挑战”类。

除却野外生存竞技类电视真人秀节目外，部分内地电视制作机构还尝试过室内生活类电视真人秀节目和爱情考验类电视真人秀节目。2002 年夏，北京维汉文化传播有限公司联

---

① 中央电视台总编室：《“真人秀”电视节目的形态特点和本土化趋势》。

② 蔡贤胜：“真人秀”是把虚构的游戏和真实的人物结合起来——兼评“真人秀”节目的产生与发展，南方电视学刊，2003 年第 1 期。

合湖南经济电视台制作了国内第一个室内生活类节目《完美假期》，仿自法国室内生活类电视真人秀节目《阁楼故事》，由12名男女选手在一栋3层别墅中共同生活70天度过"完美假期"，他们24小时被30台摄像机不分昼夜监控，观众根据他们的日常起居饮食等诸多方面来对他们的言行举止进行评估，参赛者彼此也从第三周起每周互相投票进行淘汰。观众人气最高的选手在当周内免遭出局，剩下3名选手共同生活1周，最后由观众投票淘汰2人，最后留下的优胜者则获得50万元的房产。这一模式源自真人秀室内竞技类节目鼻祖《老大哥》(荷兰)，基本模式相似。而2003年7月，湖南卫视婚恋交友类节目《玫瑰之约》则引入爱情考验类形态元素，推出特别节目《玫瑰之约·红丝带》，讲述1位女士在9位男士中寻找自己真爱的过程。节目选择一个固定的居住地，10人集中生活20天。20天中，女士按照机会均等的原则与9位男士进行一对一的单独约会。这些男士均隐去了职业、家境、收入、地位等各种身份背景，以自己的个性魅力来获取女士青睐。20天中有4个淘汰程序，最后只有一位男士成为"玫瑰先生"。节目播出后虽然有不错的收视率，但也引发了"将爱情当游戏"的诸多批评。于是新版《玫瑰之约》推出时，在原有基础形式不变的前提下降人数比例，调整为较为温和的3男求1女。节目板块上呈现出"前缀、主体、后缀"三部分，前缀中呈现"万里挑一"的过程，通过与女主角视频聊天、亲朋好友推荐等方式决出最后走入演播厅的3位竞争者；主体部分则通过演播室"玫瑰用心听""玫瑰新接触""玫瑰新感动""玫瑰玫瑰我爱你"等环节，决出最后胜出的男嘉宾；后缀部分则由主办方为互有好感的男女主角安排完美假期，剧组全程跟踪拍摄，将过程与最后选择结果展示给观众。

但无论是生活类的《完美假期》还是爱情体验类的《玫瑰之约》，由于不符合中国国情、文化传统和观众收视习惯，很快被相关部门叫停，不过都是昙花一现。

2003年11月，中央电视台经济频道推出才艺选秀类电视真人秀节目《非常6+1》，节目内容是每期帮助3位有表演才艺的普通人实现他们的艺术理想。在环节设置上分为两步：一步是对选手进行为期6天的培训、包装和打造；第二步是将他们推上梦想的大舞台，在全国亿万观众面前展示其"非常才艺"，节目播出后获得良好反响。2004年10月，中央电视台第三套综艺频道改版后推出了《星光大道》，"将群众文艺与电视文艺有机结合，融互动性、竞技性、知识性、娱乐性为一体，充分体现了电视文艺大众化、平民化、地域化的特点，成功地奏响了一曲百姓的交响曲"①。

(二)2005年至今：发展隆盛期

2005年是具有标志性的一年，以"海选""全民娱乐""民间造星"为主要特征的"表演选秀类"真人秀节目《超级女声》成了最大赢家。

20世纪90年代，美国的罗兰·罗伯逊教授提出"球土化"的概念。认为全球化与本土化犹如一枚硬币的两面，是一个矛盾的统一体，在全球经济一体化的带动下，一个"视听地理正逐步脱离民族文化的象征空间范围，而在国际消费者文化这一更为'普世化'的原则下加以重

① 徐瑞育：《电视文化形态论——兼议消费社会的文化逻辑》，中国社会科学出版社，2007年版，第153页。

新调整”。这个概念其实可以理解为文化整合的过程，也就是文化冲突和文化融合的对立统一，而《超级女声》就体现了全球化背景下的这种文化整合，从模仿红遍美国的平民选秀节目《美国偶像》到本土化改造，最终在中国取得空前成功，并形成了“超女文化”领导国内表演选秀节目的发展方向。《超级女声》赛事长达半年之久，“超女”晋级由三方面决定：专业评委、大众评审团、观众短信支持。而评委和观众之间的取舍往往发生错位，评委们考察的是选手的唱功技巧和舞台表现力，而普通观众除了看唱功外，更主要还看是否符合自己的审美趣味及私人情感，所以在选拔与结果上出现了很多出人意料但效果特别的状况，涌动着一股民间的朴素与生动，是一种彻头彻尾原生态的大众娱乐。而在最后一场比赛中，评委退出，“超女”总决赛的前三名的排名次序完全由观众短信决定，冠军就是“人气王”。冠军李宇春在三甲中唱功并不是最好，外形也并不出色，但她有着鲜明的个性、另类的气质和一种打破中国传统的“双性形象”从而获得了最高的人气，成了新时代的平民偶像和“超级女声”。这一切喻示：大众心理逐步走向成熟，一个多元的审美时代已经来临，而《超级女声》也成为一场新的审美意识形态的“革命”。

随着2005年《超级女声》的热潮席卷，2006年中国内地电视真人秀节目竞争进一步升级和白热化，各大电视台纷纷推出同类型的才艺选秀真人秀节目。2006年3月，东方卫视启动《我型我秀》，并首度在上海开设“新声力量训练营”；一周后，中央电视台《梦想中国》拉开帷幕，除了北京、上海等7个城市设置海选现场外还首次设置赛区；天津卫视2006年主推《化蝶》《今晚谁结婚》《我是当事人》《成龙计划》等4档选秀类真人秀节目。另外还有山东卫视的《天使在行动》、北京卫视的《红楼梦中人》、广西卫视的《寻找最美丽新娘》、湖北卫视的《花落谁家》、江苏卫视的《绝对唱响》、吉林卫视的《吉林之星》等。

2006年开始，中国内地才艺选秀类真人秀节目竞赛元素开始呈现多元化的发展趋向，有中央电视台的《挑战主持人》《大专辩论赛》、湖南卫视的《闪亮新主播》、重庆卫视的《宝贝时代》、广西电视台的《全民星偶像》、湖南卫视的《谁是英雄》、山西卫视的《超级少年》、湖南卫视的《天使在行动》、江西电视台经济生活频道的《绝对想演》、广西卫视的《寻找金花》、湖北卫视的《花落谁家》、重庆卫视的《佳洁士微笑大使选拔赛》、广州电视台的《“美在花城”飘柔广告新星大赛》等。

2007年7月，美国全国广播公司推出平民化的全新卡拉OK竞赛类电视真人秀节目《合唱小蜜蜂》。从现场观众中随机挑选6名选手，然后请他们上台演唱，由乐队伴奏歌曲、明星引唱，歌曲中故意漏掉歌词让演唱者填空，对者胜出错者下台，层层淘汰后胜出的冠军获得奖金5万美元。随着这档节目的风靡，两个月后，浙江卫视推出了《我爱记歌词》、广东卫视则推出了《今夜唱不停》。2008年11月，浙江卫视、江苏卫视又分别推出了《爱唱才会赢》《谁敢来唱歌》；2008年12月，湖南卫视推出《挑战麦克风》，歌唱选秀类节目重新呈现出席卷热潮。之后各电视台纷纷跟风制作以歌唱选秀为主的真人秀节目，造成受众的审美疲劳，真人秀节目再次面临题材改革问题。

2009年，“魔术表演”成为国内真人秀“新宠”。3月江苏卫视的《我的魔术猜想》，由4位魔术终极猜想者挑战世界目前最著名的4位魔术师：大卫·科波菲尔、克里斯·安吉尔、佐藤政道以及大卫·布莱恩，对大师们的经典魔术表演之谜进行大胆的猜想。4月，安徽卫视和湖南卫视分别推出大型魔术表演选秀真人秀节目《星光魔范生》和《金牌魔术团》，《星光魔范生》通过明星的魔术表演以及魔术师对明星嘉宾的教学，将魔术表演与明星才艺结合起来，打造"明星魔术师"；而《金牌魔术团》则以选手参赛，刘谦等4位专业评委指导与点评的方式展开节目。5月，东南卫视推出魔术表演类《全名大魔竞》，以平民魔术为主，邀请明星加盟，并在包括重庆在内的20余个城市中选拔魔术师。

2010年江苏卫视《非诚勿扰》开播再度掀起相亲类服务性真人秀节目的热潮。湖南电视台的《我们约会吧》、东方卫视的《百里挑一》《谁能百里挑一》，贵州电视台的《非常完美》陆续推出，又呈现出同质化竞争态势，但真人秀节目一直占据了娱乐栏目的主要位置，这一点毋庸置疑。

近年来，浙江卫视的《中国好声音》(因版权问题，现已更名为《中国新声音》)，湖南卫视的《爸爸去哪儿》《奔跑吧兄弟》，深圳卫视的《急速前进》等真人秀节目开始走引进式"精细化"制作道路，"良心"的标签使得本已对真人秀节目视觉疲劳的挑剔大众眼前一亮，内容上更以其强大的"代入感"使受众在观看节目时能够融入节目中所呈现的亲情、友情、团队等正面情感表达中去。另一方面，真人秀节目的营销模式也在这些栏目中呈现出时代性特征：营销团队善于利用第三方软件如微信、微博来制造话题增加节目的关注度并进而引导舆论。

(三)真人秀节目在国内兴起的原因

综合而言，真人秀兴起的主要契机是国内市场化运作的商业媒体环境，真人秀是商品化程度最高的电视节目之一，完全符合低成本、高回报的经济效益原则，使更大规模的广告植入与明星制造成为可能。而在娱乐的主旋律背后，真人秀又有着社会教育功能、社会服务功能等，符合了受众越来越多元化的视听需求。电子通信、电脑和媒体的融合成了真人秀节目广泛传播的客观存在背景。

以中国真人秀节目代表性作品《超级女声》为例，可窥中国真人秀节目缘何在短期内形成井喷现象。

1. 真人秀节目是国内升级换代的产物

2004年10月8日，播出了14年的央视老牌娱乐节目《综艺大观》因收视率不断走低而被"末位淘汰"。这个曾红遍大江南北的表演类综艺名牌栏目最终只能无奈地告别银屏，正标志着时代需要、受众需求已发生了质的改变。而在1997年《快乐大本营》之后全国上下掀起的"快乐""欢乐""幸运"热潮也仅仅持续了不到三年时间就开始迅速萎靡，观众们开始产生了强烈的审美疲劳，更对其"纯娱乐"的节目特征而感到腻烦。

在《快乐大本营》引领的综艺节目席卷国内电视界并迅速进入发展瓶颈期时，以《幸运52》《开心辞典》等为代表的益智类节目开始占据人们的视线，电视娱乐节目重整旗鼓再次出发。益智游戏类节目大大提高了观众的参与程度，在形式上也逐步融入综艺现场的娱乐元素，节目形态上呈现较为开放的时代性特征，但终究局限于"益智"的核心答疑形式难于突破。

2005年，以《超级女声》为标志，真人秀节目高调拉开帷幕。真人秀节目融合了以往多种节目形态的特点，同时具有真实和虚拟双重特征，很快受到观众欢迎，并以惊人的生长速度在中国电视银屏上遍地开花，并逐渐掀起收视高潮。十余年后的当下，真人秀节目不仅不见其衰退，反而在类型上更加丰富，在制作方式上更加能够呈现时代精神并能够迅速与地域、民族、文化相融合，在世界范围内完成了娱乐栏目的形式改编，同时也顺利进行了升级换代。

2. 顺应电视观众对于真实的强烈需求

随着中国市场化进程的推进，文化体制改革也陆续展开。国家对意识形态的控制趋向于宽松，电视台不再只是作为国家意识形态的宣传机器存在。电视市场的竞争日益激烈，受众需求越来越受到重视，各级电视台纷纷在电视节目制作的创新上开始着手考虑受众对于电视节目核心元素——真实的强烈需求。《超级女声》能够在中国热播并引起如此轰动，不仅仅与中国社会由团体趋同性走向个性张扬和自我显露有关，而且它还预示着一种即将到来的社会主张——平民崛起的主张。大众娱乐文化的本质就是造星与追星之间的互动机制，普通大众平凡的日常生活需要一定的刺激与想象，而《超级女声》以令人眼花缭乱的舞台造型、赏心悦目的视听享受、紧张激烈的比赛现场成了时尚与成功的风向标，它最大地挑逗了普通观众的好奇心与想象力，使得平民追星成为对成功与时尚的一种想象力满足和补偿，就像金庸武侠小说满足了人们对于英雄的幻想一样，追星让普通民众见证了明星从海选到成名的整个过程，目睹了她们从丑小鸭蜕变成美丽天鹅的传奇神话，这一切都充满了诱惑，满足了普通人对于成功与时尚的渴望与想象。

3. 真人秀使电视传播成为观看与参与的互动

《超级女声》的口号是“想唱就唱，我最闪亮”，令节目成为普通人的狂欢，人们只要一个麦克风就可以在电视上展现自己。与以往的歌唱比赛、娱乐节目相比“超女”的比赛形式新颖轻松，打破了传统的舞台距离，加强了选手和评委的沟通和互动，甚至是拉近了与观众的距离。“超女”的观众短信电话票选，提高了场外观众的积极性和关注度，各类媒体对“超女现象”的热炒，成功制造了社会舆论，使其影响力进一步扩大。2005 年最后总决赛三位选手的短信可知其影响力：李宇春3 528 308票，周笔畅 3 270 840 票，张靓颖 1 353 706 票，可以说《美国偶像》代表了当今美国文化的一种潮流，而《超级女声》就是演绎了中国版的《美国偶像》，代表了当今中国的一种文化潮流。

4. 真人秀节目拥有巨大的市场空间

2006 年初，中国社科院发布的《2006 年：中国文化产业发展报告》追踪了“超女”的整个产业链条，并估算出这个节目各利益方直接总收益约 7.66 亿元。按照上下游产业链间倍乘的经济规律分析，“超女”对社会经济的总贡献至少达几十亿元；而按照品牌估价的一般方法，目前其品牌的商业价值超过 20 亿元。

四、真人秀节目的特征

（一）低门槛

真人秀节目的参与者，是“真人”，所谓真人，不是影视剧中的角色扮演，而是生活中真实存在的人。所有真人秀的选手都是从报名参加的普通人中按照一定的职业、性别、年龄、学历背景以及种族等诸多条件均衡挑选出来的。他们的这种构成往往涵盖了社会的基本架构，形成了社会的缩影。因而，节目风格上会贴近受众，让受众感觉到曾经遥不可及的电视空间也向平民敞开了大门。如《美国偶像》只要是16～24岁的美国公民都可参选；《超级减肥王》只要受肥胖困扰的"重量级"人士均可参加。各节目的宣传语也都传递给观众这样一个信息：只要有自信，任何人都可以。尽管最后站在金字塔顶端的只有极少数人，但他们是千千万万普通人之中的一个，他们追逐梦想的道路和千千万万普通人一样。

（二）原生态

"原生态"特指真人秀节目的制作理念：在事物的原始状态下，用镜头和文字不加修饰地反映原汁原味的本色，形式上不需要过多艺术加工，内容上关注生活本真，着力表现对象的原初状态。当然，真人秀节目的真实并不是真正意义上的客观纪实，而是在一种设定的虚拟环境中的记录与还原。但不管怎样，我们看到的一切行为、语言、竞争确实是真实的。每一个选手参赛的全过程，每一个生活瞬间，每一场精彩表演，每一次华丽蜕变都是在连续记录的前提下提炼出来的，它的基础是真实的现实。

（三）竞争性

真人秀节目最大的看点在于其规则指向的"竞争"形态。人类是征服意识极强的生物，征服自然，征服同类，征服整个世界乃至于宇宙，因征服意识而产生的各种纷争频仍是这个世界的常态。作为节目，让观众观赏一场从头至尾的完整的"战争"过程，真人秀节目可谓极致。金字塔形式的模式建构，从底到顶，打败与被打败，让真人秀节目明明是普通人建构的世界，却浓缩了现实世界所没有的完整的、"残酷"的斗争过程。

（四）互动性

真人秀节目推行之前，电视一直与受众之间有着不可逾越的鸿沟，即使参与也是少数的或博彩性质的，根本无真正的互动。而真人秀节目却让观众实实在在地与节目"打交道"，观众甚至可以决定参赛选手的去留。从传播学的角度看，观众作为接受者的同时，又成了传播者，节目与受众之间形成了良好的互动，如《非常6+1》《星光大道》由现场嘉宾、观众来评判参赛选手；《超级女声》《梦想中国》等则由观众短信投票决定选手去留、名次。

第二节 电视真人秀节目的主要类型及个案分析

电视真人秀节目的形态并不单一，有的是在演播室进行，有的是在野外进行；有的以现场竞赛为主，有的以生活记录为主；有的以力量、勇气、智力考验为主题，有的以性、情感关系为主题。[①] 因而，对真人秀的归类很难从形式上进行，因为绝大多数的真人秀节目在

① 尹鸿，冉儒学，陆虹：《娱乐旋风——认识电视真人秀》，中国广播电视出版社，2006年版，第6页。

电视手段的使用上，都具有一定的综合性，包含游戏、生活记录、现场采访、后期加工、偷拍等，往往都有一个“金字塔”式的选拔过程。因而，从内容差异上进行分类更具有逻辑上的清晰性。

美国对真人秀节目有着明确而细化的分类，从最开始的单纯窥探人的生活，至今已拓展到九大内容类别，见表 5-2-1：

表 5-2-1 美国真人秀内容分类及代表节目相关信息表[①]

内容类型	代表节目	播放平台	播出时间
生存冒险	《幸存者》(*Survivor*)	CBS	2000.5—
	《我是名人——让我离开这里!》(*I'm a Celebrity——Get Me Out of Here!*)	ABC	2003.2—
工作求职	《学徒》(*Apprentice*)	NBC	2004.1—
	《请开除我吧》(*Fire Me, Please*)	CBS	2005.7—
人际考验	《老大哥》(*Big Brother*)	CBS	2000.7—
	《极速前进》(*The Amazing Race*)	CBS	2001.9—
才艺展示	《美国偶像》(*American Idol*)	FOX	2002.7—
	《与明星共舞》(*Dancing with the Stars*)	ABC	2005.7—
家居生活	《交换空间》(*Trading Spaces*)	TLC	2000.9—
	《超级保姆》(*Supernanny*)	ABC	2005.1—
衣着审美	《粉雄救兵》(*Queer Eye for the Straight Guy*)	BRAVO	2003.7—
	《天鹅》(*The Swan*)	FOX	2004.4—2004.12
心理素质	《恐怖元素》(*Fear Factor*)	NBC	2001.7—
	《伪装》(*Fake Out*)	Court TV	2003.1—
婚姻家庭	《单身汉》(*The Bachelor*)	ABC	2002.4—
	《换妻》(*Wife Swap*)	ABC	2004.9—
敏感问题	《干涉》(*Intervention*)	A&E	2005.3—
	《黑人·白人》(*Black·White*)	FX	2006.3—

根据美国真人秀节目的内容分类方法，《中国电视节目形态研究》一书将电视真人秀节目形态细分为生存挑战类、才艺表演类、技能应试类、身份置换类、情境体验类、益智闯关类、游戏比赛类、异性约会类、生活技艺类等 9 种形态。《超级“选秀”：2007 年中国真实电视的转型》一文将电视真人秀节目细分为 3 种子形态：纪实风格类；淘汰/游戏类；自我提升/改造类。而胡波在《近年来国内真人秀节目素描及趋势分析》一文中将电视真人秀节目分为娱乐

① 刘利群，傅宁：美国电视节目形态，中国传媒大学出版社，2008 年，第 135—136 页。

类、生活服务类、公益类、情感类。

本书根据以上各种分类依据以及真人秀在中国的题材、形式发展变化历程，将国内真人秀节目更为简略及概括地分为表演选秀类、生存竞技类以及生活服务类三大类别。

一、表演选秀类真人秀节目

选秀类节目其实是电视制作者和平民百姓一起完成的一次宏大的媒体叙事。美学家克罗齐说过："艺术的全部技巧，就是要创造引起读者审美再创造的刺激物。""海选"的过程就是一个平凡而亲切的日常集市般的场景，所有有表演欲望的人都可以参与、都可以展示，真真切切地登上舞台，向着自己的梦想进发。这种尘世的喧嚣中充满了兴奋的紧张感、释放自我的成就感乃至于围观受众真正参与其中的满足感。

选秀类真人秀节目不拘泥于一方面的才艺，有专项的如歌唱、舞蹈、小品等选秀类真人秀，更有所有特长都可以在舞台上展示、成就梦想的"达人秀"。一般有周期性的赛季过程，从最初的"海选"到一定人数的复赛，乃至于数字递进精简到最后的强者之争，节目波澜迭起又充满了悬念，形成了漫长的叙事过程，同时又是一次电视制作机构与受众之间一次暧昧的心理拔河：受众在悬念的累积与释放中不断体验一次次如同"过山车"的快感，电视制作机构在广泛的受众参与前提下一次次地抓住商机进行宣传推广，真正做到了"双赢"。这种悬念堆积与释放的过程与影视剧作品的架构相似，不同于模式化的其他文娱节目，在持续性表现过程、呈现冲突最终导引出结果的叙事架构上让受众充分享受不一样的电视视听感受。

2002 年 1 月开播的《美国偶像》是选秀类真人秀的代表节目，源于由英国著名经理人富勒构思的《流行偶像》(*Pop Idol*)节目，但《流行偶像》在文化积淀深厚的英国却很难火起来，后来美国福克斯电视台发现它与美国的社会特点较为吻合，就以近亿美元的价格买入版权，并将其进行本土化改造而成了《美国偶像》。节目实则为一场美国平民业余歌手大奖赛的感觉，通过全民总动员，层层选拔，从全美选出最有人气的平民歌手，最后胜出者即为"美国偶像"。其遴选方式灵活多样，甚至可以通过电话方式参加初试。节目主旨在于为平民百姓提供一个自由展现才艺和个性的舞台，真实地还原平民选手的原生态表现，呈现出一个生活中的普通人成为被瞩目的明星的真实过程，记录其蛹化成蝶的神奇"进化"状态。中国 2005 年的"超女"即是如此的运作模式，且在规模上远远超过了《美国偶像》。《美国偶像》代表的是当今美国文化的潮流，而《超级女声》演绎的则是中国版的《美国偶像》，并代表了中国当下的一种文化潮流。

但如同《美国偶像》当初的本土化改造一样，《超级女声》也在竞赛规则方面进行了改造，从美国的全土海选改为五大赛区比赛、每个赛区冠军自动进入全国总决赛而亚军季军则需竞争取得进入总决赛的机会；在环节设置上，引入了"PK"环节，即两名实力相当的选手由评委待定一个、观众投票待定一个，然后单挑，一人胜出另一人出局。大大增加了节目的视听刺激与娱乐性："将评委和选手的原始状态放大并推到了前台，处于主动和被动地位的矛盾双方直接对话，直接交锋，没有过滤的棱角被保留下来，带给观众很强的真实感和意外的戏剧冲突。”[①]另一方面，《美国偶像》的评委点评是其最大特色，特别是西蒙，更是尖酸苛刻、一针见血。但《超级女声》明显迎合中国人的传统道德观进行现场点评：大体上委婉含蓄，富有人情味儿。

节目个案分析：

《美国偶像》

1. 节目具体程序(以第9季第31集为例)

节目开端：上集回顾，选手在观众支持下获得评委肯定，最终“复活”；本季地区：拉斯维加斯；本集看点：两名选手的偶像梦将会终止。

片头特效后，主持人出场，介绍评委，并传达已收到三千四百万张的投票的巨大关注喜悦。

九强选手集体奉上充满趣味的猫王经典歌曲串烧。

九强选手福特汽车的音乐视频。

节目网站参与说明。

主持人公布上期评委对几名选手的评价，宣布被评委以及观众投票决定即将离开的两名选手中的一位。即将离开的选手登台表演。

穿插纪录片，以往“美偶”的非洲之旅。当初美国偶像梦想成真，也开始踏上实现更多人梦想之路。两名“美偶”在主导的救助工程正在实现为孩子建立安全居所的梦想。号召观众参与资助。

往期“美偶”登台表演。

继续揭晓下一位终止“美偶梦”的选手。选手最后一次演唱。与众多选手拥抱离场。

离场前播放“美偶”比赛进程中两人微纪录，从开始到现在的舞台表现、生活场景，家人、朋友的评价。

2. 节目分析

(1)《美国偶像》概述

2001年英国电视台推出选秀节目鼻祖《流行偶像》，首届落幕便挖掘出了三名歌坛优质偶像：威尔·扬(Will Young)、葛瑞·盖斯(Gareth Gates)和达拉斯(Darius)，一时间偶像旋风席卷全球。FOX广播公司慧眼识珠，以7000多万美元买下节目版权并加以适当改编，从2002年起每年主办一届，目的是发掘新一代的美国歌手，获得当季冠军的选手即为当年度的“美国偶像”，获得一纸价值百万美元的唱片合约，即为《美国偶像》(*American Idol*)。美

---

① 袁蕾：超级女声——十万人玩的游戏[N]，南方周末，2005-06-02。

国《真人秀杂志》(*Reality TV Magazine*)每年对真人秀节目进行评选,2005 年度最受欢迎的十大真人秀节目(Top Ten Reality TV Shows of 2005)之中,排在第一位的就是《美国偶像》。

FOX 电视宣布 2016 年播出的第 15 季《美国偶像》是该节目的最终季,这档辉煌全美 15 载的老牌选秀节目彻底落下帷幕。

(2)节目形态分析

首先,在电视叙事策略上,在为期 20 周的赛季中,节目情节波澜迭起而又迂曲有致,充满了悬念、细节、铺垫、重复、高潮,悬念的累积到了决赛,无疑就是一场最后的大释放。这种叙事模式既遵从了事件的发生、发展的模式,也顺应了观众心理需求的内在规律。从最开始的海选(初选、网络海选、制作人海选、评委海选等)到最后"美偶"诞生,是一个漫长的过程,更是电视台、观众、选手一起在舞台表演、真实再现交错中共同见证奇迹诞生的心路历程。

虽然是表演选秀类,但《美国偶像》不只拘泥于舞台表演,而更重视情感表达、细节描画。每一期选手都不仅有舞台上的荣光,还有生活中的率性与感性,是一个个鲜活而生动的生命。这样的情感流淌与舞台上的激烈"厮杀"形成鲜明对比,又赋予了节目以内在的意义:比赛并不完全是表演、是"秀",而是追逐梦想路途上的一群同路人共同前进的一小段片段截取,竞赛的意义在于梦想本身而不是名利。如在本期案例节目中,整场节目都没有涉及舞台竞技,而是用一集去告别两名终止"美偶梦"的选手,充满了温情与温暖。对与选手而言,这是比任何语言都动情的尊重,对观众而言,这是一次情感的细腻沟通,也是对支持这两名选手的观众的最大尊重。

其次,在节目内容设计上,《美国偶像》的宗旨是"以人为本"。从最开始的海选到金字塔的最顶端的"美国偶像"诞生,可以说,最开始的电视高门槛就是被"美偶"毅然打破的。

无论身份、种族、阶层还有性别等客观因素如何,只要年龄符合、有唱歌的特长就可以参加海选、就有可能成为"美偶"(不过参赛者要是美国公民,具有在美国工作的资格方可)。

2002—2004 年的参赛者年龄被限定为 16 岁至 24 岁,2005 年起年龄上限放宽至 28 岁,2011 年起年龄下限被放宽为 15 岁,第十二季有 29 岁的人参加海选。这对于从前只能在微乎其微的可能性中被发掘的演艺界而言是一个极大的震撼,而对于民众而言,更是如同直接垂下了一条通往明星楼阁的梯子。而且在另一层面上,很多民众也许并不是为了成为偶像,仅仅想在电视台的舞台上、在喜欢与崇拜的评委面前唱出自己喜欢的歌就足够满足了,不一而论。但这样的低门槛,确实拉近了仿佛"高高在上"的电视媒体与观众之间的距离,给观众带来了别样的娱乐方式,为平民的自我实现提供了一种途径。

再次,在与观众的互动上,《美国偶像》采用了非常民主的选票方式。进入半决赛后,节目组将指定专门的声乐教练进行赛前指导。评委只对参赛选手的表演进行评价,选手的去留将取决于观众投票。观众通过电话信息、网络投票来参与决定每一期被淘汰的选手,参与决定最后的"美偶"。浩荡的群众投票运动使得《美国偶像》的选票甚至超过了美国总统选举时的民众投票,可见民主感觉对于观众的重要性。这样的"请你做主"的态度使观众不仅仅坐在电视机前收看,更成了电视制作的参与者,成了电视"造星"的决策一方。

而这样的决策者，也正是日后“美偶”的支持与消费者。“偶像制造”过程结束后，新的“美偶”成为节目新的代言人，同时也开始进行各种演艺、社交活动扩大影响力，以期能成为真正的“偶像”。这个阶段，观众的关注与支持至关重要，而一路见证并民主参与的观众，当然会继续投入热诚与力量参与其中，这样的参与可以说是“三赢”的：电视台、选手获得了名利，而观众收获了满足与成就感。

最后，在制作技巧上，《美国偶像》将“真”与“秀”巧妙结合：一方面以纪实的形式，将评委和选手的原始状态通过镜头的放大作用推到观众面前，这种大量未经打磨的棱角被保留下来，带给观众很强的真实感和意外的戏剧冲突，令人耳目一新。另一方面在艺术加工上则大量使用特写、背景音乐、蒙太奇镜头、高速摄影等渲染气氛，还大量存在着后期剪辑和人为制造煽情、“泪点”的控制。

二、生存竞技类真人秀

生存竞技类真人秀节目最早产生于美国。“早在 1995 年，节目制作人马克·伯内特因参加莱德加洛伊斯国际专业越野赛而萌生了一个策划‘荒野历险生存大挑战’的想法，经过融资和积极的公关，最终吸引了投资商和美国 Prime 电视网，组成联合创业体，并邀请了多个投资商，共同拍摄了野外汽车赛节目《生态大挑战》。”[①]2000 年，马克·伯内特又拍摄了《幸存者》，即野外生存型真人秀的鼻祖，并取得了巨大成功。

（一）室外竞技类

我国的真人秀节目便是从“野外生存真人秀”开始的。野外生存型真人秀的主要特点是将参与者设置在一个特殊的艰苦环境中，借助有限的苛刻的条件去完成各种难以完成的使命，在不断淘汰后最终决出胜利者。在节目中，将生存竞技、奇观化环境作为核心元素：在环境的选择方面，多为远离日常环境的荒岛、森林等原始地域或封闭的内部空间，与日常工作和生活保持距离，强化节目与现实生活的错位，在规则的设定上，很少有核心事件贯穿整个节目，主要依靠游戏和淘汰机制来维系。这也是最早的《幸存者》所界定的规则与方式。

节目个案分析：

《幸存者》(*Survivor*)

类型：野外生存类

播出：美国哥伦比亚广播公司(CBS)

开播时间：2000 年 5 月

节目简况：每周四晚 8 点至 9 点播出。节目从报名者中抽选 16 名选手，在指定的环境中，依据规则分成两队进行各种游戏竞赛。每轮竞赛后失败队伍中淘汰 1 人，最后的幸存者

① 苗棣：《美国经典电视节目》，中国广播电视出版社，2006 年版，第 184 页。

将获得100万美元。

1. 节目具体程序(第20季第1期为例)

这一季的拍摄地是大西洋的一个岛屿，参与队员是从往期人气队员中选拔出来的“十大恶人”与“十大英雄”所组成的恶人队与英雄队。

开篇片头：南太平洋风景、人文、历史等视觉符号式画面；往期节目地掠影；直升机上各队员中近景。

画外音：南太平洋，数千个岛屿在这片壮美绝伦的海洋中星罗棋布，但数百年来，它也勾连起一幕幕宏伟的战争画卷。从蛮荒时代的部落相争，到二战时的史诗战役，无数强者为了了结恩怨而漂洋过海。这里也成了我们史上最伟大对决的绝佳舞台。欢迎来到《幸存者》第20季。在过去十年中，幸存者走过了世界上最为荒凉、险峻和奇秀之地，超过300位选手登上了这个电视史上最为艰难，也最具创意的节目挑战自我，我们找来了他们之中的二十位，让历险重现。

队员登场：直升机中，各人同期声陈述再次参与节目的感受，表现其个性及其所属队伍。

第一部分：初次交锋

直升机降落、主持人介绍队员身份，各组队员现场采访，说明规则，比赛开始。

第一场比赛：沙滩竞技，两人一组，两队先挖得埋在沙中的“宝物”并先到达指定终点者胜，五局三胜。胜出队获得火石。

由于选手都曾有过参赛经历，不仅熟谙规则且马上进入双胎，在第一次赛事上就拼尽全力、无所顾忌。最终结果英雄队胜，但一人胳膊脱臼，一人小脚趾骨折，付出了惨重代价；而恶人队在“交锋”时竟为了牵制住对方而解开英雄队女队员胸衣，致使其为了最终胜利不得不赤裸上身跑回终点。在增加看点的同时，也尽显各队“本质”特色。

第二部分：搭建住居

各队队员就地取材开始搭建住居，恶人队在丛林中，英雄队在沙滩上。恶人队成员私下开始活动，同盟之约迭起。英雄队队员团结协助，表现出其正面感。

第二天，队员继续完善住居，准备早餐。

英雄队队员的结盟行动开始，暗流涌动。

恶人队队员不愿意干活，成员之间彼此猜忌的气氛开始蔓延。

第三部分：部落会议

第三天，两队第二次比赛开始。

比赛内容：六名队员用七块厚木条组装一条船，划船去拿到火炬后回来，然后拆开七块木条带回到出发点。剩下的四名队员必须完成一个四层拼图，拼图完成后，要利用那些木条搭建一个梯子，把拼图放到合适的位置。之后全部队员攀爬到顶并点燃火炬，赢者得到豁免权。输掉的部落要进行部落会议，本期“幸存者正邪之争”将以此赛产生一个淘汰选手。

英雄队划船领先，但恶人队后来居上率先完成拼图并最终赢得了胜利。

恶人队士气大振，一改从前涣散的队风，而英雄队则开始出现猜疑与为了自保而进行的阳奉阴违、拉帮结派。

夜晚，部落会议开始，每人点燃一支火炬，火代表生命，灭者离开。

英雄队一女队员最终成为第一个离开此次比赛的选手。

下集预告（提示下期看点）。

2. 节目分析

（1）《幸存者》概述

《幸存者》是美国哥伦比亚广播公司于 2000 年 5 月推出的，游戏规则是从近万名应征者中选出 16～20 名参赛者，把他们送到无人居住的海岛或荒山野岭，依靠基本的工具维持生存，必须自己寻找食物，并参与各种让人难以忍受的竞技竞赛，最终胜出者将赢得 100 万美元的奖金。其间选手们的生活及竞赛过程由剧组全程跟拍，并制作成每周 1 小时的电视节目。该节目第 1 季播出的第 2 周，即成为全美收视率第一名的节目，而最后一集更是创下收视高峰，家庭收视率高达 28.2%，估算全美有将近 44%的家庭、5800 万人收看，而当年举行的奥斯卡颁奖典礼也只有 4360 万观众。[①]《幸存者》连续四年被评为最受欢迎的真人秀电视节目，在全球各地掀起了"生存"狂潮。

《幸存者》人为地制造极端环境，并把人放到这个环境中加以考察。每季一般由三阶段构成：团体赛对抗，挑战队员的体力、智慧以及团队合作状态，每次竞赛后失败队将召开部落会议，投票淘汰一名队员。第二阶段强调个人的能力，在剩下的 10 人中进行新的组合和竞争，打破原来均衡的两队对垒态势。第三阶段剩下最后两强，原来被淘汰的选手"复活"组成裁判团，秘密投票选出最后的"幸存者"，两人在诸选手心目中的印象如何成为最关键的因素。

如果概括《幸存者》的情节的话，便是简单的三个词：与天斗、与地斗、与人斗。《幸存者》的戏剧冲突是通过两种方式得以实现的，一是人与自然环境的冲突，一是人与人的冲突。在恶劣的自然环境中，考察的既是体能又是人性。为了强调人与自然环境的冲突，节目每一季都会选择特定的"蛮荒"之岛：从印尼婆罗洲到澳大利亚、非洲，从马克萨斯群岛到亚马孙、珍珠群岛乃至于中国千岛湖……基本都是了无人烟的荒岛。没有通信工具，不允许带除节目组要求外的任何生活用品。选手们一起找材料搭建简易住居，生火做饭，经受着从未经历过的"原始部落"的生存状态。在这样的自然环境考验中，人性纷争成为凸显的要素，所谓"与人斗，其乐无穷"。各人使出浑身解数，使用各种阴谋、阳谋，只为达到最后"幸存"的目的。与室内竞技的《老大哥》相比，《幸存者》在视听上更增加了自然、人文的看点，以及世界虽文化趋向大同、但有人类便有纷争的最终节目诉求。《幸存者》表现的不仅是人的天性，更影射了现代社会各种问题争端的根源来自人类的无尽欲望。

（2）节目设计

亚里士多德把戏剧的核心内容定义为"严肃、完整、有一定长度的行动"[②]。优秀的真人秀都具有极其吸引观众的戏剧性，但与一般虚拟的戏剧不同，其只有规则、没有脚本，节目呈

① 尹鸿，冉儒学，陆虹：《娱乐旋风——认识真人秀》，中国广播电视出版社，2006 年版，第 10 页。

② ［古希腊］亚里士多德：《诗学》，陈中梅译，商务印书馆，1996 年版，第 394 页。

现的只是对真实事件的充分纪录。真人秀节目都是戏剧与真实的合体，这也就构成了真人秀表现的基本矛盾，即戏剧性与真实性的矛盾。从客观的角度来讲，这种矛盾就体现为电视真人秀节目中戏剧结构与纪实话语的结合。

首先，《幸存者》打破了真实与虚拟的界限，将选手置于无人小岛之上重新体验原始人生活，进行体力和生存技巧的较量，竞争100万美元的巨额奖金，以长线叙事中人物命运的转换融合和缝合了节目真实空间和虚拟空间的差别。

其次，《幸存者》整体以真实记录为主旨，并充分展现出细节的力量。

真实是真人秀节目的一个重要特征，真人秀节目的真实体现在摄像机无所不在的记录上，这种无所不在的记录达到了捕捉细节的效果，充分展现了细节的魅力。细节来源于生活，是流淌在叙事情节中自然迸发的激情，是每个人都可以体悟的对人生对命运的珍重。《幸存者》节目不但通过现场比赛展现人物智力和体力的角逐，更重要的是通过不断插入的当事人的现场追述，来展现故事亲历者发出的对生命的真切感悟。

最后，《幸存者》节目虽然以人的争斗为主要表现"眼目"，但有着明确的文化导向与内涵：地球村的大文化视野。

每一期节目的参与者在性别、年龄、身份均有一定的比例，更重要的是人种的均衡，没有了地域节目的狭隘感。

另一方面，《幸存者》每一季的地点选择都有着一定的指向性，看似一个不知名的荒岛，却关联着庞大的人类历史与文化差异，每一季的作品风格，细致到道具、住居、人的着装等以风俗再现的形式与当地文化、历史直接相系，呈现出"世界大同"的文化导向，同时也道出了"有人类就有纷争"的共同困境。

而这样的设计也带来了可观的商业利益：因为没有硬性的广告色彩，对于录制地而言是自然而纯粹的宣传，因而受到了诸多国家的欢迎；而网络上各式各样的选手衣着、道具以及富有地域风情的佩饰等节目用品也受到诸多观众的喜爱与收藏。

(3)启示与思考

中国的室外竞技类节目一直倾向于体能，而自《爸爸去哪儿》开始，团队、亲情、竞技以及生存技能的磨砺等因素开始综合到了一起，原因就在于《幸存者》的内涵与形式无法被直接模仿与学习。

人的"争斗"无休无止，却在各地域不同的伦理观、道德观以及文化形态的解析下呈现出不同的媒体限制。《幸存者》在西方之所以受到观众热捧，也恰巧在于其对这种争斗的再现与夸张。生活中的人一直都有一张面对群体的"面具"，这也是人的社会性，而在一个生存资源极度贫瘠的荒岛上，在远离人物社会的陌生人之间，共生的规则不是彼此合作而是彼此争夺，这样的设定使得人不得不抛却文明、道德的面具，在"残酷"的斗争中获得生存以及胜利的机会。可以说，这是一种原始人性的强制性回归，也正因为如此，对于在社会中不得不隐忍各种规则生存的现代人，这样的节目有了巨大的吸引力。

(二)室内竞技类

如果说野外生存真人秀展现的是人在非日常环境中的生存状态，那么室内生存真人秀则用隐私、情感吸引观众。室内真人秀节目的特点，是将人物放置在一种封闭的环境中，记录他们的生活状态和人物关系的变化，让观众能够看到参与者的日常生活特别是隐私内容，并在逐渐淘汰那些不喜爱的人或者不太喜爱的人的过程中，最后选择人们最喜爱的胜利者。

室内竞技源起于《老大哥》，环境在室内，看点却在人的关系处理上，对人性自私的揭露性质更为明显。

节目个案分析：

《老大哥》(*Big Brother*)

播出电视台：美国哥伦比亚广播电视公司电视网(CBS)

开播时间：1999 年

节目简介：1999 年由荷兰的恩德莫公司(Endemol)推出，每期节目有十几个人(男女有一定均衡比例)住进 Big Brother 别墅，进行为期 3 个月的“同居”生活，并以各种比赛每周淘汰一名选手，最后留下的选手将获得巨额奖金。该节目被认为是真人秀节目的“开山之作”，自《老大哥》起世界各地不仅出现了各种不同语言版本的“老大哥”，更掀起了真人秀节目制作的热潮。

1. 节目具体程序(《老大哥》美国版第 15 季第 11 集)

前情提要：本季最大威胁惨遭淘汰，房主之战重燃战火。连续三周都是男士被淘汰。主持人宣布本周各位住居者时刻准备变数。

第一部分：人物独白与彼此言语试探、沟通场景穿插

各位房客在“告白室”对着镜头吐露心声，总结上一周“战果”，内心的快乐、愤怒等各种情绪在摄像机前一览无遗，“面具”后的真实自我的细节呈现。

三三两两的房客进行沟通、私语，无处不在的摄像机镜头记录了真诚背后的谎言、笑容背后的欺骗。

诸房客在心中猜测新房主可能提名的人选并积极向新房主靠拢。

第二部分：贫富争夺战——酸奶狂吃

各选手根据抽到的手绢颜色分成三队到达“酸奶咖啡店”，“店”内提供香草巧克力味、凤尾鱼辣味两种酸奶，各队队员需要在规定时间内轮番上阵，尽可能多吃，赛后称体重定输赢。增加数量最少的队伍即为“本周贫民”。

泳装打扮的赛前各选手称重后开始进入比赛，共蓝、绿、红三队。

镜头下，各种特写呈现出男女吃不同口味酸奶的各种表情、动作，还有队员恶心呕吐。间隔穿插队员赛后的各种感想总结。

最终橙队增加了 11 磅，蓝队增加了 13.2 磅，而绿对则增加了 12.9 磅。橙队成为本周贫民。

节目进行至 30 分左右，发表全美投票通知，：贫民们会吃观众们投票选出的食物，本期可选食物为三种：甘蓝菜和香蕉、葡萄干和拉面、蘑菇和果酱。最终被选出的会成为下一期

“贫民”的主要食物。

第三部分：淘汰“提名”，相关的明争暗斗白热化

提名日：各位房客的忐忑自述，房主拿出所有人标志性的钥匙，将提名淘汰两名房客的钥匙锁到特定的盒子里。

所有人大厅集合，房主拿出插满钥匙的圆盘，拔出第一把后说出此人名字，此人安全。循环下传，最后没有拿到自己钥匙的人即为被房主提名淘汰。

最后房主说出提名选择两名房客的原因，结束提名。

房客们各自说出心中所想。

关于本期淘汰房客命运的下期内容提示，节目结束。

2. 节目分析

(1)概述

《老大哥》的想法源于 1997 年 3 月 10 日，由电视制作公司 Endemol 的创始人 John de Mol 提出。一群陌生人以“室友”身份住进一间布满了摄像机及麦克风的屋子，他们一周 7 天，一天 24 小时的一举一动都将被记录下来剪辑处理之后在电视上播出。除了住在一起在连续被观察外，最大的吸引力是竞争。选手们在比赛时间内将进行提名、竞赛、投票、淘汰。最终留下来的人将赢得大奖。

1999 年《老大哥》第 1 季在荷兰 Veronica 电视台获得空前成功。随后迅速成为风靡全球的热门电视真人秀节目，在数十个国家和地区播出几十种不同版本。

美国版起源于 2000 年，第 1 季使用最原始的国际版规则，但是收视率逐渐萎靡且随着《幸存者》节目的崛起，从第 2 季开始，使用一个高度策略化的游戏模式，鼓励参赛者策划、结盟与他人进行较量。这个新的模式通常由一群 12 至 16 人的“房客”组成，为了赢得奖金，通过互相投票的方式使自己成为最后一名房客。

一名称作“房主”(Head of Household)的房客，必须提名两名房客，拥有“否决权”(Power of Veto)的赢家有权利救下一名被提名者，使得房主提名其他的房客。接着房客依次投票淘汰其中一人，获得票数最多人一个将被淘汰。直到剩下两名房客时，评审团决定谁将赢得奖金。

(2)节目设计

该节目依赖于四个基本要素：

第一，被公开的私密生活环境：虽然封闭的房屋形成了与世隔绝的环境，但舒适的家居、放松的空间感觉中，人与人的交流、沟通等相处形态就凸显出来。在家中的无所顾忌、与陌生人共处一室的防备二者兼而有之，彼此之间既是亲密的临时家人、共同竞技的队友，又是百万奖金的竞争者。这样的矛盾就如同生活一样，五味杂陈又充满乐趣、情趣与矛盾、冲突。

与《幸存者》的自然、原始景色不同，《老大哥》是一派“艳丽”的室内风情：睡衣、慵懒的神态，沙发、窗、游泳池等看似毫无防备、暧昧的家居环境，人与人之间的争斗更多地呈现在内心层面，交流方式最明确的是语言(独白、对白、讨论等)，充满明确的信息同时又富有暗示的隐意。观众如同“上帝之眼”，无所不在地在本应私密的房屋中“窥探”房客们毫无隐私的生

活场景。

第二，设立“告白室”或“日记房”，规定房客须表达他们的想法、情绪和各种决策时的心理活动。这是一种更为深层次的“窥探”机能，不但所有房客的日常都在无所不在的摄像头监控之下，他们的内心也必须坦陈，包括一些阴暗的心理世界，也须直言不讳。这样的设定，使得观众能够更立体地感知到人的情感、内心，并参与到他们的精神活动中，代入感很强。

越到一季节目的后半部分，房客们的活动越频繁，竞争趋白热化，心理活动也更加有“看点”。与残酷的淘汰机制相应和，制造阴谋、背叛欺骗他人的房客一边与他人周旋，一边在告白室中坦诚面对摄像头及摄像头背后的观众。而同住在一个屋檐下的其他房客却一无所知，这种奇妙的观看感觉也正是《老大哥》经久不衰的最大魅力所在。

第三，适量的任务和竞赛为枯燥的“勾心斗角”相处增加活力和热度，同时也与观众之间建立紧密纽带。房客在竞技过程中所表现出的出色与能力，会因被观众肯定而选为“人气王”，获得在被提名淘汰时的一线生机。而在竞技比赛中失败的选手，观众有着选择“处罚”方式的权利。如美版的《老大哥》就有每周“贫民”制度，惨败的一队房客将被观众决定他们在作为“贫民”的一周所吃的食物。节目组所提供的食物组合基本也是较为奇葩的，如有一周“贫民”被要求一直吃的食物是猪肝与绿豆，看着房客们苦着脸吃东西，决定这一切的观众大为满足，同时，这也使节目与观众之间的互动性进一步增强。

(3)启示与思考

如果说《幸存者》有着更丰富的斗争内涵：与天斗、与地斗、与人斗，那么《老大哥》就是将斗争都浓缩到了“人”的身上——人与人之间的纷争，不达目的不罢休，本应被道德、文明唾弃的阴谋诡计在《老大哥》里都成了名正言顺的人与人的相处方式，成了“阳谋”。人与人之间拉拢、欺骗、背叛成了关系的常态。

对于观众而言，这样的节目最大程度上满足了观众的“窥私欲”，在看非虚构的他人的纷争中获得快感，同时还执有决定房客去留的“生杀大权”，这样“身心”双方面参与度可以说是真人秀节目的极致。同时，由于对于道德、价值观以及伦理规范等有着不同的判断与取舍，西方也能够允许人们为了金钱、为了最后的胜利而进行斗争的“游戏”以这样的节目形式真实再现。而在东方道德层面，这样的情节可以在影视剧中被更加深刻地表现与诠释，但在生活中由真人来“扮演”却有着非常大的难度，一方面因为东方人的含蓄性使得脸上的“面具”无法在摄像头前完全摘除，无法“酣畅淋漓”地在公众面前搞阴谋诡计，因为节目过后，生活还要继续；而另一方面，媒体作为国家喉舌机构，具有明确的导向作用，“一切向钱看”而突破道德底线，在任何东方国家都是有文化伦理的阻碍的。特别是中国，因为传统文化中最为摒弃的就是阳奉阴违的处事态度，若有一档《老大哥》这样的节目存在，才真是奇事。

三、服务类真人秀

服务类真人秀节目主要以生活为核心点，展现生活细枝末节的实用性——以与人们日常生活密切相关的衣食住行为内容，实用性是其本质属性；“零门槛”的开放性——任何人无论男女老少，无论有无才艺特长，有无表演天赋都可以参与；可选择题材极具丰富性——甚至涵盖日常生活的方方面面，即使创意简单、制作容易也能够花样翻新。

表演选秀类真人秀节目重在从才艺方面展示能力超凡的人的风采并同时完成“造星”，而竞技类真人秀节目虽也有部分普通观众可以直接参与，但范围并不大。面对这样的真人秀节目，更多的时候，观众只是观众，节目对于实际生活的影响微乎其微。而服务类真人秀却形成了与生活直接关联的紧密度：婚恋难，节目提供舞台搞“面对面相亲”、提供一起旅游机会“日久生情”；装修难，节目提供优质的设计师并直接进入家装现场，按需制作；减肥难，节目为你展示一大群为了体重而奋力拼搏的生活演出，同时还得到专业教练的训练旁观；就业难，节目将无数用人单位的掌权者直接请到现场，面对面谈需求、签协议……至今，各种真人秀节目以表演、竞技博人眼球的同时，服务性也已经慢慢渗透各隅，形成了不可忽视的力量。

在服务类真人秀的内容制作方面，日本的多档节目都具有代表性特质。如日本的《全能住宅装修王》，专门解决日本人建房屋时因土地形状规制而形成的奇葩建构问题，组建了全日本最强的装修设计团队，努力用最少的钱为日本人解决最麻烦的装修难题。而且在装修过程中还更多地呈现出人情味儿：家里的纪念性特征的保留，某些带有家族记忆的物件的重新归置，以及为每一位家庭成员着想的房屋设计理念。最后当屋主一家回到面目全新的房子时，无不感动哭泣，这也成了该节目的“定番”。日本的《恋爱巴士》是服务类真人秀节目中以“婚恋”为服务主题的。一定数目的普通单身男女共同乘坐“恋爱巴士”进行各个国家的跨境旅游，在体验不同国度的风土人情的同时，男女彼此在一定的规则下互相接触、谈心，并记录自己每一天的心情日记。在同行者中若找到心仪者便可以表白，被允诺后一同回日本开启恋爱模式，若被拒绝则表白者中止旅程回国，被表白者继续寻找真爱。在自然而轻松的旅行氛围中，人与人关系纯粹，日夜相处，也更容易发现真性情。这样的环境设定更多是为了服务于寻找恋人的单身参与者而非讨好观众，同时，异域风情的景色与独具特色的地域文化也成了节目的看点之一。

中国当下也有多档婚恋服务类真人秀节目，但更多强调的是“秀”，每一个要通过节目组寻找恋人的青年男女都必须经过重重挑选，有颜值有财力有特别之处方可登台。短短的舞台提问、试探或一点情境共处就是彼此了解的过程，“配对”的过程大多为了作秀，舞台味儿过重。但文化快餐的时代，这种真人秀节目也被很快地消费，尽管问题众多，也颇具未来前景。

美国的服务类真人秀也有着非常大的发展潜力，对因愈来愈矫揉造作的选秀和钩心斗角的竞技而产生审美疲劳的观众而言，服务类真人秀节目成了真人秀这一种节目类型的“福星”和新的希望。《超级减肥王》(*The Biggest Loser*)是一档非常具有服务功能性的真人秀节目，也是美国服务类真人秀节目的代表性栏目。欧美国家的饮食习惯形成了体重上的具体表征：肥胖者居多，同时引发的各种与肥胖相关的疾病数据也令人震惊。《超级减肥王》所贯彻的宗旨就是“服务”，让胖人们意识到肥胖的危害，同时跟随节目一起进行安全而有效的减肥训练。与表演选秀、室内外竞技类型的节目不同，节目虽也包含“秀”的成分，但更多的是切实地进行以规则带动“自肃”的减肥倡导与期望。因为种种原因而无法坚持减肥或始终无法战胜自我的肥胖者，在社会生活中大多数感觉被歧视或被边缘化。但在这档节目中，肥胖群体找到了“归属”，共同试炼节目所设定的重重考验，场上场外形成了良好的互动效果：该节目真实记录“重量级”选手们进行全面饮食控制与锻炼，用安全和推荐的方法减肥的过程。在规定周期内减少最多体重的即为“超级减肥王”，将获得25万美金。同时，也号召场外的观众一起参与，场外观众同期减重最多的成为“家庭超级减肥王”，可获得10万美金。另外一档美国服务类真人秀节目《一拍成名》在职业技能培养与选拔方面也呈现出独特的制作特征。

中国的服务类真人秀节目除了婚恋类发展较为迅猛，其他较为突出的是与住居相关的内容，中央电视台的《交换空间》是其中有代表性的栏目。《交换空间》从两个家庭展开，在48个小时内对双方的房间进行装修和改造，全程直播，《新周刊》评价其“它以难以复制的创意，吸纳兼容多种节目类型的特质，在资讯服务、生活体验、真人秀的联动下迅速突围而出”。

第三节　电视真人秀节目的编导艺术

真人秀节目概念中，有“真”和“秀”两个方面：“真”是指节目参与者并非扮演的特定角色，而是在特定情境和规则下真情实感、自我个性的自然流露，与此相对应的是表现手法的纪实性；而“秀”则带有表演性质、戏剧特征，即用戏剧性的情节或是游戏环节来支撑节目的娱乐性，使节目在记录真实的基础上又具有虚拟的表演性。在“真”与“秀”二者的交错与平衡之中，真人秀节目形成了独特的叙事策略。

一、故事性的架构

查特曼认为，观众对人物的兴趣超出了他们在叙事中所扮演的角色，即人们关注的不仅是人物在故事中做了什么，而是他本人是什么。[①] 人物的发展轨迹或性格及有关人物诠释的全部内容，对叙事文本建构来说至关重要。真人秀每期都会出现的评委对选手进行选拔，在一期中会出现不同选手命运的展现，在完整的时空中呈现人物命运的不同等，如同电视系列剧一样，形成了故事性的架构。对角色发展的刻意强调和系列剧集的连贯性则是文本成功的关键，每一期人物在延展性的叙事空间中呈现人与自我、人与他人、人与社会的矛盾构成了叙事的悬念、情节、事件等。这种一定周期内故事性架构的设计与实施区别于其他以综艺为主、每期形式相同的娱乐性栏目，与非虚构的电视剧、电影一样，为了“讲故事”而存在。有故事、剧情的真人秀是环环相扣或者留足悬念的，观众在真人秀的氛围中感觉到强烈的认同

① ［美］M. J. 波特，D. L. 拉森，A. 哈斯考克，K. 奈利斯：《叙事时间的重新诠释——电视叙事结构分析》，徐建生译，载《世界电影》，2002年第6期。

后，才会产生期待，继续关注。

二、矛盾冲突的设置

可以说，真人秀节目的最终目标就是一个最大的“矛盾”：金字塔式的竞争机制。要想获得最后的大奖，站在金字塔的顶端，就必须战胜所有的对手，这本身就是一个最为明显的戏剧性冲突。而节目参与者的选拔、规定任务等都应该考虑有没有明确的戏剧性冲突，可不可能形成真人秀故事“脚本”的情节点、兴奋点。

《黑人・白人》的节目设计是将黑人家庭与白人家庭的整个生活环境完全对调，让不同种族、肤色的人们面对未知的生存环境，从而体验一种全新的生活方式。这种内容设定本身就具有冲突感、具有强烈的社会性，其中的矛盾更映射出生活中的种族问题。《幸存者》因是野外竞技，规定任务的冲突感更加强烈，甚至有战争的意味。荒岛、沙滩、穿比基尼的男女以及白热化的体能较量和人性的碰撞，赋予了节目浓郁的戏剧化色彩。而《中国好声音》的编导在选手的类型及性格特征上做了分化性的考虑：坚持摇滚的梁博、音似邓丽君的盲人歌者张玉霞、高音王子张玮以及为爱而唱的金志文等，各个选手有着自己的特色、自己的坚持、自己的故事，这些故事的最后交叉点是竞技的舞台，而观众在观看竞技的同时，也是对适合自己的行为与价值的肯定与参与。

三、情境的创设

《幸存者》《老大哥》开始的真人秀栏目，都在一种与现实生活不同的“人造情境”中实施进行。所谓人造情境，是指真人秀节目中，由电视制作者人为制造的假定情境，以突出非虚构的戏剧性。如何实现戏剧的虚构性与纪录片的纪实性，把握好真实与建构的界限，是人造情境的关键。其中，目标刺激（任务）和规则刺激是设定人造情境的重点。[①]

真人秀的人造情境，由任务、规则与环境共同构成。任务是真人秀的核心，也是人造情境的原始动力；而规则则决定了任务的走向，架构起一个完整的人造情境，贯穿着真人秀的发展始终。任务越丰富、越合理，节目就越有动力；合理的规则既能够强化节目的戏剧张力，又使得选手在这种戏剧性中展现真实、全面的自我，从而树立起鲜明、立体、完整的人物形象；而隔离的封闭环境能够极大增强真人秀节目类型本身具有的社会实验意义，也强化了观众的窥视欲。[②] 换而言之，无论真人秀的“真”有多少比重，它的性质仍然是娱乐性栏目，要考虑到面对的市场与受众。就如同小说、影视剧中的特定时代背景一样，故事需要一个特别的环境才更有刺激和吸引力。

《幸存者》每一季都会选择一个“人迹罕至”的岛屿，至今，栏目组的足迹几乎遍布全世界“有故事”的海洋江河，其所传达的理念就是野外生存——原始的情境下，以生存本能为主的

---

① 苗棣，毕啸南：《解密真人秀：规则、模式与创作技巧》，中国广播影视出版社，2015 年版。

② 毕啸南：电视真人秀的人造情境研究，现代传播，2015 年第 12 期，第 161－162 页。

竞技。当下中国的真人秀节目事实上还是传统游戏节目的真人秀化，尚未建构起一套有序、有效、符合“中国口味”的人造情境。如《奔跑吧兄弟》《极限挑战》等真人秀事实上并未达到这样的情境创设高度，节目缺乏系统性的规则架构，环境的设置也只是换个地方做外景，大多都是点状的游戏环节。

四、细节的捕捉

真人秀的叙事主题是对选手现场活动进行还原的纪录片段，其魅力在于能够对选手的生活背景、性格特征、内心情感、现场表现进行真实展现。在这个记录过程中，细节的力量最为“强大”：能够表现以语言、行为等直接方式呈现人物心理、行动、性格的特殊性、差异性、冲突性、变异性。通过细节的描摹，纪录美学的真实与虚拟扮演的生动更加有机融为一体。

美版《老大哥》第15季参与者有黑种人、白种人、黄种人等不同的人种，在彼此共同生存、合作、竞争的关系中，种族意识也在动作、眼神以及内心独白的细节展现中逐渐清晰起来，同时也成为本季赛事的一个吸引观众的“眼目”。而《美国偶像》在初选过后，参加者得知结果面对镜头的不同反应是固定的“情绪细节”：晋级者面对镜头的欢呼、欣喜若狂、故作高深，以及与亲人、支持者相拥的激动与泪水；被淘汰者则有的平静，有的失落，有的对评委评价不满而满口怨言甚至破口大骂等。这些选手此时表现出来的面部表情、肢体语言、情绪状态等细节，都被跟拍的摄像机用纪实的手法记录下来，未经删减地展现在屏幕上，生动又真实，体现出了细节的强大感染力。

五、文化上的考量

所有故事叙事有一定的规范与模式，但在表述方法上却因人而异。因为人有着不同的生长环境——文化土壤。真人秀节目在美国大受欢迎，这与个人主义文化模式息息相关。在美国，经济主义和政治个人主义在社会成员的心中根深蒂固，前者是指主张自由竞争和保护私有财产的资本主义信条，后者则主张个人的自然权利及自由主义的民意政府。① 在此二者的相互作用下，美国电视的娱乐节目也同样体现着“个人主义”的鲜明特色，真人秀节目可谓发挥到了极致。如《幸存者》中的选手们被“放逐”孤岛，为了生存，为了最后的大额奖金，他们在与大自然恶劣环境斗争的时候展示自我生存能力，在与队友合作、竞争时要处理好关系：完全以自己的需求为中心来处理的人际关系，包括支持、结盟、孤立、同情、拉拢、背叛、欺骗等种种心理、行为无不为了最终个人的目标，而这也恰恰是节目的支撑部分。

真人秀节目在西方可以在纪实时为了呈现人心险恶而偷拍，不顾忌社会伦理，而东方却无法完全照搬这种叙事策略与方法。因而，在设计情节、构建冲突以及表现角色行为的时候，真人秀节目呈现出较为明显的东西方文化特色。中国的真人秀节目更多地把握正面情

---

① 朱世达：《当代美国文化》，社会科学文献出版社，2001年版，第17页。

感，对团队合作、亲情、友情等进行叙事上的策略设计，便是顾虑本土文化特质、受众的审美需求以及社会伦理道德规则等多方面的要素。

（姜 滨）

本章思考题：

1. 电视真人秀节目可分为哪些类别？
2. 电视真人秀类节目编导要素有哪些？

第六章　电视晚会类节目的编导

第一节　中国电视晚会的概念与发展沿革

电视晚会是以电子技术为制作和传播手段，以传统的音乐、舞蹈、戏曲、曲艺、小品、杂技、文学、绘画、摄影灯艺术形式为创作语言，是以相对集中的舞台表演形式来呈现的一种具有独特审美特质的艺术形式。[①] 电视晚会有很强的兼容性，在审美上兼顾各种受众需求，同时也包容着越来越多的时代内涵。

中国的电视晚会从最开始的“拼盘”式节目杂糅状态到以主题为灵魂构筑全篇，形成了特有的繁盛发展势态。

中国电视晚会可以追溯到北京电视台的剧场实况转播时代。所谓剧场实况转播，就是用三台摄像机放置在左边、中间和右边三个距离不同的位置上，面对舞台。中间摄像机一般取全、中景，两侧摄像机从斜侧角度各抓舞台两侧以及中、近景。导演根据剧情、场面调度、演员表演等需要，从三台摄像机送到的画面中进行选择合适播出的画面在切换台进行切换连接，使观众从屏幕上看到连贯的场景。这种实况转播是当时最主要的文艺节目制作、播出方式。1959 年国庆 10 周年时，北京电视台通过电缆传送，转播了天安门广场的文艺晚会实况，这也是北京电视台首次转播规模较大的文艺演出。

1960 年以后，北京电视台新建了 600 平方米的演播室，增加了在演播室自办文艺节目的分量。1960 年春节，北京电视台第一次在演播室内播出了自己组织、排练的综合性春节文艺晚会，这次晚会集歌舞、相声、诗朗诵等多种文艺形式于一体，为以后电视综艺晚会的组织作出了有益的尝试。之后的 1961－1962 年，北京电视台又组织了三次《笑的晚会》：第一次是北京、天津的相声演员表演的晚会；第二次是文艺茶座的形式；第三次是以电影、话剧、相声演员表演的小品为主。这三次晚会也为探索晚会的新形式提供了宝贵经验。

1973 年，北京电视台引进了彩色录像设备和彩色转播车，电视节目开始向录像播出过渡。录像技术的采用，不仅使文艺节目不再一瞬即逝，而且能制作成录像带予以保留、重播与交流，更重要的是可以进行后期制作加工，使文艺表演影像能精益求精。

1978 年党的十一届三中全会后，电视文艺晚会逐渐进入繁荣旺盛的发展阶段。1979

① 项仲平等：《广播电视编导教程》，高等教育出版社，2015 年版，第 184 页。

年，邓在军、杨洁两位导演一起组织了中央电视台的“春节联欢晚会”，在那个晚会上，李光曦演唱的《祝酒歌》首次出台，成为至今记忆犹新的晚会曲目。1980 年，邓在军、黄一鹤、杨洁等导演在上海、杭州、广州、哈尔滨等地分别编导录制合成了一台春节联欢会。1983 年，春晚面向全国直播，引起巨大反响。从此以后，每年除夕中央电视台的春节联欢晚会成了全国人民的“年夜饭”。

继中央电视台春晚后，1992 年文化部首次举办了“文化部春节晚会”，在大年初一中央电视台黄金时间播出并形成惯例。1995 年春节，中央电视台又分别举办了三台春节文艺晚会：以全民族欢乐辞旧岁为主的综合文艺晚会《盛世欢歌迎新春》、歌舞晚会《选黄钟大吕乐庆欢乐祥和年》、以戏曲为主的《梨花飞雪庆吉祥》。解放军总政治部也举办了《春天与我们同行——95 军民迎新大型文艺晚会》。公安部，中央电视台，海南省委、省政府联合录制《万家灯火平安夜》，献给全国百万公安、武警官兵。其他专栏节目也举办了相应的特别节目：《曲苑杂坛——95 正月正晚会》；《半边天》春节特别节目：《我们的家》；《动画城》95 特别节目：《东西南北中》的《东西南北闹新春》等。其他各省市电视台也纷纷开始制作本地域特色的春节晚会，“春节晚会已经成为具有中国特色的电视文化的组成部分的独特创造。……它已经扎根在亿万观众的心里，它使中国的电视文化在世界电视中也独具民族特色和享有盛誉。春节晚会是中国电视文化的一个宝”①。

此后，晚会的主题进一步拓展，有与节气相关的正月十五“元宵节晚会”以及“六一”“七一”“八一”“八月十五”“十一”等主题晚会；以伟人诞辰，革命、抗日战争等主题的周年纪念晚会；宣传公益活动、宣传文体活动、颁奖、赈灾等形式的晚会等，内容涵盖范围愈来愈广，形式也越做越灵活，电视晚会成了中国电视上的一条亮丽风景线。

第二节　中国电视晚会的基本类型

电视晚会按照不同的分类方法和界定标准有不同的类型划分：按照播出方式的不同，有录播晚会与直播晚会；按照是否进入固定栏目，电视晚会可以分为栏目化晚会与非栏目化晚会；

本书按照表现内容将电视晚会划分为两大类：一类是节庆、周年纪念性的电视晚会；一类是表现行业特色的电视晚会。

一、节庆周年晚会

每个国家、民族体都有自己的节庆和纪念性的日子，同时也共同庆祝世界人民共同的节

① 田本相：《电视研究》，1990 年第 2 期，载朱宝贺：《电视文艺编导艺术》，中国广播电视出版社，1996 年版，第 14—15 页。

日。中国既有国际性的庆祝日，也有民族传统的庆祝日，还有重要仪式化的周年庆典。每逢这样的节庆，中国各电视台都会举办不同规模的节庆晚会，加以庆祝和纪念，且已形成定势。

民族传统节庆晚会着力营造节日气氛，突出喜庆、欢乐、祥和、万民同乐的总体风格，追求明快、昂扬、绚丽、热烈的艺术格调，使观众在欣赏和娱乐的同时，受到浓郁的节庆气氛的强烈渲染。[①] 中华民族最大的传统节日就是春节，也是中国人民历来最为重视的节日。正如中央电视台导演邓在军所说的："春节不仅浓浓地浸透着中国人民对生活独有的情感、热望和追求，也集中体现出中华民族的向心力、亲和力和凝聚力。"每一次过年，也是一次凝聚力的强化。

作为民族精神的重要传播媒介——电视媒体，每年在春节的时候举办春节联欢晚会，不仅仅是一种庆典的仪式，更是一种对过去一年的成就回顾总结、对未来一年的美好期许，更包含着民族团结、家国和谐的主题思想。在举国欢庆的时刻，春节联欢晚会已经成为不可或缺的"年俗"，也成为中国民族传统节日综艺晚会的代表节目。

自 1983 年"春晚"最大范围地引起反响并形成定式之后，中央电视台的春晚所受的关注越来越多，观众对其的要求也越来越高。但其实，作为春晚自身而言，从最开始的"联欢"核心性质已经发生了本质性的转变，要承载的"负累"越来越重。正如中央电视台导演郎昆所言，春晚有"三大规律"和"八个走向"，对于晚会策划、节目遴选以及如何进行形式串联等都提出了具体要求："三大规律"是"民族化""综合化"和"喜剧化"；"八个走向"则是走向庆典、走向时代、走向生活、走向民间、走向纵深、走向纪实、走向世界、走向高技术。

"三大规律"中的"民族化"指的是所有中华民族在辞旧迎新的时刻，如何体现属于中华民族的民风民俗、民族精神。具象而言，就是每一个春晚的节目都应该植根于民族沃土之中，有着浓重的民族色彩；"综合化"指的是节目的形式，春晚应该能容纳更多的文艺形式，以博大的包容量涵盖传统文化、现代文化；而"喜剧化"是一种属于春节的气氛，"春节民俗千古流传，在传统的形式中，积淀了丰富的民族美德和传统文化。而欢乐地过春节，正是这种美德和文化最好的承上启下的形式。乐，会忘疲；乐，会生新；在欢乐中中华民族向往美好向往未来的精神境界得到升华"[②]。

"八个走向"实质上是从八个侧面办好春节综艺晚会应该努力的方向。"走向庆典"是对晚会形式美的界定和认识，在整场晚会中都必须贯穿相应主题庆典仪式的审美意识，找好侧重点：如编年史式的周年庆典所围绕的是历史的厚重，在形式上就必须以此为核心进行审美设计，而不能一味追求热闹的联欢氛围。"走向时代"是对反映时代精神的掌握，时代在进步、发展，晚会要紧跟时代的脚步，不仅体现大主题上的精神内涵，还要将时代特色融入其中，如近年的春晚都有一个环节是留给过去一年的突出人物、事件以及重大决策在社会、生活上的体现的，这一设定就是为了与时代相融合，不剥离时代精神。"走向生活""走向民间"是指不脱离生活，不脱离群众。晚会归根结底是给大众观看的，要直面大众的生活样态、民

① 项仲平等：《广播电视编导教程》，高等教育出版社，2015 年版，第 189 页。

② 朱宝贺：《电视文艺编导艺术》，中国广播电视出版社，1996 年版，第 21 页。

风民俗，以及在此基础上追求高于大众意识的具有较深思想性和较高文化品位的目标。"走向纵深"要求导演手法上要有多变的时空、快速的节奏以表现最广泛的社会层面，角度要新颖、构思要巧妙。"走向纪实"，受众对于电视真实性的需求越来越强烈，在整体表演性、以虚构为主的文艺节目中适当穿插纪实手法的节目或纪实性题材，可以提高整场晚会的文化品位与扎实沉厚感。1983 年的春节联欢晚会就插播了一段演员刘晓庆在电影拍摄现场的纪录片，对于"喧闹"的节目现场而言，确实在一定程度上去除了浮躁，仿若为晚会注入一股清新的动力。"走向世界"是对春晚形式、内容、主题等诸多方面的综合要求，既要体现中国本土特色、民族风情，又要对世界当下的审美取向加以考量，以体现整体节目的和谐性。"走向高技术"，春晚每年都会加入"新"的元素，2000 年以后，高技术在舞美设计、镜头表现上更加明显地表现出来——电脑灯管、LED 屏幕墙等诸多高科技的制作手段将电视晚会的视听审美推向更高的层次：声、光、电、画为一体，立体舞台的效果更具冲击力；充分运用电子技术、时空转换技术，使晚会内外景结合，多视角、全方位地展现现场。

我国"七一"建党、"八一"建军、"十一"国庆属于重大纪念性的日子，每逢这些节日，以中央电视台为首制作相应主题的电视晚会如同春晚一般也已经成为惯例。而国际性的纪念日，电视媒体也会以晚会的形式进行庆祝。"元旦"即新年，有相应的新年晚会；"三八"国际劳动妇女节，中国也以中国女性的视角面向世界进行庆祝晚会的制作；"五一"国际劳动节、"六一"国际儿童节等都有电视媒体举办相关主题的晚会加以纪念。另外，如毛泽东诞辰、五四运动、抗日战争胜利 XX 周年等重要的纪念日也有相应主题的电视晚会以纪念其历史地位。

二、行业专题电视晚会

所谓行业专题电视晚会的内容比较宽泛，也可归纳在主题晚会的范畴内，但就其独立性而言，有着明显的"行业"特征，如公益、文体、颁奖等。

（一）宣传公益活动的电视晚会

依据百度百科的归纳：公益从字面上看是为了公众的利益，它的实质应该说是社会财富的再次分配。公益活动是指一定的组织或个人向社会捐赠财务、时间、精力和知识等活动。

公益活动最常见的类型是：体育赞助、文化赞助、教育赞助、学术理论、福利慈善以及爱心传递等。宣传公益活动的电视晚会属于文化赞助的范畴。

公益精神就是愿意为改善"公域"而奉献努力的精神，电视晚会也将此作为晚会的主旨与主题，从形式到内容以及风格都具有明显的特征，将演出与募捐的行为，褒扬善举、爱心无界的精神完整统一。为公益活动而制作的晚会重要的并非晚会形式，而是主题。

2008 年 5 月 12 日，汶川地震发生，举世震惊。2008 年 5 月 18 日，中央电视台 1 号演播大厅里，500 余位各界名人、明星参加的 1949 年以来我国宣传文化界最大的一次募捐公益晚会"爱的奉献"登场。晚会采用文艺表演与播出抗震救灾宣传片穿插进行的方式，并进行多次捐款。演员陈道明、唐国强等联手央视主持人献上了诗朗诵《我们与你同在》；央视主持人献唱了歌曲《世界需要热心肠》；容祖儿、周华健、谢霆锋、林俊杰、张明敏等艺人合唱《明天会更好》；郭峰等群星演唱《相信爱》；梅婷、戴玉强等人合唱经典歌曲《祝你平安》；张国立、陈坤等与灾区孩子一起演唱了《让世界充满爱》；姜昆、赵本山等曲艺界代表深情朗诵了配乐诗《有一个强大的祖国》等。一个个真情演绎的节目凝聚成爱心一片，让电视机前的观众感受到了举国赈灾、众志成城的动人情感。晚会还向观众展示了很多感人至深的新闻影像资料，以最真实的画面带来特别的感动。现场更连线了还在抗震救灾一线直击救灾实况的记者张泉灵，她不但带来了又有人获救的好消息，还委托现场的主持人白岩松捐款 1 万元。晚会中，央视还专门开通热线电话和短信交流平台，截至晚会结束，现场共筹得 15 亿 1400 万元善款，这可以说是中国公益电视晚会史上最为突出的、受到关注最多的一次盛举。晚会全程 4 个小时，节目只有 14 个，没有炫目的伴舞和精致的舞美，所有出演者也不再如一般晚会般浓妆艳抹、刻意着装，更多的是朴素、自然，显出纯粹的真实与真诚，这也是公益晚会的一种最为基本的格调。

2016 年浙江卫视"2016 时尚芭莎慈善夜"以"慈善争锋 · 为爱联盟"为主题，集聚了邓超、黄渤、黄晓明、吴亦凡、刘涛、孙俪、杨幂等 50 多位华语娱乐圈的优秀艺人，他们为中国贫困地区的救护车事业积极集资募捐，大显大爱无疆精神。同时，400 余位商界领袖、文化名人和社会名流也在现场身体力行，用爱心点亮星空，还有来自各地的 3000 多名粉丝用自己的呐喊为慈善点赞。

大型公益宣传活动"CCTV 慈善之夜"是中央电视台 2014 年开始创办的公益活动年度晚会，是作为国家主流媒体，在引导舆论、凝聚共识、树立典范等方面发挥积极作用的又一重要举措，以"致敬中国慈善践行者，关怀中国慈善受助者，引领中国慈善发展方向，构建中国慈善文化"为主题。2017 第四届 CCTV 年度慈善晚会继续关注在扶贫攻坚中作出突出贡献的榜样人物，发掘默默奉献、帮助他人、温暖社会的凡人善举，致力于弘扬凡人善举，发挥榜样力量，树立慈善业界新风气，晚会提出"天更蓝，人更亲，心更暖"的三大公益倡议，并发起"每人公益 3 小时"倡议，旨在让更多的人理解慈善，人人参与慈善，为实现中国梦、弘扬社会主义核心价值观传递正能量。

（二）宣传文体活动的电视晚会

这类晚会集中反映文艺界、体育界的重大的活动内容。晚会的主题与构成晚会的节目内容大都表现文艺界和体育界中的艺术作品，以及彰显相应艺术、体育精神的价值取向。

1. 艺术节电视晚会

艺术节是指在某一特定时间举办的文化艺术活动的统称。形式上有以综艺晚会为主的文艺演出，包括音乐、戏剧、戏曲、舞蹈、杂技综合艺术晚会等的文艺演出；各种美术展览、艺术品博览及拍卖会；电影、电视、服装、茶艺、图书等专项文化活动；各种艺术交流活动和学术活动等。其中文艺演出的形式传播范围最广，已经不仅仅限定在特定的与音乐、戏剧等直接相关的艺术节晚会，而是扩展到大部分的艺术节都开始以开幕、闭幕晚会的形式来进行艺术活动的宣传与扩大影响。

中国艺术形式丰富，民族艺术与时代艺术交融，艺术节的开展自 20 世纪 90 年代开始逐渐发展隆盛，著名的有综合艺术节的亚洲艺术节、中国上海国际艺术节等；电影艺术节的中国金鸡百花电影节、上海国际电影节等；歌舞艺术节的中国舞蹈节、中国国际合唱节、南宁国际民歌艺术节等；戏曲艺术节的中国黄梅戏艺术节、中国京剧艺术节等；杂技艺术节的中国武汉国际杂技艺术节、中国吴桥国际杂技艺术节等；另外还有乌镇戏剧节、天府古镇艺术节、国际青少年节艺术节等。艺术节的开幕、闭幕晚会基本已经形成固定形式，并根据每届主题、地点、参演国家、民族等客观因素设计晚会风格、形式。

亚洲艺术节从1998年开始举办，由中国文化部主办，作为区域性国际艺术节亚洲艺术节具有广泛的影响，也成为亚洲各国艺术家表现特别风采的舞台。开幕式晚会成为艺术节的"开门红"，也是亮点所在。第十一届亚洲艺术节在鄂尔多斯举办，浓郁的地域风情成为晚会最鲜明的特征。

1999年11月，首届南宁国际民歌艺术节成功举办了大型广场文艺晚会《大地飞歌》，南宁国际民歌艺术节因此一炮而红，以浓郁的民族风情、开阔的国际视野和强劲的现代气息，赢得了社会各界人士的赞誉，之后历年传承。2005年开幕晚会较为突出：晚会以"四季歌圩"为主题，由序、春、夏、秋、冬、尾声六个版块组成，用"绿色"和"多情"展现广西旖旎秀丽的山水风景。舞台景观以凤尾竹、银色小叶榕等浓郁壮乡特色植物为主，所有中外明星、参演艺人都在壮乡这个大"歌圩"上放声高歌。四季景观交替之时，绿、红、金、白四季天使依次"从天而降"，烘托出如梦如幻的舞台气氛。民歌节的会歌为《大地飞歌》，由中国首位获得国际美声金奖的歌唱家黄莺和俄罗斯演员在260位民族乡土歌手伴唱中共同演绎。

2. 体育界重大活动晚会

早期在中国利用电视屏幕播出表现体育界活动的文艺晚会，当属第十一届亚运会宣传晚会《亚运前夜》。这场晚会以北京工人体育场为舞台为亚运会"预热"，现场观众七万余人，以京腔京味歌曲代表北京的亲切的同时又以激扬澎湃的亚运歌曲掀起晚会高潮。通过文艺演出的形式强化亚运意识，也为广场艺术积累了宝贵经验。此后，大型的体育赛事开幕式等宣传晚会基本将场地定位为室外体育场馆。

2008年的奥运会开幕式可以说是体育界重大活动晚会的巅峰之作，导演张艺谋，文艺表演部分约一个小时。在艺术风格上，坚持用"世界语言讲述中国故事"，充分体现民族特色、时代特征，以中国特有的"绘画长卷"为线索，以中国美学的写意精神展现东方文明的底蕴，用绚烂的色彩展示当代中国的勃勃生机，用富有创造性的当代艺术表现形式，赋予开幕式以现代性和国际性的风貌。开幕式晚会名为"美丽的奥林匹克"，分为上、下两篇。上篇名为"灿烂文明"：147米长、27米宽的巨大LED屏幕成为展现中国五千年历史的长卷，太古遗音、四大发明、汉字、戏曲、思路、礼乐等"再现"中国灿烂文明；下篇名为"辉煌时代"：星光、自然、蓝色星球、梦想表现青春的时代色彩、太极八卦的浑然天成，梦幻中的蓝色星球表达了地球村的未来与希望。主题歌《我和你》更生动诠释了"同一个世界，同一个梦想"的主题。

2017年在杭州举行的第13届全国学生运动会开幕式文艺演出部分仅有33分钟，在形式上就大胆地进行了主持人"简化"的形式，整场晚会"只闻其声，未见其人"：对运动会主题的阐释包容在每一个节目的"旁白"解说中，用诗朗诵般饱含激情的声调，赞美杭州如"人间天堂”，张扬年轻学生们的青春风采。节目影像间隔部分插入外景画面，旁白根据节奏在节目的开始、中间、结束等段落错落有致地出现，在晚会内容、形式的衔接上反而更加紧密，没有拖沓感。

除上述主题晚会外，还有各类颁奖晚会，指的是在企业界、科技界、文化界、文艺界等较大型的评奖活动之后举办的文艺晚会。如电视剧“飞天奖”颁奖晚会、中国电视音乐颁奖晚会、青年歌手大赛颁奖晚会等。

另外还有近年大兴其道的与商业宣传直接关联的广告目的性晚会，如“天猫双十一全球狂欢夜”，其不仅仅是一个几个小时的晚会，更多的是期待晚会的播出能潜移默化地改变中国观众的收看、参与消费习惯。“未来的想象空间和作用，远远大于晚会当天带来的直接影响”，晚会不再如同传统的综艺一般兼顾各种年龄层、各种文化背景的受众需求，而是锁定了较为年轻的阶层，节目形式简单而时尚，有主题而不生拉硬拽地靠近主题，从参演艺人到表演形式都贴近年轻群体。这也是行业主题晚会的一种特征：在晚会大主题的光环环绕下，最重要的是表演者的被认可度、热度，而不是节目本身的主题式创作、主题式表达。一场行业主题晚会，最核心的节目也许只有一个，其他节目虽在情感、情绪上有类似之处，但最重要的是由受众熟悉、尊重、喜爱的明星来表演。

第三节　电视晚会策划与编导的工作流程

一、主题与基调

每一场晚会都应该有一个凝练的主题成为晚会的“灵魂”，编导依据此主题来进行节目创作、遴选以及结构安排。而基调则由整台节目的总体设计、布局、风格、环境气氛所决定，是受主题的制约而形成的风貌与情调。

1983 年以来，中央电视台春节联欢晚会一直都有一个明确的主题定位，节目取舍均以主题定位为最高原则。从 1983 年至 1994 年，春晚的主题一直以“团结”为首，再加上“欢乐、欢快、向上、奋进、祥和、和谐”等共同架构而成，也体现出节目风格、内容的需求。1995 年，春晚以更复合性的长句为主题：“家庭的团聚、各民族的汇聚、炎黄子孙的凝聚（亲情、友情、乡情）”，以“三聚三情”形成春晚节目取向。1998、1999、2011 年均以对联的形式串联主题：“中华民族春节大团圆，万众一心迈向新世纪”“欢声笑语张灯结彩春节大团圆，载歌载舞万众欢腾迈向新纪元”“欢天喜地，创新美好生活；欢声笑语，共享阖家幸福”。2001 年的主题是“新世纪、新希望、新生活”，2007 年的主题是“还礼和谐中国年”。这么多年来，中央电视台春节联欢晚会基本主题上没有本质性的变化。

国内外纪念性节庆都有着准确的节庆意义定位，因而主题的核心策划基本不能脱离节庆日的本质内涵，在此基础上进行时代性、地域性以及民族性诠释即可。所谓时代性诠释的含义即是因为某些特殊的事件或者突发性的问题对已经有惯袭性主题进行新的解析或者全新阐释。如春晚的主题历来以“团结、欢乐”等为主，但2008年的春晚就突出了奥运主题，且由于加入南方雪灾主题，自然而然地冲淡了单纯的“欢乐”传统主题；2011年日本关东大震灾，跨年晚会就设定了“复兴、希望”这样与现实联系紧密的主题词等。

根据主题，晚会的基调就自然而然地被确定，春晚的“团结、向上、欢乐”等主题为何一直以“团结”为首，其实这就是春晚的基调：不仅仅是艺术性晚会，更是集政治性、思想性、艺术性为一体的，面向全国、全世界的大型文艺晚会。因而，策划和编导晚会节目的标准应该是将思想性、艺术性、娱乐性、趣味性等相结合，以“格调高雅、雅俗共赏”为宗旨。

其他各种主题晚会亦然。行业主题晚会需要紧紧围绕主题来进行主题策划与节目编导。文化、艺术、体育等均有明确的行业特色，其主题、基调也须与之相契合，如《纪念抗日战争和反法西斯战争胜利50周年大型文艺晚会》的主题为“记忆、血印、丰碑、光明”，基调由纪念气氛转向宏伟气势，充满年代的跨越感与历史的厚重感。

二、基本结构类型

一台好的电视晚会，必然需要组合自然、层次清晰的节目架构。作为电视晚会的编导，在确立了主题与整体基调后，接下来的任务就是创作、遴选节目并进行结构设计。二者无绝对性先后，可先确定节目再进行结构构思，亦可先确立结构再进行节目筛选。

电视晚会的基本结构主要有如下几个类型：

（一）串联式

串联式也称“珍珠项链式”，是最普通也是最常用的一种电视晚会结构形式。编导在一定的思想性、艺术性的要求下将无序的个体节目如同将一颗颗珍珠用一根线串联起来一样，使其变得有序并形成整体，具有良好的节奏感与趣味性。这里所设计到的“节奏感”是串联节目的关键，即串联也需要类似伏笔、悬念、高潮这样的节点设想和相应的节目安排。

每一场晚会都有一个大的主题，如春晚的“团圆、欢庆”，节目中具有最浓厚“团圆、欢庆”特质的应安排到晚会的重要“部位”，如开场、闭场，晚会前、后三分之一处等，这种节目位置的设计安排对晚会整体气氛的营造至关重要。

（二）段落组合

段落组合，顾名思义，就是将文艺晚会分为几个部分，每个部分如同文章的段落一般，再将段落围绕中心思想即主题组合成为一个整体，往往每个段落又都有自己的明确定位与立意。

文化部1994年春节晚会《五彩路》就是段落组合的代表结构样式：该晚会分为“新春的祝福”“欣慰的记忆”“灿烂的星座”以及“美好的展望”四个鲜明的段落，形成了“起承转合”的文章式架构，第一段的祝福“启”主题之韵，到第二段的追忆“承”时代内涵，第三段的“转”展现今日成就，最后一段则“合”主题意蕴：脚踏改革的“五彩路”，奔向崭新的明天。这样的段落组合结构使主题脉络清晰、深刻，适合大型、严肃的主题晚会，但“联欢”的意味较淡薄。

（三）篇章组合

篇章结构，是由“篇”或“章”单独构成，也有“积章成篇”的结构形式。《纪念抗日战争和反法西斯战争胜利50周年大型文艺晚会》的主题为“记忆、血印、丰碑、光明”，晚会的结构也是以此四个层次形成了四个部分：“记忆”“血印”“丰碑”“光明”，层次分明又彼此衔接，共同构成了不忘历史、继往开来的倾向性基调。《纪念毛泽东同志诞辰一百周年大型文艺晚会》是由“序”“高山篇”“大河篇”“尾声”四个部分组成。“积章而成篇”是一种较为复杂的篇章结构，最具代表性的是1995年文化部春节文艺晚会《辉煌》，这台文艺晚会共有“序”“迎春篇”“星光篇”“祝愿篇”，每一篇都由几个章组成：第一篇“迎春篇”包括戏曲清唱、杂技集锦和歌剧之光三章；第三篇“星光篇”由古韵新风、文化荟萃、金曲流芳等组成；第四篇由情系中华、希望的蓓蕾等章构成。

随着电视媒体技术的发展与创新的需求，以上三种基本结构类型在晚会中的应用越来越呈现出多元的变革样态。例如为了应对场地空间的切换、多主题并行以及观众审美疲劳等，晚会结构会综合运用串联式、段落组合式和篇章组合式，形成较为复杂的结构形态。

三、节目设计

古人对文章技巧归纳传授时素有“豹头、熊腰、凤尾”的形态要诀，电视晚会的节目设计就如同写文章一样，要遵循一定的主题节奏与叙事格局来进行设计、安排与组合。所谓“豹头”就是开场节目需要有形式、内容、格调上的新意，以先声夺人，让观众有眼前一亮的即视感，有继续观赏节目的兴趣与情绪；而“熊腰”指的是节目中间段落，“主题节目”“亮点节目”以及“串场节目”等彼此之间错落有致安排、环环相扣连接，形成扎实而丰富的节目组合形式；“凤尾”则指电视晚会的结尾要有情绪情感的升华，要有回味的深度。

具体节目设计则需从主题出发、从观众的审美喜好出发，歌、舞、戏曲、相声、小品、杂技、魔术等多种形式有机组合。歌可有独唱、对唱、重唱、合唱、歌伴舞等方式杂糅，根据曲目、演员表现等确立相应的形式；而舞蹈除了具有非常突出的创意，如《孔雀舞》《千手观音》等，一般作为串场节目存在，可根据上下节目关系进行串场、垫场安排；相声、小品既可以作为纯粹喜乐性节目存在，也可作为主题节目的语言解析形式存在，如赵本山的《三鞭子》《奥运火炬手》等就是晚会的时代性主题的集中体现；其他如戏曲、杂技、魔术等节目形式在晚会中的比重较小，纯粹的表演形式比较传统，刘谦的魔术节目在表演基础上加入了采访、陪伴、共同参与演绎等“真人秀”的元素，形式上较为新颖。

每一台晚会都应明确的节目构造是：骨干节目有哪些、亮点节目是什么、高潮节目安排在哪个位置等。骨干节目指的是电视晚会的“硬件”节目，即主要体现特色的明星节目、自创节目，基本是观众喜闻乐见的节目或与主题直接关联的节目；亮点节目指在电视晚会进程中出现“意料之外”的节目，如那英与王菲的《一九九八》、宋祖英与周杰伦的《好一朵茉莉花》以及两岸三地歌星在不同空间演绎同一首歌曲等，都给予观众瞬间的“惊艳”与惊喜；高潮节目可以在骨干节目中选择，也可以直接将亮点节目定为高潮节目，主要的是位置的安排——构图的黄金分割比例也同样适用，基本规律是安排在节目的后半部分。

关于电视晚会节目的设计还要注意一点：新、老节目的构成比例。电视晚会是阖家观赏的节目，须兼顾各个年龄层的审美趋向。日本的跨年晚会“红白歌会”每年的新、老歌曲比例一直维持在接近 6∶4 的比率，即新歌占六成、老歌占四成，所谓的老歌是指历年来经久不衰的传统曲目，新歌则以日本民意调查得出的当年流行曲目为主。中国春晚与日本红白歌会本质上不同，春晚节目形式更复杂，创作、拼接节目占有很大比重，因而新、老节目形成比例的状态不是很明显，但会充分注意老节目的新表现，如年年都会有的戏曲联唱其每年都有不同的样式：专业的、业余的、童声的等。

四、撰写工作台本(导演阐述)

电视晚会的工作台本，是表明创作意图，交代晚会性质与背景，描述晚会艺术构思以及节目设计乃至于主持人串联词的一种语言形态。其中，主持人串联词是晚会节目串联、主持人语言衔接以及整场晚会格调、风格的具体体现。

电视晚会工作台本应包括如下内容：

首先是写明晚会名称，确定主题，如中央电视台每年的春节联欢晚会因主题稍有不同，需明确主题词并据此定风格、基调；其他各种主题晚会因年度、时事背景不同会有名称上的单独定位和设计，如中国共产党成立 70 周年的“七一”文艺晚会，就定名为“拥抱太阳”，主题是“没有共产党就没有新中国”。

其次，撰写晚会的“前言”或“概述”即晚会的指导思想以及晚会的艺术构思即通过什么主题节目、亮点节目、高潮节目体现主题、形成结构、基调以及风格。晚会的指导思想一般呈现出明确的政治高度，近年如“中国梦”“核心价值观”“新文化建设”等一般都作为政治立意的指导思想标示。而晚会的艺术构思则分为大方向上的写实或写意风格的确立，具体艺术技巧与方法，如纪录视频的插播，具体舞美、音响、灯光设计等方面。

第三，撰写晚会具体运作流程与内容：片头设计，如动画形式、纪录片形式、字幕形式等；晚会开场或序幕设计，要求新颖、点题、先声夺人；中间内容，需撰写主持人上场的串联词、节目编排与搭配流程、衔接安排形式等；尾声节目，内容要与开端或序幕相呼应，或揭示主题、耐人寻味。

最后，对演职人员的分工进行具体名单表述。

根据以上格式，经过收集资料、筛选素材、完善构思后诉诸文稿。台本写作需注意以下两个问题：一是要注意整体感，主题与基调、艺术构思不可分割，为一个有机整体，这个整体中的具体节目均为整体形象服务；二是要显示出其特性、特质，有着自身的艺术价值与意义，而非走套路、常袭性的路线，节目的结构、编排以及艺术风格设计要有个性与独到之处。

而电视晚会的串联词(主持词)是导演阐述中最重要的部分，也是晚会串联的主要依据。串联词主要是通过节目安排的顺序进行撰写。串联词撰写需要有综合的能力，既需要使整体具有连贯性，各个节目紧密联系起来，更好地为晚会服务，也要有鲜明的主持人特色，与主持人风格相互契合。在形式上，晚会的主持词结构是由整场晚会的流程所决定的，必须严格按照晚会的流程撰写编排；内容上，串联词的内容是由晚会的主题决定的，不能脱离主题随意发挥；风格上，不但要与主持人的语言风格一致，更要与晚会基调、风格相辅相成。

晚会串联词对节目起着承上启下的作用，它的基本内容是：对节目和舞台表演进行以报幕为目的的语言交流；在表演结束后对表演和节目形式的内容进行一定必要的评价。串联词要求有艺术性、音乐性、口语化，不可长篇大论、面面俱到，要求尽可能与画面、节目相协调。忌用前缀后加、叠床架屋的长句表达，力求简洁明快，平实晓畅，准确优美，感情充沛，具有文学性、节奏感和音韵美，富含一定的文化内涵和文学品位。写作前期应对晚会的主题进行必要的了解、多方查找资料，如春晚每年的串联词都会融合过去一年的社会热议话题、网络流行词汇等，使观众产生亲切感。

在晚会进行过程中，需要想方设法地“用活”主持人，充分发挥主持人的角色功能，这在2013年春晚的串联词中体现得非常明显。这是朱军、董卿、李思思、撒贝宁、毕福剑、李咏的第二次搭档，朱军、董卿与李思思依然是正统的“主持腔”，说话上不离本色；毕福剑、李咏则负责插诨打科，提升主持热度，而撒贝宁处于两者之间，刻意凸显“青葱”特征，如同可爱的邻家小弟、“好奇宝宝”。这三种风格交织在整场晚会中，偶尔朱军、董卿和李思思也会冒出点“地气”，自然亲切、其乐融融。

首先，整场晚会的语言风格特征鲜明，串联词一气呵成，有一定的文学性，富有节奏感与音韵美，充满生活的轻松、自然与随意。

如开场与结束部分的语言就相互对应，节奏感、音韵感跃然而出：

董卿：今天是个团圆的日子，关东塞北、川西江南，无论您在何处，我们都怀着最大的热诚，邀您一起共迎新春！

李咏：今天是个喜庆的日子，国庆盛事、家有喜事，在过去的一年，无论您收获什么，今夜我们都会邀您一起举杯欢庆、同贺新禧！

李思思：今天是个迎新的日子，去旧图新，万象更新，无论您是几零后，今夜我们都邀您一起欢歌热舞、尽展新意！

撒贝宁：今天是个祈福的日子，连年有余、四季平安，无论您对新年有什么样的期待，我们都邀您一起抖擞精神，共谱新篇！

每位主持人的串联词都分为三个部分：今天是个XX的日子；两个四字词语对应前一句；“无论……都”的句式。句子最后的词语也是形成音韵和声，朗朗上口：共迎新春、同贺新禧、尽展新意、共谱新篇等。晚会结尾部分更是“对仗”工整，如中国传统对联一般：

董卿：难忘今宵，这美妙的歌声里有爱有情，有温暖的祝福有美好的期盼。

朱军：难忘今宵，这欢乐的笑声中有思有感，有不变的激情有光荣的梦想。

李思思：告别今宵，我们收藏记忆，深情回望。

撒贝宁：告别今宵，我们满怀憧憬，全新起航。

其次，语言设计根据主持人风格而定，而非随意安插。如前述，朱军、董卿与李思思一直是严肃严谨大气庄重的舞台形象，特别是朱军、董卿的主持担当地位，晚会中较有内涵的抒情、解释语句基本都出自他们之口。

董卿：看完这段回家过年的公益广告，真的有点想家了。我想所有离开家乡、在外打拼的人，都在不同的城市以不同的身份奋斗着。而只有当我们回到家里还原我们的另一种身份，是儿子、是女儿，是父亲、母亲、丈夫和妻子的时候，我们才能感受到这人世间最朴素也最宝贵的爱。所以在这里也要再一次祝愿全国的观众朋友们，新春快乐！愿人欢喜家和美，祝愿中华大地福满乾坤，天地共团圆！

朱军：祝福多好啊！有情有爱，有天伦之乐，有梦想成真。接下来我点燃一盏平安灯，祝福伟大的祖国，祝福天下的百姓，平安吉祥！还有两分钟我们将迎来新的春天，我相信在即将过去的龙年里，我们每个人心里都有堆积起来的幸福点点滴滴，也许也会有些许的遗憾和不如意。让我们抓紧时间，抓住这美好的除夕之夜，整理心情、放飞梦想。让我们一同祈福，国泰民安、风调雨顺、事业顺达、家庭和睦、身体健康！让我们一起带着一颗阳光而又灿烂的心去拥抱一个崭新而明媚的春天！

主持人毕福剑、李咏、撒贝宁在晚会的基本“职责”就是负责“搞笑”，除了开场、结尾的规定语句之外都是轻松自然的口语和对话，富有生活感，也非常符合主持人一贯以来的话语习惯与风格，不做作。

周炜：亲爱的观众朋友，大家过年好！我要上春晚，你看行不行？

毕福剑：停停停停停，干啥呢周炜，你从哪就冒出来了？你抢人董卿的口号是吧，是不是下面你该喊五四三二一了？

周炜：董卿都没拦着我，姥爷你跟着较什么劲呢？你看去年春晚一开场我跟四个歌唱家说相声看见没？今年又有新创意！换人啦！都是普通人，草根！

毕福剑：草根？你可以找我啊，他们都说我像那个草根代言人。

再次，晚会的节目衔接在自然的语句交流中，合乎晚会气氛。如玖月奇迹的《中国范儿》之后是相声《东西南北大拜年》，朱军与李咏的两句简单对话中就将名字自然而然地说出来，毫无“违和”之感：

朱军：好一首《中国范儿》啊！太有范儿了！唱出了一个红红火火的中国年，这回咱们三人组要给大家认认真真拜个年了！

李咏：祝电视机前所有的大朋友小朋友新朋友老朋友男朋友女朋友爱情甜蜜、事业蓬勃、八方来财、吉星高照，身体健康、笑口常开！

最后，以主持人出场的形式标识晚会重要节目。本场晚会的高潮节目为沙宝亮、徐千雅的《魅力中国》，位置恰好在零点前。节目演出结束后，几位支持人同时上场，言语表达在内容、形式和规模上不输开场词，充分显现出本场晚会节目设计的主题与核心思想。

朱军：深深爱你，美丽中国，黄河长江流淌着母亲的血脉，黑眼睛里闪烁着我们不变的梦想！此时此刻，九州欢腾，就让我们一起以一种最红红火火的方式共同迎接癸巳蛇年钟声的敲响！

董卿：我们现场所有观众朋友的手上都提着一盏红红的灯笼。古人说，灯笼闪烁寓意着彩龙兆祥。所以中国人过年啊，喜欢张灯结彩，最好是彻夜通盈。接下来我们也要借着红火的灯笼，给观众朋友们送上最红火的新春祝福——

李咏：咱们中国人过年都图个吉利，在这里，我先点亮一盏吉祥灯，祝每一个家庭吉星高照！

毕福剑：我点亮一盏福寿灯，祝天下所有老年人幸福安康！

李思思：亲情爱情友情是永恒的主题，新年了年轻人都渴望浪漫的爱情。点亮合欢灯，祝天下有情人百年好合！

撒贝宁：点一盏如意灯，祝愿来年所有的梦想如愿以偿！……

第四节　电视晚会类节目编导的综合素质与艺术特质

一、晚会类电视编导的综合素质

(一)政治素质

要求编导在节目的策划、制作、播出过程中弘扬国家主旋律，坚持适时地宣传国家的政策、方针和路线，引导观众的民族认同和国家政治纲领的领会与支持。

作为党的宣传工作者，编导的责任就是将党的导向性与群众性结合起来，不能硬性灌输党的导向性，以说教的方式居高临下地面对群众；更不能刻意强调群众性，趋风媚俗，单一迎合浅薄趣味。因而，电视晚会的主题定位、节目设计以及风格表现等要二者兼顾、二者平衡，坚持在党的时代性方针指引下进行艺术创作。

(二)平衡素质

协调单个节目与整台晚会的关系，节目表演形式要丰富，如前述既要符合晚会的整体风格与宗旨，还要突出晚会特色。形式上要尽量兼顾不同的观众需求、雅俗共赏，兼顾新老节目平衡，兼顾时代性与传统性，又要考虑播出效果。此外，平衡能力还包括协调编导个人与整个创作团体之间的关系以及各创作单位之间的关系。

(三)新闻素质

文艺晚会一般会有一定的新闻由头或重大新闻背景。在节目制作和播出过程中要体现时代气息，采纳新闻播出的同步时效性，在节目选择和编排中选用一些新闻事件和新闻人物，给观众以与时俱进的感官与精神体验。如 2009 年的央视春晚就以 2008 年的新闻大事汶川大地震、北京奥运会等为题材进行节目设计并与整场晚会的主题紧密相连。

(四)创新能力

电视晚会的基本模式与程式化环节基本固定：如央视春晚一般都是开场歌舞、喜庆节目、生活味道、各界欢腾、回顾展望、结尾歌舞等各个环节的不同组合。虽然需要“与时俱进”

但受形式、主题、内容所限，模式化难以打破。因而，作为编导更应该思考的是在这样的前提下，如何形成审美上的新表现、风格上的新突破。近年来春晚越来越加大了年轻人的舞台存在感，虽然老演员的丰富经验和艺术修养是很多年轻一代演员所不能比拟的，但熟悉面孔持续登台，难免会降低创新力、让观众产生审美疲劳。因而，春晚节目的创新更多的可能就是编导如何让表演更“年轻化”、让晚会气氛更热情、更充满朝气这个层面上。

另一方面，利用高科技带动形式创新也是当下电视晚会发展的趋向。分场地影像的音频讯号互传、直播技术、网络互动技术以及等离子特大幕墙、高性能灯光、水幕墙、冷焰火等都已经成为晚会的“新宠”。编导须合理利用这些新技术形式，但不依赖，更多地放在内容设计上。

二、晚会类节目编导的艺术特质

（一）审美意识

电视晚会是视听艺术的综合呈现，要求编导具有深厚的艺术素质以及良好的审美意识。对于一台晚会而言，因受众层次多样，审美需求不同，“雅俗共赏”成为通用的一条要求准则。雅与俗的关系在晚会中已经“博弈”多年，开播三十余年，最开始是联欢气氛浓厚的“俗”占据上风，而后春晚所承载的社会功能越来越多元，舞台风格不得不向“雅”过渡，对节目形式、主持人定位等都提出了较高的要求。其他各种主题性晚会和行业晚会也是如此，最难平衡的即是雅与俗的关系，这也是编导审美意识的集中体现。雅并不是纯粹的高雅艺术，如交响乐、歌剧等彪炳高雅的形式，而是包容时代性、历史性、民族性，具有权威性、突出价值的艺术精品。俗也并非完全下里巴人，只为搞笑、逗闷。自赵本山以《相亲》登上春晚开始，小品就作为“大俗”艺术受到大量观众青睐，但也需其他形式多样节目的杂糅交融与组合才更有这一份“俗”的价值和意义。

（二）精品意识

电视编导需要树立精品创作意识，坚持走精品化创作路线。一台成功的晚会离不开观众过目难忘的精品节目。央视资深导演邓在军曾说：“一台成功的晚会，离不开给予人们以深刻印象的过硬的节目。如果我们把美好的晚会形容为一串珍珠项链，那么，晚会的每一个节目就应是一粒粒晶莹夺目的珍珠。近年来，人们反映晚会难办，主要是‘明珠难觅’。但是，功夫不负有心人，关键还在于编导人员需要足够的事件调查研究，深入发掘，组织创作，尽量避免‘临渴掘井’。千万不能凑合，凑合是出不了精品的。”[①]

央视春晚在开办三十多年以来，推出了不少精品节目，如1984年李谷一的《难忘今宵》，1993年毛宁的《涛声依旧》，1998年那英与王菲的《相约九八》，1999年陈红与蔡国庆的《常回家看看》，2001年赵本山的《卖拐》，2005年聋哑残障女孩们的《千手观音》以及2014年徐千雅与沙宝亮的《美丽中国》等。这些节目主题意识鲜明，形式雅俗共赏，让观众真正过目不

① 张凤铸：《中国电视文艺学》，北京广播学院出版社，1999年版，第456页。

忘，成了央视春晚的代表性节目标识。因而，编导在策划、设计电视晚会的时候，必须有意识地创作精品，更要精心打造精品。

（三）文化意识

作为电视晚会类节目的编导，自身的文化素质直接影响到一台晚会的成功与否。晚会能否体现出其特定的主题性，能否基本满足不同层次观众所期待的风格定位，都与编导能否具有鲜明的文化意识息息相关。文化意识最主要的因素呈现在本土意识上。这种本土意识由历史观、价值观、道德观等具有本土特质的内在构成。

电视晚会是一种特别的综艺，更是一种以主题为核心创作的艺术、文化形态。编导能持有正确的本土意识，这种主题的浓缩与延展才具有了重要的精神内核。本土的文化意识，体现在对本土历史的正确解析与挖掘上，体现在对本土文化的良好传承态度与行为上。电视晚会的编导在创作与创意时，取之不尽用之不竭的就是本土博大精深的历史与文化，对其的视听演绎包容在一个时代性的主题当中，这样的晚会才有灵魂，有血肉，有传播的价值和意义。

张艺谋策划编导的2008年奥运会开幕式举世震惊，其源自对中国历史、中国文化的开放性、现代性演绎，是一个懂历史、懂文化、懂中国的编导用心呈现的最雅俗共赏的艺术。历年的春晚虽被百般挑剔，但形式上的本土风格与内容上的本土特质使其形成了良好的文化、艺术定型，观众更多诟病的是个体节目的选择，而非春晚这一晚会节目的存续问题自身。当下的《开学第一课》近年来愈发受到肯定，最主要的原因是文化意识的掺入：通过解析历史来让学生重新认知国家、人民、历史与文化的重要精神内涵，这是最直接也是最深入人心、潜移默化的本土爱国主义教育，以综艺晚会的形态出现，不能不说这是一种文艺晚会与文化教育的最生动、成功的结合、组合乃至于融合。

（姜　滨）

本章思考题：

1. 中国电视晚会有哪些类型？
2. 电视晚会台本由哪几部分构成？如何撰写？
3. 电视晚会的编导需要具有哪些业务素质？

附录：2013年央视春晚串联词（有部分删减）

1. 开场联唱《欢歌贺新春》

毕福剑：亲爱的观众朋友们，大家——

合：过年好！

朱军：这里是2013年中央电视台春节联欢晚会的直播现场，我们台上所有的主持人给全国各族人民，全世界的中华儿女——

合：拜年啦！！！

董卿：今天是个团圆的日子，关东塞北、川西江南，无论您在何处，我们都怀着最大的热诚，邀您一起共迎新春！

李咏：今天是个喜庆的日子，国庆盛事、家有喜事，在过去的一年，无论您收获什么，今夜我们都会邀您一起举杯欢庆、同贺新禧！

李思思：今天是个迎新的日子，去旧图新，万象更新，无论您是几零后，今夜我们都邀您一起欢歌热舞、尽展新意！

撒贝宁：今天是个祈福的日子，连年有余、四季平安，无论您对新年有什么样的期待，我们都邀您一起抖擞精神，共谱新篇！

毕福剑：今天是个好日子，新春新意新禧新篇汇在一起就是新春中国，我们将给大家送上一顿很丰盛的新的年夜饭！

朱军：说得好，今夜尝不尽的是五湖四海的中国味，今夜美不够的是欢乐祥和的中国年！

2. 歌曲《中国味道》：凤凰传奇

3. 歌曲《十二生肖》：王力宏

周炜：亲爱的观众朋友，大家过年好！我要上春晚，你看行不行？

毕福剑：停停停停停，干啥呢周炜，你从哪就冒出来了？你抢人董卿的口号是吧，是不是下面你该喊五四三二一了？

周炜：董卿都没拦着我，姥爷你跟着较什么劲呢？你看去年春晚一开场我跟四个歌唱家说相声看见没？今年又有新创意！换人啦！都是普通人，草根！

毕福剑：草根？你可以找我啊，他们都说我像那个草根代言人。

周炜：你知道大伙鼓掌啥意思吗？就是说你不像草根——

毕福剑：那我像啥？

周炜：像傻根！

毕福剑：傻根啥意思呢？

周炜：我跟你说我找的都是名贵人参级的，像你这土豆级别的就算了吧。

毕福剑：请你不要叫我的小名，我有学名。

周炜：你学名叫？

毕福剑：山药蛋……你那标准都是什么？

周炜：哎哟，我这标准可多：河南宝丰的农民，唐山卖菜的阿姨……

毕福剑：就说他们谁能上春晚？

周炜：那可不一定，你注意看，我们小区春晚选拔赛马上就开始啦！

毕福剑：哦。好。别着急，万一他们要不行，你想着我啊！山药蛋啊！

周炜：拉倒吧你！

4. 小品《我要上春晚》:周炜

董卿:好,谢谢各位精彩的表演。这可真是一个幸福社区啊!我觉得春晚是艺术家的殿堂,春晚也是普通人的舞台。开门办春晚,就让这些草根达人有了登上春晚的机会,也让我们的年夜大餐啊变得更加有滋有味。

毕福剑:说年夜大餐,董卿,别说这个,说得我有点饿了!到这时候了你说这大年夜大餐的,观众朋友都吃点啥?

董卿:这可不好说,全国各地、各色菜肴,但是有一点是肯定的——过年端上桌的啊,得是又好吃,又讨口彩!

毕福剑:讨口彩?我给大家上一个年夜大餐,这道菜叫金丝穿元宝。

董卿:呦,这名好!金丝穿元宝,什么菜啊?

毕福剑:科学配方,祖传的啊!金丝穿元宝就是面条煮饺子——

董卿:老毕你也太有创意了吧!那这样,我也给大家上一道有创意的菜:这是一道艺术大餐,从中啊我们能够感受到东西方音乐碰撞出的激情和火花。请欣赏器乐演奏《琴筝和鸣》。

5. 歌乐演奏《琴筝和鸣》:雅尼、常静

朱军:好,谢谢,谢谢中外艺术家们精彩的表演。二位看了吧,咱们中国古老的传统乐器和电声乐器相结合,那真是琴筝和鸣、余音绕梁。

李咏:这中西合璧,赏心悦目。不光节目,主持人也是这样,你看这外表洋气的主持人,怎么看都赏心悦目!

毕福剑:是,说到洋气,我们仨人就我长得最洋气!下面那小朋友就说我长得像雅尼——

李咏:那个说你像哑铃呢……

蔡明:老毕老毕!

李咏:呦,阿姨来了!

毕福剑:哦,你喊老毕——

蔡明:老毕闭嘴!

李咏:最后一个说话的还不是老毕……阿姨,过年好!跟大家伙说说,您退休生活还习惯吗?

蔡明:让你脸短点儿,你习惯吗?

李咏:这老太太怎么说话呐?

毕福剑:你不会问话,得科学一点,这么问:阿姨,退休快乐呀!阿姨呀!

蔡明:管谁叫阿姨呀?满脸褶子还卖萌!

朱军:哎,瞧瞧、瞧瞧,二位,碰钉子了吧!真不会说话!你们没听出来吗?人家阿姨不愿意提退休这事。看我的啊(你来来你来来),阿姨呀!我知道您当年在工作的时候呀,为了事业付出了很多汗水,那您觉得……

蔡明:别煽情了,我哭不出来!

朱军：那我哭，这，这……

蔡明：好了好了，都下去吧！这是我的地盘！

李咏：这是公共场所呀！

朱军：对呀，我们在这待了好多年了都(是呀)。

蔡明：好吧好吧，长得难看的可以留下……我还治不了你们！

6. 小品《想跳就跳》：潘长江、蔡明

李思思：谢谢，真够时尚的啊！我们也希望借着这个节目啊祝福电视机前的爷爷奶奶叔叔阿姨：老有所为、老有所乐，最重要的是永葆青春！

撒贝宁：是啊！看了这个小品，我也深受启发，你说咱俩要是能起一个直达观众灵魂深处的艺名，是不是能拉近和观众的距离——

李思思：撒贝宁，小贝壳！

撒贝宁：李思思啊，我也没叫你土豆丝啊！咱俩都能凑一盘菜了。

李思思：都饿了，我觉得啊，咱俩甭起名了。这大过年的要想拉近和大伙的距离，最好的方式就是送祝福。

撒贝宁：说得好，春天啊，是四季之首，春节之所以如此的隆重就是因为千百年来它承载了人们对于万物更新、欣欣向荣的一种期待。

李思思：我们也希望借着下面这首春意盎然的歌，祝福所有朋友新一年的生活可以阳光灿烂，春暖花开！

7. 歌曲《春暖花开》：那英

8. 儿童节目《剪花花》：邓鸣璐等

9. 相声《这事儿不赖我》：曹云金、刘云天

董卿：谢谢。刚才相声里面提到了提倡节俭反对浪费，这可是最近老百姓热议的话题啊！古人说，克勤于邦，克俭于家。勤俭省下来的不仅仅是物质财富，也是一笔丰厚的精神财富。

毕福剑：说得好，说得好。其实观众朋友们愿意听说的，更爱听唱的是吧？那我给大家唱一段好吧……

董卿：老毕，你唱得太好了！

毕福剑：你太有品位了！我打小嗓音条件就好，这事儿不赖我。

董卿：你是真不明白还是假不明白啊？来，不爱听的鼓鼓掌……这事儿不赖我，大伙不爱听！

毕福剑：我不是表现我自己，我是介绍下一个节目，著名的中国名歌——

董卿：这首歌啊还真不用你介绍，大家非常熟悉。上个世纪还被写进歌剧，也算是在世界范围内大家最了解的一首中国名歌。不过今天我们要呈现的是一个全新的版本，请欣赏《茉莉花》。

10. 歌曲《茉莉花》：宋祖英

11. 歌曲《我心永恒》:席琳·迪翁

朱军:你怎么又来了?我这正报幕呢,你从我前面过啊!

李咏:你没听说吗?我听说一号厅进来两个无关人员,而且还是来贴小广告的!

朱军:又没边了,一号演播大厅,春节联欢晚会正在直播!进来那么俩无关人员,可能吗?

李咏:怎么不可能啊!万事都有可能,咱俩应该把他们两人逮住才行啊!来了——

12. 开心麻花《大城小事》

(公益广告《中国心　团圆年》)

董卿:看完这段回家过年的公益广告,真的有点想家了。我想所有离开家乡、在外打拼的人,都在不同的城市以不同的身份奋斗着。而只有当我们回到家里还原我们的另一种身份,是儿子、是女儿,是父亲、母亲、丈夫和妻子的时候,我们能感受到这人世间最朴素也最宝贵的爱。所以在这里也要再一次祝愿全国的观众朋友们,新春快乐!愿人欢喜家和美,祝愿中华大地福满乾坤　天地共团圆!

13. 歌曲《嫦娥》:李玉刚

14. 歌曲《报喜》:陈慧琳

朱军:好男儿就是要当兵。我骄傲,我曾经是一名光荣的文艺兵。

毕福剑:我骄傲,我曾经是一名光荣的水兵!

李咏:我更骄傲,我爹曾经是一名光荣的铁道兵!!

朱军:接下来,我们将给那些当过兵的、正在当兵的和将来梦想当兵的朋友们送上一个特别的节目:航母即将驶进春晚现场,让我们唱响一曲甲板上的马头琴!

15. 歌曲《甲板上的马头琴》:王宏伟

在即将过去的龙年里,神九升空,航母入海,让我们真实地感受着伟大祖国的强大,我们生活的幸福。那在即将到来的蛇年里,我们将继续保持这份激情,充满希望,向新向上!

李咏:所以2013年春晚的主题就是——新春中国!

毕福剑:说到主题,下面这个节目更提气!

朱军:没错,下面这个节目呀,将更加淋漓尽致地展示新春中国的精气神!

李咏:老毕,配合一下,这个节目当中,有朗诵(啊)、有武术(哈)!

李咏、朱军:节目的名字叫——少年中国(啊哈)!

16. 武术《少年中国》:赵文卓、范龙飞、侯英岗

李思思:一篇少年中国振奋了几代国人的激情和热血。新年了,我们也希望咱年轻人能够跟随新春中国一起,梦想飞扬!

撒贝宁:中国人呐,过年习俗多,串门、拜年、送年货。当然最重要的一点是长辈怎么也得给晚辈压岁钱……

李思思:压岁钱——谢谢师兄——

撒贝宁:来,拿着,祝你新年一路畅通!

李思思:我的出入证啊,拿给我当新年礼物,给大伙说说,这也太抠了吧!

撒贝宁：这可是份大礼啊，你刚才不小心落那了，我帮你捡起来了，要没这证你新年可就摊上事了。

李思思：我要没这证能摊上多大事？

撒贝宁：哼哼，摊上大事了，我告诉你（我不信）不信，你看——

17. 小品《你摊上事儿了》：秦海璐、王茜华、孙涛、方清平

董卿：能站在这为大家主持春节晚会，我骄傲啊我！其实咱们中国人过年啊有很多习俗，贴春联啊，放鞭炮，在吃上也会格外讲究。无论是北方的饺子还是南方的年糕汤圆，都有着欣欣向荣的美好寓意。接下来请大家欣赏一段真功夫，这段功夫也体现着冰火相容的和谐之美。

18. 杂技《冰与火》

撒贝宁：太棒了！你看人家这对搭档，凭借着完美的平衡、和谐，完成了一连串高难度动作。让我想起了一句古诗啊——男女搭配，干活不累！

李思思：什么古诗啊！古人说，百世修来同船渡。你看看，默契的搭档多难得啊！我觉得甭说搭档了，在咱身边的每一个朋友能与他们相识相知，那都是缘分。

撒贝宁：说得对，所以我提议：甭管咱们在哪，拿起手机给远方的朋友打个电话拜个年送一份祝福。还是一句古诗说得好："莫愁前路无知己，天下人人有手机！"

李思思：我们祝愿在新的一年里结识新朋友，不忘老朋友，让天下所有真诚的友谊成为一辈子的朋友！

19. 歌曲《一辈子朋友》：杨坤、张靓颖

董卿：谢谢杨坤、张靓颖！我喜欢这首歌，我特别喜欢这首歌的歌名，一辈子的朋友，听着就让人觉得温暖幸福！

毕福剑：你说到幸福，董卿，我想问你一个严肃的问题（问吧），你幸福吗？

董卿：可终于问到我了！我告诉你老毕呀，此时此刻，能够和大家伙和观众朋友一起过年，我很幸福！哎，那你呢，你幸福吗？

毕福剑：我当然幸福了，你就听我这个名字（毕福……）毕福，必须幸福嘛！

董卿：那还有个"贱"呐！

毕福剑：不是你啥意思呀你？

董卿：我没什么意思，我就想到有个人啊，去年春晚就演了一个小品叫"今天的幸福"。

毕福剑：我知道那哥们，他叫郝建，一说郝建，我跟他就有缘分！他叫郝建，我叫福剑，我们两个名字里都有个"贱"字，我们俩再怎么就这么……说幸福，说幸福！

董卿：来，一起来看看郝建今天的幸福——

20. 小品《今天的幸福 2》：沈腾、马丽、杜晓宇、王琦

李咏：看完了今天的幸福，朱军你说说你的幸福呗。

朱军：我觉得人到中年妻贤子孝家庭和睦，这就是最大的幸福。更何况，只有到了咱们这个年龄——人到中年方知上有老下有小，中间跟自己的妻子，那叫执子之手、与子偕老。

接下来有请毛阿敏送上一首经过岁月积淀的《幸福》。

21. 歌曲《幸福》:毛阿敏

22. 魔术《魔琴》:刘谦

董卿:谢谢刘谦! 也谢谢李云迪! 太神奇了!

撒贝宁:我觉得这个魔术最神奇的地方在于,董卿没在台上,刘谦居然还能变出魔术!

董卿:你这话什么意思? 李云迪配合得也非常好,我打心眼儿里感谢他,终于有人接我的班儿了!

撒贝宁:是有人接你的班儿了! 曾经有一个那么优秀的魔术师站在你的面前可是你没有珍惜,直到失去了才追悔莫及。人世间最痛苦的事莫过于此。如果上天再给你一次机会,我相信你一定会站在刘谦的面前问他一句:我是托儿吗???

董卿:谁追悔莫及了呀,这叫旧的不去新的不来!

撒贝宁:说得好,忘掉刘谦吧,此刻站到你身边的人是我。

董卿:我接下来介绍的这组新人呀比你还新(是吗?)。他们在2012年年底的几个月时间里,过五关斩六将,凭借着自己的唱功和人气最终圆梦春晚。让我们掌声欢迎直通春晚的前三名阿普萨萨、许艺娜、平安!

23. 歌曲联唱《直通春晚》

李思思:听大家的掌声啊,这三位新人在新的一年一定火了! 通过下面这个节目祝福大家的日子都能红红火火! 有请土耳其火舞舞蹈团为我们带来舞蹈《火》。

24. 舞蹈《火》

25. 歌曲《风吹麦浪》:孙俪、李健

撒贝宁:一首风吹麦浪,确实带来了许多美好的意境,它也表达了来年的收获和内心的踏实。

李思思:说得对! 新年新气象! 大伙对新年都有憧憬,小撒,你的新年愿望是什么?

撒贝宁:我的新年愿望非常实在,找个机会出去玩一趟!

李思思:也是我的愿望。

撒贝宁:去一趟丽江! 哎,前一段时间中央电视台播的《木府风云》你看了吧! (看了)里面的丽江多美呀! 当然还有那的纳西族姑娘——

李思思:要是这个愿望别等明年了,现在吧我们就跟随孙楠的歌声一起走进那片《净土》。

26. 歌曲《净土》:孙楠

27. 歌曲串烧《留声2012》

董卿:老毕你看啊,这组搭配得好,一个唱歌的一个拍戏的,一个帅哥一个美女。

毕福剑:咱俩不一样吗? 一个美女,一个帅哥,我们俩这叫混搭。

董卿:咱俩都是同行,也算不上是混搭。

毕福剑:那就白搭!

董卿:接下来上场的这是混搭,一个功夫在手上,一个功夫在脚上。

毕福剑:手上脚上啊,我把这个节目起一个高雅的名字:叫手舞足蹈、手忙脚乱、动手动脚……好，你说你说。

董卿：这个节目叫做“指尖与足尖”，掌声欢迎郎朗、侯宏澜！

28. 乐舞《指尖与足尖》：郎朗、侯宏澜

朱军：吃葡萄不吐葡萄皮。

李咏：不吃葡萄倒吐葡萄皮。

朱军：谢谢，谢谢没有给我们俩鼓掌的观众。

李咏：很热烈吗？自从相声大赛一逗一捧结束之后，观众朋友们都说咱们俩才是他们心中最讨人喜欢的相声演员。

朱军：没错，所以今年春晚呢，本来压轴的节目就是我们俩给大家说段相声（应该呀！满足大家的期待）。但是李咏呀，非常遗憾，刚才导演组通知说来俩人，把咱俩给替了（谁呀）。说这俩人，说相声年头挺长，但上春晚，绝对一对新人！

李咏：那得检验检验。没事，有办法，是骡子是马拉出来看看他们会不会吐葡萄皮！

朱军：掌声欢迎郭德纲、于谦！

29. 相声《败家子》：郭德纲、于谦

撒贝宁：党中央一直以来就提倡节俭，反对浪费。

李思思：自古我们就说。以俭利民，以奢自败。勤俭节约一直以来都是中华民族的传统美德。

撒贝宁：中华民族千百年来不仅留下了文化艺术，也留下了传统的美德和思想。接下来听一段来自加拿大孔子学院的托马斯和著名的京剧表演艺术家于魁智先生《迎来春色换人间》。

30. 京剧《迎来春色换人间》：于魁智、托马斯

31. 歌曲《给我你的爱》：林宥嘉、张杰

32. 歌曲《我爱你中国》：汪峰

33. 歌曲《家人》：谭晶

董卿：谢谢谭晶深情的演唱。家人这两个字，我想对于此时此刻身在异国他乡的海外游子来说，应该格外能够感受到它的意义和分量。每逢佳节倍思亲。在这里我们也要向港澳同胞、向台湾同胞、向海外侨胞、向在世界各地的中华儿女恭贺新春。虽然你我相隔遥远，但是隔不断的是血浓于水的骨肉亲情，隔不断的是生生不息的文化根脉。接下来一段公益广告，一起拥抱美丽中国——

34. 歌曲《魅力中国》：沙宝亮、徐千雅

朱军：深深爱你，美丽中国，黄河长江流淌着母亲的血脉，黑眼睛里闪烁着我们不变的梦想！此时此刻，九州欢腾，就让我们一起以一种最红红火火的方式共同迎接癸巳蛇年钟声的敲响！

董卿：我们现场所有观众朋友的手上都提着一盏红红的灯笼。古人说，灯笼闪烁寓意着彩龙兆祥。所以中国人过年啊，喜欢张灯结彩，最好是彻夜通盈。接下来我们也要借着红火的灯笼，给观众朋友们送上最红火的新春祝福——

李咏:咱们中国人过年都图个吉利,在这里,我先点亮一盏吉祥灯,祝每一个家庭吉星高照!

毕福剑:我点亮一盏福寿灯,祝天下所有老年人幸福安康!

李思思:亲情爱情友情是永恒的主题,新年了年轻人都渴望浪漫的爱情。点亮合欢灯,祝天下有情人百年好合!

撒贝宁:点一盏如意灯,祝愿来年所有的梦想如愿以偿!

朱军:祝福多好啊!有情有爱,有天伦之乐,有梦想成真。接下来我点燃一盏平安灯,祝福伟大的祖国,祝福天下的百姓,平安吉祥!还有两分钟我们将迎来新的春天,我相信在即将过去的龙年里,我们每个人心里都有堆积起来的幸福点点滴滴,也许也会有些许的遗憾和不如意。让我们抓紧时间,抓住这美好的除夕之夜,整理心情、放飞梦想。让我们一同祈福,国泰民安、风调雨顺、事业顺达、家庭和睦、身体健康!让我们一起带着一颗阳光而又灿烂的心去拥抱一个崭新而明媚的春天!

35. 歌曲《中国范儿》:玖月奇迹

朱军:好一首中国范儿啊!太有范儿了!唱出了一个红红火火的中国年,这回咱们三人组要给大家认认真真拜个年了!

李咏:祝电视机前所有的大朋友小朋友新朋友老朋友男朋友女朋友爱情甜蜜、事业蓬勃、八方来财、吉星高照,身体健康、笑口常开!

36. 相声《东西南北大拜年》:赵炎、程刚等

李思思:大伙都拜年了,终于轮到我们了!在这里呢,我们恭祝各位新年快乐,万事顺意!有的时候平安吉祥需要大家共同努力,比如遇到困难的时候咱给搭把手,不孤独。

37. 小品《搭把手,不孤独》:冯巩、郭冬临、阎学晶

38. 歌曲《SHERO》:S. H. E

39. 歌曲《冬天里的一把火》:吴克群、梦想合唱团宁波队

40. 歌曲《难忘今宵》:李谷一

董卿:难忘今宵,这美妙的歌声里有爱有情,有温暖的祝福美好的期盼。

朱军:难忘今宵,这欢乐的笑声中有思有感,有不变的激情有光荣的梦想。

李思思:告别今宵,我们收藏记忆深情回望。

撒贝宁:告别今宵,我们满怀憧憬,全新起航。

毕福剑:感谢现场的观众朋友们,感谢电视机前的观众朋友们!

李咏:2013 年中央电视台春节联欢晚会,真心地感谢每一位朋友,让我们共同祝福新春中国——

合:如意吉祥!亲爱的观众朋友们,明年再见!!!

第七章　电视纪录片的编导

纪录片被誉为人类的“生存之镜”。它关照社会、人生和人类自身的生存状况与处境，它以真实生活为创作素材，以记录真人真事，不虚构情节，不搬演，不变更生活进程为基本特性，最大限度地尊重生活本身的多义性。纪录片是以真实生活为创作素材，以真人真事为表现对象，并对其进行艺术加工与展现的，以展现真实为本质，并用真实引发人们思考的电影或电视艺术形式。纪录片是一种独特的艺术形式，把人类自身的发展和与自然的抗争以影像的形式再现于世。纪录片以其独特的艺术魅力与人文内涵成为影视制作中不可忽略的一项，本章主要从纪录片的发展历程入手，探讨纪录片的美学特征、艺术风格，并在创作上加以具体讲述。

第一节　纪录片的历史与发展

一、国外纪录片的起源与发展历程

（一）原始时期

这个阶段主要是在现实生活中捕捉画面，展现真实的生活景象。当卢米埃尔兄弟 1895 年 12 月 28 日在巴黎卡普辛大道咖啡馆的印度厅内正式公映电影开始，电影从诞生之初就带有强烈的纪实性。卢米埃尔摄制的《工厂的大门》《火车到站》《水浇园丁》等 12 部实验性的影片，都是以真实生活景象作为记录的主要内容。

（二）初创时期

1. 弗拉哈迪与《北方的纳努克》

1922 年弗拉哈迪的《北方的纳努克》的公映，标志着纪录电影在艺术创作上进入了一个新的发展阶段，也是世界上第一部真正意义上的纪录片，是世界纪录电影史光辉的起点。1913 年弗拉哈迪随一个探险队到加拿大北方去探矿，他用摄影机客观地记录了居住在那里的爱斯基摩人的生活。这部纪录电影采用旁观者的视角，客观的电影语言，记录了爱斯基摩人在冰冻的北方为谋求生存的一天的斗争生活。但是第一次所拍的 3 万米底片后来全部在火灾中烧毁了，后来他按照自己的创作意图再去进行拍摄。这次他吸收了当地的一些爱斯基摩人参加拍摄工作。有些镜头是用故事片的方法拍摄的，在客观纪录的同时采用了扮演的方式，如纳努克捕杀海象段落就是之前设计好的，让纳努克重新用传统的鱼叉搬演捕杀海象的场景，而实际上海象是已经死了放进冰洞里的。再如爱斯基摩人居住的冰房子是根据拍电影的需要建造的，但影片反映的人物和生活场景都是真实的。这部具有艺术感染力的纪录影片使弗拉哈迪被称作为“纪录电影之父”。

在《北方的纳努克》中体现的弗拉哈迪创作理念：①旁观者的纪录视角，客观纪实的影像语言，将自己置身于旁观者的视角，用客观的画面纪录发生的一切；②少用解说词，用具体的画面表达；③纪录正在消失的现代文明，开启了人类纪录片的先河；④强烈的戏剧性，把戏剧电影的叙事手法运用到纪录片中，主要靠拍摄时的组织拍摄和后期剪辑实现。

2. 维尔托夫的“电影眼睛”派

苏联十月革命后，列宁说：纪录片“是形象化的政论”，所以十分重视新闻片和纪录片的宣传鼓励和新闻传播的作用。由维尔托夫主编的系列影片《电影真理报》广泛发行。影片的素材是由摄影师分别在战场前线和后方各地拍摄的，然后由导演集中起来，进行编辑，加上字幕，成为有主题的新闻报道。维尔托夫把摄影机的镜头看作电影的“眼睛”，认为“电影的眼睛”比人眼更完善，更具有分析力，所以强调摄影机的特殊功能，主张不断挖掘这方面的潜能，摄影机能看到事物的外貌，也能说明“您所未知的世界”。因此这个学派被称作“电影眼睛派”，这个学派的电影艺术家认为：为了达到现实意义的效果，搜集到的现实的片段，必须有真实的基础，必须到真实的生活中去，通过日常生活反映社会变化，通过平凡事例表现伟大主题。所以这些艺术家们经常带着摄影机到市场、工厂、学校、小酒馆或是街道上，遇到合适的素材就拍下来。事先也不征得被拍者的同意，也不要求被拍者表演，找一个可以隐蔽摄影机的地方，就进行拍摄。然后再经过剪辑，把混乱的视觉现象变得条理分明。维尔托夫的创作理念是：①强调摄影机的特殊功能；②到现实生活中去；③主张抢拍和隐蔽拍摄，把这种隐蔽拍摄比喻成“墙壁上的苍蝇”；④用电影重新认识世界。

（三）发展期

1. 格里尔逊与英国纪录片运动

20 世纪 20 到 30 年代，美国电影进入全盛时期，好莱坞在摄影棚里制造出来的脱离现实的梦幻似的电影风靡一时，为了抵制这种影响，英国出现了以约翰·格里尔逊为代表的纪录电影运动。他们极力摆脱电影商业化的影响，强调电影的社会意义。不回避不掩饰广泛社会生活中的矛盾和问题，面对现实，积极发挥纪录电影直接反映生活的潜力。在艺术上通过画面与音乐、解说的配合，实现对于美和诗意的追求。这个时期出现了一批杰出的纪录电影艺术家和代表性的作品，如约翰·格里尔逊的《飘网渔船》，P. 罗沙的《交接点》《船坞》，H. E. 安斯戴与 A. 艾尔顿的《住房问题》，W. 鲁特曼的《柏林——大城市交响乐》，伊文思的《博里纳日》，B. 瑞特的《锡兰之歌》等。他们不掩饰这些作品是为了宣传。约翰·格里尔逊公开宣称：“我把电影院看成一个讲坛，并以一个宣传家的身份来利用它。”从此可以看出格里尔逊的理念主张是：①强调纪录片的社交功能，把纪录片看成一个宣讲的讲坛；②主张“创造性地处理生活场景”，并允许采用类似故事片的拍摄手法；③画面加解说的叙事方式，主题表达鲜明，也成为以后纪录片非常主要的一种叙事方式；④强调影像的造型性，虽然也强调

“正确比美重要”，但是在画面的形式美感上也比较强调。

2. 伊文思：“飞翔的荷兰人”

荷兰的纪录片大师伊文思早期创作受先锋派实验电影的影响比较深，所以拍摄一系列有先锋派影像风格特点的作品，如《桥》《雨》等这些作品充满了“三无主义”的特点，即无理性、无情节、无人物性格。这些作品主要以抽象的图形、唯美的形式、孤立的形象作为影片的全部内容，主张通过联想的绝对自由达到“电影诗”的境界，主张把现实变为梦幻，认为一个充满潜意识活动的超现实的世界，是电影最理想的表现对象。1931 年伊文思应著名导演普多夫金的邀请到苏联去拍摄该国的社会主义建设，在反法西斯战争中他和许多电影工作者一起，参加了战斗。1932 年赴苏联，并拍摄了《英雄之歌》(又名《共青团》《青年的生活》)，后 1934 年在比利时拍了《博里纳奇矿区》，这奠定了他以后在纪录片创作上的主要风格。1938 年伊文思来到中国，在抗战中拍摄了《四万万人民》，后又两次来到中国拍摄了《愚公移山》《风的故事》。伊文思的政治实用主义纪录片是一种制作主体介入的、带有实用目的的纪录片，对后世的影响主要表现在一是对直接电影的影响；二是间接影响是对迈克・摩尔的纪录片，其最大的特点就是介入和娱乐。

3. 莱尼・里芬斯塔尔的纪录片

德国纳粹御用女导演里芬斯塔尔 1934 年在希特勒直接指使下，拍摄了反映在纽伦堡举行的纳粹党的全国代表大会，片名为“意志的胜利”，这部影片把法西斯的上台当作德国复兴的形象加以宣扬。1936 年的《奥林匹亚》更是被当作奥运会官方纪录电影无法超越的神话，并获得 1938 年意大利威尼斯国际电影节金狮奖、1938 年德国国家电影奖、1938 年瑞典电影极地奖。二战结束以后，经历多年，参与纳粹战争罪行的嫌疑才被解除。她在 71 岁的时候迷上了水下摄影，并出版了《水下印象》。里芬斯塔尔是一个充满争议的纪录片导演，因为拍摄了许多宣扬纳粹的纪录片，在二战结束后她远走他乡，但是单纯从影片的艺术制作角度考量，《意志的胜利》和《奥林匹亚》都可成为当时纪录片中的精品。里芬斯塔尔主张表现主义，主张通过对画面和音响的设计凸显影片的主题，将任何解说视为影片之敌。

(四)转折发展时期

1. 直接电影

“直接电影”产生于 20 世纪五六十年代之交的美国，以罗伯特・德鲁和理查德・利科克为代表的一批纪录片人提出这样的电影主张：一是在尽可能不介入的前提下，在现场对实际正在发生的事件进行跟踪拍摄，采用摄/录同步的技术；二是摄影机永远是旁观者，不干涉、不影响事件的过程，永远只作静观默察式的纪录，反对任何“导演”手段；三是不需要采访，拒绝重演，不用灯光，没有解说，排斥可能的主观介入，为了应对突发事情的发生，在现场必须高度依赖摄影师的直觉；四是向观众提供一种敞开的多重可能的显示模式。直接电影这种现场拍摄、非虚构、细观的电影类型，使用轻型的摄影机和录音机，纪录事件实际发生的状况，和“真实电影”的摄制有许多共通处，如以真实人物及事件为素材，采用客观纪实的技巧，避免使用旁白叙述等。直接电影和真实电影的唯一差别，在于直接电影视摄影机为安静的现实纪录者，以不干扰、刺激被摄体为原则；真实电影则使摄影机主动介入被摄环境，时而鼓励并触发被摄者揭露他们的想法。直接电影比传统的纪录片更依赖后期剪辑。

2. 真实电影

源于20世纪50年代末开始的纪录电影创作潮流，此潮流对日后纪录片的创作产生了深远影响，代表人物分别是法国的让·鲁什与艾德加·莫兰。真实电影的事件更完整与单一，因此更具有剧情片的情节，在实践上仍是新浪潮电影的一个自然延伸，在实践中提倡一种有拍摄者个人印记的影像“书写”方式，以此来确立影片的创作风格。制作方式上，以直接拍摄真实生活，不事先写剧本与用非职业演员，影片由固定的导演、摄影师与录音师三人完成为特点。真实电影强调导演介入，如让·鲁什和艾德加·莫兰的《夏日记事》(1961)，强调导演的介入而让被采访对象不得不去思考“什么是幸福”，而这种突然的介入恰恰可以呈现出被采访对象内心最真实的想法，更强调对于人内心真实探究。这种电影拍摄手法要求导演能准确地发现事件与预见戏剧性过程，摄制动作要敏捷与当机立断，而这种方法必然限制了题材的选择方向，因此纯粹意义上的真实电影的作品很少。而真实电影的最大意义在于它给一般剧情片的创作提供一个保证最大限度上的写实性，创建了一种介于剧情电影与纪录电影之间的，兼有虚构和非虚构的特点。真实电影的美学特征是：大胆地从人的内部去发掘、去唤醒其思维和情感的主观真实，所以也被称为“在场”的美学。这种“在场”的美学之所以引人注目，是因为它将纪录片探寻真实的触角第一次延伸到了人们的心灵，一个充满了神秘而又让人心驰神往的领域。

二、中国电视纪录片发展历程

中国电视纪录片应该从中国电视诞生的1958年算起，至今历经了半个多世纪的发展历程，根据风格、创作理念、功能等因素的演变，大致经历了以下四个阶段：

(一)初创期——政论化时期(1958—1977)

这一时期，受苏联纪录片创作的影响，以及列宁关于纪录片“是形象化的政论”理念的影响，中国电视纪录片此阶段在观念上依附于政治，在形态上则依附于其他的电视节目。由于受社会政治因素的影响，几乎都染上了政治化色彩，重视文本，以事先设计的文本为拍摄基础。政治化纪录片依赖解说，但是解说语言比较空，多借用广播的语言，通过播音或解说将思想直接灌输给观众，达到耳提面命的说教目的。在风格上则是单一，缺少甚至可以说几乎没有人性色彩和人文精神。而由于技术局限和观念作用所导致的声画剥离的影片形态，以解说为主，画面为辅，多是声画不搭界，构成简单的“声画两张皮”的形态。因此，这一时期的电视纪录片虽然负载重要的职能、有着相当的地位，但实际上并没有起多大作用。

(二)发展期——“客观与再现”阶段(20世纪80—90年代末)

这个时期的纪录片没有了第一时期的政论味道。受安德烈·巴赞“记录镜头，摆脱了我们对客体的习惯看法和偏见，清除了我们蒙在客体上的精神的锈斑，唯有这种冷眼旁观的镜头，才能引起我们的注意，从而激起我们的眷恋”中理论的影响，在当时思想解放的社会思潮的背景下，人的自我意识开始觉醒，多了更多的人文色彩。这一时期的代表作品《望长城》就是一部里程碑式的巨制，一改以往“说教与指导”的传统，走上了“客观与再现”的创作之路。同时，对民族以及历史关照成为这个时期电视纪录片的一大特色，带有民族象征意义的山川河流以及长城运河等则成为这个时期纪录片的最佳对象和载体。以《望长城》为例，这个时期纪录片在创作上有了整体的突破性：首先，深入到真实的生活中去，以时间为序记录正在进行中的事件，强调跟拍的运用，达到纪录客观生活的目的。其次，对原始生活的真实记录，最大限度地呈现生活的原汁原味。最后，改变了上一个时期重解说轻画面的创作理念，强调声画并重，同期声也成为这个阶段纪录片里非常重要的叙事手段。这一时期的代表作主要有：《望长城》《沙与海》《藏北人家》《最后的山神》等。

（三）初步繁荣期——平民化个人影像时期（21世纪初）

这个时期中国台湾纪录片研究者李道明指出“纪录片一般是指用个人观点去诠释世界的，以实有事物为拍摄对象，经过艺术处理的影片”，他的理论观点可以体现出这个阶段的纪录片喜欢把思考、关注的立足点放在人与人之间的关系上，用个人的视角去解读世界。人的主题、个体意识、平民化视角等纪录片的表征，成了这个阶段中国电视纪录片的主导性观念。就像这个时期的代表性导演张以庆所说“我就是要用暗示、对比、强化等手段，表达我所要表达的东西”“我一向坚持纪录片是一种非常个人化的、私人的东西，它是作者个人描述解释世界的一种方式”，从中我们可以看出这一时期中国电视纪录片的个体意识明显增强，表现在纪录片的选材和创作上出现个人化的倾向，也体现了这一时期纪录片导演主体性的提升。

（四）市场化时期（21世纪初至今）

这个时期受市场化的影响，纪录片一直摆在市场和社会责任之间，当然也是受这个阶段纪录片栏目化影响。这个时期的纪录片创作既要有收视率、有观众，也要有社会效益，体现社会责任。所以这一时期的纪录片从创作初期就要考虑市场问题，考虑人们真正关心和关注的，所以这个时期的纪录片在选题上不再是大量的边缘化人物和弱势群体，而是主动选择处于生活主流的社会化程度高的人群。在创作手法上也更与国际接轨，对人的表现上更侧重于将人物置身于其所处的大时代背景之下去叙述。这一时期的主题显得更为大气，思想张力也明显增强。在纪录片制作的技术层面上，由于纪录片频道、栏目的涌现，在成本考量的背景下，中国电视纪录片制作的流程也更产品化。市场化因素的引导，使得这一时期中国电视纪录片无论是主题表征、风格形态，还是传播途径等，都表现出多元化的特征；也正是市场的因素，使得中国的纪录片开始面对现实的传媒环境，并学会在其中求生存求发展。可以说，市场化是中国电视纪录片迈向成熟的关键一环。

中国电视纪录片的创作观念以及形态的演变，与中国社会思潮以及技术发展的历程基本保持同步。中国电视纪录片的发展虽然是社会思潮和技术整体力量促进的结果，然而在局部的走向方面却有着很大的偶然性和随意性，这也是中国电视纪录片尚未成熟的一个标志。

第二节　电视纪录片的选题结构类型

一、纪录片选题

题材是文艺作品的内容要素之一，即作品中具体描写的，体现主题思想的一定社会、历史的生活事件和生活现象。它来源于社会生活，是作者对生活素材经过选择、集中、提炼、加工而成的。纪录片的题材，从形式上看，可分为两大类，一是社会内容的题材，一是以自然界为内容的题材。

（一）社会题材

社会内容的题材是指那些同人们社会生活联系紧密的、同历史或现实有直接关系的题材，这是纪录片涉及最多的题材。特点就是具有较强的时代性、新鲜性、人文性和形象性。

1. 时代性

所谓时代性，是指题材能够反映时代风貌，触及时代矛盾，揭示时代本质，体现时代精神；又或者是那些有曲折经历的人物、深刻的思想内容和完整的事件情节的题材。我们所处的时代是一个大变革的时代，这种变革必然会带来人们从物质生活到精神世界以及整个社会的巨变，这些巨变就渗透在我们日常生活中，所以我们要从生活中去发现具有普遍意义和价值的、体现时代性的选题。如从备受业内人士称道的纪录片《话说长江》到《再说长江》，表层上是展现长江的地缘风貌，但实际重点反映了长江两岸人民的生活状态，把深沉的文化渗透到鲜活的人物活动中。还有清华大学新闻学院的学生拍摄的《2306》这部纪录短片，其选择了一个特别的复式合租房里的合租青年，呈现的就是北漂青年在北京因房价飙升而带来的压力与困顿、挣扎与无奈，具有极强的时代特征。这些片子的具体内容不同，却都在反映时代的精神。

2. 新鲜性

所谓新鲜性是指那些人们不熟悉，又普遍感兴趣的不平常的事情或事情的某一方面；或者是新出现的不被人了解的事物或事件。新鲜性表现在以下几个方面：

首先，从时效性上体现新鲜。将新近发生的事情作为拍摄的题材，与新闻报道讲求时效性相似，但是时效性上可能要略逊一筹。但因为是新近发生的，观众的关注度和好奇心会比较重，所以从这点出发去寻找选题是一个非常有效的方法。

其次，从特殊中体现新鲜。生活中的很多事大同小异，重复和雷同的情况经常出现，这就需要编导在普通中寻找特殊，抓住事物的特点，体现新鲜性。比如广西电视拍摄的《高十》这部纪录片，高考是很多人必经的人生经历，但是编导在众多的考生中寻找到了一个特殊的人物，读了十年高中，参加了七次高考的主人公。对很多观众来说，高考本身并不特殊，但是主人公特殊的人生经历具有新鲜性，观众比较感兴趣主人公是如何坚持下来的，为什么要参加七次高考，主人公最终的命运如何，他的家里人支持吗？带着这些问题，观众仿佛与主人公一样经历了七次高考，最终实现了人生理想。

最后，从未知中体现新鲜。这类题材是以从来不被观众所知的，观众从未关注过的事件作题材，使人产生新鲜感。这类题材非常多，特别是在时代的变革之下，出现了很多新鲜的事物，这些事物对观众来说充满了吸引力。比如新时代下出现的新职业——旅游体验师，这个职业是之前没有的，随着人们生活水平的提高旅游成了人们休闲的主要方式，随之也对旅游提出了更高的要求，旅游体验师满足了人们对于个性化旅游线路的需要，而拍摄展现旅游体验师的纪录片就满足了大众对于这个新兴职业的好奇心。

3. 人文性

所谓人文性，是选题始终关注人、人性以及人的生存状态，蕴含了人类普遍的生存价值和道德意义，并由此引发人类普遍的情感体验和审美感受。人的生老病死、爱恨情仇以及人对美好生活的追求，面对现实的无奈与妥协等，这些带有普世价值与意义的选题自身具有永恒的生命力，它能唤起每一个观众的情感共鸣。纪录片归根结底是对人的关注，作为纪录片的选题，更多地选择人文关怀的题材更具有意义。我们看到的许多优秀的纪录片如《归途列车》《最后的山神》《舌尖上的中国》等都是反映普通人的普通生活，他们与社会的抗争，他们的成长、喜悦和忧虑引发了人们的共同思考。

4. 形象性

形象性是指题材的内容具有适合电视表现的生动形象，这种可视的形象不仅可显示人物外部特征，而且能显示出具体环境的特点。在题材的形象性方面，选择过程应注意以下方面：其一，人物或事物的特点是否具有丰富的视觉特点。其二，人物或事件的场景是否有变化，比如有些选题在拍摄时基本就是一个主要的活动场景，那在拍摄之前就要考虑是否有将场景多样化的可能，如果没有就要考虑是否要继续拍摄这个选题。其三，现场环境是否有可视性，有些人物虽然有故事，但是其所处的环境光线比较暗、环境比较嘈杂、空间比较局促，这时作为创作者就要思考是不是还要继续该选题。其四，人物的生活或事物涉及的面是否丰富多彩。

（二）自然题材

以自然界为内容的题材，主要是指以自然界和自然物为主要拍摄对象的题材，像山水风光、名胜古迹、植物、动物等。与以社会内容为题材的纪录片的最大区别是，它具有较高的审美价值、较强的形式感，用较高的艺术性给人以美的享受。此类题材具有以下特点：

1. 知识性

增长知识也是观众需求之一，自然内容的题材在这方面大有所为。《丝绸之路》就为观众展示了一路风光、历史概貌等自然的、文化的、历史方面的知识。《动物世界》则为观众介绍了鲜为人知的生物知识。

2. 思想性

山水风光、名胜古迹一类的题材，不能只局限于对自然物的介绍，而应赋予它一定的思想内涵，同社会因素联系起来，这才能使作品具有一定深度。比如拍摄泰山，《中华泰山》不只是介绍泰山的风光，还展示了中华文化，展示了人民的创造精神。

3. 艺术性

一些反映自然题材的纪录片，是以向人们提供审美内容为主要目的，这些作品应突出它的造型性，使人们从中得到美的享受。《漓江水》《啊，草原》等，都有明快造型效果，还有《动物世界》等节目，都有很强的欣赏性。

二、纪录片的叙事结构

纪录片的结构分类，可以分为内在结构以及外在结构，内部结构也就是指“构成形象的各个要素之间的内在组织形态和逻辑联系”，外部结构则是“纪录片的外在组织形式，即纪录片的构成框架”。本小节主要是纪录片的外部结构，纪录片的结构主要是两大类：一是线性结构；二是版块结构。而线形结构按照叙事线的数量又可以分为单线结构、双线结构和复线结构，而根据线索是否交叉又可以分为双线平行结构、双线交叉结构和网状结构。

（一）线形结构

线形结构的最主要的特点在于有一条甚至多条线索来贯穿整个纪录片，这条线索也许是注重逻辑的，内在隐藏的，也可以是注重形式的、外在表现的。

单线结构，主要是指按照事件发展的顺序或是因果关系来叙事。单线结构比较简单、清晰，适合于按照时间先后或事件发展的顺序来结构的纪录片。如中央电视《中国人的活法》第一集《中国的一天》这集在宏观结构上就是采用时间线串联起一个个人物故事，故事从凌晨开始叙述，按照时间的推进选取每个时间点上有故事的人物，从制作的角度来说时间线比较容易架构，从观众角度看时间线比较清晰，容易理解。

双线结构，是指影片有两个明显可见的线索，而根据两条线的相互关系，可以分为双线平行式、双线交叉式、双线对比式。平行式是指两条线各自独立平行发展，故事本身并没有交集。交叉式是指片子中的两条叙事线交叉在一起，故事产生了交集。对比式是片子两条线是各自独立发展，不构成交叉关系，但是又不像平行式没有丝毫关系，两条线构成了对比关系。如纪录片《沙与海》中渔民和牧民的生活并没有交集，但是双线对比的结构，让渔民和牧民的生活产生了对比，突出了不同地域人的生存状态的不同，以及渔民生活水平相对富庶而牧民生活相对贫苦的生活现状。

复线结构，是片子有三条以上的情节线或人物线，这些线索可以交叉也可以对比，但每条情节线或人物线都贯穿到底。如纪录片《远在北京的家》几个女孩子从最开始的在一起，然后到北京后逐渐分开，命运发展各不相同，这就是典型的多线结构。

（二）版块结构

在纪录片的叙事上，并不是每部纪录片都能使用线形结构的这条线，也并不是说纪录片都适合使用线型结构。如果没有合理的外部线索作为补充，或是各独立的人物或事件时，那就要运用其他结构方式来表达。版块结构，就是“按照人物、时间、地域或主题的不同，把不同的内容划分成不同的部分，部分与部分之间可以互无联系，当然也可以有起承转合的一种结构方式”。板块结构由于各板块独立成章，互相之间的联系比较松散，所以在叙事比较严密的单部纪录片中运用比较少，而多作为总结构出现在一些大型系列纪录片中。比如大型纪录片《故宫》一共12集，每一个单独一个主题，独立成章，如果从整部纪录片的结构来看的话，就是典型的板块结构，每一集是一个板块，有独立的小主题，又都统一在故宫大的主题之下。

在纪录片中，叙事只有通过结构才能流畅具体地表现出来，所以，在拍摄纪录片时，确立结构是展开和完成叙事的核心方式。优秀纪录片具有完整而严谨的结构，整体流畅自然，而低劣的纪录片则给人刻意修饰的感觉。区别纪录片水平高低的最重要方面就是结构能力的高低。同样的素材经过不同的编导，不同的结构也会变成完全不一样的纪录片。

三、纪录片的叙事方式

由于不同的创作者拥有不同的生活体验、艺术鉴赏能力以及对艺术追求，他们创作时的叙事技巧和结构方式往往也不尽相同。纪录片中常使用的叙事方式可以被分为：画面加解说式、同期声加解说式和客观记录式。

（一）画面加解说式

这种叙事方式在我国纪录片创作初期被大量采用，由于受苏联“形象化政论”的影响，这种叙事方式深受创作主体的青睐。用这种叙事方式创作时，一般是主题先行，根据选题确定下来的主题写出文字解说词，定稿后再根据文字稿内容拍摄画面。后期制作时，根据之前定稿的解说词来配画面。这种叙事方式决定了解说词第一位，而画面从属于解说，为解说服务。这种叙事方式的结果就是除了解说声音外，同期声的弱化，以及画面对作品整体效果塑造力度的不足，纪录片整体艺术效果单调，而文字的突出地位则弱化了电视的叙事特征。而且，从创作的观念上来看，这种叙事方式的重点一般是更在乎共性而不是个性，重点是突出主题及结论而不是那些生动的事件和人物。这样的作品太过于注重作品的文化意义和社会意义，结果使得纪录片抽象不具体，空洞没有细节，渐渐地离电视的本性越来越远，丧失了纪录片的可视性。

（二）同期声加解说式

画面配合解说的这种模式是时代的产物，随着时代的变迁，特别是由于观众对影视的欣赏水平大幅度提高，这种叙事方式的弊端也日益显现出来。特别是20世纪90年代以来，纪实语言被充分挖掘出来，同期声成为非常重要的叙事手段。同期声是指现场拍摄视频信号的同时同步记录的音频信号，也就是拍摄“场”里的声音都属于同期声。在同期声中有一个特别重要的类型就是人物采访的同期声，人物的讲述代替了之前的解说声，配合着画面，将过去和将来的时空转换展现给观众，使得整个片子的表现力和张力大幅增加。同时，人物采访同期也弥补了纪录片画面表现的不足，因为纪录片都是以现在进行时的状态记录正在发生的事件，而画面无力表现的是已经发生的和即将发生的事件，所以人物采访的同期极大弥补了画面表达的无力。此外，有些纪录片让采访成为贯穿纪录片始终的主线，整个纪录片的叙事就由采访来承担，当纪录片中要表现的内容大多都成为过去，同时也没有音像资料可以运用的时候，采访就理所当然地成了唯一一种可以使用的叙事手段。当然，同期声的运用也增强了纪录片的真实感和现场感，不事雕琢、不加粉饰地记录原汁原味的同期声，保持了生活的原生形态。

（三）客观记录式

20 世纪 90 年代以来，纪实的理念日益深入人心，这种方式着重要求保持生活的原生态。这种叙事方式的特点在于：不加解说词，尽量融主观思想与事件中，且不着痕迹地完成主客观的统一。而在正式拍摄时，往往创作者是隐藏的，创作者的形象和声音是不会进入画面的。在后期制作编辑时，结构和叙述一般是通过一个故事来表述，同期声的大量使用，则代替了解说词。从创作观念上讲，客观记录的叙事方式从细节出发，以小见大，看重的是具有个性化的丰满的事件和人物，将叙事更加情节化，创作者总是会把节目是否好看，是否吸引受众作为创作的重要标准，这样的纪录片当然对受众也就更有吸引力。这种叙事方式“是对纪录片纪录本义的回归，也是目前纪录片创作的一种发展方向”。

叙事方式的发展，受到创作观念、技术手段和观众欣赏水平等一系列因素的综合影响。但并不是新的叙事方式就会完全替代原有的叙事方式，而是指创作者慢慢减少了对旧的叙事方式的运用。在近期拍摄的纪录片中，虽然客观记录式占有了一大部分的比重，但是另外两种叙事方式的作品中依然有不少优秀的作品。

第三节　电视纪录片的编导

创作一部纪录片，首先要解决这样几个问题：

(1)拍这部纪录片干什么?

(2)给观众看什么?

(3)观众能不能看得懂?

(4)看懂了以后还能不能看下去?

(5)好不好看?

(6)观众对这个节目怎么看?

解决或者处理好上述问题，就必须要有相应的前期策划。

一、前期策划与可行性调查

前期筹划是一部纪录片的首要阶段，在电视作品创作过程中非常重要。前期筹划是否全面、系统、严谨，对现场拍摄、后期制作、成片发行都会产生影响。将前期筹划做到周密完善可以减少不必要的麻烦。可以说前期筹划是实拍和后期制作的引导者，在前期筹划充分的基础上，才能有条理地、顺利地进行实拍和后期的剪辑。

(一)选题上

纪录片在创作时首先要考虑的就是选题。确定拍什么,是纪录片创作的第一步。

1. 选题的来源

(1)命题“作文”,所在媒体或是栏目的拍摄要求。

(2)其他媒介或观众。

(3)生活中的发现和感触。

2. 影响纪录片选题的因素

主观因素:一是创作者的思想认识深度和对选题驾驭的能力;二是创作者对于受众审美期待和欣赏趣味的把握;三是创作者所具备影视创作的能力。

客观因素:一是被摄对象所蕴含的意义;二是被摄对象是否有成为影像素材的可行性。

当然也有一些创作者将纪录片选题总结出以下八个基本条件:

(1)现场环境具有可视性和新鲜感。

(2)事件、人物、细节利于镜头表现。

(3)拍摄现场有利于机位变化和多机拍摄。

(4)人物形象有特点,个性也比较鲜明独特。

(5)人物职业和活动有较丰富的视觉特点。

(6)人物经历和事件比较曲折丰富。

(7)所反映的事件具有一定的故事性。

(8)人物和事件的内涵较为深沉,具有一定的思想意义和美学价值。

(二)前期文案策划

纪录片的选题确定之后,就可以进入具体设计阶段,这需要用书面文案(策划书)具体表现出来,以便实施时有操作依据。

(1)目的意义要明确。策划书是给上级领导部门、制片人看的,要让他们了解为什么要这样做,让他们知道任务和目标。

(2)内容形式要清晰。通常可以通过内容和形式两个方面来介绍创意。内容包括题材、选题、主题思想、背景材料以及相关内容;形式包括节目类型、长度、表现手法、制作技巧、技术手段以及包装推介等。

(3)组织机构要处理好分工与合作的关系。组织机构有两个层面,一是领导机构,二是具体的制作团队。

(4)实施程序要科学合理,要制定具体时间表,使参与者明了整个制作过程,同时便于管理和监督。

(5)经费预算。节目制作需要经费支持,策划书同时也是一份经费审批申请书。

(6)预测节目播出或销售后可能产生的效果,提出一个获取社会效益和经济效益的期望值。

(三)拍摄前期准备

(1)组建拍摄班底。在选择合作者时,一个最基本的条件就是热爱纪录片制作,有献身精神。其次要建立一套严格的规章制度，分工必须明确，做到各司其职。

(2)拍摄设备。设备的选择应该是摄制组讨论的问题。根据片子的特点和经费的多少，选择最简单、最有效的设备。

(3)准备拍摄大纲。拍摄大纲是对准备拍摄的纪录片提出假设性的工作方案，因为纪录片具有不确定性和不可预知性。以文字的方式叙述可能的视听场景，它的作用就是解决“怎么拍”的问题，它是整个摄制组拍摄的指南。

(四)前期调研分析可行性

(1)确定选题拍摄的可能性，如拍摄对象是否愿意出镜，什么时候有时间，在哪里进行拍摄等等，与被拍摄对象进行有效沟通，建立互信。

(2)调研拍摄现场。像天气、地理、环境等因素是必须事先加以考察的。

(3)确定拍摄重点，需要做大量观察，发掘出有个性的人物和行为，了解什么是常态、什么是非常态，谁适合被采访、谁不适合。

(4)收集背景材料、更多的事实信息以及细节。

二、拍摄现场的调度与协调

(一)建立与被摄对象关系

纪录片创作者与被拍摄者的关系无外乎仰视、俯视与平视三种。人文意识浓重的纪录片的拍摄，往往更强调平视关系。平视是纪录片导演必须正视的一个创作原则。

主观介入：指拍摄者根据已确定的反映客观事物的视角，适当运用某种拍摄手法作用于被拍摄者的做法。主观介入的两个层次：一是拍摄者的主观思想对纪录片全片的影响；二是摄像机和拍摄者表现出来的客观行为对拍摄对象的干涉干扰，拍摄组织行为对客观事物的原发状态造成的或多或少的改变等。

保持纪录片创作者的平视态度，客观品格，必须注意主观介入的操作方法：

(1)掌握好主观介入的角度。拍摄者的角度包括两层含义：一是摄像机所处的角度，二是纪录片拍摄者在思想意识上选取的展现客观事物的视角。

(2)要把握好主观介入的态度。主观介入也就是外情绪对内情绪的处理，一般宜冷不宜热，也就是说，主观介入是必要的，但介入程度是有限制的。

(二)拍摄前要进行合理的预测

纪录片创作者拍摄时，必须以预测意识对拍摄对象的行为走向作出合理预测，进行拍摄。

(1)预测的拍摄。纪录片是“现在进行时”的，摄像机的拍摄与事件的进行同步，所以要有意识地进行预测，才能保证拍摄的顺利进行。

(2)主观引导。就是引导拍摄对象进入某种特定环境或话题中，一次性地实现信息、情感、个性等的集中展现。组织话题就是把持有相近或不同意见的人组织到一起，就某一问题展开讨论，具有一定情节性，能够体现感情色彩。

(3)提前开机，延后关机。为了保持生活的本真状态，避免摆拍，给观众展现了出乎意料的真实的现场环境和人物表演，就要有预见性地提前开机，延后关机。比如在进入拍摄现场之前，就提前开机以保证生活的偶然性能被记录下来。事件结束时不要马上关机，因为你永远不知道生活中下一秒会发生什么，延后关机也许就能记录下偶发的情节，而这种偶发的情节都是可遇而不可求的。

(三)与摄制组成员的协调配合

1. 整体的协调配合

导演阐述拍摄目的、意义、内容、形式、风格以及详细分工的要求等。

2. 个别的默契沟通

摄像师：一方面导演要让摄像师对自己的创作意图心领神会，另一方面又要给摄像师在创作上留有一定的自主发挥空间。长期从事纪录片工作的导演一般都会有合作关系比较固定的摄像师。

3. 人物访谈的准备

制定完整的采访文案，而采访文案的制订主要是依据拍摄目的和意图，围绕片子主题展开的。人物访谈要求编导拥有足够的知识背景和判断能力。要注意的是采访文案是拍摄前准备好的，而在拍摄过程中可依据具体情况调整采访文案。

(四)拍摄现场注重对细节的捕捉

纪录片细节是能够刺激人的感觉系统，进而可以获取人的注意力的有效视听元素。细节或可以使人物变得血肉丰满，或可以使环境变得气息厚重，或可以使情节具有生动性、丰富性和独特性等。

拍摄时如何捕捉细节呢？总的说来，小景别镜头是展现细节、突出细节最有效的手段之一，在纪录片中是通过人物的表情神态、动作、语言、服饰、物件等来展示细节的。

(1)与人体语言相关的细节主要可以分为神态细节、动作细节等。神态细节主要依靠位于面部的眼睛和嘴来传达。

(2)服饰细节是纪录片塑造人物的大可挖掘的手段。运用小景别镜头应注意：避免雷同；避免细节过多；避免时长不足。

三、后期剪辑的再创作

纪录片创作者中有一个普遍的共识是“纪录片是在剪辑台上完成的”，也就是说纪录片在拍摄过程中会记录下大量的素材，但是这些碎片化的生活片段，这些看似不相关的画面如何才能组织成为一个完整的纪录片呢。所以后期剪辑其实是对前期拍摄的再创作。

(一)后期剪辑的流程

(1)做场记，把拍摄的素材场记做好，并在此过程中找寻重点的采访段落或是重要的情节段落。

(2)根据场记的内容，将需要的画面剪辑出来，在此基础上完成纪录片故事板。梳理事件的发展脉络和线索,片中人物之间的关系等。

(3)根据故事板,完成纸上粗编,建构起整部纪录片的大框架。

(4)根据构建的框架,完成纪录片的粗编。

(5)根据粗编来撰写解说词。

(6)解说词配音后,在编辑软件上完成声画的剪辑,并精细处理每一个叙事段落。

(7)给纪录片配乐,按照音乐的节奏,完成整部影片的精剪。

(8)反复观看检查影片,调整声音大小,定稿后下载。

(二)编辑方式

(1)叙事性编辑:根据片子的叙事要素来对素材进行分类,裁剪和编织,力求把作者所要表达的叙事讯息通过最有效的途径,以最恰当的组合传递给观众。并通过剪辑形成了影片的叙事结构。叙事的几种结构:线性结构,板块结构,交叉结构,平行结构。

叙事性编辑要注意:①常用来处理动作的连接,追求节奏上的明快;②重视画面之间的内在逻辑关系;③重视纵向组接画面叙事;④注重镜头的记录、揭示功能。

(2)表现性编辑:目的在于通过逻辑上具有一定内在联系的镜头对列组接,来暗示或者说创造一种寓意,抒发某种情绪,激发观众的联想。表现性编辑与叙事性编辑的区别:表现性编辑能够深刻地表现客观事件更有哲理性的内容和更深层次的思想意蕴,叙事性编辑重在客观事实的陈述,主要功能是写实。表现性编辑常用的手法:对比式组接,比喻式组接,象征式组接,烘托式组接,重复式组接。

(三)声音编辑

声音编辑是指纪录片中的人声(解说词、采访同期声),音乐、音响的选配,组接以及三者之间综合处理的技巧。如本书前述声画关系:

声画同步:画面中的影像和它所发出的声音同时呈现并同时消失,两者是吻合一致的。作用:加强画面的真实感,提高视觉形象的感染力。

声画分立:画面中的声音和形象不同步相互剥离,即声音和发声体不在同一画面内,声音通常以画外音的形式出现。

声画对位:声音和画面分别表现不同的内容,它们分头并进而又殊途同归,从不同方面表现同一含义。

(四)音乐的选择

音乐在影片中具有概括和揭示主题,烘托气氛、描绘景物,刻画人物形象和性格,转场等作用。所以在音乐选择时需要注意以下问题:

(1)尽力追求音乐与全片主题、风格的和谐统一,避免过于通俗大众化的音乐。

(2)选配无主题音乐,要注意不要过多地选用中性音乐,以避免音乐的平淡乏味。

(3)客观音乐与主观音乐交叉使用。

(4)选配音乐要有一个统一全片的基本风格,不能把全片音乐的各个乐段搞成各自为政、互不关联的乐段大杂烩。

(5)音乐与解说、音响之间的关系处理:在音乐长度上,不应将音乐从头至尾灌得太满,应该是时而突出,时而间歇;在音量控制上,凡是有画面解说词和同期声采访语言的段落,要做到主次分明。

(五)如何建构过去时空

在文献类或是历史题材纪录片中对于过去时空的建构主要有以下几种方式:

(1)资料式:以影像、照片、实物、文字等为主,将历史事件、物象相互勾连,可逼近最本质的真实。运用相关镜头,达到再现的目的,相关镜头包括:借用电影故事片、电视连续剧以致电视戏曲片、电视艺术片的镜头和带有一定寓意的空镜头。

(2)访问式:以访问当事人和相关人为主,道出事件真相,具有解密意义和见证价值。

(3)考察式:展现考证过程,记录考察发现,以过程、细节构成故事性元素,使片子内容丰富,吸引力强盛。

(4)真实再现式:真实再现是指事件发生时,没有留下任何的影像以及音响资料,事后根据创作的需要,采用补拍的方式把当时发生的事件模拟重现出来。真实再现表现手法的类型:一是补拍,也叫摆拍或重演,即纪录片中的特定人物,按编导的要求对自己的过去的特定的真实生活片段进行重演。二是扮演,是由演员对过去发生的历史事件或人物行为进行扮演。

四、纪录片解说词创作

(一)解说词的功能

1. 抒情表意

纪录片是对现实世界的客观记录,同时也体现着创作者对世界的认识和理解,这种理解既可以通过客观的画面表达出来,也可以通过解说词,用充满情感的语言表达出来。通过对画面的解说,作者的情感可以融入画面之中,使观众产生丰富的联想,体会到作者飞扬的激情或深深的感叹。

2. 衔接画面完成转场

纪录片的画面往往都是一些不具有连贯性的事实,很难构成一个完整的情节,对于这些互不连贯的画面,就需要解说词加以串联,从而获得一种逻辑上的联系,从而使画面的衔接自然流畅,这时,解说词就具有了结构的功能。

3. 补充画面背景

虽然通过画面系统的一些特殊手法可以使某些内容得以强化,但纪录片画面的局限,仍然使一些内容无法得到全面的展示,这时,解说词就会结合画面内容进行补充和提示,从而使观众对画面中一些不为人所注意的细节加深印象。

4. 突出升华主题

解说词对画面的阐释主要体现在对画面意境的营造与主题的阐发上,使画面得到提炼与升华,将观众的思绪引发到画面之外,进入到艺术审美与哲理思考的层次。解说词不但针对画面中的具体物象进行提炼升华，而且还常常把画面内容作为一种意象进行整体的阐发，从而营造出一种特殊的境界，达到作品主题的升华。

（二）纪录片解说词的写作技巧

作为一种用视听语言和声画手段来叙事说明的影视片种，纪录片解说词的写作和小说、散文、诗歌等文学作品的写作不同，因为它最终要和纪录片的画面融合，形成既诉诸视觉又着力于听觉的特定的艺术表现形式。

1. 立足画面，为看而写

影视艺术的本体语言是视觉语言，但声音同样是其重要一翼。作为声音元素的一个分支，解说词应该服务于画面，并且与其相辅相成、相互映衬。优秀的解说词不仅可以解释和补充纪录片画面所要表达的信息，甚至可以开拓其思想和艺术境界，产生蕴藉无穷、绕梁三尺的审美快感。在表达时解说词不要与画面争夺观众，要留给观众观看画面的时间。而在画面表达不清楚出现多义的情况下要适当地加上画面以避免观众的歧义。

《舌尖上的中国》在表现食物时，基本都是一些操作上的或是生活化的画面，但是配上解说词就增加了画面的韵味和情感，观众既理解了画面所要表达的美食制作层面的信息，同时也深刻地感受到了美食背后人与人之间的情感，“大澳是香港观赏日落最好的地方，在这里，指的也许不仅仅是风景”，《舌尖上的中国》第四集《时间的味道》的最后这样讲到：“这些味道，已经在漫长的时光中，和故土、乡亲、勤俭、坚忍等等情感和信念混合在一起，才下舌尖，又上心头”，不仅点明“时间的味道”这个贯穿全片的主题，而且将美食的色香味和人情的真善美有机结合起来，真情暖人心，传递正能量。

2. 从采访中提炼解说词

纪录片是真实地纪录社会生活，客观地反映生活中的真人、真事、真情、真景，着重展现原生形态和完整过程，排斥虚构和扮演的节目形态。所以，创作者要在深入的体验对象生活和长时间的拍摄采访中，才能感受到主人公的喜怒哀乐，领悟和探索他们的真实感受和心路历程，才能在采访中提炼解说词时准备的表达采访对象的所思所想，也才能让观众听到解说词时信服。反之，如果纪录片编导陌生和疏离于主人公的生活，没有与他们进行交心和恳谈，写出来的解说词肯定也是冷言冷语、寡淡无味甚至是谬误百出的。

3. 情真意切、口语化表达

解说词为配音而创作，一定要朗朗上口，这样读起来才会通顺作为纪实作品，情感的真实与独特是纪录片的真正生命所在。但有的纪录片流于事实的复述和资料的介绍，缺乏创作者鲜明的态度和立场，也就难以引起观众的思考和联想，更谈不上产生认同和震撼心灵，也就难谈是一部好作品。因此，纪录片的解说词要注意多用双音词，因为单音词短促，一闪而过，不容易听清楚，又符合口语习惯。双音词声音较长，给观众的印象比单音词强一些，还有单音词的词义比较宽，比较概括，而双音词的词义比较窄，比较具体，用双音词表达的意思更准确些。比如，“该”尽量用“应该”，“即”要写成“马上”等等。除了多用双音词还要注意同音异义词，因为这些词会引起观众的歧义，比如“公式，公示，公事”，“全部，全不”，“游船，油船”等等。

4. 推敲文字、擅用修辞

虽然不是诗歌、散文、小说等文学作品的创作，但是在解说词的写作中还是需要有唐朝诗人贾岛对于“僧敲(推)月下门”这句诗到底是用“推”还是用“敲”的斟酌和掂量，这样才能做到准确生动、可听性强，与画面的结合也能更加紧密和谐。另外，纪录片可以从文学中汲取营养，在解说词的写作中借用比喻、对比、排比、对偶、通感、引用等修辞手法，使其更加活泼形象、趣味横生。在纪录片解说词要多用指示性代词，指示性代词可以吸引观众看屏幕，避免或减少对画面的重复。如《再说长江》系列片的第一集，制作者运用的是 20 世纪 80 年代拍摄完成的《话说长江》的影像资料，画面中表现的是 20 多年前中国最长的河流——长江，记录下与它有关的神奇自然、厚重文化和长江流域人们的生存状态。20 世纪 80 年代，一个将改变中国人生活的时代正在来到，时代变迁的急促脚步成为《话说长江》中最具历史张力的影像。配合着画面对应的解说词是“这是 20 多年前，一部史诗般的电视系列节目《话说长江》中的影像”，解说里出现了“这”这个字，引起了观众观看画面的期待。我们在纪录片解说词的创作中也要多用指示性代词。

还有，简称要慎用。一般来讲，表意准确、结构科学、被人们公认的、进入全民语言系统的简称是可以用的。小范围内使用的简称、行业内使用的简称因其不规范、没有在全民语言系统中流通而不能用在解说词中。

5. 精确、精瘦、精神

精确。用恰当的词语，如实地反映客观事物，准确的表达创作者的思想、情感、意志、态度，做到信息传递的保真

精瘦。用较少的文字勾画出复杂的场面，渲染特定的气氛，刻画鲜明的性格，表达丰富的内容，语言蕴含的信息量大，不拖泥带水。

精神。生动传神，要让观众听后精神为之一振。

五、纪录片的创作方式

(一)纪录片要强化故事性

纪录片是供人们观赏的艺术品，“好看”是纪录片的“核”。在真实记录的基础上，纪录片故事的叙事方式与故事片并没有多大区别，如悬念、细节、铺垫、重复、高潮等，这不仅是故事片的专利，也可以在运用在纪录片里。这就要求我们在选材或者拍摄的时候，首先要看所拍摄的题材中有没有矛盾，能不能形成矛盾，创作中是否拍到矛盾或有故事化因素的情节细节。作者还要在后期的剪辑中，不妨使用设置悬念、人物铺垫、交叉叙事、加快节奏等故事片的创作手法，以加强纪录片的故事化创作。

细节也是纪录片故事化的重要体现，有细节的地方往往是最出“故事”的地方。细节作为情节的一部分也直接参与叙事。也可以说细节是被“放大了”的情节，是纪录片的记忆点，是观众对纪录片印象最深的地方，也是纪录片最打动人的地方。当然，也有一些创作者“谈故事片色变”，怕把自己的纪录片说成是故事片。其实大可不必紧张，我们只要把握住一个

根本原则——真实，故事本身的“虚构还是非虚构”，如果能坚守纪录片最后的底线“非虚构”，就不让观众混淆纪录片和故事片，完全没有必要为了保持与故事片的距离而丢弃故事性。

（二）纪录片要强调戏剧化

没有冲突也就无所谓戏剧化，纪录片中的故事也尽量要有戏剧化冲突。但与故事片中的冲突是不一样的。纪录片更关注的是人与自我、人与自然或人与社会等深层次的观念冲突、价值冲突。纪录片的冲突是隐在的，在表层的事件冲突上一般进行自然化处理，以冷静客观的方式引导观众去体悟深层冲突，而忌讳刻意地强调表层矛盾的激烈性。可以说，纪录片的戏剧化叙事，已经成为当今纪录片的一个重要特性。因为它抛弃了过去那种平铺直叙的创作方式，在一定的时间和空间内，表现一个相对完整和连续的矛盾冲突过程，因果关系、开端、发展、高潮都有较好的关照，所以它的可视性远远高于那种“原生态纪录”的故事。如纪录片《高十》，30 分钟的纪录片，纪录的是一个读了十年高中，历经其次高考的主人公，他隐瞒家人说自已考上大学，并用家人给的大学学费偷偷地报了复读班，他与家人的矛盾，他六次落榜的矛盾，他自己内心挣扎的矛盾，观众在节目中不仅仅看到了人与社会的抗争，也可以看到人与自我矛盾挣扎，还有冥冥之中的与命运的对抗，因为当他收到录取通知书时，父亲却癌症晚期，不得不让人唏嘘，也给片子带来了无限的伤感和悲凉的意味。引发了人们对这十年换来的一纸录取通知书到底值不值得的思考

那么如何使纪录片更具有戏剧性呢？

（1）必须拍到好看的带有矛盾因素的情节；

（2）选择更好看的悬念性的素材进行剪辑；

（3）会用对立的人物情节组合故事；

（4）会用声音中的冲突对话结构情节；

（5）会利用重复和重复中的变化演绎故事。

（三）提高观赏性

纪录片因为有了故事，所以日趋好看。但我们在日常生活中纪录的题材，未必都有好看的故事：如古建筑、自然类题材，就很难拍到人与人之间的那种一目了然的矛盾冲突和好看的情节故事。这样的纪录片就必须提高节目的观赏性。

法国人拍的《微观世界》，也就是人们所熟知的《小宇宙》，画面之精美，视角之独特，这部纪录片用最直接的方法，记录了蚂蚁、毛毛虫、蜗牛、螳螂、蜜蜂等昆虫的生存状态。于是我们随着悠扬舒缓的音乐，得以重温蜘蛛捕食弑杀蚱蜢、蜗牛恋爱缠绵耳语、刺毛虫烈日大游行、暴雨重袭昆虫王国、天牛角斗比拼等一系列经典镜头。憨态可掬的昆虫，还时常引发观众充满惬意地欢笑。特别有意思的一个现象是，在影片昆虫横空出世时始终纳闷那为何物，当其振翅急飞的瞬间才恍然大悟原来是只蚊子。另一部纪录片《迁徙的鸟》将视角转向浩瀚天空中的候鸟天堂。影片采用大量的航拍技术，真实地记录了雁、鹅、燕、鹰、鹤等大量野生候鸟的迁徙活动。通过影片我们可以感受到候鸟迁徙的艰难：行进间需要躲避猎人的捕杀、

天敌的攻击、海浪的袭击、雪崩的吞噬，偶尔的受伤还会使鸟类成为螃蟹的美食，即便是遇见狂奔的马群、呼啸的汽车、工厂的油污都会使旅途中的候鸟不慎离群失落于荒野之间……纵横上万公里的迁徙是鸟类生存的需要，同样也是其对命运的挑战。影片在讲述这种艰辛之余，还一如既往地向观众展示鸟类世界昂然情趣。观众通过精美的画面不仅带来了兴趣盎然的观赏，又满足了人们的好奇心和窥探欲。

国内这种大制作的纪录片不多，但近年也有些上乘之作。如《舌尖上的中国》《超级工程》《航拍中国》等，这些节目的一个最大特点就是，要么影像特别清晰，要么画面构图特别工整，要么制作特别精良，要么音乐画面效果结合的特别和谐，精美工整的画面，舒缓有至的节奏，以及通过剪辑组接形成的“音乐”情节，都体现了中国纪录片水平的提升，以及追求精品的意识。其实我们应当改变过往的认知，要了解当下全球纪录片的制作水平，理解观赏性不是故事所独有。在审美界，任何能给人们带来愉悦的都有其观赏价值；在观赏界，观众永远都有不同的口味；在影视界，观众永远都是对的。

（四）学会设置兴奋点

我们都知道，有矛盾才会有戏剧化冲突；有了戏剧化冲突就会有兴奋点。兴奋点就是我们通常所说的“看点”，有了“看点”，才会有“播点”和“卖点”。因此，一部纪录片里必须具备许多“兴奋点”，使观众觉得好看并且能看下去。对于纪录片的兴奋点的把握，是从选题开始的。一个富有矛盾、富有戏剧化冲突的选题，已经具备了作品兴奋点的雏形。我们都知道，有矛盾才会有戏剧化冲突；有了戏剧化冲突就会有兴奋点。兴奋点就是我们通常所说的“看点”，有了“看点”，才会有“播点”和“卖点”。因此，一部纪录片里必须具备许多“兴奋点”，使观众觉得好看并且能看下去。

那么什么是兴奋点呢？

(1)所记录的故事中有矛盾冲突。有一部叫《伴》的纪录片，记录的是大山里的一位刘老太太，饲养了一头 2600 斤的大猪的故事。在全片 52 分钟的时间里，作者下功夫揭示了刘老太一家的，婆媳之间的矛盾，人与动物之间的矛盾，还有刘老太内心世界的矛盾，还有人物自身的命运冲突等等。直到节目看完，观众还在为刘老太和大猪的命运所担忧。

(2)有好看的情节或细节。兴奋点就是能引发观众在观看时产生情绪变化的情节或细节。故事和戏剧化冲突是靠兴奋点来支撑的，兴奋点是靠好看的画面情节或细节来表现的。《伴》中的刘老太养了一条看家狗，可是这条狗专门扑咬自己的儿媳妇。当观众看到这个画面情节时，都会为之一振，婆媳之间的矛盾何等激烈自在不言中。

(3)编导在剪辑时有意图地形成故事兴奋点。兴奋点可以是人情的，也可以是人性的；可以是情节的，也可以是剪辑的；可以是画面的，也可以是言语的；可以是娱乐的，也可以是悲情的、深思的、富有启发性的。中央电视台《纪事》栏目要求 45 分钟的节目至少不低于 12 个兴奋点，湖北电视台要求 15 分钟的纪录片，兴奋点不低于 5 个。纪录片需要好看，需要有兴奋点，这是一个观念上的问题，而纪录片应该如何把故事编辑的更好看、更有戏剧化冲突，则是个技巧上的问题。美国有一种“钩子”(Teaser)理论，强调片子开始 1 分钟就要伸出“钩子”挑起观众的兴趣，而整部片子要在适当的间隔里安插“兴奋点”，这些兴奋点要像过山车一样起伏错落,富有刺激性,调动观众的收看情绪和兴趣,一直到片子结束。还有一种方式是悬念构成了影片的兴奋点,记者要寻找的是什么,而将要寻找到的又是什么,观众能看到什么,一切都处于未知的行进状态中,谁也不知道故事在下一秒会发生什么,带着一切模糊而又随时都可能改变的悬念,把观众带入一个又一个兴奋点中。总之,纪录片有了"兴奋点",才能使观众振奋和激动,不但会将节目看下去,而且还能引发观众思考、调动观众参与节目的兴趣。有理论认为,纪录片不仅要告之信息,还要有娱乐性。两者的完美结合才能是一部好的纪录片。

纪录片因为有了故事,所以日趋好看。但我们在日常生活中记录的题材,未必都有好看的故事:如古建筑、自然类题材,就很难拍到人与人之间的那种一目了然的矛盾冲突和好看的故事。这样的纪录片就必须提高节目的观赏性。

（五）纪录片要表现人

人物,对于纪录片中的故事来说是第一位的。"讲述"一个好的故事,没有对人物的深刻纪录是不行的。纪录片一代元老陈汉元先生曾说:"电视纪录片记录的是人的生命轨迹,是人的一段历史,是对人的尊重"。钟大年老师也说:"人的生存意识,生命意识所孕育的文化精神在许多电视纪录片中成为一种境界。"冷冶夫曾经说过:"纪录片创作中最有意思,也是最难做到的就是拍人物,因为人物是映射一个时代和现实世界的最典型的代表。"

人,是纪录片的一个永恒的话题。人、人性、人的生存状态、人的情感、人的行为、人的精神……已经成为纪录片着重表现的主题。因为现在的观众渴望看到"老百姓的故事",渴望看到人在社会生存中的价值,渴望看人的存在状态。人,正成为纪录片创作者关注的主角,人的内心世界正成为纪录片探索的重要内容。在这一类优秀作品中,我们常常能强烈地感受到作者的使命感和责任感。虽然片子中未必会有什么哲学光彩的语言,但片中所记录的人的心灵,人的内心世界和人文关怀,往往给人们和社会的启迪是经久不衰的。

纪录片就是这样一种具有强大的人文精神的片种,从其对现实生活的表现中我们能明显感到强烈的民族精神、民族心理、民族文化对现代生活的影响。获得国际奖项《最后的山神》中的主人公孟金福,除了是一个"非常智慧"而充满个性的个体,更是编导所关注的主题——反映鄂伦春人从传统的山林生活向文明的定居生活转换过程中的心理世界的载体;他是鄂伦春族的最后一位萨满(山神的灵媒),又是一位老猎人,山林就是他的全部生命,对于传统的生活方式他是迷恋的,而理智则告诉他定居有着在山林中无法比拟的优越性。纪录片创作者选取这个人物进行拍摄,具有强烈的时代感,具有很深刻的人文价值。

（六）要学会用画面叙事

电视是视听艺术,并是一种以视觉欣赏为主体的视听综合艺术。事实上,如果电视失去了这种视觉艺术效果,无论是在声音、叙事、传情、氛围营造等各方面的感染力,都会不及广播、报纸等其他传媒的,也失去了电视这种媒介的特征。所以,电视纪录片语言同电视本体语言是完全一致的,它是以视觉艺术为主,以完美的画面与声音共同营造的氛围去吸引人、感染人的。作为视觉化表现的纪录片,要学会用画面讲故事的方式。但是目前我们很多纪录片创作者喜欢采访接采访、声音接声音的创作方式，我们经常看到一部几十分钟的纪录片中10几个讲故事的人出现，一个人的讲述接一个人的讲述，中间没有任何的转场和空境，虽然故事是完整的，但是这样一点不能体现纪录片作为视听艺术的魅力，画面单调，叙述方式单一，缺少了叙事的独特性。电视作为一种传媒，其最大的特点就是用符号（画面）传播信息。对于电视纪录片来说，视觉必须是第一性的。据有关资料表明，人对外界事物的感知80%来自视觉，20%来自其他器官。视觉语言是创作者用以构成视觉形象表达创作思想的各种手段技法的总和，因此视觉艺术、画面思维是纪录片创作人员应有的基本思维方式，也是电视纪录片表达创意、展示故事的主要创作思维方式。千万不能走入“听电视”的歧途。

这里还应该提醒纪录片的创作者：画面语言的多义的性，决定了纪录片的主题是多元（多义）的。实际上，纪录片最终记录的是作者的思想。那么如何使纪录片能更加发挥画面语言的作用呢？纪录片有其自身的创作规律：

(1)开机前：确定关注的方面（并非主题）

(2)拍摄中：抓拍大量好看的故事

(3)剪辑前：用对所拍的人或事的理解去选材

(4)剪辑时：发现和发生主题

(5)播出后：在观众头脑中产生结论

(七)加强策划力度

策划对电视纪录片而言是一个必不可少的程序，它应该贯穿于纪录片创作的整个过程。纪录片是纪实的艺术，不允许虚构。但纪录片的纪实风格与手法，不是呆板、机械的原生态纪录，而是“创造性的利用现实”（格里尔逊语）。创作过程是一种创造性的思维活动过程。纪实也绝不是为了纪实而纪实。创作者用镜头去选择纪录现实生活中的一段流程，但这种选择包含了镜头后创作者的思考，同样在后期制作剪辑中，先期策划的精神渗透于创作的整个过程。

纪录片是最能代表着电视台综合实力的片种之一。随着社会文化生活水准的提高，观众欣赏品位的提高，纪录片把握时代潮流，关怀民众生活，已经成为当代人对人性生活参与观察思考的重要通道，每一部精心策划制作的纪录片对电视台的声誉形象都会起到较大的推进作用，客观上对电视界的整体制作水平也是一个极大的激励，电视纪录片的策划将是纪录片多出精品的必由之路。张以庆为了拍摄长纪录片《幼儿园》，策划将幼儿园的墙壁换成了隔音板，并在幼儿园拍摄了14个月完成了前期拍摄部分工作。

(八)纪录片要制作精良

精品节目是打开中国纪录片走向市场、走向世界的一把钥匙。确定好了要拍摄的内容，接下来就是考虑如何制作精品纪录片的问题。我们知道，制作的前期，有些电视台对技术质量的要求是存在一定差距的。一些电视台宁可花重金和最好的设备保障电视剧、娱乐节目的制作，也不把纪录片的技术要求摆在首位。这就造成了纪录片“有什么武器打什么仗”的态势，这也是中国纪录片的技术质量在国外信誉不好的重要原因。

澳大利亚著名纪录片制作人克里斯．麦可黎曾经指出："中国纪录片要在海外寻找市场，必须达到一些基本的要求，首先是技术质量，所有的电视节目都必须达到国际普遍认可的技术标准。"可是我们国家的纪录片，的确有一批上乘之作，可是在国际节目评奖、交流会上，往往由于图像清晰度低、音频信号不稳定等问题，失去了机会。因此纪录片要想在国际上获得成功，必须把节目的技术质量视为生命。前期拍摄时，要在摄像机、灯光、录音、特殊效果镜头的配备上下功夫，更用最好的摄影师。这样才有了拍出画面工整、色彩讲究并具有故事化的镜头的基础。后期剪接时，从非线编辑、三维动画、电脑制作、配音配乐、录音合成等工作中下功夫。

（九）与市场接轨

在近几年，电视同仁们经常以"纪录片是不是商品？纪录片应不应该商业化运作？"为题，开展各种各样的专题讨论，尤其是各电视台的纪录片制片人，纷纷呼吁建立和发展面向新世纪的、具备竞争力的纪录片市场，使中国我们的纪录片节目在国际市场上占有一席之地。

纪录片走商业化道路，在国际上早已形成气候。欧洲的一些商业电视台通常设有专门的纪录片频道，或者有专门的纪录片播出时间，而且大多是黄金时间段。现在中央电视台及各省市台播出的《探索发现》《动物世界》《自然奇观》等大都是买进的节目，而且价格不菲。那么中国的纪录片是不是也应该大胆地走商业化道路呢？回答是肯定的！如果我们的电视台在纪录片的运作上忽视了经济因素，那就意味着最终会被淘汰出局。我国有着一支很大的纪录片创作队伍，但大部分人都没有市场意识，特别是那些高就于电视台的纪录片编导，只是受命工作，其他不用多虑。但是现在，收视率和节目营销已经成了悬在纪录片创作人员头上的一把剑，让人不得不在压力下考虑纪录片的市场问题。因此，我们必须正确对待纪录片的商业化运作，使中国的纪录片也尽快地进入国际市场。

所谓的纪录片"没有市场"，究其原因，主要表现在两个方面：一是客观的，是我们市场自身的不成熟、不完善以及供需双方的混乱和失衡；二是主观的，是纪录片创作者个性化的过分体现，作品本身就不具备市场性。作为纪录片的创作者，要想在市场中生存，就必须要学会适应市场。很多时候我们过多地抱怨"他性因素"，抱定"个性表述"不放而很少审视自我。但当我们把自己从阳春白雪的孤芳自赏放置到市场当中，把自己定位成"商家"，定位成商品生产者和出售者时，确实有必要先问一问市场需要的究竟是什么。

《祖屋》这部由中央电视台中国电视节目代理公司和福建电视台联合制作的纪录片，在2002年第34届美国国际影视节上获"银屏奖"奖。片子说的是福建省的一座大宅院，里面住着黄姓大家族。200多年来，世代耕读传家、勤俭崇文，至今仍然保持着中华民族的传统道德和礼仪。目前这部片子已经卖到了多个国家和地区，收入几十万。纪录片的"产销对路"，主要指的是拍摄内容要适合国内外观众的共同喜好和需求。比如人文类的《山洞里的村庄》《白马山谷》《西藏的诱惑》，还有自然环保类的《红树林》《藏祢猴》《神农架》《从化古民居》等。这些纪录片不仅卖到了国外，而且收视效果也较好。这些纪录片讲了中国故事，发出了中国声音，所以选取具有市场潜质的题材，是获得纪录片营销成功的关键一步。

现在，国内的很多纪录片创作者是电视台的工作人员，所有的资金设备都是由电视台出资的。而西方很多节目都是私人电视台或个人制作的，这本身就涉及经济利益的问题。如《最后的山神》《布达拉宫》《幼儿园》从制作上体现的是编导个人的风格，但它是由电视台出资的，所以编导对能不能实现"利润""卖出去"并不感兴趣，他们主要关心的是个性化创作。如果实现了纪录片成本的商业化，自然也就决定了对节目也可以实行商业化的运作，以实现收益的最大化。比如美国的《国家地理杂志》频道制作的节目，投资就非常大，一般每期节目的投入都是几十万甚至上百万美元。这些高投入给他们带来了丰厚的效益，这些节目除了在世界各地播出外，还被刻录成光盘，销往世界各个角落，我们几乎可以在任何一家音像店买到这些节目。目前纪录片虽然不能被称为主流节目形态，但已经名副其实地成了一种商品。

（十）要与国际接轨

中国纪录片要走向市场、走向世界，就必须要走国际市场。走国际市场就必须了解国际社会需要什么？什么样的纪录片能打动其他国家的观众，用什么方式拍摄纪录片更受欢迎等。

我国一家影视制作机构曾付出巨大人力、物力，在四川卧龙大熊猫保护区拍摄了长达200个小时的素材，却不知道该如何编辑和发行。最后，一个国外公司将该素材改编成《大熊猫"换养"记》，讲述中国专家帮助习惯于养活一个孩子的大熊猫妈妈养第二个"儿子"的有趣故事，获得了成功。还有一名外国片商，在点评中国人制作的纪录片时说，"中国纪录片虽然在拍摄的角度、人物感情和细节的表达上有独到之处，但往往只是思想性强，故事性弱，节奏缓慢，观赏性比较差，很难迅速吸引观众，因此也就难以进入世界市场。"他还称，他们购得的中国纪录片，往往要重新剪辑、组接，增强了故事性后才在他们的频道上播出。正是这种"中国材料、海外编导"的方式才使中国纪录片走了向世界。

这件事告诉我们，尝试与国际合作，应该是个与国际接轨的好办法。所谓国际合作，就是在共同承担制作费用的情况下，共同制作电视纪录片。也有由外方出资，我方拍摄，利益共享的拍摄方式。不管采用哪一种方式，都是宣传中国，都是了解和学习外国的电视纪实艺术。在这里，中西方不同的创作观念与创作方法在一起交汇；不同的文化意识和思维模式得到碰撞。可以说，国际合作本身，就是中国纪录片走向市场、走向世界的一条捷径。中国纪录片的商业化运作，不仅仅是把纪录片变成商品，更有促进国际文化交流、增进民族了解的意义。

纪录片不像新闻节目，是一种"易碎品"，制作纪录片收回成本需要的时间也比较长，但是随着时间的推移，纪录片作为一种高品位的视听文化产品，在国际化的市场环境中将会蕴含着无限的商机。在国内一些电视节上，国内电视机构向境外输出的电视节目量日益提升，可见纪录片营销的前景无限。现在自然类和动物类纪录片，已经成为中国内地输出节目的主要片种，环保类和人文类也开始大面积向国外辐射，一个充满艺术芬芳和无限商机的中国纪录片大市场，一定会在不久的将来呈现在世界面前。

本章思考题：

1. 电视纪录片的选题结构类型有哪些？
2. 电视纪录片的编导流程及具体要有有哪些？

附录：纪录片《与世界做生意》第一集《与世界的距离》文稿

总片头　与全世界做生意

序

【解说】

今天的世界，某种意义上是一个贸易创造的世界。人类生来就有一种将一件物品转移，并与另一件进行交换的癖好。从物与物的交易开始，人与人的交流、文明与文明的交融就不曾停止过。生意，就这样改变了中国与世界的距离。

本集名：第一集　与世界的距离

【字幕】中国　东莞

【同期】

男：原地踏步走，一二一。

众人：一二三四，一二三四，一二三四，一二三四，一二三四。

男：立定。

众人：一二。

【解说】

脚步不仅可以定义自己，也可以丈量距离，昭示未来。九十名来自埃塞俄比亚的年轻人，正在一家中国工厂里接受培训，他们要学专业技术，也要学文化管理。时间是380天。

【同期】

张华荣：我们做任何事情都有要求，要排队就有要求，矮的就往前走，高的就往后退，要讲秩序。

【人名字幕】张华荣：就是大家配合得不好是不是？

张华荣：队列训练，培训他们不要这样，不要这样，一定要像部队给他们训练。

张华荣：重复的体力有技巧的劳动者，占了我们全国的40%，可是他们并不热爱工作。

【解说】

东莞被称为世界工厂，从皮鞋到服装，从玩具到电子元器件，过去三十年间，几千万中国工人用勤劳和效率制造了令世人瞩目的增长奇迹。

作为最早进入加工贸易的商品之一，今天，全世界每 10 双鞋就有 6 双产自中国。强悍的军事化管理和对目标的高度专注，让张华荣带领的华坚，成了中国最大的女鞋代工企业。

然而，在这片曾经的热土上，先来者、后到者都感受到了空气的稀薄。

【同期】

【人名字幕】中山欣錩鞋业总经理　何建德：很多台资鞋厂现在想的东西都是离开中国，降低你的劳力使用，来增加你的效率。

【人名字幕】美国 BROWN SHOE 鞋业有限公司　Sarah Lee：鞋业它是一个候鸟式的产业，它会随着成本去迁移。最早的时候，鞋业可能是在意大利，然后就迁到了巴西，然后再到中国台湾，然后再过到中国大陆。现在中国大陆的趋势有向中国内陆去迁移，这就是江西赣州的华坚。

【字幕】江西　赣州

【人名字幕】新式国际贸易公司　杨永安：搬迁到内地，内地也找不到工。

【人名字幕】底部带线班长　杨青龙：2011 年的时候差不多出来打工的都是 90 后，做鞋子的活比较辛苦，我记得那时候我做干部，招了十个员工，就是分到我那个段，做了一个星期不到全部走完了。

【解说】

在张华荣看来，企业的未来应该走向精密型生产，而不是现在这种依靠着强悍的执行力，虽然这曾经是他成功的法宝。

【同期】

张华荣：你看看，我们的产量低的话开几千人的会，不知道讲原因，而是找套路讲故事讲过程。我要要什么人，什么事，什么时间发生的，什么心态，到底是怎么发生的，你告诉我。

张华荣：我没跟你讲啊，可能这个工作交给你们两个，大龙（分厂）。好好的，你们还年轻，搞承包制。

张华荣：不要动，一一一二一一二三四，展示最好的自己，你们能做到吗？

员工：能！

张华荣：向右转。

员工：向右转。

张华荣：向后转，向右看齐，向前看。

【字幕】东莞　美国 BROWN SHOE 鞋业有限公司

【解说】

不是所有客户都相信，在遥远的非洲也能溢出黄金。

【同期】

女：我们生产过的一百到两百万双以上的鞋，我们就会做成这种 Golden Shoes（金鞋）。

张华荣：到中国培训，他们一年都会讲英文，中文，埃塞文。埃塞可以把生意做大。

【人名字幕】美国 BROWN SHOE 总裁　CHARLES GILLMAN：要是你开很长的时间的话，你百分之一百要有不一样的(配套)工厂在(非洲)那边。

张华荣：OK，OK，OK，接你的订单，我给他们提供服务，运输公司，报关。

【字幕】埃塞俄比亚　亚的斯亚贝巴

【解说】

从中国飞越四分之一个地球周长的距离，可以抵达埃塞俄比亚，一个东非高原上有着3000 年文明的传统农业国，也正在学习中国的改革开放经验。

作为非洲大陆上牲畜数量最多的国家，这里出产世界上质量最好的皮革。

而吸引资本到来的更重要的原因，是劳动力成本。在中国请一个工人的价格，在这里可以请十个。当然，这也意味着经营者需要付出其他的成本。

位于首都亚的斯亚贝巴郊区的东方工业园由中国人投资建设，被埃塞政府列为国家"持续性发展及脱贫计划"的一部分，它在当地也被称为"中国城"。

【同期】

【人名字幕】华坚埃塞厂厂长　魏涌泉：10 月 12 号就来到这里进行招工，找厂房，处理这边一些工程，真正只花了 75 天时间，12 月 27 号，我们就开始生产了。

【解说】

同样在寻找出路，当中国台湾同行大多选择去相对成熟的东南亚国家设厂，张华荣却选择在非洲创建一个全新的生态系统。而这并不容易。

【同期】

【人名字幕】质量监理　Brian：中国人开厂的难度是沟通。

【人名字幕】底部带线班长　杨青龙：不会讲英语你就根本生存不了。

【人名字幕】面部带线班长：跟他们讲话的话，基本上肢体动作都会用上的，导致我现在讲话的时候也喜欢用手弄来弄来，弄来弄去那种。

【同期】

男：全体都有，向前看，稍息，立正。

【人名字幕】华坚埃塞鞋厂厂长　魏涌泉：埃塞它是一个西方文化，它们的节奏比较慢，生活成本比较低，比较容易满足。他们不像我们中国人拼命拼命地干。

我们产量我今天告诉大家，在中国的效率来讲，只有 50%，还没达到 70%，我们的目标希望能达到中国的 70%。

所以我们更需要通过这个军训呢，来让他们更多理解，我们企业的文化，工业的需要、规矩，你没有执行就没有结果，你没有结果，我告诉你，一切都是空谈。他们工业部部长刚看的这些，他们也是感到很自豪，因为他们就需要这样的企业，他说，中国，这是典型的中国的企业，他说。

张华荣：如果连这个都没有搞，魏涌泉你在干什么，张总不是找你麻烦，到底对谁负责？分开。

【人名字幕】巴西 SOLANUM FOOTWEAR 总经理　Paulo Freitas：中国商人更激进更有

野心，这可能是中国商人的优势。但如果你能发掘出合适的搭档，加上你良好的合作关系，整个生意就可以更好地提升。

【字幕】中国　东莞

【同期】

女：菠菜要不要？

男 3：够了，够了。

女：菠菜呢？

男 3：要，那个多一点。

男 4：我一样的，一样的。

女：一样的。

【解说】

上万公里外的中国小城，世界从此不再陌生。

【同期】

男：你喝过吗？

男 1：没有喝过。

男：上次我喝过了，我还给你。

男 1：好甜。

男：好不好吃？

男 1：这样就可以，好吃。

男：好吃你就多吃点。

【解说】

工业化进程，即将改变这些来自传统农业国家的人们。

【同期】

女：手艺好好，这么小都能弄到。

男 1：这种军事化教育我们喜欢。首先这是因为如果我们想工作，军训可以给我们保证一个好身体。

男：他也很好，很好。

女：他也很好。

女 1：中国非常的漂亮。我爱这里的一切。等我回到埃塞，我也要改变我的国家。

【同期】

张华荣：改革开放以后讲到什么干什么，卖啤酒，卖老鼠药，卖菜籽，什么都干。我们这么多的当兵的，我的文化算最高的。他也不会写信，他也不会写信，我都帮他写信，这个时候正是拼搏的时候，这个应该是 1999 年的时候，我那个时候就喜欢地图。我在江西的时候我就喜欢看地图，因为我知道我在什么位置，中国有多大。到广东去的时候，我知道这个世界怎么样。

【解说】

改变了世界的中国制造，也改变着中国人自己。

【同期】

进出口主管　陈文崎：从我个人在这个企业工作这两年，我觉得我最大的受益是我的执行力，现在变得非常强。

底部带线班长　杨青龙：将来有小孩的话，还是要先好好读书。要先有点文化，没文化是不行的。

【字幕】江西赣州　华坚幼儿园

男 2：listen（听）

孩子：listen（听）

男 2：look（看）

孩子：look（看）

男 2：close your book（合上书）

孩子：close your book（合上书）

孩子：cat cat cat cat on your hat hat hat hat……

孩子：三、二、一。

【解说】

世界变得平坦，速度更快才能追上自己的梦想。

【字幕】中国　北京

【同期】

【人名字幕】手工定制机车橘郡工坊创始人　保罗：我们去了北京城的胡同，那里应该是李昌宪以前住的地方，北京有很多很酷的东西。

男：它比你的岁数大。

【解说】

保罗是全世界机车爱好者的偶像，这是他第一次来中国。

李昌宪：梦想，今天我实现了我的梦想

【解说】

邀请保罗的，是在老北京胡同长大的李昌宪。今天，李昌宪实现了多年的夙愿，他刚刚获得了由保罗创始的顶级手工定制机车品牌橘郡工坊在中国的代理权。

【同期】

男：我昨天跑这儿偷着看来着，没车呀，我算是知道了，前几天车不摆有原因的，得有神秘感。

【字幕】美国纽约　橘郡镇

【解说】

位于纽约附近的橘郡工坊总店，洋溢着浓厚的西方文化气息。按照每一位客户的要求进行设计并经由手工打造，使这里的每辆机车都独一无二。

李昌宪此行带来了一个特别的想法，他想定制一辆中国龙概念车。

他相信，中国文化的融入，会让更多中国人亲近这个新鲜的舶来品。

【同期】

李昌宪：我们会给你传统中国龙的图画，对，和这个差不多。中国传统的龙有五根趾头。

男：我们设计的几根，四根。

李昌宪：那是不一样的。

【人名字幕】保罗：李昌宪想要一辆龙车，我们就要做一辆龙车给他。我们有过这样的想法，天哪，他在开玩笑吗？我发现现在有很多美国的事物进入中国，人们骑着我们常骑的机车，哈雷很受欢迎。

【人名字幕】李昌宪：西方对龙的看法跟我们是不一样的，西方认为龙是邪恶的象征，我们自己对龙的理解才更符合要求。

【解说】

龙的形象在反复磨合。想让世界理解中国，需要双方向彼此靠近。

【同期】

男：这就是草图。起初，李昌宪想要一个传统的龙的形象，但是我想做一些创新，我想创造一个从未有过的原创形象。

男：这些是全喷漆的塑料，喷过的，喷过的，喷过的，全都是喷过漆的。

【解说】

交车的日子到了，李昌宪迫不及待地赶往美国。

保罗正准备以美国人的方式，给李昌宪一个意外。

谜底即将揭晓。

【同期】

保罗：准备好了吗？一二三，来吧。

李昌宪：这个真的没想到，这个太棒了，真的太棒了，这个是在我意料之外的，没想到他们工作做得这么好。

保罗：它有精致的刹车，有两个 40 寸轮圈。

李昌宪：我太兴奋了，真的很高兴，十分感谢保罗，谢谢大家。

【同期】

外国男：真漂亮

男：这辆车多少钱？

李昌宪：这辆？我忘记了。

男：你住这里吗？

李昌宪:不,我的家在北京。

男:北京?

李昌宪:我刚来这边。

【解说】

44 岁的李昌宪从事钢铁贸易 20 多年,几乎和世界上所有的国家打过交道。

【同期】

在那么一个地方看到五星红旗,眼泪都下来了。

【解说】

他把自己定位为因生意而博识的“新中国人”。

新一代中国人正在登上时代舞台,人才库全球化的时代,不同肤色不同种族的面孔让时装商们有了更多的选择。这是“美”的经济,是给美定价的舞台。

不一定每个梦想都属于辉煌,但每一个辉煌都属于梦想。

【同期】

董悦宁:从小到大的梦想就是做超模。

吴佳烨:今年 19 岁,这个是我第二季时装周。

董悦宁:目标就是在纽约走场大秀就行了。

吴佳烨:我的内心都散发出了对梦想的渴望。

董悦宁:我偶像当然就是刘雯了,很欣赏她,不管她工作或者做人、交际都非常好,刘雯现在已经在 TOP 榜的第三名了,就很厉害了,这算是中国的一个奇迹,这也算是亚洲的一个奇迹嘛。

刘雯:你好,我是刘雯,25 岁,对不起,让我再说一次。

刘雯:你好,我是刘雯,25 岁,我来自中国湖南。

【解说】

纽约,世界之都,充满机遇与竞争的城市,每天都有无数人怀揣梦想来到这里。服装企业、设计师、模特,所有时装行业人士都希望在这里找到自己的舞台,争取走上纽约 T 台的机会。

画面:服装标牌

全球四大时装周中,纽约时装周是发布品牌最多的一个。140 多个品牌将在 8 天时间里,展示四千多件服装。

无论是在纽约、米兰还是巴黎、伦敦,时尚不仅仅意味着艺术和创造,更是工业商业的展示。

【同期】

刘雯:因为在这里,就是有很多设计师,这些工作室都在这里,包括 JasonWu 也在这里,然后以前 Philipp Plein 也在这里,Weareone 也在这里。

【解说】

中国人真正进入国际主流时尚圈，只是近几年的事。已在美国居住的刘雯，显然是距离顶级时尚圈最近的中国面孔。

【同期】

经纪公司总裁　Chris Gay：这种变化不是一夜之间发生的，特别是我们的生意，我们培养模特的同时也会去发掘，如果他们有特殊的才能与独特的魅力，我们会把这些特质转变为对于她们而言更长远的职业生涯，这是革命性的效应。刘雯已经不是一个模特，而是一个明星。

【解说】

模特随时会接到经纪公司的通知赶往下一个面试地点。

如今，越来越多的中国模特愿意自费在四大时装周待上一季。

【同期】

吴佳烨：可能会有点远。

【解说】

吴佳烨来自中国上海，第二次来纽约，希望能开创一番天地。

【同期】

外国女：穿过这条街，你就会看到第五大道。

吴佳烨：我刚来的五天都没有吃过饭，因为我不喜欢吃这里的东西。公寓里最大的卧室，2000 美金，换算成人民币乘 6 试试看，我的室友。有的不会给出场费，就是送你一件衣服算了。能让我真的很开心的瞬间，就是碰到一些设计师，他们会很打心底地说，我真的很喜欢你怎么怎么样的，被肯定的感觉，是我最开心的。

【字幕】面试在 6 层

外国女：这个是你假发还是真染的？

董悦宁：染的，之前所有牌子都面(试)了，现在就是挑重要的面(试)了。

【解说】

全世界的青春都一样的不甘沉默。

模特们要通过经纪公司，参加无数次招募面试。这些选拔将决定，哪些女孩能走上 T 台，哪些只能在台下观看。

【同期】

外国女：我只有非常少非常少的时间，我要不断地赶到下一个面试地点，这是非常疯狂的，两个面试地点的距离很远，经纪公司发邮件催我去下一个面试地点了，我真的得赶紧走了。

【解说】

和初出茅庐的吴佳烨相比，董悦宁已经在纽约崭露头角。她签约的公司，曾经培养出名模刘雯，这给了她勇气和压力，然而要想在国际舞台上脱颖而出，需要运气，更需要实力。

【同期】

董悦宁：这一年比较流行的是日本人和韩国人，所以对于同是亚洲人的中国人来说就冲击力比较大，就很多秀都会用韩国人、日本人，就把中国人已经完全抛到后面了。

【人名字幕】日本超模　冈本多绪

【同期】

女1：这个特别好，这个模特特别好，这里面最棒的一个。

男：我说我看你拿着，我说她比较适合你，我让他们留着。

男1：这个非常棒。

女1：这个非常棒。

男1：一米八，这个非常棒。

【解说】

有着上百年历史的纽约纺织大楼里，中国服装企业正忙着为亮相时装周做准备。

【同期】

女1：她要量身。

男：她们十号上午才能好。

秀场导演　张舰：我觉得这是一个过程，我们从不敢出来，到现在敢出来了，从敢出来做秀，敢出来让人看我们的东西，到敢于把我们东西真的落地。

【解说】

争奇斗艳不仅在场内，更在场外。

带动粉丝，带动模仿和风潮，带动可能的商业价值，这使得街拍成为欧美模特们的热门动作。起初，刘雯并不接受这种商业逻辑和规则。

【同期】

刘雯：刚开始说街拍出来其实根本大家也没有觉得什么叫作街拍，也没有很刻意地去打扮。她们只是把她们对美的看法，或者是对美的一种态度，很自然地反映了出来。

秀场导演　David：很多时尚的起源来自街头，街头的人都穿了什么，什么吸引人们的眼球，很多人去街头拍摄，其中有些人因此变得很成功。我不认为谁可以掌控流行趋势，如果你去一些店铺，或使用社交网络，人们会发现很多适合自己的设计师和选择，所以，这其实是一个很民主的过程。

刘雯经纪人　Vicky Yang：她真的是几个第一，她是第一个拿雅诗兰黛的合同的人，第一个走维多利亚的秘密的秀的中国模特。她也为其他人开门，让更多的中国模特可以有机会在外国发展，也代表了中国的市场，代表了我们现在发达的一个情况吧。

刘雯：因为我觉得现在为什么能够有这么多中国模特能够来到纽约时装周也好，或者是米兰时装周也好。是因为现在中国市场跟美国市场或者是跟欧洲市场有了个很好的沟通。

男：我们经常提到一个口号叫“从中国制造到从中国创造”，这个口号提了好几年了，但是现在我就已经开始一步一步走了，虽然走得比较慢，但是已经开始走了。

【字幕】纽约　帝国大厦

刘雯：我感觉美啊。

【解说】

中国人从不缺乏拥抱世界的决心和勇气。

【解说】

刘雯的家乡在中国湖南，那里出产了中国给予世界最早的礼物。

世界各地燃放的烟花，90%以上是中国制造，而其中又有80%来自这个烟花三角地。在这里，烟花就像是身体里的血液，无处不在。

李畋是这里妇孺皆知的名字。这里的人相信，这个1300多年前的唐朝人发明了爆竹，人们为他塑像，建祠堂，在他生日那天进行祭拜。

和中国很多历史与传说分不开的地方一样，各座城市都在引经据典，固执地证明自己才是李畋故里。幸好，这种争执仅仅存在于方圆几公里的范围。

【字幕】江西　上栗县麻石街

【解说】

和浏阳、万载两地的李畋遗迹相比，上栗县的李畋故居最为寒酸，尽管供奉的排位表明，这半座山墙只是文献记载中的"佑圣观"。

【同期】

陈道友：姓李的那个谱啊，六千多年的谱，因为我们这个地方啊，家家户户都是做鞭炮，都是他(李畋)发明过来的。

【解说】

陈道友的家，就在上栗县李畋故居的隔壁。从供销社退休后，陈道友就一直义务充当李畋故居的守门人、讲解员，甚至研究者。

为了证明老屋就是故居，陈道友来到了屋后的南竹山。

【同期】

陈道友的邻居：这就是当初老屋，以前不叫鞭炮祖师，他是叫李畋仙师。

【解说】

这是一年前还在使用的生产工具，做炮竹筒的扯凳，简单方便，家里任何年龄的成员都可以胜任。一支华丽的烟花中，80%的重量来自江西丘陵的红壤。

如今，已很少有人专程来了解当地的烟花文化与历史。

【同期】

陈道友的邻居：看着这个非物质文化遗产，我回来就想，赶快把它做出来，现在全部是机械化。

简易的工具，细密的工序，再加上广泛的劳动力，这种家庭作坊式的生产，是中国传统制造业延续了千年的典型模式。

【字幕】江西　万载县

【解说】

地处江西西北部的万载县，正在经历着城市化的进程。城中的宝塔据说是唐塔，却被装修一新。

【同期】

陈仕梅：刚才我去外面谈业务，所以刚回来打扫。那个 Premium time candle 是给 glory。

【解说】

陈仕梅从父亲手里接过帅印时，刚满 30 岁。现在，她掌管着万载当地最大的外贸企业。

【同期】

【人名字幕】陈仕梅：就这个地方，迈阿密边上，这是我上学的时候，在那边待了有两年多吧。然后现在我们的仓库是在印第安纳州，在这里，这边。我个子太矮了，看不到了。现在我们正在谈一个合作项目，是在宾夕法尼亚州，就是费城，费城它边上那个匹兹堡。

【解说】

在中国，能挣钱就有继承，能继承才有发展。历史悠久的生意，往往有着相似的逻辑。

【同期】

陈仕梅：因为都没有出去过，觉得就是很好奇，就好像围城，城里的人想出去，然后城外的人想进来的。特别地想出去，那时候我行李都收拾好了，我妈赶快从厂里面回来把我的行李给收起来了，不让我走。她就说，自己家人都需要招人，你怎么还跑到外面去帮别人打工。

陈仕梅：其实我在美国吧，还真的很少听歌，你看我这些歌，都是很老的一些歌曲。

【解说】

出产于中国贫瘠丘陵的产品，市场却每每在世界最富裕的地方。陈仕梅时常往来于两个截然不同的空间。

【同期】

陈仕梅：你要真的有钱了吧，其实你可以去享受一下生活。他们觉得有钱了，然后真的在这边大部分时间花到那个麻将桌上，我觉得很没意思。

陈仕梅：你看这就是出口日本的茶花香。我四五岁就开始玩这个产品了，你想我现在多大。

【解说】

中国改革开放之后，万载就开始做出口花炮。为了防止集中生产带来的危险，花炮生产的每一道工序，都被隔离成一间独立的作坊，由单人操作。

【字幕】罗马柱光厂厂长　李最光

【同期】

李最光：就是我们的飞机，废掉的飞机，打碎磨成粉，最后放到里面去。

李最光：在中东这一块，就黎巴嫩、巴勒斯坦这一块，搞肩扛式的，这样去搞。

李最光:而我们这里我们敢都不可敢哪。

【解说】

将各种不同的火药进行不同层次的填装,礼花弹燃放时,就会变幻出不同的样式和颜色。

蜿蜒的生产区,隐藏在丘陵的每一道褶皱里。

【同期】

陈仕梅:就填补一些空缺,尽量地多装一些货了。一个集装箱能装八百箱也是一万多美金,装一千多箱也是一万多美金,你多装一些,那不是为人家省了运费嘛。

陈仕梅:因为我们生长在这个烟花产区,毕业之后做了这一行,参加了第一次烟花节就特别地震撼。我看到那种,我真的是全身都起鸡皮疙瘩。

解说:中国人发明的火药,在全世界的天空下绽放成斑斓的花朵,

【字幕】湖南　浏阳　319 国道

【解说】

运输烟花的 319 国道,不仅连接着三角地的各个县市,也将它们同世界连接在一起。

【同期】

【人名字幕】浏阳国际花炮协会秘书长　刘东辉:那时候我们叫路债,每个职工都买了,我们都买了几千块钱,买这个路债,就是靠这样集资把这个钱集起来,就通过蕉溪岭打一个隧道。

这个隧道总长是三点多公里,就把这条 319 国道改直了,拉通了。然后现在到长沙,到黄花机场只要五十分钟。过去长沙人要一说好高骛远,或者是有一点天方夜谭,用一句俗话叫作"做浏阳梦",如果是用浏阳话说就是做浏阳梦去了。

画面,地铁列车

画面:港口

【字幕】广东　深圳　盐田港

【解说】

800 公里外的深圳盐田港,中国最大的基因测序公司也在经历中国式生长。科学家不预测未来,他们喜欢创造未来。

年仅 21 岁的赵柏闻已经是世界认知基因领域的顶尖科学家,他正带领着国内外十几位专家学者,从事人类智力差异与基因的关联研究。

赵柏闻曾就读于北京人大附中,高二那年暑假,他在深圳盐田港边一幢旧鞋厂改造的大楼里参加了一次科学夏令营。夏令营结束后,他做出了一个重要的人生选择:退学,创业。

【同期】

赵柏闻:父母他们那个时候正在内蒙古旅游,接到我电话就赶过来了,连夜赶过来,汪老

师他都出现了，他跟我父母讲说，说这个单独去聊一聊，聊什么我也不清楚，聊完了出来我父母就同意了。

汪建：我这个鞋子穿三年了，我一年四季就是它了，从来都不换。

【解说】

汪建自称“土匪科学家”。20 世纪 80 年代，他在美国研究基因科学，90 年代代表中国参加了国际人类基因组计划。他喜欢用“中国太小，宇宙太大，地球正好”来描绘基因应用的前景。

【同期】

【人名字幕】华大基因　汪建：所有的生命科学的根本是基因。现在 X 光那些东西不管用了，因为你所有的变化疾病是从你细胞开始，你细胞开始是从 DNA 开始的。

【解说】

基因研究，不仅代表着人类对自身的认知，更将对未来的生物经济时代产生革命性影响。中国并不拥有这个领域最尖端的技术，但中国人愿意去做最基础的工作。

解读基因要从测序开始。2010 年，汪建贷款 15 亿美元买下 128 台美国最新问世的测序仪，一举建立起全世界最大的基因测序和数据分析平台。他要以产业带动科研。

【同期】

汪建：出生缺陷 80％以上是因为基因变化导致的，这个没错吧，任何人都认可。那我既然是基因，那我就能读得出来，我读得出来你就可以避免这个，你们两个本来不配对，你们俩配什么配。你以为你高富帅你就管用了？

男：笑看，美女，美女下巴低一点点就行了，手滑下一点点。

赵柏闻：他触动了就是我内心深处的一种很原始的冲动，就是想去探寻全世界没有人知道的一些事情，这种事情一定是对全人类、全社会都有意义的。

【解说】

年轻人的心跳会加速科学的脚步。

2012 年时，36 岁的王俊被英国《自然》杂志选为全球科技界十大人物。

大二时退学加盟的李英睿，26 岁就成为这里的首席科学家兼华大科技首席执行官。

能够掌控自己的生命历程，这几乎是人类梦寐以求的最高境界。汪建和他的团队希望通过基因测序服务，获取百万人以上的信息，再将数据加以研发应用，服务于大从。让普通人通过基因筛查获得更加健康的生命，汪建相信这将是一个价值可达一万亿的大市场。

所以，他的口号是，先为各国人民服务，然后让各国货币为我服务。

【同期】

【人名字幕】员工　林小贞：我就觉得如果把科学跟商业相结合是最好的，那世界上有很多的研究生或者是博士都能研究，那世界上有很多人会做生意的，但是就缺乏中间这种人。

汪建：华大做法是把它包起来，我基础研究有吧，我技术力量有吧，我产业有吧，我全球化有吧，IT 也是我的一个核心支撑吧，野是野了点是吧？

【字幕】第八届国际基因组学大会

华大每年产出的基因测序数据占到全球的一半，在生物经济的链条上，它已经是不可或缺的关键环节。

【同期】

【人名字幕】华大基因研究院院长 王俊：华大应该说从一开始的时候就跟世界没距离，因为在一开始的成立就参加国际的人类基因组计划，那就是六个国家，3000名科学家共同参与的一个计划，科学本来就没有国界。

赵柏闻：科学是没有国界的，但是科学家是有国界的。感觉像城乡接合处一样的一个地方，周围都是工厂、港口的货柜。半夜我进去，印象非常深刻，灯火通明。

华大基因助理总裁 杜玉涛：实验室在这边，宿舍就在后面那个工业区的宿舍楼里面，两边相隔就几米。其实当时拿那个宿舍楼的时候，汪老师还特搞笑，他说这离得这么近多好，中间吊一个滑竿，哗就过去了，就上班下班了，很方便，所以我们也选择住在那里。基本上就是一个睡觉的地方。

【解说】

解说：把庞杂的数据进行分析、拼装，解读，只能靠人。对于年轻人来说，这里不讲资历，能够参与重大的科研项目，边干边学。大量的实战机会吸引、凝聚、锻炼着几千名生物领域的专家，他们夜以继日，解码世界的DNA。无论对于科技还是商业，天然都需要有创新的基因。

【同期】

联合国秘书长高级顾问 Frederick C. Dubee：（让我惊讶的是）他们那么的年轻，平均年龄只有26岁，这是非常非常特别的。他们多数人来自不同的学术领域，他们就像是生活在一个思想不受束缚的世界，这使得他们不拘泥于一种学科，或者一种思想体系，他们总是在用新的方式和角度看这个世界，这对基因学来说是非常棒的。

【解说】

在批评者看来，这不过是一个依赖仪器和人口红利的测序工厂。但汪建推崇的是关于"两弹一星"的一句话：没有一声巨响，这个世界谁也不会理睬你。

【同期】

汪建：Venture Capital你是风险投资，我是Venture Science，我用科学来换取胜利。

赵柏闻：说你们就是不想守规矩，你们是就想突破想创新，他就给你们一个环境。没有人有独立办公室，后来我去见汪老师，汪老师也是，他就坐一个卡位上，他也没有自己的办公室。

汪建：宝座啊，我们有什么区别吗，人和人，现在你看华大谁敢讲高端客户，谁敢讲高端两字我就灭了谁，人跟人有什么区别。在我们的机器读那个ATCG有什么区别。

赵柏闻：我们要让我们的这种应用，让我们的这种研究去造福更多的人，去影响到更多的人的生活。

汪建：为什么过去的一百多年我们落后呢？所以有时候需要反省，这些优势中间也包含着你的劣势，要不然你还是沉睡于梦想之中。我勤劳，我勇敢，我聪明，我智慧，so what(那又怎么样)？拿点东西看看。

【字幕】深圳　新华大基因总部

【同期】

汪建：这就是新华大，整个已经开工了，路也修了。

【解说】

这片未来国家基因库的建设基地上，一条长近 90 公里的铁丝关曾经分隔着特区与内地，随着时代的变迁，铁丝关已经成为记忆的片段。

在汪建看来，过去是引进来的 30 年，未来将是走出去的。

【同期】

汪建：作为一个地球人，我本来就从非洲走出去的，我再走回非洲去又怎么样？对吧？我回家。

众：一二三四。

众：立定，一二。

张华荣：我认为，就是有效益有意义的事情，大家共享就叫生意。我们离世界到底有多远，并不远，但是，需要坎坷地去拉近。

李昌宪：还是这样，当年来的时候是什么样现在还是什么样，但是中国的变化却非常大，中国人走出国门跟世界做生意，也越来越自信了。

【解说】

世界以前所未有的方式连成了一个整体。为了与这个新世界相遇，中国人奔跑在伟大而崎岖的道路上。

汪建：中国这 300 年来受人欺负，受尽了耻辱，烦不烦？除了开始，我要他(追)赶我，过不过瘾？你把它联起来，他就要(追)赶你了。

他们不仅善于进取，还会耐心等待——这是他们所具有的一些古老的品德，跟这个国家一样，历久弥坚。

第八章　电视剧的导演艺术

第一节　电视剧的概念界定

在众多的艺术样式中，“电视剧”的命名可以说是最有争议的。从电视剧的称谓来看，这一概念无论在国内还是在国外都没有统一的、固定的说法。《美国传统词典（双解）》将“电视剧”称为“teleplay”，解释为：a play written or adapted for television，即“为电视写的或适合于电视的情节剧”，这也就是我们所说的“电视戏剧”。不过这只是“概念”上的称呼，一般称为“soap opera”，我们译为“肥皂剧”。其实，“肥皂剧”才是美国人心目中的真正的“电视剧”，也即我们说的电视连续剧，一种真正意义上的“电视剧”。《美国传统词典（双解）》解释为：soap opera/a drama，typically performed as a serial on daytime television or radio，characterized by stock characters and situations，sentimentality，and melodrama，意即“肥皂剧/一种戏剧，在白天的电视或广播中以连续系列形式播出，其特征是熟悉的人物和场景，富于感情的通俗闹剧”。《现代英汉词典》则解释“soap opera”为“肥皂剧/一种短小的连续广播剧或电视剧，因肥皂商常利用这种节目做广告，故名”。可见，英美两国在“电视剧”的认识上基本是相同的。

与国外不同，国外对电视剧是称呼不同，定义也不同，但在国内，电视剧的称呼一致、定义却不一致——对电视剧的理解各不相同。第一种意见认为电视剧是戏剧艺术的一种。电视剧是“一种专为在电视机荧屏上播映的演剧形式。它兼容电影、戏剧、文学、音乐、舞蹈、绘画、造型艺术等诸因素，是一门综合性很强的艺术”。这是中国最具权威的《中国大百科全书》对电视剧下的定义。早期《辞海》对电视剧的定义也是如此：“电视剧是一种适应电视广播特点的戏剧艺术。它不受场景和舞台的限制，是融合舞台剧和电影艺术的许多表现手法而形成的新艺术形式。”不过2000年后的新版《辞海》同样增加了“电子技术”这一项：“电视剧是一种融合舞台剧和电影的表现方法，运用电子技术制作、在电视屏幕上播映的戏剧。”

第二种意见认为电视剧是叙事艺术的一种，如1991年出版的《电视艺术辞典》的解释：一种以电视录像手段录制而成的，通过电视传播媒介而播映声音、图像的新的叙事艺术形式。这种说法与有些论者将电视剧看作是一种“电视节目”基本上是相同的。

第三种意见认为，电影和电视剧是姐妹艺术，都以声画的结合和影像画面作为创作的依据和特征，都是一种兼有视觉艺术和听觉艺术的视听艺术，一种兼具时间艺术和空间艺术的时空艺术，一种在运动中表现事物运动的艺术。许多人都试图把电影与电视剧区分开来，然而电视剧与电影之间的渊源关系却是没有人能够无视的。首先，与电影一样，电视剧也是一门视觉艺术，其表现形态是由有声的、活动的画面组接起来构成的荧屏形象（电影则为银幕形象），它不仅表现了真实的空间，而且直接表现了在时间的发展中不断变化着的空间；与其他艺术类别相比，它可以表现造型艺术无法描绘的时间的流动，可以展现音乐所失去的直观形态，可以突破戏剧舞台的局限，具有时间、空间表现上更大的自由，也可以弥补文学的不足，让受众直接通过自己的感觉器官来感知形象。其次，与电影一样，它是一门综合艺术，包含了各种艺术如音乐、美术、戏剧、文学等表现方式。同样它还是科技与艺术相互结合的产物，在运用现代科技方面，电视比电影似乎来得更为迅捷。

因此，我们在对电视剧的概念进行界定时，必须面临两个问题：一是作为一种视觉艺术，它与别的艺术类别如作为语言艺术的文学和作为舞台艺术的戏剧之间的区别；二是同样作为视觉艺术，与电影相比，电视剧有着怎样独立的特征。[①]

美国艺术理论家苏珊·朗格说："艺术种类更为本质的划分是那种圈定其真正范围的划分，亦即区分各种艺术创造的东西或者说区别它们基本幻象的划分。"电视剧是电视技术与艺术相结合的，融合戏剧、电影、文学及其他传播媒介中诸多表现因素形成，通过表演叙事以适应电视连续播映的电视艺术。或者简单说，电视剧是通过表演叙事专为电视播放制作的电视艺术，连续长剧是它的主要艺术形态。由此，《高级汉语词典》对电视剧的词义解释值得重视："TV play，teleplay，一种适应电视广播特点、融合舞台和电影艺术的表现方法而形成的艺术样式，一般分单本剧和系列剧，利用电视技术制作并通对电视网播放。"[②]

不过，虽然对电视剧艺术的定义概括存在如此大的分歧，但现在电视剧这一名字毕竟已经成了一种约定俗成的称呼——它不仅在中国大陆取得了最大公约数的认可，并且还在中国的港、澳、台地区，甚至世界华语地区获得了最广泛的认可。

从众多理论、观点出发，本书认为电视剧的概念核心在《电视艺术理论》一书中的定义较为合理：

所谓电视剧，主要是指运用电视的技术与艺术手段，融文学、戏剧、电影的诸多艺术表现元素于一体，构成故事性较强、适宜电视屏幕播出并以家庭传播方式为主的视听叙事形态。[③]

第二节　中国电视剧的基本类型

在《国家新闻出版广电总局关于2015年元月全国拍摄制作电视剧备案公示的通知》中，管理人员把当月申报的电视剧题材分为当代、现代、近代、古代等四大类，其中当代题材又分

① 陈晓春：《电视剧创作理论·技巧·案例》，北京广播学院出版社，1999年05月第1版，第24页。

② 蓝凡：《电视艺术教程》，复旦大学出版社，2009年，第37页。

③ 高鑫：《电视艺术理论》，中国传媒大学出版社，2012年，第103页。

为都市、军旅、农村、涉案、科幻等七小类，现代题材分为都市、其他两小类，近代题材分为传奇、革命、其他三小类，古代题材分为传记、传奇、武打、其他四小类。固然，该月公示的剧目不一定包含了所有的体裁，不同时代、不同题材电视剧作品也肯定会有不同的特点，但即便如此，以上的分类仍明显存在着标准不统一、种属概念混淆、过于细化等情况。

本书依据国家新闻出版广电总局的分类依据以及诸多论著中对于中国电视剧类型的分类观点，对中国电视剧进行如下两种划分形态：

一、按形式分类

按照剧集的形式，电视剧的主要类型有单本剧、系列剧和连续剧。按作品时间的长短、内容容量来划分，还可以包括电视小品和电视短剧，连续剧还可以分为中篇连续剧和长篇连续剧。[①]

单本剧每集四十五分钟左右，可以包括上、下两集或者上中下三集。因受篇幅所限，单本剧要求情节紧凑、人物集中、构思巧妙和形式独特。如20世纪80年代初的《希波克拉底誓言》《新闻启示录》《女记者的画外音》《走向远方》《秋白之死》《小木屋》《纽带》等以及近些年的城市题材《午夜有轨电车》，农村题材《红剪花》《金豌豆》，反映部队生活的《在雪线上》，反映少数民族生活的《天神不怪罪的人》，反映儿童成长故事的《太阳有七种颜色》等都属于单本剧；近年因电影频道的播出需要，“电视电影”形式的单本剧开始大量投入制作，在制作成本上，虽然比一般的电视单本剧要多，但与电影相去甚远。因电视屏幕较小清晰度有限，因而不必如同电影一般追求宏大场面和视觉冲击效果，但因为制作手法的电影化，又比传统单本剧更具有视听美感。“电影电视”大多由流行的传记、小说、历史著作等改编而来，比较代表性的如《镖行天下》系列、《大国手》系列以及《陆小凤传奇》系列等，形式上也近似系列剧，但剧集之间无前后情节必然联系、单独成篇且制作精良。

系列剧是以一系列独立的故事构成的一种电视剧样式。系列剧集与集之间故事的连贯性不强，但各集之间在主题、风格、题材或人物上有一定的内在联系。系列剧在美国发展趋势良好，特别是几个主要人物贯穿始终的与探案相关的内容，每一集即是一个案件的侦破过程；或以某个人物问题、大事件贯穿，有一定的连续性，但每集内解决的事件也具有独立性。如《急诊室故事》《犯罪心理》等美剧即是如此，中国也模仿制作了《急诊室故事》，结构安排上基本与其无二，只是独立的事件上更具有中国本土特质。还有一种系列剧各集中的人物和故事独立成章，是以一个统一的主题或基本情节框架贯穿始终的，如中国电视剧《聊斋》，每一集都是独立成章的，揭示的是狐仙鬼怪故事，揭露社会、人性的主题。

连续剧分为中篇连续剧和长篇连续剧。中篇连续剧介于单本剧与长篇连续剧之间，三集以上，八集以内。中篇连续剧播放周期短，内容凝练，既能保持一定的容量，又能保持作品欣赏的完整性。日本的电视连续剧一般都保持在中篇连续剧的标准，如“月九剧”（日本富士

---

① 姚扣根：《电视剧写作概论》，上海古籍出版社，2003年10月第1版，第186页。

电视台每周一晚九点播放的电视剧)通常保持在11集(最长不超过13集)的篇幅,也是因为它的此种特性。我国的中篇连续剧有《绿荫》《过把瘾》《贾里的故事》《九·一八大案纪实》《黑脸汗子》《家》《春》《法官潘火中》《神圣的军旗》等一大批优秀作品;长篇连续剧是目前我国电视剧的主要类型,八集以上,能最大限度满足观众长期收看一部电视剧的观赏要求,因电视剧连续的剧集越多、时间越长,观众对剧中人物越熟悉,对剧中情境越会产生代入感,就越容易产生亲切意识。一般的长篇电视剧以20集左右为宜。现在超长篇的电视剧层出不穷,这与观众意识的转变、电视剧销售与广告需求密不可分。中国较早引进的墨西哥电视连续剧基本为超长连续剧,20世纪80年代引进的港台电视剧,特别是武侠、古装剧多为四十集以上的作品,"韩流"的各种偶像剧也是如此。近年国产的《甄嬛传》《三生三世十里桃花》等剧也呈现出了超长电视连续剧的热衷倾向。

二、按题材分类

中国电视剧按照题材分类,概略说来可分为两大类:现实题材与古代题材。

(一)现实题材电视剧

现实题材电视剧可分为主旋律剧、青春偶像剧、涉案剧、家庭伦理剧等几个基本类型。

1. 主旋律剧

主旋律剧赞扬真善美,反映社会进步,唱响时代主题,传达的是主流价值观与主流意识形态。是中国现实题材电视剧中的主要类型,也是最早的中国电视剧题材类型:中国第一部电视剧《一口菜饼子》就是一种利用戏剧化的艺术形态媒介来阐释国家政策与理念的,也是中国主旋律电视剧的雏形。改革开放后,长期占据主旋律剧的"高、大、全"式的人物形象和社会主义宣传画式的图解故事建构逐渐开始淡出荧屏,"人性"的探究开始在主旋律剧中慢慢趋向主导地位。主旋律剧在内容题材上有以新中国历史上真实的革命事件和人物为创作素材的重大革命历史题材,如《长征》《延安颂》《开国领袖毛泽东》等;有侧重反映当前国家政治事务中的政策、主张或以一定原型进行虚构出能代表时代精神的人物或故事的,如《人大主任》《任长霞》《生命烈火》等;有以军人为主要创作对象,展现军人的崇高品质及面对挑战、机遇乃至于诱惑所做出的抉择,如《和平年代》《女子特警队》《许三多》等;另外还有农村题材主旋律剧,以农村建设、农民物质生活和精神生活为主要创作色彩,反映中国农民坚韧、乐观的精神面貌,如《篱笆·女人·狗》《辘轳·女人·井》《古船·女人·网》三部曲曾引起巨大反响。

2. 青春偶像剧

青春偶像剧是指大量启用面貌俊美的演员、符合社会流行造型服饰,并以细腻爱情戏为主的且主要场景为现代的时装电视剧。一般说来,多指发源于日本的电视剧种。在日本被称为"Trendy drama",即爱情时髦剧。现在较普遍的一种说法是以偶像明星为主角,以青少年为主要收视对象的剧种,其特征是剧情有钩心斗角但都是为了纯洁的爱情、友情;看演员以颜值为首而非演技;背景环境多为校园。一般认为,偶像剧起源于日本20世纪90年代的

《东京爱情故事》以及《101 次求婚》等由偶像明星主演的“月九剧”，但实际上日本的青春偶像剧以 20 世纪 70 年代日本“国民偶像”山口百惠与三浦友和主演的电视剧时期就已经开始了，也在 20 世纪 80 年代传入中国，影响了中国很长时间的审美意识；20 世纪 80 年代后，中国港台的年轻偶像主演的各种题材电视剧逐渐引入内地，逐渐取代了日剧的地位，巅峰之作为《流星花园》；同时，相近的文化背景以及道德审美，使得韩国的偶像剧在中国形成了巨大的潮流，被称为“韩流”。当下，诸多“小鲜肉”横空出世，背后支撑他们就是“造星团队”以及热爱青春、清纯偶像的受众群体们。

3. 涉案剧

涉案剧是主旋律剧中的一种特殊类型，题材上有反黑、反腐、刑侦、监狱等不同侧重性。近年来的涉案剧有了较比 20 世纪明显的提高：20 世纪涉案剧主要在于体现人民警察、共产党员等的正面形象，在塑造人物形象上脸谱化、形式化缺点明显，被称作“公安剧”，如《公安局长》《凝视黑夜》《天之云，地之雾》《花非花》，模式化、雷同化已成“通病”；而进入 20 世纪以来，中国的涉案剧终于有了“自省”意识，2004 年央视一套首播的《女子监狱》可称公安题材剧的创新，不再纠葛于公安正义而是注目“个性”，叙事不再集中于案件本身，而是在于揭示人性的扭曲乃至于泯灭以及在监狱中的复苏乃至于新生。涉案剧由此开始从题材上、内容上以及表现角度上有了真正的创新以及观念上的突破。而备受瞩目的 2017 年的涉案剧《人民的名义》是近年来最受受众肯定的作品，也是涉案剧中最深刻揭示案件本质，表现中国共产党“自肃”决意的作品。关于《人民的名义》，在个案分析中会详细解读，这里不再赘述。

4. 家庭伦理剧

家庭伦理剧是在时代背景之下，聚焦普通人的家庭生活，它以广阔的社会为背景，以家庭为基本的表现对象，通过家庭中发生的各种事件，探讨爱情、婚姻、亲子、婆媳等伦理道德、成员关系。且常能超出家庭伦理扩大到社会伦理，由家而国，通过个体家庭的伦理道德映射国家社会的道德价值，以达到提升社会伦理道德意识的目的。于平常生活中见美德、真情，也同时遭遇丑陋与疼痛，这可能是很多人正在经历的无力又无奈的生活，但也表达了必将走向美好的中国万万千千老百姓的生活企盼。家庭伦理剧的最终指向仍然是正能量的，即便有艰难险阻、暴风骤雨，但最后一定有成长与收获、有晴空与彩虹，代表作品如《婚姻保卫战》《老大的幸福》《媳妇的美好时代》《我的美丽人生》等。

（二）古装题材电视剧

古装题材电视剧在中国有着丰富的类型，既有以古代历史上真实事件、人物为素材的“历史正剧”，也有以野史、戏说等为形态的娱乐历史剧；更有中国特有的武侠类型剧，受中国港台武侠剧影响，20 世纪 80 年代以后开始逐渐形成制作潮流；另外还有取材于古代神魔小说、神话故事或传说的神话剧等。

1. 历史剧

如前述，中国电视剧中的历史剧分为“正剧”的真实呈现与“戏说”的野史表达，对于观众而言，无论是真实还是虚构并不重要，重要的是电视剧本身有没有“可看”之处。一般说来，中国内地的历史剧以较为真实地再现历史为核心，剧情的设计、人物的形象以及事件的发展都遵循明确的历史观，对照历史现实进行制作。而港台的“历史剧”则更多在原有的历史进程中进行大量的虚构、艺术处理，使其更具有娱乐功能性，如内地制作的《武则天》《康熙大帝》《雍正王朝》等历史剧，港台“历史剧”《寻秦记》《戏说乾隆》等即是如此。

2. 武侠剧

武侠文化是中国文化的特有构成部分，也是一种特有的中华流行文化。自 1928 年张石川等将平江不肖生的小说改编成电影《火烧红连寺》并掀起中国武侠电影的制作热潮开始，武侠题材逐渐成了中国特有的电影类型。20 世纪 70 年代后，大量的港台武侠剧涌现，金庸、梁羽生、古龙等著名武侠小说家的作品几乎悉数被搬上荧屏如《射雕英雄传》《神雕侠侣》《倚天屠龙记》《白发魔女传》《楚留香》《陆小凤》等。内地的武侠剧起步虽晚，却也有不少精品，除了重拍金庸小说的《笑傲江湖》《射雕英雄传》以及《倚天屠龙记》等优秀巨作外，还有几部可圈可点之作：中国武侠电视剧的开山之作的《白眉大侠》(1995)，改编自评书艺术家单田芳的同名作品，对以后内地武侠剧的大批出现产生深远影响；1996 年的《甘十九妹》，深受青年和少年儿童喜爱，堪称 20 世纪 90 年代最经典的武侠剧之一；2004 年的《逆水寒》，极少的温瑞安作品改编剧，在一流制作团队的倾力打造下，风格色调均有奇骏之处。近年来由于网络小说的兴起，武侠神幻剧成为武侠剧中一个新的“物种”，依然有“武”的行为有“侠”的精神，但附加了神幻色彩：飞天入地、四海八荒、修仙得道等，因其想象奇诡，加诸特效制作能力的提升，动作表现、环境设计等硬性问题得到解决，这一类型迅速进入大众视野并受到肯定，掀起收视热，2015 年的《花千骨》以及 2017 年的《三生三世十里桃花》为其代表性作品。

3. 神话剧

古装神话剧由著名的古代神魔小说或流传已久的神话传说改编，故事是观众早已熟知的内容，影像表现也基本遵从大部分观众的审美需求来进行形象塑造。神话中反映的压制、摧毁邪恶主题与中国百姓长期以来信奉的“善恶有报”的观点相契合，形式上的表现随着电视制作技术的发展而更加具有视听震撼感，广为中国观众所喜爱，如《封神榜》《西游记》以及《新白娘子传奇》等。近年也有一些以网络流行小说改编而来的神话剧，如《花千骨》《三生三世十里桃花》等，也因其偶像剧特色而深受年轻人欢迎。

除上述三种古装剧以外，还有言情剧类型的古装剧，代表剧目如琼瑶作品改编的《新月格格》《梅花烙》等，主要以女性为主要叙事对象，以爱情的悲剧收尾；以及喜剧形式的古装剧：既不属于纯粹的武侠，也不属于历史剧或神话剧，虽着古装，却完全不遵循时代背景的言行是其特征，甚至融合了现代化的喜剧元素，如《武林外传》等。

第三节　中国电视剧的发展历程

一、改革开放前：开端与迟滞

1958 年 6 月 15 日，电视剧史上的第一部作品《一口菜饼子》在北京电视台的演播室内正式诞生，长度二十分钟。1958 年 9 月 4 日，北京电视台播出了第二部电视剧《党救活了他》。在北京电视台之后，新成立的上海、广州、天津、西安、武汉、长春等电视台也先后播出了各自制作的电视剧。1966 年，全国各电视台的电视剧创作一度中止。1967 年中国第一部采用黑白录像设备拍摄和制作的电视剧《考场上的反修斗争》由北京电视台拍摄完成。1975 年中国第一次用彩色录像设备拍摄制作的电视剧，描写知识青年扎根农村故事的《公社党委书记的女儿》和《神圣的职责》由上海电视台拍摄完成。1966 年到 1977 年，全国一共播出了这三部电视剧。

从 1958 年至 1966 年，中国电视剧的内容和题材有着明显的政治倾向、时代特色，大致有以下几个类型：最主要的是宣传党的方针政策、配合全党全国中心任务的；其次是歌颂英雄人物进行革命传统与历史教育的；再次反映社会各行各业中的新人新事新生活新风尚的；最后是宣传真善美，教育少年儿童的。特别是少年儿童题材占的比重较大，内容上大多是关于教育少年儿童爱集体、爱劳动以及如何成为优秀的共产主义接班人的，还有一些儿童电视剧以阶级斗争为内容，如《小英雄雨来》《刘文学》《小八路》《暴风雨中》等，都是描写少年儿童与坏人作斗争的故事。小英雄的形象塑造与强烈的阶级斗争意识，也是这一时期儿童电视剧的主要特点之一。“这一时期的电视剧，总体来说艺术成就不高，除了受技术条件限制，编导创作人员对电视剧的艺术特性尚未真正认识和掌握之外，影响电视剧创作人员的主要原因是意识形态对电视剧的严密控制，无论是表现社会生活的现实题材，还是进行革命教育的历史故事，或是表现国外的某些人物，电视剧都必须配合政策方针进行宣传，在这种情况下，电视剧更像是宣传品而不是艺术作品，在这样的创作环境下，编导人员很难在艺术上有真正的追求。”①

1958—1977 年的二十年，中国电视剧无论在思想内容还是艺术水准上都远低于同时期戏剧和电影的质量。当时整个中国电视机的数量只有数万台，电视观众的人数也远远少于戏剧和电影，电视剧的社会影响很小，与现在电视剧的社会影响不可同日而语。但早期电视剧为中国培养造就了第一代电视编剧、导、演、摄、录、美队伍，积累了拍摄电视剧的初步经验，为之后中国电视剧的发展做出了重要贡献。

二、改革开放后——2000 年：复苏与发展

1978 年 12 月，中国共产党第十一届三中全会作出了把工作重心转移到社会主义现代化建设上来的战略决策。1978 年中央电视台播出了“文革”结束后的第一部电视剧《三家亲》。20 世纪 80 年代初期，揭批“四人帮”、教育青年人、歌颂老一辈和党的好干部、反映改革等成为中国电视剧的四大主题，代表作分别为《永不凋谢的红花》《有一个青年》《周总理的一天》《乔厂长上任记》等。

① 吴保和：《中国电视剧史教程》[M]，文化艺术出版社，2011 年版，第 1 页。

20世纪80年代是中国电视剧的大发展时期，题材上也有了很大程度的拓展：文学名著、历史题材以及现实通俗题材等纷纷现于荧屏，初步显示出电视剧娱乐性的吸引力。视听语言方面，不再狭隘地故步自封，而是在画面、叙事等艺术手法的探索上也形成了逐渐突破的趋势，电视连续剧制作水平也渐趋成熟。1980年，中央电视台拍摄了长度为九集的电视连续剧《敌营十八年》，激起了中国电视剧人的尝试愿望。1982年中央电视台制作的《蹉跎岁月》（四集）获得肯定。1985年，北京电视艺术中心的长篇电视连续剧《四世同堂》（根据老舍小说改编；二十八集）问世，更是获得了从观众到学术界的普遍好评。接着《新星》《寻找回来的世界》《红楼梦》《西游记》等各种题材、风格的电视连续剧一部接一部引起轰动，电视连续剧从此成为中国电视剧的主要模式。

“八十年代中国电视剧的总体特征是数量快速增长、质量迅速提高。这一时期的电视剧题材广泛并与现实生活关系密切，正视历史的坎坷，不回避历史曲折给人们命运带来的困惑与痛苦，主题与时代的思想主潮是合拍的。电视剧开始重视本身的艺术质量，从内容、形式和影视语言方面进行了多种探索；电视剧通俗化、娱乐化的倾向开始出现，长篇连续剧发展迅速并取代短篇电视剧成为电视剧的主要形式。八十年代电视剧是一个以现实主义为主要特征，不乏理想色彩和浪漫热情，出现精品但同时也不乏粗糙幼稚之作的时期。这一时期电视剧的观众人数随着电视机数量的增长而迅猛增加，电视剧开始取代电影成为中国当代最具大众性的视听娱乐方式。”①

20世纪90年代因中国社会生活发生翻天覆地的变化、外来文化思潮不断涌入，各种社会问题和症结也随之出现。电视剧除了继续20世纪80年代对名著、历史等传统题材的关注外，也开始倾向于现实问题及其思考与自省，如经商热、出国潮、打工潮、反腐败等题材开始成为20世纪90年代电视剧的时代性标识。特别是改革大潮下经济发展的促动，商业题材电视剧纷纷涌现：如《外来妹》《东方商人》《中国商人》《情满珠江》《晋昌源票号》等。商业题材电视剧的活跃和商人形象的改善，充分反映了商品经济的社会现实和商业文化对中国当代文化的影响。

这一个时期商业题材电视剧改变了1949年以来轻商的社会风向，也表明了一种态势：中国电视剧的现实主义创作迎来了真正的发展环境。表现更为突出的是普通人情感、百姓的日常生活在电视荧屏上的形象呈现。1990年《渴望》播出，引起全国性轰动，开启了中国电视剧表现普通百姓以及平常家庭的时代。之后，《咱爸咱妈》《儿女情长》以及《贫嘴张大民的幸福生活》等家庭伦理、生活琐事题材作品渐次涌现，与新中国成立后意识形态色彩浓厚的电影作品相比，其因自然、平淡的生活味道深受观众喜爱。另一个层面，反映社会现实及当代观众情绪的题材也开始崭露头角，如《纪委书记》等，特别是20世纪90年代中期以后，党中央反腐肃贪决心坚定，反腐成为中国电视剧现实主义创作的一个新的题材来源，如《天网》《苍天在上》等。

20世纪90年代，作为主要类型的历史剧发展迅猛，清史剧的数量最多，代表作是号

① 吴保和：《中国电视剧史教程》[M]，文化艺术出版社，2011年版，第1页。

称“三大王剧”的《雍正王朝》《康熙王朝》和《乾隆王朝》，正史风范与精良制作是其主要特征，另外还有根据民间传说创作的历史故事剧，如《杨乃武与小白菜》《天下粮仓》等，以及具有喜剧风格，用幽默辛辣的笔调借古讽今的戏说历史剧，如《宰相刘罗锅》《康熙微服私访记》等。

三、2000年至今：多元与繁荣

21世纪以来，电视剧的成就主要体现在以下几个层面：一是关注普通人的生活。反映现实生活中的民生百态，探讨家庭伦理关系、道德意识，折射出社会转型期中国家庭在传统与现代间的纠葛与矛盾，深入揭示中国人的精神世界，如《空镜子》《牵手》《大哥》等。二是表现反腐败的内容。继续以现实主义笔法剖析反腐现状，内容上也由从个人贪腐到集体受贿的“窝案”“串案”解析，表现腐败的范围日益扩大，如《大雪无痕》《绝对权力》《大法官》等。三是解构权威与经典。娱乐意识的提升使电视媒体开始在人们喜爱和关注的历史、经典上“做文章”，20世纪90年代初北京电影公司与台湾飞腾电影公司合拍的《戏说乾隆》获得成功后，“戏说”成为古装历史剧的表现形式之一，其喜剧性也越来越明显。代表作品有《铁齿铜牙纪晓岚》《武林外传》等。第四是倡导英雄主义、爱国主义精神。随着外来文化与本土文化博弈现状中本土归属意识与认同感的日渐淡薄，强化国家思想、提升民族精神的凝聚力，倡导英雄主义、爱国主义精神的作品，特别是军人题材电影开始占据荧屏主要地位：战争年代的《亮剑》《暗算》，和平年代军人风貌的《和平年代》《士兵突击》等。但也不排除为了主题而牵强附会的作品，如现在造成观众审美疲劳甚至反感的某些“抗日神剧”即是如此。

中国电视剧的年生产数量，在20世纪80年代末一度维持在每年两千部集左右。进入20世纪90年代以后，中国电视剧的数量再次猛增，1990年全国拍摄电视剧为2306集，2000年达到7535集。2007年日均生产电视剧40集，年产529部、14670集，中国已经成为世界第一的电视剧生产大国。每天在中国大陆播出的电视剧超过6000集，观众数量达数亿人。电视剧的观看方式也由传统的一种方式变为三种方式：观众除了可以通过电视机观看电视剧以外，还可以通过网络电视点击回看已经播出的电视剧，还有在视频播放网站如优酷、土豆、爱奇艺等方式在家庭电脑上观看电视剧，这些新的观看方式，改变了长期以来完全由电视媒体垄断和掌控电视剧播出平台的局面。

21世纪以来，国家对电视剧的创作、播出也加强了管理。从2000年开始，国家新闻出版广电总局多次发文，对海外引进的电视剧播放进行限制，比如要求国内各电视台主频道（即一套节目）在晚间黄金时间（即19:00到21:30）不能播放引进剧，同一部引进剧不能在三个以上省级电视台卫星频道播放等。并针对某些电视剧屡次发布禁播令，如2002年禁播台湾电视剧《流星花园》、2004年黄金时段禁播“涉案剧”等。2004年国家新闻出版广电总局再次发布《电视剧审查管理规定》，规定了不予通过的十项内容。这些措施都表现了国家试图通过电视剧的传播环节来管理和控制电视剧，以保证电视剧的生产和传播符合国家意识形态的要求。

第四节　个案分析——电视剧的导演艺术

一、现实题材《人民的名义》

（一）对于《人民的名义》的相关评价

《人民的名义》一经推出即掀起收视热潮，更形成了社会话题。

《人民的名义》是中国反腐题材电视剧沉寂十余年后的里程碑式作品。其极具突破性的题材、富有张力的叙事、特征鲜明的人物塑造和审美表意上的焦虑纠结，以及在美学构建上的大胆尝试，共同构成这部作品独具特色的美学品格。当我们对其进行文化审读与美学评价的时候，始终不能脱离中国当下的社会现实。对电视剧《人民的名义》而言，它几乎一切的美学呈现都源于文化现实，而它也成为文化现实孕育的当代美学典范。①

《人民的名义》塑造出侯亮平、祁同伟、郑胜利等形象丰满、性格复杂的人物，客观地反映了社会问题，展现出我党坚决肃清腐败分子的魄力。其多线并行的叙事特征，连接宏观与微观两个视角，大大拓展了剧情内涵，在呈现激烈反腐斗争的同时，也不忘为民发声，在波澜壮阔的时代进程中，勾勒出了一个个平凡家庭的剪影。这种模式不仅突显了权力监督的必要性，更是以"照镜子"的方式警醒民众，上下话语的沟通加强了该剧的普世价值，可以说其是我国主旋律题材电视剧的重要进步。②

在动辄拼颜值、人气，靠"小鲜肉"的时代，电视剧《人民的名义》取得成功，尤其是引起"90后"一代的观剧热情，同时也肯定了导演李路所坚持的"先立正，再观剧，主旋律不是喊口号，也可以拍得很好看"的认识。③

《人民的名义》剧情内容的真实性主要体现在以下几个方面：首先，该剧的核心主旋律具有真实性。在当今反腐工作力度不断加大的社会背景与社会风气下，以此为题材进行创作贴合现实生活实际。其次，剧中各级官员、各部门领导的工作作风、行为举止具有真实性。此种真实性与导演、演员等的用心投入密切相关。为保证电视剧的真实性、合理性，编剧及导演深入相关工作岗位体验，甚至与狱中落马官员进行交谈，获悉受贿官员的真实心态，促使角色的诠释更加逼真。第三，剧中官员的腐败方式具有真实性。随着经济发展，腐败的方式更具多样化，由收受现金衍生出收受豪宅、收受古董、收受美人等方式，虽然这些贿赂行为从表面看各不相同，但其本质一致，都是"糖衣炮弹"下引发的官员腐败，剧中高育良一角可谓此方面的典型。第四，剧中工作状态具有真实性。剧中孙连成的"懒政"问题，杏枝为其幼

---

① 王晓旭：文化现实孕育的当代美学典范——评电视剧《人民的名义》[J]，艺术评论，2017，(05)：23-30。

② 赵健：电视剧《人民的名义》的多线叙事结构[J]，当代电视，2017，(07)：4-5。

③ 饶曙光，刘晓希：对"现象级"电视剧《人民的名义》的相关思考[J]，中国电视，2017，(07)：31-33。

儿园工作安置问题多次信访却得不到解决，郑西坡工厂拆迁地皮亦没有着落，人们在生活中或多或少会遇到类似不作为的工作人员，此种懒散、低效的工作状态是现实社会中一类人的真实写照。①

《人民的名义》触及了当今中国政治的多重禁区和敏感地带——贪污、行贿、官商勾结、政府机关的内部规则、盘根错节的利益关系等。这些都是政治上最为敏感的词汇和话题，在此之前却极少正面曝光于观众的视野之中。……没有刻意地掩饰和美化，而是将官员腐败问题和政治生活的常态暴露在观众的视野之中，来接受观众的审查和检验，这也是整部电视剧最为人称道的地方。②

《人民的名义》将正义与救赎作为一种叙事策略，描写了当前反腐的正义性，将反腐提升到了关乎国民生死的高度，同时剧中的反腐素材都是根据真人真事改编，其正义伦理的现实意义彰显无遗，建立起价值观冲突的伦理基础。剧中的人物形象采取艺术虚构与真实还原相结合的创作手法，这些艺术形象与现实生活有着密不可分的关系。观众津津有味地欣赏完电视剧后，寻找着现实中的"贪官原型"，对不同社会阶层的人都有很强的带入感。③

（二）《人民的名义》导演艺术分析

1. 人物形象

福斯特的《小说面面观》中提出了一个"圆扁人物说"，"扁形人物"通常指人物性格建构比较单一和绝对，好人就一直是好人，坏人始终是十恶不赦，缺乏人物性格的变化和人性的复杂。反之，"圆形人物"则是指人物性格比较丰满，可以展现人物的复杂性和多面性。这里的"圆形人物"通常是矛盾的化身，这样的人性格变化莫测，拥有多重的性格架构。一部优秀的电视剧，首先应关注的就是人物的设定，若都是扁形人物则无悬念，脸谱化；若都是圆形人物，复杂多变、多面矛盾，则不符合中国观众的传统审美需求。《人民的名义》在人物的塑造上就充分地考量到了"圆"与"扁"的比例与关系。

侯亮平是一号人物、正面人物、灵魂人物，他也是剧中主要人物中最鲜明的"扁形"人物：帅气、有内涵、有地位、有理想更有理性，立场坚定，对事业、家庭、朋友无可挑剔。跟以往的英雄人物、正面人物塑造不同的是，他无私无畏、疾恶如仇却知变通：审讯欧阳菁时晓之以理，为其过生日攻破心理防线；面对昔日学长祁同伟时依然从容回忆往事，试图唤起其心底残存的良知，"延长"他的生命。这样的人物是完美无瑕的，同时也是该剧着重突出的社会正能量的代表者、主导文化迫切倡导的新的时代精神和未来的希望。

戏剧化电视剧一直是电视剧艺术风格体系的一种基本风格类型，其最本质特点即"重视情节的作用，主要通过冲突、危机等戏剧因素和波折起伏的故事吸引观众，进而在人物形象塑造上多采取典型化的手法"。④ 除了侯亮平的典型"扁形"性格塑造之外，其他的几个主要

---

① 黄君辉：《人民的名义》：反腐斗争的艺术再现[J]，当代电视，2017，(08)：16－17。

② 于晓川：中国政治生态的群像戏——从电视剧《人民的名义》谈起[J]，当代电视，2017，(09)：17－18。

③ 王兵兵：《人民的名义》的正义伦理[J]，电影评介，2017，(09)：36－38。

④ 卢蓉：《电视剧叙事艺术》，中国广播电视出版社，2004 年版，第 113 页。

角色几乎都是典型的“圆形”：李达康、陈岩石、高育良、祁同伟等均是个性鲜明、血肉丰满。李达康是一个“好官”，为官清廉、痛恨腐败，将全部精力都投入到工作中。但是，他又专权霸道、铁血冷酷：对待妻子欧阳菁及朋友疏冷淡漠。为了政绩和个人抱负，他依然强拆大风厂，成了凌驾于工人利益之“私”上的公器暴力，同时也暴露了从政之难、廉洁之难、作为中层干部之难。李达康情的内敛、甚至阉割，所引发的悲情之感成为人们认同这一角色的关键。祁同伟曾是为了保护人民财产安全，血染警徽的缉毒英雄，但也是放走丁义珍、撞伤陈海的幕后黑手，红与黑的两种性格色彩在祁同伟身上得到交汇融合，其前后反差、矛盾引导着观众去抽丝剥茧体悟这个人物的心路历程，令人唏嘘不已。高育良原是大学教授，教出了一大批政法系统官员，而他的私欲也正是由于这种权利范围的不断扩散而日益膨胀。他曾心怀抱负，为师、为官都有着基本的道德和职业底线，对腐败和懒政问题也有着深入的认识。但一旦坠入腐败的深渊便与贪婪、罪恶缠绕到了一起，将人民绑架给了权力、将灵魂供奉给了私欲。

2. 艺术特色

(1)结构与线索安排

《人民的名义》非常鲜明地展现了三条主要线索，也是三股力量的博弈和较量：一是剧中的老共产党人陈岩石、汉东省委书记沙瑞金、省纪委书记田国富、京州市委书记李达康、纪委书记易学习、汉东省检察院检察长季昌明、反贪局前局长陈海及继任者侯亮平、京州市公安局局长赵东来、大风厂工会主席郑西坡等人物形成的正面力量，即“人民的力量”，诠释的是“人民至上”的理念，构筑成了《人民的名义》的主旋律。第二股力量由大小贪官构成，由巨贪小官赵德汉、京州副市长丁义珍、市检察院检察长肖钢玉、法院副院长陈清泉、银行副行长欧阳菁、国企老总刘建新、汉东省公安厅厅长祁同伟、办公室副主任程度以及汉东省委副书记兼政法委书记高育良以及官至副国级的赵立春等。他们利用手中权力中饱私囊、满足个人私欲，无视人民的利益与权利。第三股力量是第二股力量的“衍生品”，为了金钱而生，官二代赵瑞龙、山水集团总经理高小琴及其孪生妹妹高小凤、民营企业家蔡成功等人，为了逐利不择手段，与第二股力量交织在一起，权钱交易、权色交易，共同“对抗”第一股力量。这三股力量是三条叙事线索，彼此之间的生死较量与最终归宿成为本剧的情节点与戏剧冲突内核。

(2)细节

细节处理的好坏是电视剧成功的关键，《人民的名义》取得巨大成功与其对细节的处理、把控密不可分。例如，陈海车祸背后的主谋是昔日同窗好友祁同伟，在祁同伟拿照片与妻子回忆往事时内心矛盾的表情细节已经有所暗示，而后来祁同伟对高育良坦白时说了一句话：“高老师，其实我们面临的危险超出你的想象。”这样的语言细节已经开始揭开高育良的面具；而赵德汉藏匿两个亿的家中摆放着布格罗的《收获归来》画幅，其每次受贿回家是“收获归来”，侯亮平此次的抓捕行动更是满载而归，展示出极强的讽刺意味。

此外，由于剧中展示的是官场，因而各种官场细节有着明显的现实映射。如排位，各个干部在开会时的座位有着严格的上下位次；正式场合中，同级互称对方为同志、对于上级则称呼加姓氏或名字的职务称呼，如季检察长、达康书记；干部们衣着均为中国现实领导干部的“工作衫”——夹克衫；党政专网的红机电话，即中国副省级以上的党政领导专用的保密电话等。还有不同人物的家庭装修也与各自身份、性格相符。侯亮平性格较为活泼，故其房屋装修风格较为年轻、俏皮，布局彰显现代化，而高育良家风格内敛却暗藏奢华。由此可见，《人民的名义》剧组对细节的艺术性处理极为用心，为整部剧的成功奠定了基础。

(3)现实主义手法

党的十八大以来，以习近平同志为核心的党中央依法治国、全面从严治党，高举反腐利剑，扎牢制度笼子，将党风廉政建设和反腐败斗争提到新的高度，体现了新一届中央领导集体的决心和魄力。在这个重要的历史关头，文学艺术以饱满昂扬的姿态，积极书写和记录伟大实践，积极表达社会现实、回应人民关切、展现正义力量，体现了文艺工作者的责任和使命。[①]《人民的名义》之所以如此受到观众热议与追捧，关键就在于它真实地反映了现实生活中最受百姓关注的话题，体现了现实主义创作的蓬勃姿态和伟大力量。

一直以来，现实主义手法在文艺创作领域被广泛运用，文学经典如柳青的《创业史》、路遥的《平凡的世界》和陈忠实的《白鹿原》等，而这两年热播的电视剧《安居》《欢乐颂》《小镇大法官》以及《刑警队长》等也都是现实主义作品，反映了时代的要求与人民的心声。《人民的名义》延续了这种现实主义创作方法，不仅还原了现实中受百姓关注的反腐大案，与党的方针指向、人民的紧迫呼声紧密呼应，还在讲述故事、刻画人物、描述场景等方面以细节描摹丝毫不脱离现实，以主题思想紧紧抓住时代脉搏与精神，这也是《人民的名义》深受观众认同的最本质原因。

二、古装题材《琅琊榜》

(一)对琅琊榜的相关评价

《琅琊榜》能够在当下的影视剧市场中分得一杯羹，不仅得力于精确地把握到了网络传媒语境中观众的审美心理，更在于它时刻以精细化打造的艺术效果作为衡量自身的重要标准。[②]

电视剧《琅琊榜》在原则上遵循了现实主义道路，却在审美精神中融合了浪漫主义的手法，不仅塑造除了鲜活并令人感动的人物，更表现了如今大多数国产剧有意避开的精神价值，以其鲜明的爱憎反应，让广大观众获得的审美愉悦仿佛是在阅读和欣赏一部“史诗”。[③]

导演不仅在情节的设置上煞费苦心，更是以超高的水准对整个画面进行了布局，在给观众展示一幅幅淡雅古典、青花瓷式的远山近景的同时，也传达出一种唯韵、唯美、唯情的深远意境。[④]

① 方舟：《人民的名义》：重建辽阔的现实主义，人民日报，2017 年 4 月 21 日。

② 李群山：架空的历史与真挚的情感——电视剧《琅琊榜》艺术内涵分析，当代电视[J]，2016 年第 1 期，第 24—25 页。

③ 祁娟：优美与崇高——谈电视剧《琅琊榜》的美学价值体系[J]. 当代电视，2016(01)：26 - 27。

④ 刘锴锴：开启电视剧的视觉盛宴——谈《琅琊榜》中的布景、画面、意境美学构建[J]. 当代电视，2016，(03)：17—18，6。

《琅琊榜》严谨的构图使得画面主体突出，视觉焦点始终处于画面构图中心，而陪体则灵活自然，层次多元化，配合着主体完成镜头语言表达，既烘托了氛围又补充了画面信息，充分体现了我国传统审美习惯上的对称美。①

《琅琊榜》从传统文化中寻求滋养，在空间维度上着意打造出一个深蕴民族文化特性与审美趣味的诗性空间，使其从一般的宫廷权谋剧中脱颖而出并具备史诗品格。这或许是“中国故事”讲述的又一可行路径，值得理论与实践的进一步探索。②

《琅琊榜》选择了架空历史的叙事模式，对故事的处理方法是仿效正剧，在传统叙事内核稳定的基础之上达到了叙事自由的最大化，促成了传统叙事的突破。这种架空历史的故事框架决定了《琅琊榜》的故事在精彩程度上有着更大、更自由的施展空间。③

在叙事结构上，《琅琊榜》没有简单的单线型升级或串珠模式，而是在错综复杂的矛盾变化中展开和推进故事情节。所谓升级或串珠，实际上是类型文学为了迎合读者阅读心理而刻意制造出的情节发展链条。④

（二）《琅琊榜》导演艺术分析

1. 人物塑造

《琅琊榜》作为描述宫廷、朝堂斗争的电视剧，主要角色都具有一定的复杂性，极少脸谱式的形象。剧中人物虽立场不同，但都秉持着自身的行为逻辑，即使是反派人物如专断无情的梁帝、虚伪奸猾的誉王萧景桓以及奸诈狠绝的谢玉等人也都有着令人唏嘘之处，形成了以追究人性的复杂性为目的的人物塑造形式。更加难能可贵的是，在人物精神的描摹上，作为“架空”的古装电视剧仍能保存着惩恶扬善、家国大义的价值取向、精神内核，遵循着“仁、义”的中国传统文化的基本道德准则和伦理原则。

男主角梅长苏是整部电视剧的灵魂人物，也是张扬家国大义的主要“行为人”。他出身名门、文武双全，有着青梅竹马、心心相印的未婚妻，有着能够预想到的美好的未来。但这一切毁于奸臣的阴谋陷害，家破人亡，自己虽侥幸得活却又身中奇毒，经受了“扒皮去骨”的非人手术之痛后改头换面回京复仇。这个人物的命运可谓大起大落，人生可谓大悲大仇，但他却不是为了复仇而不择手段、费尽心机，而是绝不伤害无辜，所有的黑暗、孤独、痛苦都一己承担，一直保持着报国的赤子之心以及士为知己者死的英雄气质，此为“仁”；他之所以选择扶持萧景琰上位，不仅仅因为他是自己的至交好友，更因为军人出身的萧景琰身上一直有着坚强的意志力和进取的精神。他知道，只有选择这样的人作为君王推动改革，才能挽救自己的家国于危难之中，此为家国“大义”。相较于其他古装电视剧男女主人公往往沉溺于个人情爱的惯常套路，梅长苏的形象有爱，却宽博，甘愿将一切痛苦自己吞咽，不苛求生命存在的形式。这样的精神内核充满理想主义精神，这样的形象让人为之感动。如《甄嬛传》般天真

① 赵辉：从《琅琊榜》看电视剧画面的美学特征[J]，当代电视，2016，(02)：29—30。
② 申朝晖，苏锑平：《琅琊榜》的空间叙事与中国艺术精神[J]，中国文学研究，2017，(01)：20—23。
③ 郑丹琪：从《琅琊榜》热播看电视剧创作的新思路[J]，中国电视，2016，(04)：36—38。
④ 葛娟：网络文学审美范式之建构——兼谈网络小说《琅琊榜》[J]，中国文学批评，2017，(01)：114—123＋161。

清纯的少女沦为权力争斗下的行尸走肉，梅长苏的精神虽身逝，而魂永存。正如习总书记在2014年10月召开的文艺工作座谈会上所强调的："优秀作品并不拘于一格、不拘于一态、不定于一尊，既要有阳春白雪，也要有下里巴人，既要顶天立地、也要铺天盖地。只要有正能量、有感染力，能够温润心灵、启迪心智，传得开、留得下，为人民群众所喜爱，这就是优秀作品。"[①]这也说出了《琅琊榜》这部电视剧最具有现实性意义所在。

另一方面，围绕在梅长苏身边的诸多"仁、义"形象，如靖王萧景琰的正直坚毅、萧景睿的闲淡超逸、蒙挚的英勇忠诚、夏冬男儿般的豪气率性、霓凰郡主的深情厚谊等，一个个鲜活生动，构筑了这部剧中成功的"群像谱"。

2. 画面意境

《琅琊榜》自开播以来之所以被称为良心之作，是因其在美术设计上严格遵守了"一切设计为剧情服务"的原则，这使得该剧在整体色调与剧情内容保持高度一致。古韵、唯美的布景，精致、优雅的道具服装以及后期技术的渲染，使电视剧画面仿佛一幅水墨画卷，让观众在欣赏跌宕起伏的剧情时，享受到了极佳的视觉体验。[②]

《琅琊榜》的画面无一不体现了中国古典美学中的蕴藉和诗意：如电影语言般的镜头叙事紧扣情节点，空镜头堪比水墨画般唯美、空灵；构图运用大量对称、三分法、黄金分割、框架等方式烘托人物，不仅讲究形式上的古典，更注重内容上的表现力和独特的象征寓意。该剧开场为梦境，一场血战基本以近景与特写为主，从手腕上的"林"字到旗帜上的"林"、鲜血飞溅的惨烈与面部惊诧的兵士表情特写都暗示着这不寻常的杀戮。至林殊从悬崖上跌落的俯拍全景，完全中心式的人物位置与横向近景互相切换，跌落到从梦境中醒来未见真颜的梅长苏第一次"登场"。可以说，短短的不到两分钟的画面，包含着巨大的内容信息，形成了情节的铺垫与交代，同时也极富构图上的形式美感。接下来白鸽飞越山峰峡谷河流飞到山间翠林掩映的古朴建筑"琅琊阁"，由小童取信交到次要人物再至琅琊少阁主登场，行云流水般的画面承接，从步伐到手势再到眼神共同形成了自然的节奏。而人物的登场画面也是富含象征意义：誉王登场在"朱大人"身后廊下稳坐，配以肃杀阴沉的鼓点，全景登场框架式构图，其处于中心点，暗示其阴沉的心机与争夺天下的野望。而太子出场则毫无悬念，其母妃提及后直接近景侧影，无心机一面顿现。这种画面构图、景别的设计与剪接形成了对于事件的初步描摹、人物关系与人物性格的寓意性呈现，从开端开始就显示出不平常的一面。

而从琅琊阁的神秘信息中的"江左梅郎""麒麟才子，得之而得天下"等讯息以及太子、誉王两方势力蠢蠢欲动的情境下，"江左梅郎"梅长苏终于"千呼万唤始出来"。原著中对于梅长苏的出场是如此写的："他如同天外谪仙般缓缓而来，驾一叶扁舟，吹起长笛。"在镜头上则是一曲悠扬的笛声传来，从天泉山庄人的特写直接转到了一个大远景，江面迷蒙的雾气，一叶扁舟才缓缓而来。此时镜头在特写与远景间多次正反打，直到扁舟临近，近景梅长苏出现，这个主角才算真正出场。这样的意蕴，剧组以绿幕为背景，通过电脑技术合成大江的虚

---

① 习近平：在文艺工作座谈会上的讲话，人民日报，2015年10月15日，第2版。

② 祁娟：优美与崇高——谈电视剧《琅琊榜》的美学价值体系[J]，当代电视，2016，(01)：26－27。

幻景象，利用大量的水蒸气来替代江上的雾气并虚化画面，一方面表现了双方对峙的紧张感，又烘托了梅长苏的神秘气质。出场后又通过船远近不同、大小不同而架构成了错落有致的景别层次感。小舟上长身玉立，虽面对强敌却潇洒自如，这个心怀锦绣、其睿智无可匹敌却又身体病弱的人物形象立刻“走进”了观众心里。

剧中多次出现长亭送别的场景，这本身就是中国传统文化的一个符号，有着深厚的寓意。如梅长苏在郊外送别萧景睿、送别周大师等场景即是如此，很自然地让人想起弘一法师“长亭外，古道边，芳草碧连天”的词句与意境。

3. 细节处理

《琅琊榜》的服饰、道具、礼仪都经得起严格的历史考证，遵循中国传统的审美习惯，表现出中国传统文化的深厚底蕴与内涵。

关于《琅琊榜》的服饰：一是沿用比较华贵靓丽的汉服；二是受少数民族影响，追求舒适随意。剧中人物都着汉服，且在细节上都力求还原历史。比如斜襟、佩玉、常服和礼服的更换等。剧中人物根据场合着不同的礼服，分为官服、正服、居家的便服。[①] 靖王萧景琰在前半部一直在朝服、军服与便服间不停更换，但基本以或素淡或深沉感为主要色调。但身份转化后，服饰进而多了配饰与繁复的花纹、配色，庄重而华丽。主角梅长苏的整体服装以白、灰为主，一身素衣配以毛领披风，虽不华贵却浑身“贵”气逼人。且在服饰上也有着一些小细节处理如脖子间突出的内衬、腰间显露在外的蝴蝶结，以及腰带上的回纹设计等均与人物气质、才情、性格、身份的刻画形成了统一整体。而配饰方面梅长苏头戴的和田玉冠帽与谢玉、飞流所戴的材质皆不同，衣襟前配饰的悬挂也是男左女右，有碧玉也有玉珏。与其他粗制滥造或过度奢华却内涵无物的很多古装剧相比，《琅琊榜》的服饰细节可谓讲究到了极致。

道具方面，房屋内外布局，内装的床、榻、席、凭几、炭盆、烛台等都致力于贴近当时的历史场景特征；隐喻六部的竹板和信物玉蝉都风格古朴，有明显的手雕感而非机器打磨；在布景上则遵循中国传统的对称美，主客对坐时中国山水画般的门窗外的远山、近处的碧竹等均显现出传统意蕴与美感；煮茶、奉茶、喝茶、品茶等人物优雅的行为举止与佛、儒、道相融的茶文化二者相交融，不仅呈现出精致的形式美，更显现出深远的民族文化特质。

《琅琊榜》中人物见面、离别必当行礼，有拱手礼、揖礼、附手礼等，随着不同场合、不同人物而行礼方式不同。静嫔首次出场对地位不同的四个人就行了四种礼：最大的一礼为太皇太后的稽首礼，之后向皇后行的是顿首礼，给妃子行的是空首礼，给长公主则行了一个万福礼。对于拱手礼，《琅琊榜》非常清晰地区分了男女之别：女子行拱手礼需将右手放在左手之上，而男子在行拱手礼时则需将左手放在右手之上。整部电视剧中人物没有一人做错。另外还有一些特定的礼仪：《琅琊榜》中还有大量的“退礼”，即后退时的礼仪，后退的人需面对对方后退几步，方可转身离去。梅长苏在祭奠聂锋时的祭奠礼仪也非常标准：先将梗草轻轻撒在墓前，之后对着墓碑拱手，之后行顿首礼。一般的电视剧很难细化到这样细小的层面，人物出场拱手一周的以及统一矮身蹲行礼的大有人在，可以说，观众对于《琅琊榜》的所谓

① 石伟华：小议电视剧《琅琊榜》中的服装造型，戏剧之家，2015年第20期，第133页。

"良心"的评价,其根本就是出于对这样细节用心雕琢的敬意。

此外,演员的动作也都细致入微,大量的特写镜头放大了演员的动作,如梅长苏搓手的动作细节就贯穿全剧。对细节的极致苛求使画面极具美感,极大提高了该剧的艺术水准。

（姜　滨　刘名佳艺）

本章思考题:

1. 中国电视剧的类型有哪些?
2. 电视剧的导演艺术应该从哪几个方面来加以评判?

第九章　其他形式电视节目的编导

第一节　电视散文的创作与编导

一、电视散文的概念定位

电视散文是一种画面、解说、音乐齐备而且各方面都很讲究的电视表现形式。它不同于表演性质的文艺节目，也不同于一般的电视专题，而是综合运用多种电视手段的作品。

对于电视散文概念的界定，有多种说法。周星认为，电视诗歌、散文的含义包括两个方面：一指文学诗歌、散文的电视化表现，它把文学形式的格调、品性和意境用电视特有的艺术手段加以反映，造成动人的艺术魅力。[①] 而朱军提出，电视散文打破了事件的自然流程，以表现人物情感、情绪的过程为重点，在不歪曲事实的基本性质和人物的基本性格的前提下，不再完全忠实于电视报道所强调的真实的时间、地点和人物，有时甚至用演员来重新演绎某个时间段的某种情形，以达到渲染气氛、烘托感情的目的。电视散文更注重抒情，更具有美感，构思更精巧，画面更精美，解说更精练，而且在音乐、音响、剪辑制作、篇幅长度上有更高的要求。[②]《散文与电视艺术类节目文本创作》一书认为电视散文是屏幕上特有的一种以写意抒情为目的的电视文学品类，是用散文化的手法通过电视元素描摹社会、状写人生的电视艺术新体裁。[③]

《电视艺术概论》中则具体定义了电视散文的概念，这也是本书所认同的对电视散文较为全面、集中的定义：电视散文，就是通过特定的屏幕声画形象，散点式地反映创作者所见、所闻、所思、所感和所忆的生活情景和刹那间的思维活动，运用独特的电子制作手段，将散漫的思维碎片组合在一起，营造散文意境，具有浓郁抒情氛围的电视文学样式。[④]

① 周星：诗与画的交响——关于电视诗歌、散文艺术的思考[J]，中国电视，1999，(1)：25－30。

② 朱军：电视散文初探[J]，中国广播电视学刊，2000，(S2)：65－66。

③ 辛晓玲，赵建新：《散文与电视艺术类节目文本创作》，兰州大学出版社，2005年，第154页。

④ 厉震林：《电视艺术概论》，百家出版社，2009年，第126页。

二、电视散文的视听艺术

电视散文是“以形传神”的电视艺术作品形式，形象感性地让观众从中获得美的享受，感悟“天人合一”之美；通过电视语言和文学语言的双重表达和有机结合，再现以至升华文学作品中那至纯的真情、至美的意境；在画面上则体现出“画中有诗，诗中有画”的古朴、典雅意韵、情真意切。

（一）叙事结构

电视散文依据散文的文字特性而分成两种不同的叙事格调：以叙事为主的，以及以抒情为主要风格的。无论是叙事性还是抒情性，电视散文中也有着故事性的表达。因无论何时，故事终究是影视艺术吸引受众的最基本形式。电视散文不拘何类型，都应以故事为主，以讲故事的方式向受众讲述人生经验、传递文化内涵，或者表现细腻的情绪情感。

叙事类电视散文是电视散文中最主要的类型，其凭借故事与情节的设置带有明显的主观倾向的同时也兼顾戏剧性冲突的融入；在故事的时空中力求对社会现实与过去重新定义，也因此具有意识形态的意义。另一种类型是抒情散文，细腻地呈现出人的所思、所感、所忆，有着碎片化的情节建构，以不同的理念重新组织观众电视的思维方式与思维活动，为观众创造出一个全新的思维空间。但在叙事方式上，电视散文明显表现出跳跃的思维特质，不同于注重因果、逻辑关系的电影叙事。

叙事类电视散文的内容大多反映了社会的集体意识与人性的深层愿望。创作者通过非常态的境遇与选择，提供了一个源于生活又高于生活的“剧中社会”。让观众在观赏剧情的同时对历史与现实进行反思，并从剧中人物的行为选择与情节中获取某种经验与智慧。

就其叙事而言大致可分为三个层面：即基本叙事、主题叙事和大叙事。“基本叙事”指叙事类电视散文中有关人物关系的故事发展线索，是一般社会最为熟悉的人类行为与文化传统。“主题叙事”指故事背后的主题。主题叙事题材促使叙事类电视散文创作在大众所熟悉的内容中增加了新的元素，允许“基本叙事”重复出现，因为这些背后主题在每个时代都有不同的价值观和意义，使创作者可以重新诠释题材。“大叙事”则和社会相关，即剧中人物来自社会的哪个阶层，作品所展示的是哪些社会价值观念，倡导的是哪一种道德规范。“大叙事”是叙事类电视散文接受社会的主要关联所在。

任何语言都有“句法文法、结构形式”，同为语言的影视语言也同样。画面组接句法如何、文本文句通顺与否、故事结构如何搭建、表现形式是否新颖等都是创作者要考虑的。电视诗文作为在时间中运行的艺术形态，它最主要的类型是对时间模式的运行方式，主要有如下几种结构形态：

1. 线性叙事

线性叙事在电影上是一种最为明确的故事叙事结构，代表者为悉德·菲尔德，他认为电影叙事分为建置、对抗、结局三个部分，并有着明确的情节点与中间点。这种叙事结构对应大众的审美需求，让受众在限定的电影时间内得到故事明晰的脉络发展走向，并能够成功获得较为轻松的观影体验。这种叙事结构在散文中也是一种普通样式，一般针对叙事性散文而言的，因虽然散文特点在于"散"，但内在架构上还是会有一定的因果、逻辑关系。无论是事件的表述，还是个人记忆的还原，都呈现出较为清晰的前情后续。在时序上虽可能由回忆展开，但一般都会遵从自然时间的顺序，叙事线则分单线叙事与多线叙事两种。单线叙事娓娓道来，而多线叙事则或平行或交叉安排结构，尊重事件、人物的自然发展样态，人为痕迹感觉较为薄弱，通篇顺其自然。线性结构所表现的作品题材、内容比较单一，情节叙事单纯，许多叙事类电视散文多采用此结构。如众所周知的叙事散文《背影》曾被多次影像呈现，基本都是运用线性结构来表现。但另一方面，在与时间、事件同步的同时，也容易呈现出平铺直叙、流水账的结构弱点。

2. 非线性叙事

非线性叙事一直是法国、德国、意大利等欧洲国家艺术电影的主要叙事方法，是充分调动蒙太奇思维进行的视听创作。蒙太奇从某种意义上说就是"非线性"，"其思想是要求打碎线性叙事模式，强调多样化视点改造戏剧，利用空间的共时性切断戏剧时间的连续性"①。"非线性叙事"相较于线性叙事按照事件的开端、发展、高潮、结尾不同的是故事情节里的时间被故意打断，故事情节不断地跳转、交叉，打破了正常完整的叙事顺序。除了我们熟知的倒叙、插叙以外，还有类似《公民凯恩》《罗生门》《疯狂的石头》这样的多线叙事模式，《巴黎最后的探戈》《盗梦空间》这样的套层叙事模式，也有昆汀的《低俗小说》这样的章节体环形叙事模式等。非线性叙事模式的情节在相对较短的时序里看上去很不连贯，短时期内无法判断事件发展趋势，"时间成为不连贯的片段并产生前后颠倒"②，观影者云里雾里，无法预知故事发展态势，观影者的求知心理激发其去推测、思考、互动，增强电影的参与性。

电视散文的非线性就是在时间、空间、事件发展上完全打破物理束缚，着重表现人物的心理、情绪、情感，着重表现事件潜在的联系与逻辑。在叙事结构上打碎了完整有序的因果链条，把人物的心理变化或情绪变化作为基本叙事线索来结构，从而使作品的艺术形态具备一种诗的品性。在形式上更靠近"电视诗歌"，往往在构图、色彩、光影以及剪辑上凸显视听张力，舒缓受众在跳跃的叙事形态、错乱的颠倒时空下造成的不适。电视散文《我与地坛》就呈现出明显的跳跃性时序性结构，呈现出诗的意境：从"现实"回忆过去切入，年代推移、生死别离，最终回归至"现实"。现实的彩色与回忆的黑白，表现的是从悲伤与绝望的黑白世界中走出的主人公的心路历程。在这样的时间安排下，所贯彻的是一个大的母题：生与死，命运的无常以及人如何面对无常的命运。

3. 圆形结构

圆形循环在中国古代既体现一种哲学意识也表现一种文化精神，同时也成为文学创作中一种具有特征性的结构形式。这种反常规的叙事结构把一条简单的线连成了一个循环往复的圆，所有本来就隐藏在叙事过程中的伏笔逐渐显现，充满着神秘主义和暧昧性的人物关

① 於水：从非线性叙事电影到交互叙事电影[J]，当代电影，2012，12(11)：102。

② 游飞：电影叙事结构：线性与逻辑[J]，北京电影学院学报，2010，06(02)：76。

系和时空结构，分段式的叙事风格使时间运转成为超于想象的现实元素。

圆形结构的魅力在于它提供了一种“全新的形式的陌生化”，并且取消了电影叙事中“绝对”和“停止”两种概念，它使因果相对，首尾相连，使时空成为心灵周而复始、轮回运转的载体，成为生命所有企图、欲望和命运的代名词，而叙述者那些“跳跃的、感性的”艺术激情与“严整的、理性的”创作意念成就了一种近乎完美的主观化叙事风格，在繁复多变的现实时空中创造出全新的视听体验和心理感受。

电视散文《魂系泸沽湖·最后的赶马人》从一个摄影家离开泸沽湖经过一个循环后又回到那块土地寻找最后的赶马人平措大叔的行为中，我们看到了摄影家对时间、生命的特殊理解与认同；看到了在经历循环后摄影家的思考以及背后隐含着的深层文化意蕴；看到了摄影家对摩梭人以及摩梭文化无法摆脱的向往与眷恋。这种圆形循环叙事模式使摄影家从起点出发又回到了起点。无论视其为人生循环、生命循环还是文化循环，皆渗透着民族心理结构中积淀下来的循环意识。这种意识既是历史的又是当代的、既是结构又是内涵，让观众随着主人公的足迹去探寻中国人原始的生命律动、中国人恒久日新的生命理念。①

（二）画面与声音

把电视散文与文字散文最大限度地区别开来的是画面和声音。如果说作为文字形式的散文已经具有和实现着自己独立的审美价值，那么，电视工作者把它再创造为新品种的电视散文，其最主要的审美价值之增值便取决于视听艺术。因为有了画面和声音，原作那种依靠文字语言来表现的间接性、可变性、模糊性，一改而为直接性、确定性、明晰性。

1. 画面

电视叙事散文和抒情散文都有一定的情节，所以一般在用镜头语言叙事上，常常像故事片一样，注重镜头的因果逻辑，而在某些连贯的情节中，也通常使用类似电影和电视剧的场面调度。从总体上讲，电视散文大多节奏舒缓，摄像风格如抒情诗，画面节奏相对缓慢。

对于画面的构思而言，基本指的是构图，构图即单幅画面内部的构架。电视散文在画面表达上注重意境、气氛的营造，尚写意，构图上就不能过于随意、过于纪实。如同中国画的写意画一般，“以形传神”“托物言志”。

电视散文的画面特征首先是平稳，绝大多数的叙事散文在摄影上都采用了这种形式，甚至因平稳，会使作品呈现出较为压抑的情绪色彩：如悼念亡妻的《戒指祭》、怀恨丈夫与别人生了孩子对爱情不忠的《飞跃仇恨的天空》、表现抗日联军战士在饥寒交迫中突围的《一把炒米》，作品的情绪都非常压抑，但在构图上却像大多数电视散文那样，平稳沉郁，富有深切的情感内涵。在这方面，电视散文的构图与电影的大量运动，甚至晃动、反对照相式的构图形成反差。

第二是绘画性。摄影流派中有绘画主义摄影，在创作上追求绘画的效果，或“诗情画意”的境界。电视散文在构图上大多视点均衡，像一幅幅精美的照片，承袭绘画主义摄影的形式

① 顾俊杰：《电视诗文的视听语言》，浙江大学出版社，2008年，第40页。

美学。具体表现为画框一般与地平线平行，构图注意黄金分割，力求精美，大景深。散文的意境是言有尽而意无穷，而电视散文画面的意境则是画有尽而味无穷。在电视散文《梯田与蘑菇房》中，在表现云海时，追求一种中国国画的写意风格，虚中有实，实中有虚，虚虚实实，虚实对比，使画面充满了诗情画意。在《背影》中，主人公从火车内望见父亲去买橘子时的主观镜头纵深推进使焦点纵向变化，配合朗读作者内心的独白，是全篇的一个描写精到让人动情的所在。

第三是画面内涵的意象表达："托物言志"。电视画面之美在于形式美、更在于内涵上的意蕴表达，"托物言志"这种文学技法在电视散文这种文学体裁与视听艺术合二为一的电视节目形态中广为应用。"托物言志"即将意念转化为物化的形象。如电视散文《永远的蒲公英》中，运用前后景构图，把不同形态和数量的蒲公英放在画面前景中，通过这个具体的景物来表达散文中的情感，这是散文电视化后形成的具有象征性的视觉表达。电视散文《远去的旋律》中，在文字表述"我逐渐长大成人"这一段落时，画面并没有直接对应性出现逐渐长大的孩子，而是由竹童车、小玩具、娃娃衫、皮弹弓、小书包以及一双婴儿鞋叠画到一双少年的球鞋等意象化的画面来完成。这一段意象化的画面像一段孩子的"成长链"，观众在想象空间中将时间的点串联起来，并同时完成了由文字到画面的实虚结合。

第四是色彩与光影的意境造型。电视散文的色彩与光影是形成画面意境的主要造型手段。一部优秀的电视散文，色彩的运用、光影的配合应该与作品内在情绪形成良好的呼应。电视画面要注意层次感，正确处理好主体、陪体及环境的关系。色彩、光影的衬托使用，能够合理地渲染主体所处的氛围，烘托画面上的主体形象，从而使主体的表现更为充分、更为鲜明。《漂去的音符》的色彩基调一直在低沉暗淡压抑之中流淌。夜幕下昏暗的灯光、伴着孤独的身影，色彩昏沉，给人的感觉是一种黑夜中的哀鸣。色彩本身就造成了惨淡、凝重的心里感应，直接拉住了观众思想情感。① 电视散文《背影》中主色调是黑白和回忆感觉的昏黄，独有父亲为我买的橘子是鲜红的，给人以视觉上强烈的冲击，父爱跃然而出。而电视散文《梯田与蘑菇房》则通过逆光摄影，使画面形成明显的明暗层次，形成了美丽的线条和形状，画面极富抒情性。

2. 声音

影视声音分为人声、音效与音乐。电视散文具有鲜明的文学性，人声的叙述是内容的叙述、是意境的抒情，更是电视散文的重要声音形式；电视散文音效的设计为情绪、情感服务，多运用乐器与音乐相辅相成，与影视剧后期的拟音不尽相同；音乐是电视散文较为主要的声音形式，与人声叙述二者融合，形成良好的听觉节奏。

(1)人声

电视散文美在文字的音韵、意蕴与节奏，与之相契合的人声表达至关重要。电视散文的人声包括解说词和内心独白，它传达着丰富的情感信息，体现着作品的基调、情感和旨趣。诵读者的个性特点、艺术追求特别是对作品的理解直接关系到诉诸观众的听觉形象是否完

---

① 顾俊杰：《电视诗文的视听语言》[M]，浙江大学出版社，2008 年，第 88 页。

美。诵读者男声的低沉、厚重甚至略显沧桑以及女声清澈、婉转、充满记忆的温馨乃至于回忆的思念与感伤等，为电视散文的人声表达形成了两种截然不同的风格、基调。但无论哪一种，都应该遵循以自然为目标的配音目的，使其与画面相结合，而不是雕饰与矫情、独立存在。《我与地坛》中“我”作为独白者就很有角色感，声音完全表达出了散文意境中的生与死的悲痛、无奈乃至于超脱，形成了与画面、叙事相融合的人声表达特色。

(2)音效

影视剧中的音效主要指的是拟音，是在专门的拟音室里，由拟音师根据作品的需求运用各种材料模仿出与现实中相似的声音。音效拟音分为现实的声音和超现实的声音。现实的声音即人物动作音、环境音等直接发出的客观声音，如喝水、吞咽、关门、打斗以及风声、车流声等；非现实的声音指的是与情绪情感相关联的主观声音，如焦急时被放大的心跳声、炸弹倒计时的滴答声等各种被有目的地放大的声音，可让旁观者感知情绪、情感的波动。电视散文中的音效一般倾向于后者，超现实的声音。

电视散文《背影》中树叶在风中孤独地晃动时，经过后期拟音技术的加工，做出了树叶摇动时发出的声音。这样的树叶摇动声音若在真实的风声环境中是有着极大的杂音干扰的，但通过音效制作，静谧的时间与空间之中，独留树叶放大后的沙沙声，清冷萧瑟之感瞬间涌出。

(3)配乐

电视散文的音乐影响着画面的基调，烘托出特定的环境气氛并渲染出人物所思、所想、所忆所形成的情感氛围。在电视散文中，音乐不是独立的，它是围绕主体内容存在的，因而常把它叫作“配乐”。它必须与画面、色彩、语言、文字相结合而生存，也正是在这种结合中，本来表现抽象情绪的乐曲才获得了具体化。[①] 如《四十九朵玫瑰》中的日本曲调；《土蛋子的故事》中的西北民歌；《记忆中的一位少女》中，讲述到那位少女习惯边走路边摇着钥匙串时，随之而起的是铃声为主的音乐；《不沉的船》中“小不点”带“我”走进他那满是纸船的房间时，轻轻响起的是梦幻般的金属声乐曲……

一部电视散文作品的配乐是否得当、巧妙，应当注意如下几个问题：

第一，音乐的曲调、样式、节奏、旋律是否与作品中各层次的情绪起伏变化一致。深圳电视台拍的电视散文《红树林》是以飞翔的白鹭之口对红树林发出赞美的同时，呼唤着人类的环保意识。在这部作品里，音乐创作基于作曲对画面的深刻理解，成为自己个性的充分体现，值得称道的是全曲两段花腔女高音所形成的情绪高潮。第一段把观众引入了心旷神怡的大自然，第二段则表现了自然与人的抗争。画面的节奏完全依照音乐的节奏，使得全片错落有致，自然流畅。

第二，音乐与作品表现出的地域文化、民族风情等是否相符。昆明电视台拍摄的电视散文《无契之约》，编导根据作品主题和各段落内容，采用了当地的一些特色鲜明且与作品相关的原始音乐素材。如首尾呼应的“送朗调”，安邦坡上的“彝族情歌”，传来丈夫死讯和秋风萧

① 羽健：论电视散文的审美特性[J]，中国电视，1999，(6)：45－48。

瑟时的"赶马调"等,不仅增强了作品的感染力,更体现作品的独特性,使这种产生于本乡本土和特定氛围下的音乐散发出不可替代的感人魅力。

第三,电视散文中,音乐不应该一直作为背景存在,而是有针对性地、分阶段使用,要注意"留白"。《我与地坛》的配乐运用非常谨慎,在情感、情绪表现的明显部分音乐才会进入,现场人物活动时大量使用了同期声,更多地将意境的表达任务"交"给画面,使配乐成为衬托却不空洞、恰如其分。

第四,电视散文追求朴实、自然的风格,音乐作为配乐不应该过于复杂和多样,单一乐器演奏较为适宜。《远去的旋律》中,大提琴是全篇最主要的乐器配器,无其他干扰的深沉、婉转的音色及撼人心魄的旋律,自然而然地将观众带入到其情绪、情境之中。

三、个案分析

电视散文:《我与地坛》

作品概述:

电视散文《我与地坛》改编自史铁生的同名长篇哲思抒情散文。该散文中饱含作者对人生的种种感悟,对亲情的深切讴歌。曹文轩曾评价这部散文:《我与地坛》像是与整个人类精神的对话与探寻,字字句句昭示"生命偶然,但不能轻视"的主题,那些同期作品也揭示了"人生是一个经受磨难的过程"。史铁生曾经自嘲"被种在床上",这句话中充满了磨难和自我调侃,几十年病痛对他的折磨远远超出我们的想象和承受力,这种磨难早已融入他的思想和灵魂。

在《我与地坛》一文中,作者不仅写了自己在地坛这座古园中的所见所闻,而且也直白地表露了自己的所思所想,其中作者用了相当大的篇幅来抒发自己对于命运与生死问题的理解与感悟。电视散文《我与地坛》将史铁生的长篇散文精短简略成解说词,但最大限度地尊重了原作。中央电视台三套《电视诗歌散文》栏目于 2003 年 9 月 25 日播出。

视听艺术分析:

(一)画面与意境

首先:画面的意象与意境。作品一开端是茶杯和一双手的特写镜头。缭乱盘旋而升的水汽有如逐渐复苏的沉淀在心底的往事,给观众以幽雅的意蕴,即将拉开故事序幕的感觉。之后出现的香烟也是此意。而"我"残废了双腿,总望着灰色的天空,望着西斜的太阳,然后以他的视野,到公园里去,静静地坐在湖边芦苇丛中,"仿佛在想着什么,又仿佛什么都没想"。枯黄的芦苇毫无一丝生气,团团将作者圈在核心,犹如"十面埋伏"。这一画面场景影射了作者的心境一如这片枯旧的芦苇,寂落、迷茫,没有出路。作品中青年的史铁生镜头跟随着来到了地坛,此时拍摄的景点都是冬天的景色,黑白的影像,象征着此时的史铁生正经历着黑暗的人生。

其次在《我与地坛》中,大量使用了虚焦镜头形成更深刻的寓意。"我"对镜自照,然而一片朦胧。镜像自然不会真的模糊,模糊的不是镜像,而是心境。导演在此刻意使用了写意的虚焦模糊化处理，折射出作者在腿残后的迷茫与无助。第二章名为“母亲”，但从没有一个画面有母亲的清晰影像：处于画面景深处远景位置的母亲，由于处于景深之外，画面清晰度受到影响，观众看不清她的脸；处于前景位置的近景镜头时，却用了她的背影，观众仍然看不见她的脸；表现母亲的特写镜头时，采用了低调摄影，青冷发黑的画面，观众还是看不清她的脸；当母亲病重后，她去地坛园子里找残疾的儿子，画面虚焦，观众只能看看她的轮廓。在这部分中，导演巧妙地运用了中景，近景，特写，全景等不同的景别，来塑造史铁生母亲的形象。这一系列镜头呈现出画面的寓意：虽然是写母亲，却是作者借由母亲写自己，写自己对已去世的母亲最后一段岁月中的印象。

（二）影调与色彩

电视散文《我与地坛》第一章的标题是“我”，是以“我”的角度讲述了那段故事。这个时期的史铁生是十分迷茫落魄的，所以直接运用了冷色调来突出史铁生的绝望，昏暗的光线，空旷的地坛，压抑的俯拍都凸显出他当时的心境。而第二章“母亲”中，在表现母亲为残疾儿子的前途和命运担忧时，有两个镜头耐人寻味：母亲看到伏案写作而没有结果的儿子时，画面用冷低调表现了母亲那张脸，画面蓝中偏黑，看不见母亲的面容和眼睛，惟妙惟肖地表达了母亲对儿子前途与命运的担忧，这其中的意境只可意会，很难用准确的语言表达；母亲由于日思夜想，忧虑成疾，在接近黑色的冷蓝色的夜幕中，母亲躺在床上，辗转反侧，突然传来两声咳嗽，这仿佛暗示母亲病已缠身，将不久于人世。电视画面的影调表达，其意义有时超过语言和文字的魅力，镜头画面的客观性和多义性，会让观众去用心琢磨画面深层次的思想内涵。当第三章“生与死”中“我”终于想通了：“死是一个必然会降临的节日。”画面的影调就开始发生转变，色彩开始慢慢变得鲜艳起来，暖色调慢慢突出，这也正是寓意史铁生的人生开始转变。

该作品，对于植物的描摹也有着明显的色彩隐喻：第三章“生与死”的开端是一片翠绿的竹子，有着生命力勃发的意味。隐喻着“我”虽然遭受巨大挫折，也依旧拥有希望和如竹子一般不惧霜刀风剑的生命力。而本章中的“我”坐着轮椅独处于芦苇丛中，却不同于第一章的清冷萧瑟，而是芦苇依稀有了色彩，芦苇丛中也隐约有了条小道。两者寓意“我”的人生有了希望的色彩，前途隐约就在眼前。

（三）声音与情感

《我与地坛》的声音构成较为复杂，并非仅仅由解说词与音乐构成，而是融合了叙事的解说词、环境的同期声、情感的超现实效果声，再加上富有时代、节奏感的音乐，形成了立体的声音架构。“它抛弃了主观音乐，而改用同期声、效果声，地坛公园中风声鸟鸣、老人们的京剧同期声，使地坛走下了神坛，变得真实起来，加上‘我’——史铁生的深沉的富有哲理的内心独白，使我们感到一个受伤的心灵企图在叩响地狱之门时的震颤。”①

第一章字幕显示接下来的事情发生在 20 世纪 70 年代末，而后出现了短暂的欢欣鼓舞

① 邵长波：电视散文的困惑[J]，电视研究，2002，(4)：70－71。

的无声源音乐。彼时“文革”刚结束，群众载歌载舞，极为符合当时的时代特征。并且，这段音乐也埋下了伏笔，以喜衬悲，以欢欣鼓舞衬孤寂落寞，加倍放大了日后作者在腿残后的痛苦。一段鲜明的音乐进入这章主题后，镜头一转回到坐在轮椅上的史铁生，音乐凄清、萧索，风格急转却与画面内在情绪密切关联。而在后来表现母亲亡故后的悔恨时，鼓声如同一声声敲打人心房的重锤，在悠长的男生哼唱中愈显惊魂，和一下下打击湖面的效果声相辉映，表现了青年史铁生的内疚与自责。

最后一个部分的“我”在思考三个问题：第一个是要不要去死；第二个是为什么活；第三个是我干吗要写作。当答案呈现“这既是罪孽，也是一种福祉”时，老者走入了喧嚣的人群中，清冷寂寥的冷色调转为繁华环境的暖色调，人群的嘈杂声、二胡声、歌声，还有烟火、寺庙的烛火以及那“主人公老者还唱起了歌，和人开始交流”，这一系列的镜头都是想表达这个时候的史铁生已经融入了生活中，开始走上了自己人生的路途。

第二节　音乐电视的创作与编导

一、音乐电视的概念

对于音乐电视的概念，《宣传舆论学大辞典》对电视音乐艺术片的解释是：运用电视技术手段，以音乐语言为抒情表意方式，以画面、语言为烘托的辅助表现形态，给观众以音乐审美感的电视艺术片种。①

《电视文艺》一书对音乐电视的概念有如下界定：音乐电视是一种音乐节目形态。用著名的词作家乔羽的话说：“音乐电视‘就是’将一首歌的演唱用电视的手段制作出来，使之有声有色，成为一种新的艺术整体。”②

音乐乐评人金兆钧认为音乐电视就是音乐电视广告片；中央电视台的赵群认为：音乐电视是一种3～5分钟的短小音乐作品和歌唱节目，它以跳跃的、断断续续的、有逻辑的或无逻辑的快节奏画面，表现这部短小的音乐作品和歌曲节目；中央电视台原文艺中心主任邹友开认为音乐电视是充分调动电视的手段，根据音乐歌曲的内涵和节奏，设计出包括演唱者在内的具有情绪化而又相互联系的多组画面的艺术形象。

在诸多音乐电视的研究论文中，也有相应的概念表述：①“音乐电视歌曲”这一概念，并非一个传统的歌曲体裁概念，而是一类通过电视媒介渠道和录像片样式进行传播的歌曲的类概念——这个概念的内涵与外延都比较模糊，从逻辑上讲，MTV歌曲这一概念可以涵盖经由电视媒介、以特定录像片形式传播的任何题材、体裁和风格的歌曲；然而在实际上，

① 刘建明：经济日报出版社，1992年版，第822页。

② 何丹：电视文艺，中国广播电视出版社，2001年05月第1版，第185页。

MTV 歌曲概念的内涵与外延，比这一逻辑推定要狭窄得多。[①] ②音乐类电视节目因其具有独特的视听感受、丰富的表现力以及多样的形式，展示出全面的艺术魅力。电视是视觉、听觉结合的综合性媒介，音乐通过画面的渲染、烘托、对照，有力地支持着乐曲的表达，与乐曲主题相辅相成，向欣赏者传递音乐的美感。[②] ③音乐电视是英文"Music Television"的直译，简称 MTV。它是一种运用声电技术以及充满"爆炸性"的视觉信息来传播音乐的一种综合性电视艺术。[③] ④"MTV"这一缩词的定义已渐渐地由泛指歌舞形式节目频道转变为只指：制作精良的歌(或配舞)辅以拍摄精到、后期画面制作严整的音乐电视节目形式。[④]

依据以上概念内涵，本书赞同《广播电视编导教程》中所归纳的表述：音乐电视是指充分运用电视视听手段，根据创作者对音乐歌曲内涵、节奏的理解与处理，拍摄出包括演唱者在内的既具有情绪化色彩又与内涵相联系的由多组画面组合成的电视音乐节目。[⑤]

二、音乐电视的发展历程

音乐与电视的联姻，建构了新的美学：声音衍化为图像，画面充满了音韵。它是流行音乐工业和影视工业双重发达的产物，使观众获得的是音像效果的双倍感官享受。但对于音乐电视的本质，欧美学者却有着比较一致的观点：MTV 首先应该是艺术形式的音乐作品广告，之后才是一种独立的艺术样式。而从音乐电视的发展史来看，音乐电视的商业性一直是其基本特征。

1975 年的伦敦，由四个男孩组成的"女王"摇滚乐队出版了他们的第三张专辑《歌剧院的一夜》，其中的一首歌曲《波西米亚狂想曲》被制作成了 MTV 作为广告在电视上播放，这也直接促成了该歌曲录像片的热卖，并使之成为英国有史以来销量最高的单曲之一。如此辉煌的业绩，让音乐经营者们发现了电视录像片这一新型的电视节目体裁。

1980 年的 8 月，世界上第一条音乐电视频道在美国开播，MTV 这个名词开始变得家喻户晓，并且真正把这一崭新的电视音乐节目形式推向了全世界。由于摇滚乐、电子技术和受众群体三者合一构成的雄厚基础，加上音像企业大量资本源源不断地注入，电视音乐录像片犹如一个迎风骤长的怪婴，在其诞生的仅仅数年之后，就步入弱冠年华，成为一种初具成熟风格的电视节目体裁。

作为 MTV 体裁成熟标志的《恐怖之夜》，就曾创造了音乐传播和销售史上令人难以置信的空前奇迹。在 MTV 频道开播一年之后，美国的摇滚歌星迈克尔·杰克逊推出了歌名为"恐怖之夜"的单曲唱片。为了给这张唱片作电视促销宣传，他请好莱坞著名的恐怖片导

① 何晓兵：中国音乐电视歌曲兴起的原因及其特征(上)[J]，中国音乐，2002 年第 1 期，第 22—30 页。

② 司思，张晖：中国传统音乐类电视节目现状与发展展望——以中央电视台音乐电视节目为例[J]，中国广播电视学刊，2013 年第 2 期，第 54—57 页。

③ 程辉：中国音乐电视(MTV)发展与趋势[J]，电影文学，2007 年 15 期，第 125 页。

④ 许同均：音乐电视断想(片断)——谈音乐电视画面创作的电影属性[J]，北京电影学院学报，1995 年第 1 期，第 211—217 页。

⑤ 项仲平等：《广播电视编导教程》，高等教育出版社，2015 年版，第 256 页。

演约翰·兰迪斯为他执导了这首歌曲的MTV录像。整部MTV如同一部制作精良的恐怖电影，融合了当时极为受受众宠爱的月夜、狼人、僵尸等恐怖元素，营造出了“大片”的视听效果。

录像片在电视上播出后，引起巨大的轰动，连续37周获得流行歌曲排行榜冠军。仅从开始播出到1985年的三年当中，《恐怖之夜》的单曲唱片就售出3800万张，创下了有史以来唱片销售的最高纪录。不仅如此，这部MTV作品由于在艺术性方面的勇于探索，获得1983年美国格莱美音乐奖的12项提名和8个奖项，这也是格莱美历届颁奖记录上的空前之举。因此，人们往往将《恐怖之夜》看作是MTV体裁走向成熟的一个里程碑。

1995年，微软公司斥资2亿美金，在全世界展开促销“Windows95”的浩大宣传攻势。该软件在台湾地区的促销方式就是推出了童安格演唱的MTV《看未来有什么不一样》，采用电脑三维画面，宣传微软用高科技改变人类视野和生活的企业形象。歌词大意是：“这是一个善变的时空，也许我们都太过沉默；谁真正触摸过那道彩虹？不要轻易放弃了探索。看未来有什么不一样？看我们世界有什么不一样？原本世界有美丽的轮廓，也许我们从没有用心触摸；就算这世界充满了灰色，期待的心别轻易退缩。”这首歌曲用劝诱的口吻暗示我们：未来与过去的“不一样”，其实是出自微软的电子魔术，通过Windows95这个神奇的软件，我们就会看到一个前所未见的精彩世界，人类的生活方式就将因此而被彻底改变，所以——请购买windows95吧。影像中利用电子科技制造的“不一样的奇幻世界”与“情歌王子”童安格温柔深情的歌声一起，将音乐电视的另一面展示出来：音乐电视并不一定为了歌曲宣传而制作，还可以纯粹作为广告形态宣传任何想宣传的产品。

MTV进入中国内地的时间较晚。中国音乐电视从生产之日起，就有别于西方音乐电视，将这种外来的形式加以吸收、改造，走出了一条不同于中国港台和欧美音乐电视风格的路子，形成了具有鲜明的中国民族风格、浓郁的文化品位和审美情趣的新形势，成长为中国电视文艺中的一株新葩。①

20世纪80年代后期，来自中国港台地区及日本的MTV作品开始在中国内地的南方地区传播。1988年，中央电视台曾经在其节目《潮——来自台湾的歌》当中播出过“小虎队”的音乐电视。1993年3月25日，中央电视台第一个MTV栏目《东西南北中》正式开播，并播出了由上海电视台王国平执导的《青春寄语》MTV作品，才由此拉开MTV在中国内地大规模传播的序幕。

其实，从20世纪90年代初开始，内地流行乐坛开始出现独立的创作和制作群体，来包装和推销本土的歌手及音乐，如当时红极一时的杨钰莹、毛宁等人相继推出的“甜歌”“情歌”系列，就曾经在广州电视台等内地电视机构做过大量的推介，其中的一些作品如杨钰莹演唱的《月亮船》《轻轻地告诉你》《等你一万年》等，毛宁演唱的《涛声依旧》等，都制作成了MTV在电视上播放，以促进唱片的销售和宣传歌手。广州、上海、北京三地新出现的许多音乐包装公司，依靠外来资金或民间资金，专门为这样一批签约歌手量身定做“包装”，并对新歌进

① 姜晓东：浅谈中国音乐电视的艺术特色[J]，中国广播电视学刊，2000年第3期，第63—64页。

行宣传和推介——流行音乐圈里人谓之“打歌”。

中央电视台的第一个 MTV 栏目《东西南北中》，由文艺部地方栏目组《百花园》改版而成，属综合性版块节目，以推出“具有中国特色的音乐电视”为宗旨。该栏目开播之初，播出的 MTV 作品除《青春寄语》之外，还有李丹阳演唱的《穿军装的川妹子》、杨钰莹演唱的《轻轻地告诉你》、周洁演唱的《奉献》等。这些作品的播出，使大多数从不知 MTV 为何物的观众耳目一新，短期之内即有数千封观众寄信到该栏目。《东西南北中》的开播，为来自西方的 MTV 体裁与风格的中国化、合法化及电视栏目化开启了先河，并为后来 MTV 栏目乃至频道在中国的出现，奠下了最初的基石。

为了进一步推动中国 MTV 的创作，中央电视台在《东西南北中》播出成功的基础上，借鉴该台举办的年度性“青年歌手电视大奖赛”的经验，于 1993 年 12 月 15 日举行了“首届中国音乐电视大赛”。全国数十家电视台、音像公司和文艺团体，向这届比赛选送参赛作品 100 余部，其中《穿军装的川妹子》《长城长》《流浪的燕子》《牵手》等 12 部作品获得金奖；《好大一棵树》《灯影》《小芳》《这一次我是真的留下来陪你》等 15 部作品获得银奖；《渔家姑娘在海边》《美丽的姑娘》《星星泪》等 20 部作品获得铜奖。此外，还设立了创意、导演、摄影、词曲和演唱等 9 个单项奖，《流浪的燕子》等 5 部作品及歌手董文华分获其中 6 项奖，“导演”“词曲”和“美术设计”三项奖空缺。这届大赛的宗旨，按原中央电视台文艺中心主任邹友开的话说，就是“把握方向，方向把握准了再向前走”。邹友开所说的“方向”，即以内容和风格的“民族化”为基本取向，“搞出有中国特色的音乐电视”。

1994 年，中央电视台《东方时空·金曲榜》栏目投资拍摄了“中国民歌经典”MTV 系列 100 首和“中国民族经典歌曲”MTV 系列 50 首，以“老歌新唱”的方式，开始了 MTV 的规模化生产。同年，大地公司推出的《校园民谣》专辑，以专辑中的《同桌的你》为主打歌曲，并制作成 MTV 在电视台中播放。至 1995 年 5 月止，《校园民谣》销量达 50 万盒，成为当年中国内地最受瞩目且销量最大的音乐盒带。

1995 年，中央电视台又投资 250 万元，制作了“95 新歌”MTV 系列 40 余部，这是首次由国家大规模投资拍摄流行音乐电视作品。同年秋季，由广州电视台女导演薛芳芳执导的 MTV 作品《阿姐鼓》，在美国获得全美音乐电视网最佳外语片提名。

1996 年，中央电视台导演崔业楠执导的，以反映中华五千年文明为题材的 MTV 作品《黄河源头》，又在 1996 年 7 月于罗马尼亚举行的第九届“金鹿杯”国际音乐节上，获得了大奖第一名。另外，电视音乐作品《乡风乡韵》也在同年的保加利亚国际“金天线”电视大赛上获得国际大奖。自此，中国内地的 MTV 及其创作队伍，终于在国际上占有了一席之地。

2000 年，在布达佩斯“21 世纪国际影视艺术节”上，中国内地的 MTV 导演孟欣和于晓洋，分别获得了“导演成就奖”和“最佳导演奖”，参赛 MTV 作品《蝶儿飞》的演唱者陈俊华则获得了“最佳演唱奖”。

与 MTV 栏目化同时推进的是音乐电视的频道化。1994 年 10 月，上海东方台的音乐频道开播；2003 年 3 月，西安电视台的音乐综合频道开播；2004 年 3 月，中央电视台的音乐频道开播。至今，中国内地的 MTV 已经成为中国电视文艺的一大品种，已经超越了 MTV 自身特有的广告功能，成为集教育、娱乐、宣传于一身的多功能电视文艺题材。在另一方面，中国内地的 MTV 不仅仅注重形式美感和 MTV 的仪式化造型，更多地融合民族、历史以及文化的厚重积淀；更多地反映中国人的生活、思想、情感和主张；并广泛地吸纳外国技术制作的优势、接纳先进的艺术制作技巧，形成了具有独特东方审美、独特的民族气质、传承中国音乐文化传统的电视艺术样式。

三、音乐电视的创作特征

通过对音乐电视节目概念的界定，我们可以看出音乐电视有以下几个基本特征：充分利用现代先进的电视技术手段，由多画面、多时空组合而成，影像和音乐的表现主要体现音乐个性和歌手的情绪和状态。画面不受时空限制，是音乐声音和影像的有机结合，具有较强的视觉冲击力和影像的美感。而在具体创作层面，音乐电视要有良好的创意，即如何将音乐与有故事的影像融合到一起；服从于音乐情感的画面，即音乐旋律中画面如何共生性呈现；影像艺术造型的色彩与光影，即如何营造与音乐相契合的艺术氛围；以及为达成相应视听美感的技术加工，即如何让艺术手段使音乐、故事、影像形成有机整体，不突兀，不做作，和谐而自然。

（一）创意

一首好的歌曲一定有好的内容内涵，即有着明显的主题倾向，有着架构故事的情感表达，以及具有良好想象空间的形象隐喻等。作为音乐电视的编导，首先要理解歌曲的词曲内涵和它所表达的情感是什么，并以此为依据和出发点进行整个音乐电视的创意工作。

音乐电视如同影视剧一样，最打动人心的地方依然也是故事。因为歌曲本身虽然以跳跃思维、直接抒情为主，但内在的情感情绪线所包容的可能就是一个生动的故事，挖掘、联觉想象出合适的故事，是编导最开始必须认真对待的工作流程。

小说、影视剧的好的故事架构，需要各种线索的安排、人物形象的塑造，但音乐电视受篇幅所限，故事的展开性不可能与影视剧相比，因而故事的讲述所依靠的不是逻辑性的线索交错、丰满的人物形象塑造，而是各种象征元素、符号的有效利用——元素、符号在另一种程度上而言，也是现代性的一种讲故事方式。前述的《恐怖之夜》中就出现了当时人们青睐的恐怖元素组合。而中国传统的音乐电视符号也非常明显：孩子、老人、军人、医生、老师等特定人群、身份、职业等的纯真、沧桑、坚毅、奉献等隐喻色彩；长城、故宫、国旗、黄土地、长江、黄河等地域、国家显性象征；春、夏、秋、冬四季的冷暖属性；代表传统与现代、回忆与现实的乡村或都市；鲜艳民族服装等，这些与感人、动情的故事一起并合成中国音乐电视独特的本土、民族格调。

（二）画面

音乐电视有别于一般的电视演唱歌曲。它是在创作者充分理解音乐作品的前提下，充分利用电视手段，设计创作与音乐作品相适应的画面，将音乐与画面相结合而成的电视屏幕艺术。画面是 MTV 的主体表现基素，没有画面也就没有“TV”之说。MTV 中的画面是旋律中的图画，要有流动感、节奏感，而且要鲜明、准确、流畅、新颖。画面流动才会有画面的节奏，节奏依据音乐的旋律而为音乐服务，又是音乐内涵的延伸；同时，画面的节奏还必须服从于音乐的情感。在这里，电视的画面是以表现音乐为目的而出现的，而一般的电视歌曲，其画面仅是一种为传播歌曲而出，往往在屏幕上看到的仅是演唱者和简单的背景，画面并没有刻意为音乐而作。而音乐电视要求画面按音乐的结构、意境，采用更多的电视手段来创作，所以其画面创意更能体现出电视屏幕艺术的魅力。①

很多音乐电视的画面切换、镜头长短都和音乐的节奏相互匹配，人物的运动快慢以及摄像机的运动快慢等也相互协调，最终与音乐的节奏达到一致，使受众的眼睛仿佛“看”到了音乐的节奏。如朱哲琴的《阿姐鼓》，乐曲中最明显的是鼓声，画面上就根据鼓声的长短、快慢来进行调度与安排，形成了融为一体的音乐与影像节奏。这种画面的视觉节奏既是拍出来的，也是通过后期剪辑制作出来的。在进行音乐电视剪辑的过程中，往往要根据音乐节奏的快慢决定镜头的长短，决定镜头的切换频率。只有镜头的运动节奏、剪辑节奏都和音乐节奏相互完美衔接，才能共同提升音乐的美感，给受众带来焕然一新的听觉感受。②

因而，摄像人员应在理解导演创意和音乐本身所表现的主题及意境的前提下，充分调动各种摄影技巧和前期制作中的特技效果，完成画面对音乐的表现，实现画面的再创作的高境界。

（三）光影与色彩

光线是影像造型的第一要素。音乐电视作品中对于室内外环境的表现与人物形象、情绪的描摹都需要对光线进行相应的设计与处理，除非特别的写实需求，基本不能单独使用自然光；而色彩依据其属性，与环境气氛、场景处理、人物设计等息息相关。可以说，光影与色彩是音乐电视良好意境形成的必要条件。

如韩国音乐电视《为你补妆》，开端和结尾部分为现实的彩色色调，女主形象清晰明朗，光是明亮而通透的，而故事主体的主要色调呈现一点回忆的昏黄色，整个画面的光就仿佛有层淡淡的轻纱笼罩着，区分了现实与过去，以及故事中当下的辉煌与回不去的时光中的温暖与黯淡。《穿军装的川妹子》也以光影与色彩的塑形效果形成了童年与青年的时光跨越、孩童到军人的心境跨越以及梦想变成现实的情感跨越。杨幂作为小演员出演了歌中“川妹子”的童年角色，只有一束光照着的书桌，色彩缤纷的碎布拼花书包，红色调为主的花衣裳、红凉鞋以及笔挺的军装，光营造出意境，而色彩造就了自然流淌的画面韵律与节奏。《阿姐鼓》则充分利用了高原天地广阔的明亮光感来呈现民族宗教的纯净，但时而出现的记忆中色彩刻意的昏黄与镜头时而的摇晃，配以强烈日光逆光照射下的刺目与眩晕，又为整部作品蒙上了一层神秘、古老而又哀伤的色彩。

（四）技术加工

电影蒙太奇手法在音乐电视技术中表现得尤为突出，特别是时间、空间的跳跃与衔接，

---

① 何丹：《电视文艺》，中国广播电视出版社，2001 年 05 月第 1 版，第 186 页。

② 王莉娜：论音乐电视的本质特征[J]，当代电视，2017 年第 3 期，第 80－81 页。

但其核心并非如同电影一般为了叙事，而是为了广告性宣传。因而在创作手段上融合了电影手法，但更近似于电视广告，在限定的短时间内更好地形成主体诉求：宣传歌曲、歌手乃至于商品、团体等。这样的定位使得创意、现场制作、后期剪辑都有了核心意识，视听觉震撼的同时，受众必须看到最鲜明的信息，且必须让受众能够从作品中获得快感和新奇感。

因而，MTV的另一个代名词就是“新技术”：电脑绘画、蓝幕合成、视觉特效、摄影机运动等相互作用，为观众制造了一个奇思妙想、光怪陆离的世界。西方MTV中，大量存在着利用表现主义、超现实主义、黑色电影等潜意识、跳跃、虚幻思想特征而设计影像表达的作品。镜头与反镜头、惯性剪接、连场连戏等违反真实性原则的技术手法被广泛使用；夸张的镜头表现、高反差的光影布局、高效率的蒙太奇剪辑等屡见不鲜，呈现出一个个时空频繁跳跃、现实与梦境暧昧不清的梦幻般的电视音乐世界。

四、个案分析——《阿姐鼓》

（一）概述

朱哲琴于1994年发行专辑《阿姐鼓》，共收录7首歌曲。专辑制作人李苏友，音乐总监何训田。《阿姐鼓》为其中主打曲，MTV的导演为薛芳芳。

阿姐鼓，在西藏的文化传统中，是一面以纯洁少女的皮做的祭神的鼓，是人皮鼓（对此说法是否属实，尚有争议，歌词创作者是如此表达的）。《阿姐鼓》中的“我”去寻找阿姐，是一种追寻，追寻离了家的阿姐。阿姐情愿舍身为鼓以纯净生命祭献信仰，而我在寻她，寻找那种虔诚和心灵的归宿，找回回归自然的渴望心情。从始至终，歌中都贯穿具有宗教特色的跳跃的音符，歌词中的“嗡嘛呢叭咪吽”是藏传佛教的六字真言，包含了世间万物。在藏族人心中，死和新的生命一样，是回归大自然，寻觅幸福与吉祥。《阿姐鼓》这首歌也正是在追溯原始本身的虔在，表达对古老传统文化的怀念。

（二）作品分析

对意境的追求一直是中国传统文学艺术的鲜明特色。这个特点体现在MTV中表现为情感表现的含蓄性、音乐风格的民族性、画面风格对现实与浪漫的杂糅、音乐与画面节奏的舒缓性，等等。由朱哲琴演唱、薛芳芳导演的《阿姐鼓》，便是一个较好的例子。①

1. 创意

这是一个凄婉的故事，但同时又充满了信仰的敬畏。导演在对歌中所讲述的故事进行表现时，运用了最为直接的意象——鼓。在逆光拍摄的特写被击打的鼓声中，故事展开。两个少女的命运与情感，不同的空间与时间。“鼓”作为一个叙事的意象支点，在视觉上表达出一种凝聚和环绕自然与生命之声的脉动节奏。“不但作为祈祷的符号浮现在歌手、两位藏族少女和藏族老人之间，还作为一个视觉贯穿因素，结构了这首MTV中各个具象与抽象的空

① 何晓兵：中国音乐电视歌曲兴起的原因及其特征（下）[J]，中国音乐，2002，(2)：9—18。

间形态，造成表现形式与心境独白的前后一致，促进了纪实与象征、写景与写意之间的和谐统一。”①

这个“鼓”不仅依托于歌词的视觉表象，还集中体现着一个民族真实的宗教信仰和民俗文化，使具体人物（即歌曲中的“我”）的心理状态、行为状态和虚无缥缈的精神呼唤有了外化依据。大鼓的反复出现，犹若亲人之间不曾间断的隔世呼应，以十分强烈的情绪色彩，给看似平铺直叙的唱词中深深掩藏的诗歌意象，平添了几分信仰与宗教魅力。

2. 影像表现

《阿姐鼓》的画面情境没有拘泥于对歌词表象进行直白的模仿和图解。画面以西藏地域的自然生活空间为情境依托，以藏族传统文化中典型的事物表象为语汇，在造型风格统一的空间形态中，运用内涵丰厚的视觉造型语言，抒发出歌曲的情感意绪——纯净明朗的雪域高原，纯朴微笑的藏族老人，蓝天下凝重的寺庙，风中飘逸的经幡，逆光下撂置在玛尼堆上的牛角，逆光下敲打着鼓的粗糙的手，雄伟的群山，美丽的湖泊，一棵原始生态的树，软焦点中虚晃的人影，草地上赤身蹒跚的儿童，涌向坡顶的一群僧侣，划向彼岸的牛皮筏——所有这些，勾勒出一个极具抽象意味的民族生活图景。具体的与抽象的影像交错在一起，成了富有情绪、情感空间的艺术实境。这一层艺术实境的把握，是中国音乐电视创作的起点，它完成了由音乐之无形到画面之有形的一次转达。

而歌手朱哲琴则置于这片神秘的情境中，化身为寻找“阿姐”的妹妹，“她始终身着藏族服饰，在图腾物、法轮、经幡所营造的情境中演唱，与她时而低沉，时而飘忽，时而高亢的声音结合在一起，传达出西藏文化的凝重和神秘。让观众感受到了西藏的境界和诱惑，而这正是歌曲《阿姐鼓》所企求的一种境界”②。

（姜　滨　李中涛）

本章思考题：

1. 什么是电视散文？有哪些特征？
2. 音乐电视的创作特征有哪些？

① 何晓兵：中国音乐电视歌曲兴起的原因及其特征（下）[J]，中国音乐，2002，(2)：9－18。
② 刘帼轶：试论音乐电视的画面艺术[J]，当代电视，2000，(S8)：36－37。

第十章　电视节目主持人的策划与编导

电视节目主持人是在电视中主持固定节目的人，是电视节目传播过程中传播者与接收者之间进行联系的“人物化”桥梁。一名优秀的电视节目主持人是节目的标志，是频道的象征，甚至可以说是整个电视台的形象代表与品牌。拥有品牌主持人不但可以使节目拥有较强的市场竞争力和观众影响力，更可以提高电视媒体的品牌价值，提升频道核心竞争力。在市场化竞争异常激烈的今天，如何通过对主持人有形价值和无形价值的打造，实现品牌经济效益的提升和可持续发展成为电视节目主持人策划和编导的首要目标。

电视节目主持人策划与编导需要以专业化频道的整体定位为基础，以节目的内容、样式、对象等为依据，以观众可能的审美期待为参照，对电视节目主持人进行当下形象设计和未来形象规划。

第一节　电视节目主持人策划与编导的工作流程一：选拔

当今社会，广播电视主持性节目广泛普及，主持人数量与日俱增。对节目主持人进行分类研究，探讨各类节目主持人的特点规律和素质修养，不仅有利于主持人的成长及其个人风格的形成，而且对节目的发展与对评价、理论研究的细化与深化都具有十分重要的意义。

节目主持人是传播信息的主体、节目顺利进行的推动者，优秀的节目主持人是优秀电视节目的保障。因此，主持人这个岗位要求主持人拥有包括知识储备、思想内涵、业务能力、表达能力等在内的方方面面的综合素质，这样才能对节目整体的提升做出贡献。现阶段，依据不同节目对主持人素质要求的偏重点可以将电视节目主持人分为三类：

第一类是记者评论员型的主持人，也就是我们通常所说的新闻节目主持人。这类主持人应当具有非常强的新闻敏感度，并且善于采访和评论。比如中央电视台的白岩松、水均益、王志安、张泉灵等都曾从事多年的记者工作，在一路实践中摸爬滚打，在新闻现场是优秀的出镜记者，在演播室里又是优秀的新闻节目主持人。

第二类是专家学者型的主持人。这类主持人必定是某个领域内的行家里手，对于其所主持栏目的专业知识具有相当程度的了解。比如主持人要主持法制节目，首先自己得懂法；要主持体育节目，就要对体育项目、体育赛事等有所了解。比如很多退役后的运动员就成了赛事现场的专业解说兼主持。从广义而言，不一定说主持人要达到专家的程度，但看起来必须要“像专家似的”。这也就是我们说的专家学者型的“型”字的真正含义。

第三类是演艺型的主持人。顾名思义，这类主持人应当具备一定的舞台演艺能力，能歌善舞、懂表演、会乐器、善口齿等。如日本的很多档节目都是由谐星来主持，在节目中不仅能够使节目内容更加丰富，其自身也容易受到观众的喜欢。

基于上述三种类型的主持人，对于主持人选择的标准也不一而定。但除了特定节目的独立标准外，一般会做一个普适、基准性的选拔与评价体系，因为主持人也并不是什么人都能完全胜任的，还需要培养与提升、包装与营销。

一、共同标准

关于主持人的选拔标准，早在 2000 年广播电影电视总局徐光春局长就曾明确指出，播音员主持人应该是“德才兼备，声形俱佳”。无论通过哪种途径选拔出来的主持人“外在标准应该是具有个性、魅力和激情。而内在的标准是主持人要具有良好的职业敏感能力，也就是发现能力，还要具备出色的写作能力和表达能力”①。因此，在选拔主持人的过程中应当注意主持人是否具备以下几个方面的素质：

第一，个人形象阳光健康，拥有积极、质朴的创作热情。

第二，具有强烈的社会责任感和服务大众的服务意识。

第三，媒体角色、个人角色、社会角色尺度把握协调统一。

第四，具备良好的嗓音条件。声音干净，具有磁性，没有明显缺点。

第五，具备良好的语言功力，观察力、理解力、思辨力、感受力、表现力、调控力、鉴赏力、回馈力等均良好。

第六，具备良好的语言表达能力、现场沟通能力、应变能力及多种主持技巧。

第七，对待工作兢兢业业，具备良好的团队意识。

二、选拔途径

一般来说，电视节目主持人有以下几个选拔途径：

（一）从大学毕业生中选拔

每年电视台都会选中一定数额的本科和硕士毕业生，经过资格论证和岗前培训后出镜主持。在这些人中，占最大比例的仍是播音主持专业的毕业生。除了姣好的外貌条件，在多年的学习与训练下，无论表达能力、镜头意识还是业务水平等各方面都具有相当大的优势，属于极具发展潜质的“绩优股”。相信只要多加时日，积累经验，他们中的大多数人都可以成为一名合格的乃至优秀的节目主持人。比如罗京、康辉、李修平、欧阳夏丹、高博、史小诺等都是播音主持专业的本科毕业生；敬一丹、王世林、鲁健等则是播音主持专业的硕士毕业生。除了播音主持专业的毕业生，相关专业或非相关专业的毕业生也越来越多地走上主持人的岗位，在专题节目或是专栏节目中崭露头角，比如学新闻的白岩松、崔永元，学法律的撒贝

① 孙玉胜：《十年——从改变电视的语态开始》，人民文学出版社，2015 年版。

宁,学政治的阿丘等。

(二)从编辑记者中选拔

《东方时空》和《焦点访谈》作为中国电视史上新闻杂志型和新闻评论类的两次重大改革节目分别于1993年5月1日和1994年4月1日开播。这两档节目不但改变了我国大陆居民早间不收看电视节目的习惯(《东方时空》为早间栏目),更是成功地推出了白岩松、水均益、敬一丹、王志等一批广受观众喜爱的新闻类电视节目主持人。回看这些主持人的历程,可以发现,他们都是曾身处新闻采编工作的一线工作者,正是凭借着多年的编辑记者生涯积累下的经验,他们才具有相当水平的新闻采编播一体能力。

(三)从社会公开招聘

在20世纪90年代,由于中央电视台采取招聘制度,吸引到一大批有志于从事电视工作的优秀人才前来应聘,比如来自黑龙江人民广播电台的敬一丹;来自甘肃电视台的朱军;来自新华社的水均益;来自四川电视台的王小丫等。在短短的几年时间里,中央电视台选拔了数以千计的优秀主持人、记者、编导、制片人等,通过这些人台前幕后的不断努力,精心制作出优秀的品牌栏目,才使得中央电视台的节目层次有了更好的提升。

社会公开招聘所具备的最大优势是可以将各行各业有志从事电视传媒事业的精英选拔到主持人队伍,不仅实现了其个人的事业发展,更是对电视行业的发展起到强大的助推作用。

(四)从主持人大赛中选拔

全国最早出现的主持人选拔大赛是2001年中央电视台"'荣事达'杯主持人大赛"。时至今日,各种形式的主持人大赛在全国各地普遍发展。一部分参赛选手经过初试、复试、个人展示等层层筛选,表现突出摘得桂冠,然后踏进了主持人的行列。很多我们所熟知的主持人都是经由主持人大赛走到荧幕前,比如撒贝宁、张泽群、张蕾都是从CCTV电视节目主持人大赛中被选拔出来,地方卫视如东方卫视节目主持人周瑾、河北卫视主持人俞迈等也是因为参加电视选拔大赛而开始主持生涯。

大赛选拔主持人的优点在于可以通过大赛设立的各个环节较为充分地了解选手的基本条件与专业素质,同时由于观众是通过电视收看,也增加了选手被接受的概率。当然,我们要注意到的是,由于时间等多方面条件的限制,大赛设置的比赛环节不足以考核主持人所有素质,比赛项目也不可能完全对应不同栏目对主持人的不同要求。再加上由于选手参赛时心理紧张或是缺乏比赛经验等,这些问题都可能导致对选手的考核与认定出现偏差。

5. 从相关行业中选拔

近些年来,不少我们耳熟能详的娱乐明星、体育明星等作为电视节目主持人活跃在荧屏上,如演员王刚在辽宁电视台担任《王刚讲故事》的主持人;运动员鲍春来担任青海卫视《我是冒险王》的主持人;歌手胡海泉在湖南卫视担任《我是歌手》的主持人等。

主持人这一职业同任何职业一样都有其特定门槛。娱乐明星、体育明星等做主持人虽然符合利用双方品牌效应达到互利双赢目的的媒体运行规律,但一味追求明星效应而忽略了主持人的根本属性的做法也不可取。因此在启用这些"明星"担任节目主持人前,应当对其进行是否具备主持人基本素质、是否与节目定位相吻合、是否符合大众的审美价值取向等全方位的考察。

对于主持人的选拔，无论是从大学毕业生中选拔、从编辑记者中选拔、从主持人大赛中选拔，还是社会公开招聘，电视节目主持人的最终确定，都不能仅仅依靠一两次静态的接触，还要通过多次面试与试镜考核，以期使被选拔者展示出由于对节目程序生疏或现场气氛紧张等而被限制了的各方面的综合素质。

第二节　电视节目主持人策划与编导的工作流程二：形象定位

观众喜欢并固定收看一档节目，主要是由栏目本身的精彩程度和主持人的各方面素质、魅力共同决定。因此，一名优秀的、可以“留住”观众的节目主持人必定拥有其独特的个人魅力，具备强大的吸引力。而形象定位所要解决的问题正是如何使主持人真正称职并且能够担任“品牌代言”。

主持人的形象定位，首先在于其所代表的电视台、城市乃至国家的形象。从这个角度来说，主持人的形象要阳光、正面。其次，就节目本身来看，主持人的形象定位主要包括三方面的内容，一是主持人外在形象与栏目相契合；二是主持人言语表达方式与栏目相契合；三是主持人内在气质与栏目相契合；最后，主持人还具有自身的传播个性，如独特的荧幕形象、个性风格等。需要注意的是，主持人自身的形象定位一定要规范在节目、电视台、城市、国家定位允许的范围之内。

一、形象定位的运作方式

（一）先有节目后有主持人

这种形象定位的运作方式是先确定包括节目宗旨、内容定位、观众定位、节目样态在内的节目策划方案之后，根据策划方案挑选合适的主持人。这个合适的主持人应当是符合栏目特质，可以体现栏目特征的人，力求与栏目策划的预期目标达到最大程度的匹配。这种选拔方式需要对主持人形象进行精心设计与多次调试，有时需要通过多人的轮番主持实践，经过专家论证、策划组成员审议以及观众的反馈，最终由编导人员筛选定夺。

比如2000年中央电视台推出的《开心辞典》，它的栏目定位是“家庭梦想”，在为普通人提供参与节目、知识博弈的同时，也给更多的普通家庭提供了互相表达爱心与真情的机会。这样的栏目定位要求主持人除了具有亲切自然的外在形象，还要知性、温和、有修养。在开办《开心辞典》之初，为了确保收视率，栏目组首先想找的主持人是黄安，而当时王小丫是他的助理，做一些抱奖品之类的小事。可是身为黄安助理的王小丫却十分用功，不但仔细做笔记，还把节目录像带回家反复钻研，一副不替代黄安不罢休的架势。事实最后证明，王小丫经过不懈努力，力求自身与节目要求的契合，最终在《开心辞典》中一炮而红。

这种先有节目后有主持人的运作方式，在当今栏目选定主持人的环节中占多数，在操作层面相对也较好把握。

（二）先有主持人后有节目

“每一个电视媒体在自身历史积累中，都有可能成长起有相当影响力、相当水准的知名人物，要想在媒介竞争中立于不败之地，有计划、有针对性地培育这些知名人物…………努力使其成长为具有持久影响力与号召力的品牌，是电视媒体战略对策中重要的一环。”[①]先有主持人后有节目的形象定位运作方式的突出优势在于既可以最大限度地保留先前固有的观众，又可以吸引到新的观众的目光。这种运作方式主要采用“量身定做”的手法，针对那些已经形成自己独特风格并且受到观众广泛接受和喜爱的主持人，为其专门制作一档节目，这种做法可以在最大的程度上发挥主持人的主观能动性，为打造具有持久影响力与号召力的主持人品牌奠定基础。

比如湖南卫视《天天向上》主持群中的灵魂人物汪涵，在之前主持过的如《越策越开心》《玫瑰之约》等众多节目中已经向观众展示出了他渊博的学识和机智幽默的个人风格，受到广大观众的喜爱。而《天天向上》的栏目定位是“大型礼仪公德脱口秀”，汪涵以其“忠厚长者”的舞台形象和稳重、大气的台风，在幽默的同时将中国传统文化向观众娓娓道来。《天天向上》曾在第二、第三届《综艺》年度节目暨电视人评选中获得年度最佳节目和网友最喜爱电视节目奖。这就是为主持人“量身定做”，利用主持人品牌进行节目打造的一个成功案例。

这种先有主持人后有节目的运作方式，是利用主持人已有的品牌力量再搭平台，实现了对人力资源的最优化利用。事实上，节目与主持人之间应当达成一种协调统一的关系，一方面主持人需要以节目作为平台，传播节目内容和打造自身品牌，另一方面，节目也要依靠于主持人品牌获取收视率、知名度。所以不论是先有节目后有主持人还是先有主持人后有节目，都需要主持人与节目互为依托相互磨合，力求寻找到双方之间的精准定位。

二、形象定位的运作原则

主持人在荧幕上的一言一行，一方面是作为节目的代言人，向观众传达节目的观点、内容，一方面又接受着观众对于主持人、节目的选择、评判。尤其在当今时代下，由于受到“受众本位”的要求，节目主持人作为连接节目与观众的桥梁，必须做到既符合栏目要求又符合观众的需求。

（一）外在形象的契合

由于电视是一门视听的艺术，主持人的形象便是最直接最能够吸引观众第一目光的“利器”。因此，主持人的外在形象，包括其自身样貌、发型妆容、服饰设计以及体态语都应当与栏目定位和观众审美相契合。换句话说，在对主持人的选择与打造上，应当遵循社会大众的

① 胡智锋：《中国电视策划与设计》，中国广播电视出版社，2004 年 1 月版，第 47 页。

审美取向，符合大多数人的欣赏习惯，这样才能使观众有想要收看的欲望。比如中央电视台的“鞠萍姐姐”，无论是在《七巧板》《鞠萍姐姐讲故事》还是在《大风车》中，都是以一种亲切甜美又自然活泼的风格出现在节目中。试想，一个脸上总带着甜甜的微笑，说话轻声细语又娓娓道来的主持人，能不受到小朋友们和家长们的喜欢吗？时至今日，年过半百的鞠萍还被称作“鞠萍姐姐”，足可见其亲和力。

当然，主持人的外在形象应当因不同节目类型、不同收视群体而“制宜”：

新闻节目主持人依托着媒体的公信力，其形象代表着新闻的真实性，不宜以多余、夸张的修饰影响新闻节目的公正和可信度。主持人的妆容发型应以自然、朴实为主，服装搭配端庄大方。

综艺类主持人在舞台上的表现相对来说积极、活跃，在妆容发型及服饰搭配上可以适当夸张一些，多一些色彩、变化，但不能过于夸张和媚俗，尤其不能为了“吸人眼球”而不雅装扮。

生活服务、益智类节目主持人的形象应当以亲切、自然为基本。妆容发型尽可能清新，服饰搭配不选择过于正式的职业装。

（二）有声语言表达的契合

电视节目主持人是语言工作者，运用有声语言向观众传递信息，并以此来实现传播者与接受者之间的信息平衡。主持人作为观众和节目之间的中介，有声语言的表达是最重要也是最基本的。另外，从主持人与观众的互动影响关系来看，有声语言的表达是主持人实现和优化传播关系的载体。主持人对观众的影响力有赖于以言语交际的形式去实现。试想一位主持人如果欠缺语言魅力，那么其他方面如形象与气质也会大打折扣。反之，如果一位主持人极具语言魅力，即便其形象等其他方面有所欠缺，也足以令他在荧幕上发光发彩。

中央电视台《社会记录》节目主持人阿丘，身材矮小，长相也不属于“俊男靓女”那类，说话还带有地方口音，以一般我们对主持人的要求来说，阿丘都算不上是一名“符合标准”的主持人。但是他挑着眉毛瞪着眼睛却又一本正经地把新闻讲得跟故事一样，这种独特的有声语言表达方式被全国观众喜爱和认可，在新锐杂志《新周刊》的 2003 中国电视节目榜中，他甚至击败了凤凰卫视《有报天天读》的杨锦麟，成为风头强劲的“年度新人”。对于自己独特的语言表达风格，阿丘说：“我就是想用自己的情绪带动观众用最快的时间进入我们的故事。当然我情绪也会自然流露出来，其实生活中所有的人在面对一个新闻事件的时候，也都是充满了各种各样的情绪，只不过因为大家各自的身份、背景和性格的不同，会有不同的表达方式。但我相信每一个善良、正直的人，在生活中也都会是‘表面嬉笑怒骂，内心是非分明’的。”

（三）个性的契合

主持人在电视节目的发展中起到重要作用，主持人的个性魅力往往与节目成败直接相关。大多数时候，我们关注、喜爱一个节目是受到主持人个性魅力的影响。强调主持人个性与栏目、观众审美相契合，是因为个性化主持人往往具有很强的号召力、黏合力和拉动力，他们的个人魅力足以吸引大批忠实观众的目光，使观众形成固定的收视习惯。

1999年1月，撒贝宁主持中央电视台《今日说法》走入了观众的视野，其睿智冷静的个性风格受到广大观众的喜爱。近些年来，撒贝宁不断活跃在各种综艺节目当中，“放飞自我”，让观众看到他不一样的一面，不由得喜欢上他的机智幽默、妙语连珠。2011年2月18日，撒贝宁做客新浪《微访谈——明星微服私访》和网友畅聊。访谈中，有网友问道：“小撒，您除了主持《今日说法》外，还主持一档新节目《我们有一套》，我想问您这档新节目的命名是否是一语双关?”撒贝宁颇有深意地说：“这名字到底一语几关我也不知道，估计不小于十。”一句话惹得现场哄堂大笑。还有网友询问其在央视最好的朋友是谁，撒贝宁诙谐地说：“张绍刚不让我说别人。”幽默的话语再次引得现场爆笑。

（四）文化修养的契合

主持人作为节目的符号，代表着节目及整个幕后团队的文化理念和媒介判断。具备良好的文学修养对主持人意义重大，不仅可以使其人格气质得到提升，还可以借以学习丰富的语言，增强表达能力，在理解、掌握采访对象和观众的个性心理时也可以起到事半功倍的效果。

中央电视台主持人董卿在主持《中国诗词大会》之前，给人更多的印象是亲切、端庄。而在《中国诗词大会》之后，很多观众发出惊叹“原来你还是这样的董卿!”在这档“赏中华诗词、寻文化基因、品生活之美”的节目之中，不管说到哪个话题，董卿基本能做到诗词信手拈来，不仅思维活跃，还特别地应景。比如在第六期时，一位孩童唱着《春夜喜雨》，父亲轻轻地和着，董卿被这一幕感动，眼里闪着泪花，随口念出了叶赛宁的《我记得》：“当时的我是何等温柔，我把花瓣撒在你的发间，当你离开，我的心不会变凉，想起你，就如同读到最心爱的文字，那般欢畅。”这种需要强大文化底蕴的节目，如果换作一名经由节目编导打造出来、临时抱佛脚的主持人是无论如何不能将节目撑起来的。

三、形象定位注意问题

主持人的形象主要是由媒体(这里主要指节目)、主持人自身和电视观众共同塑造的，这三个要素相辅相成、缺一不可。首先对于节目来说，现在很多电视节目主持人品牌的成功都得益于媒体的运作，主持人经过媒体的选择与打造，很多观点、行为就会不自然地影响观众的意识判断。其次对于主持人自身来说，一名优秀的主持人会在传播当中塑造自己的优质品牌形象，依靠其自身的良好形象及影响力实现更好的传播价值。最后对于电视观众来说，由于现代社会传播理论日益丰富，“主持人中心论”逐渐被“受者中心论”所代替，观众对主持人的认可作为反映主持人品牌形象塑造成功与否的一面“镜子”就显得十分重要。

在明确了主持人形象定位如此重要的情况下，电视节目主持人策划的第一个环节——选择与打造就成了主持人形象定位、品牌打造的基础。其实，主持人的形象设计与定位并不是一成不变的，而是要根据不同节目、不同节目定位、不同观众、不同场合、不同播出时间等各方面辩证去看待，再具体地实施设计与打造。但同时也要注意到主持人的个性风格也会影响到节目的风格。因此，在实际运作过程中我们应当做到尽量完成定位与发挥主持人的个性风格相结合，防止错位。

1. 尽量持续定位

每个节目都有不同的风格特点，主持人也有其各自的风格特点。不同的节目都需要与其节目风格相适应的主持人。因此，应着重寻求与节目相契合的主持人，尽量完成定位。在这里，需要做到以下两点：一是尽量保持主持人在某种节目类型中的定位，尽量避免其发生大幅度个性特征改变。有的主持人比较“多才多能”，既能主持晚会，又能唱歌演小品，还能进行新闻评论等，虽然这样的主持人个人能力较强，但是不利于主持人主体形象的把握，甚至有可能造成主持人形象的“漂移”。尤其是新闻节目主持人，要保持其所带有的权威性和可信性，倘使他们兼顾新闻节目主持人和娱乐节目主持人，则其个人个性形象的改变会对新闻的真实性和公信度产生巨大影响。二是尽量保持节目主持人定位在这个节目中，减少对主持人的更换频次。1996 年由中央电视台推出的《实话实说》在开播之初 2000 年的“早间时代”是鼎盛期，2000 年全年的平均收视率高达 4%。但是主持人几度更换，由最初的崔永元换成和晶又换成阿忆，虽然主持人的更换并不是造成节目停播的主要原因，但是频繁地更换主持人确实对节目收视率、观众忠诚度下降有所影响。因此，针对节目尽量完成定位，有利于观众锁定频道，获取观众的信赖和忠诚。

2. 发挥主持人个性风格

一名优秀的节目主持人，不仅要有过硬的专业素养，还要有被广大观众接受的个性形象。在节目的过程中，主持人利用自己丰富的文化修养、专业技能、人生阅历来更好地感受、完成节目，甚至还可以利用自己发达的人脉和社交网络来促进节目的发展，以自身品牌形象促使节目品牌形象优化。因此，在尽量定位的同时还要注意发挥主持人个性风格和品牌形象，把节目和主持人融为一体，凭借主持人的影响力提高收视率和影响观众。

由安徽卫视打造的金牌娱乐访谈节目《非常静距离》就是一档具有李静个人鲜明特色的深度访谈节目。在《非常静距离》的策划之初，安徽电视台总编室负责品牌推广的工作人员就曾表示：“希望凭借李静的个人魅力和广泛影响，打造一档谈话类节目的全新品牌。”事实证明，无论是李静自信、直爽的个性风格，还是其强大的品牌影响力和在圈内多年积累的好人缘，都让《非常静距离》极富明星号召力，成为很多最热门、最有故事的人气明星首选的处女访谈秀，很多话题明星和热点人物也都选择在该节目中第一时间回应传闻。这就是在对主持人进行形象设计运作时充分发挥主持人个性风格的典型案例。

3. 防止错位

主持人的形象设计与打造需要注意在尽量定位的基础上还要防止错位。所谓“过犹不及”，对于主持人的形象策划更需要决策者保持清醒的头脑和必要的坚持，寻求主持人风格与节目风格的契合。比如崔永元的风格朴实亲切又幽默智慧，像邻居家的大哥哥一样，如果让他去主持严肃的新闻类节目，比如《新闻联播》《今日说法》等就非常不合适，与节目定位严重脱节。或者让《新闻联播》《今日说法》的康辉、路一鸣主持《小崔说事》《谢天谢地你来啦》这种走亲民路线的节目也是很不合适的。中国广播电视艺术学学科创始人之一、著名电视节目策划人胡智锋先生曾经说过这样一段话：“我和倪萍合作《文化视点》的过程中，发现倪萍不是一个学者化的类型(当然不能用传统意义去理解有文化没文化)，但我认为她的悟性和智慧确实出类拔萃，是一般女性中非常少见的。她有一种内在的强烈的社会责任感、使命感，比较大气。但是《文化视点》塑造她时给‘安’错了，我认为不能把她变成敬一丹式的主持人，就像把敬一丹搁在倪萍的位置上也不合适一样。她们是不同性格的两个人，敬一丹是比较理性的，而倪萍则是比较感性的。《文化视点》的所有设计都是在说理，这就没办法发挥倪萍的长处，也就很难产生很好的传播效果。”[①]因此，在主持人策划的过程中防止主持人风格与节目风格的错位至关重要。

第三节　电视节目主持人策划与编导的工作流程三：个性化建构

在有关主持人的选拔这一章节中，我们就曾讲到，电视节目主持人的确定不能仅仅依靠一两次的静态接触，要进行多次的主持、试镜。同样，主持人与节目之间要想达到最优契合水平也要通过一段时间的磨合与调整，以使其自身价值指数提升至最佳，这样主持人的品牌形象才能逐步臻于完善。

主持人主持节目的成长过程及其品牌的打造过程大致可以分为萌芽期、尝试期、成长期、拓展期、稳定期这五个阶段。其中第一个阶段前期主要是指主持人在进入行业之前的时间段，这段时间主持人对节目主持还没有什么直接接触，更多的是观看电视节目或者在学校进行专业基础学习，属于兴趣萌芽的阶段。第二个阶段是尝试期，指的是主持人通过学习已具备一定专业基础知识和业务能力的三年之内的时间段，主要是进入专业院校播音主持专业在读的三年级到从业一年间的这段时间。第三阶段是长成期，通常是主持人进入主持行业的 4～6 年间。这段时间是主持人真正接触行业内部在实践中“武装”自己充实自己的重要时间。第四阶段是拓展期，当主持人在长时间的摸索中逐渐确定对自己的认知，形成个性鲜明的主持风格和适合自己的主持模式即可扩展挖掘自己多方面的可能性。须注意的是，第二、三、四阶段乃是主持人职业生涯的核心阶段，也是主持人打造稳健品牌、完善自我形象、实现个人价值最大增值的重要时期。最后一个阶段是稳定期，主持人通过长时间的摸索、成长、发展，对自己的角色把握、形象定位等各方面认知十分清楚，并将保持长时间的稳定。

主持人在传播过程中，除了要把节目各个板块串联起来、灵活调度，将节目、频道所要传达的观念、意识融汇在节目之中传递出来，更需要的是鲜明的个性展示。当主持人过硬的专业素养与其鲜明的个性风格相结合，就会散发出强烈的人格魅力，从而迅速、高效地完成对观众的信息传导，树立个人品牌形象，为打造品牌节目“添砖加瓦”。从这个角度上说，个性风格就是主持人经久不息的生命力。要想打造品牌主持人、品牌节目与频道，首先要做的便是对主持人个性化的构建与确立。

---

① 胡智锋：《电视美学大纲》，北京广播学院出版社，2003 年 1 月版，第 239 页。

一、个性化培育

在如今市场经济体制条件下，无论产品制造商还是经销商对自身品牌的打造都十分重视，能成为一个品牌、拥有较高的知名度，对吸引消费者、占有市场份额极其重要。同理，拥有品牌节目与品牌主持人对于电视节目的生产者、营销者来说也至关重要。在实际操作中，品牌形象的打造与完成主要依赖于品牌的“个性化”，这种个性化具体是指产品个性或服务特色，也就是主持人的个性及其个性化服务。当今时代媒体多元化，不仅电视频道、品牌节目众多，主持人更是数不胜数，要想真正使观众记住并喜爱，就要努力挖掘主持人独特的个性并予以突出、强化。

（一）个性化特征

1. 节目的标识

《幸运 52》是 1998 年由中央电视台经济频道开设的一档益智性互动性节目，在 2000 年“中国电视榜”的评选活动中获得“年度电视节目”“最佳游戏节目”和“最佳游戏节目主持人”三项大奖。

提到《幸运 52》就不得不提到它的标志性人物——李咏。在央视主持人里，李咏绝对算是“另类”的一个。一张有些比例失调的“马脸”，留着卷卷的大背头，眼神里总是透出一点坏气，笑起来全是“褶子”。在主持的时候穿亮色衬衣、乱扔问题卡、明目张胆地优待女选手，这些都与央视一贯的主持人风格大相径庭。在看惯了白岩松、水均益的深刻，听惯了朱军对人生的煽情感慨，观众希望能看到一个真实、畅快表露情感、带动自己一起热情高涨的主持人。“想夺冠吗？想！你有信心吗？有！”李咏对现场乃至对电视机前观众的感染力都是毋庸置疑的。

李咏充满个性化的标识被观众广泛接受，除了外在呈现出的“特立独行”，他机智幽默的内在也为观众所喜爱，即便现场吵成一锅粥，他仍可以保持头脑清醒，一字一句语音标准地问上十几个问题，并告诉选手正确答案。在 2004 年 1 月播出的一期节目中，有一名孕妇参赛。李咏问参赛者：“你是几月要生孩子？”参赛者回答：“我是三月。”而后李咏掰着指头认真算了算，说：“去年全国人民同仇敌忾跟非典做斗争的时候你在干什么呀？”全场反应热烈。虽说“饮食男女”类的玩笑难登大雅之堂，但在这样一档平等随意的游戏娱乐节目之中，身为孕妇的参赛者都能对玩笑一笑置之，观众更不会抓住李咏的“小辫子”不放了，而这当中李咏的快速反应能力和幽默感可见一斑。

实际上，除了极具个性魅力的李咏，《幸运 52》的成功还源于节目本身的个性化策划。这档节日打破了娱乐类和知识竞赛类的节目界限，把玩游戏与普及知识有机地融为一体，充分调动观众参与热情。在《幸运 52》之前，央视的节目普遍严肃有余、活泼不足，缺乏对于普通老百姓的亲近感。《幸运 52》的出现，彻底颠覆了以往的电视娱乐节目形态，谁都可以参与竞争，谁都可能获得奖品，老百姓喜欢参与也喜欢观看这种充满刺激感的节目。

其实，主持人作为连接电视节目与观众之间的桥梁，以个体的形象出现在电视屏幕之上，他的外在容貌、言谈举止都是这个节目的最显著标识。但需要注意的是，并不是所有有个性的主持人都能够成为节目标识，应正确看待主持人与节目之间的关系。只有主持人的个性与节目内容、风格、定位相契合并有机结合，主持人才能成为节目独一无二的标识。

2. 不可替代性

古语有言“言为心声，文如其人”，主持人的个性风格是由其自身性格、气质、生活经历、审美追求等共同塑造而成的。这些不可复制、难以替代的独特性质，不仅成为主持人个性化的重要特征，也成为某档节目或某家电视台独特的标识。

一杯清茶、一把折扇、一块醒木、一身唐装、一张快嘴和一副不苟言笑的面貌，再加上幽默风趣、率性精辟的点评，无论是《老梁观天下》还是《老梁故事汇》，这些都是老梁独特的标识。

胖胖的身材、一副大眼镜、自信从容的姿态、张扬洒脱的个性成为张越也成为《半边天》节目的标识。

干练的短发、俊俏的面容，温柔的外表下包裹着理性尖锐的心，这些都是柴静独特的标识。

（二）个性化建立的可行性方案

个性又称为个别性、个人性，是指一个人在思想、性格、品质、意志、情感、态度等方面不同于其他人的特质，这个特质表现于外就是他的言语方式、行为方式和情感方式等。人的个性一旦形成，就具有相对的稳定性。但也要看到，随着年龄的增长以及教育条件、生活条件和社会现实的变化，个性也会发生某种程度的改变，这就是个性的可塑性。因此，在对主持人个性化构建与培育的过程中，需要为主持人提供良好的平台、合理的机制和科学的规划，以期主持人“个性之花”盛放，打造主持人品牌。

1. 选拔途径多样化

虽然现在我国广播电视节目主持人的选拔途径较为多样，不少其他行业的从业者也进入到电视媒体行业中。但是相对来说，播音主持专业院校的毕业生在我国广播电视节目主持人中还是占了相当大比例。另外还有一些记者、编辑等相关媒体从业者也占有一定比重。现在我国各种类型、题材的节目层出不穷，需要的主持人的个性风格或专业侧重点也不尽相同。要想构建、培育个性化主持人，媒体需要打开大门，接纳多样的人才，不自我设限，寻求个性化主持人。

2. 提供良好平台，强调个性

一个成功的个性化主持人，除了自身主观能动性发挥作用之外，媒体对其的培养与打造也很关键。凤凰卫视之所以成为华语新闻传播界的佼佼者，就是因为打造了一批个性化主持人。凤凰卫视董事局主席刘长乐曾经说过：“我们凤凰卫视给主持人提供了一个鼓励创新、鼓励发挥的个性舞台，很多人自己的潜质和优势现在都发挥出来了。我们致力于强调个性，在千篇一律的媒体中，怎么脱胎换骨，表现出自我，表现出个人的性格魅力，这是凤凰卫视提倡的。”培养打造个性化主持人首先要做的就是为主持人提供良好的平台，尊重个性，包容个性，强调个性，打造宽松的工作环境，让主持人有足够的空间和胆量彰显个性。

3. 专业团队打造

个性化主持人的构建与培育应确立以主持人为中心的团队打造，根据主持人的个性风格以及节目、受众需要，完善其定位、个人形象与风格。在实际操作过程中要注意：

(1)挖掘个性潜质，进行重点打造。主持人李锐从 1999 年加入湖南卫视主持《晚间新闻》，到 2012 年这十几年的时间里，曾先后主持《勇往直前》《好好生活》等多档节目，但客观来说，除湖南地区以外，全国大部分观众对李锐还是处于比较陌生的阶段。直到 2013 年一档户外亲子真人秀节目《爸爸去哪儿》的出现，并且随着该节目一路火热升温，全国人民才真正记住了这个外表憨厚、说话慢条斯理却充满生活智慧的“村长”。李锐在《爸爸去哪儿》中的形象风趣、温暖、值得信赖，与孩子们的相处十分融洽。正是他身上这种“育儿专家”的特质，使得他成为一季又一季孩子们和爸爸们心中的好朋友，也成为《爸爸去哪儿》节目的标识。所以，在对主持人个性化的打造中，要注意观察，发掘主持人身上的个性闪光点和潜质，并且进行有针对性的重点打造。

(2)抓住有利时机，突出放大个性。浙江电视台主持人华少从 2007 年到 2010 年一直担任《我爱记歌词》主持人，其主持风格属于“打了鸡血”似的“亢奋型”。2012 年因为在《中国好声音》中的一段“逆天口播”被观众称为“中国好舌头”。自此，华少的主持事业上了一个新台阶，“好舌头”成为他的代名词，也成为他被更多观众记住的显著特点。在接下来的很长一段时间里，华少常常出现在各个节目中，向观众展示其超快口播。

从主持人到知名主持人，往往只需要一个机会，甚至一个瞬间。在我国广播电视事业发展的几十年里，不少主持人就是因为一个节目甚至一句话成为家喻户晓的“电视明星”。这就要求我们在对主持人个性化的培育过程中时刻注意，抓住有利时机，突出放大个性，并且利用媒体品牌力量为其制造更多出镜率。

(3)采取辅助手段，全方位立体呈现。孟非的光头、马东的大眼袋、穿旗袍的金星，杨锦麟的中式唐装和紫砂茶壶、为方琼主持的《家政女皇》专门设置的家庭式布景，这些外貌特征、服饰、道具、布景都是构建起主持人个性化的有利“武器”。除此之外，包括灯光、景片、饰物、化妆发型在内的这些外在特征都可以作为吸引观众注意力的辅助手段。通过对外在特征的不断强化，并努力使这种特征获得观众喜爱，保持稳固主持人知名度，强化主持人个性化。

二、主持人个性化建立的误区

(一)个性化发展为个人化

主持人出现在电视屏幕上时，代表的不仅是其个人，更代表其所属的节目、频道、电视台以及他背后庞大的创作集体。作为党、政府、人民的喉舌，主持人须知自身肩负着的时代和历史的使命；作为社会公器和大众代言人，要把作为新闻工作者、媒体人的职业操守谨记于心。切不可把个人意志凌驾于节目传播目的之上。就目前来看，我国的电视荧屏上还存在着一些个人主义、情绪化、话语霸权的节目主持人，这些主持人越过了个性化与个人化的边界,只为突出展示自我、自说自话,都是应当摒弃的。

（二）盲目追求个性化,主持流于表面

由于现在传统媒体受到新兴媒体的大力冲击,大批主持人涌入观众的视线,尤其是网络媒体的节目主持人相对受限制少,个性化风格明显,对电视节目主持人也造成了一定程度的影响。在这种竞争空前激烈的情况下,一些节目为了吸引观众眼球,追求节目视觉效果上的“新奇特”,在主持人的选择上机械地追求另类,忽视节目内涵,使节目最终流于庸俗和肤浅。

（三）节目风格与主持人风格不统一

不论先有主持人后有节目,还是先有节目后有主持人,节目风格和主持人风格都必须一致,因为只有这样,主持人的个性风格才能带动节目的个性风格,使节目从外在到内涵都表里如一。那种主持人和节目“两张皮”的,都不会留住观众,更不可能成为品牌节目。

（四）语言失范

在大陆刚刚兴起综艺节目到各大电视台纷纷开展综艺节目的相当长一段时期内,很多大陆主持人盲目模仿港台综艺节目大牌主持人,在追求个性化的语言表达风格时,完全不顾地区差异和节目风格,语调语势矫揉造作。直到现在,还有一些主持人盲目崇拜“港台腔”或方言式口语,致使语言失范问题十分严重,削弱了普通话的示范作用。

第四节　电视节目主持人策划与编导的工作流程四:形象包装与品牌营销

电视包装又被称为电视品牌形象设计与策划,包括视觉形象设计和电视媒体资深的品牌建设策略营销等方面,小到一个节目的片头大到电视台的宣传片,甚至于电视传媒集团的整体品牌,都是电视包装要解决的问题。现在的电视观众面临的选择众多,各台、各频道、各节目之间的竞争异常激烈。因此怎样让观众在纷繁的电视节目中锁定自己的频道和节目,成为众多媒体人要完成的首要任务。主持人作为连接电视与观众的直接桥梁,主持人形象包装又作为电视包装的重要一环,对主持人进行专业、科学、艺术化的职业生涯规划,在跟主持人有关的所有环节上进行管理、包装和推广,使主持人拥有更广阔的发展空间,也树立和维护了整个频道的形象和品牌。因此,在对主持人形象进行包装时编导应当做到缜密策划、精心打造。

一、形象包装

形象包装是指对主持人外在形象、个性风格以及栏目形象等的综合设计,作为营销主持人的第一步,旨在打造主持人鲜明的标识。在各大电视媒体之中最注重形象包装的当属凤凰卫视,“十人十面、百人百面,让每一个主持人都有他自己的东西,让山鸡能够变成凤凰”。凤凰卫视正是凭借着这种注重对主持人进行形象包装的意识,不仅打造出了一批带有“凤凰”标识的名牌主持人，更使得“凤凰”[①]本身具有了前所未有的品牌效应：成为香港市民学习国语、普通话的老师；成为每当有突发新闻事件时，观众首选的跟踪频道。

（一）形象包装内涵

形象包装主要包括以下几个方面：

1. 主持人外在形象的包装

主持人作为电视台最直接的窗口形象，注重主持人形象包装，对主持人进行形象设计十分重要。除了在妆容发型、服饰搭配上要符合节目风格、适合主持人自身特点，还应当注重光线、背景、构图、视音频等各方面协调运作，使主持人的整体形象与节目的风格、定位达到一种和谐的状态。

2. 主持人内在形象与外在形象的统一

常言道“江山易改，禀性难移”，每个人都有自己独特的个性，但作为主持人应当知道其作为媒体极为重要的公众形象，一言一行被广泛关注。所以，对主持人的形象包装绝不仅仅局限于外在形象的包装，更重要的是对其个性风格起到导向作用，使其在符合社会发展、公共审美取向、节目定位的前提下充分发挥个人个性魅力与个人风格。

3. 节目整体风格形象的包装

节目与包装之间整体形象的统一，是一个栏目完整化、一体化的需求，也是得到观众视觉认可的重要条件。一个好的节目包装，从宣传片、片头到背景音乐、字幕、节奏等都应该和节目本身浑然一体，给人视觉上以流畅、和谐、自然之感。

（二）主持人形象包装的优势

主持人需要包装已经是不争的事实。有调查显示，很大一部分观众收看某档节目是因为喜欢某位主持人，受到其个人魅力的影响，愿意接受其提供的信息。对于形成品牌忠诚的观众而言，主持人的品牌在其心中已经成为习惯，其他模仿或形似都不足以成为他们心中“那一位”主持人的代替。对于主持人来说，作为节目的标签和吸引观众的直接动因，做好形象包装除了增添其个人魅力和号召力，其所带来的社会效益与经济效益也是无法估量的。

1. 主持人及媒体自身形象品牌的提升

无论主持人形象品牌还是媒体形象品牌，都随着现代社会不断加强的品牌意识变得愈发重要。通过形象包装推出主持人，对主持人自身和其所代表的媒体（也就是电视台）形象品牌的打造都是大有裨益。

2. 观众群落划分、产生积极影响

好的主持人形象包装可以引发观众好感，使观众的目光追随节目变化，并对目标观众群落产生积极影响。作为带有个性化审美形象的主持人，不论其外在形象、文化内涵还是语言表达方式等各方面都需要得到节目目标观众群的审美价值认同，并将长期保持这种相对稳定的屏幕形象，以此回应观众向品牌提出的持续而统一的要求。

---

① 参见《新周刊》2002年第9期。

（三）主持人形象包装的误区

对主持人形象的包装一定要采取慎之又慎的态度，一旦出现纰漏，很有可能产生负面影响，甚至葬送掉主持人的职业生涯。

1. 包装目的模糊，主持人与节目脱节

现在很多节目对于主持人的包装还处于“赶潮流”“追时尚”的状态，看哪种风格类型的节目及其主持人火了，就按照此种模式“仿造”出一个节目和主持人来。这种包装目的模糊，主持人与节目脱节，很难吸引观众的眼球，并且节目寿命也不会很长，主持人和媒体形象品牌难以提升。

2. 包装目光短浅，缺乏战略眼光

有些电视台包装主持人属于短期行为，认为对主持人的包装只需追求当下流行即可，使得有的节目主持人形象百变，时而青春活泼，时而安静腼腆，发型妆容服饰搭配也是忽中忽西，风格极为不统一，这种缺乏长久性、战略性的主持人形象包装方法，不仅不利于主持人形象品牌的树立，对媒体的品牌打造也有害无利。

3. 包装只重外在忽视内在

这是很多媒体在策划包装主持人时所犯的一个致命错误。有的节目策划得精彩、有品位，主持人的外在形象包装也与节目相吻合，但直到节目实际运作起来，才突然发现，主持人的内在完全不足以支撑起整个节目，这就造成了主持人与节目严重失衡，最后导致大量观众的流失。

通常情况下，主持人的形象包装作为频道整体包装的“中流砥柱”，与频道整体包装相辅相成、密不可分。纵览我国各大电视媒体，虽然数量多、规模大，但在节目设置、节目形式甚至主持人风格上大多缺乏自身鲜明特色，“同质化”问题严重，整体频道形象的打造升级难以为继。因此，要想通过主持人形象品牌的提升带动整个频道形象品牌的提升，传达出具有鲜明特色的频道整体形象，就要对频道、节目、主持人进行统一的定位包装，力求主持人的形象包装契合于频道整体形象。

另外，对于主持人形象的打造还可以经由问卷调查、网络调查、随机访问等信息反馈渠道，通过观众对主持人形象的反馈、评价甚至是期望，来进行合理打造。

二、品牌营销

品牌营销是指通过市场营销使客户形成对企业品牌和产品的认知过程，是企业要想不断获得和保持竞争优势必须构建高品位的营销理念。最高级的营销不是建立庞大的营销网络，而是利用品牌符号，把无形的营销网络铺建到社会公众心里，把产品输送到消费者心里。针对主持人品牌营销来说，就是要把品牌概念引入传媒领域，在搞好节目策划创作的同时，通过对主持人进行形象包装及多种策划、推介手段，打造强势主持人品牌，并利用主持人品牌提升媒体品牌、提高频道整体竞争力和影响力，实现社会利益与经济效益的双赢。

（一）如何对主持人进行包装营销

1. 市场定位鲜明、准确

在品牌营销活动中，定位是打造品牌的关键。只有满足足够多的市场需求，并通过满足需求对产品进行精准的定位，才能把握市场营销的方向。以主持人尉迟琳嘉来说，2004 年他参加中央电视台《挑战主持人》获得年度总冠军，后参与主持中央电视台《健康星》和中央教育台《青春嘉年华》等节目，主持风格机智幽默又富有思想。2011 年香港凤凰卫视着力挖掘其“贫嘴”“庄谐并重”的特质，寻求与凤凰台自身风格的契合点，对尉迟琳嘉进行鲜明、精准的定位，启用其担任《倾倾百老汇》节目主持人。在这档节目中，尉迟琳嘉的舞台表现可以说是收放自如，在语言表达上贴近观众、幽默真诚，发挥中国式说学逗唱的功力，同时又以国际风范的外形，用独特的视角透析世间的“众生百态”，不仅多年来广受凤凰卫视观众和精英阶层的喜爱，还借此节目获得 2011 中国电视榜最佳脱口秀主持人。

2. 主持风格持续、稳定

主持人风格的形成需要经过长时间的磨炼与调试，要想既契合节目风格又受到观众喜爱绝不是一件容易的事情。因此，一旦主持人与节目融为一体又得到观众的一致好评，其风格就不能随意更换，需要在相当长的一段时间保持形象、个性的稳定，体现出行为的连续性。许多知名主持人，如北京卫视《养生堂》的主持人刘洪悦，中央电视台少儿频道的董浩叔叔，浙江卫视《我爱记歌词》的主持人朱丹等，都是以持续稳定的主持风格和状态打造出了良好的个人形象品牌。

3. 内在修养与外在形象并重

如果说主持人的外在形象是“基石”，那么其内在修养就是“阶梯”，是主持人自我发展和升华的过程。从主持人自身方面来说，在日常生活中要有意识地培养自己博闻广记的能力，加强自己文学、艺术学等各方面的修养。从策划、编导方面来说，开展一些有关电视节目策划、制作甚至包装营销等方面的培训，对主持人内在修养的提升也是明效之举。

4. 利用片头、宣传片广而告之

想要打造主持人品牌，就要在其被观众初步认识之后通过在片头、宣传片等频频“露脸”的方式广泛进行宣传与推介。比如湖南卫视动画工作室就是专门对节目进行整体包装的部门，负责形象包装的人员针对主持人最具吸引力的地方制作出既符合节目定位又体现主持人个性风格的宣传片。充分利用媒体自身条件，增加广告频次，加深观众对主持人的印象。

5. 提升主持人社会形象

主持人作为公众人物承担着必要的社会责任。因此要有计划地促使主持人参与社会公益活动，这不仅体现出主持人的亲和力和责任感，更可以扩大主持人的社会影响，提升其社会形象。具体方法主要有：积极参加社会公益活动；担任公益组织形象代言人；发生灾害时，带头捐款，参加赈灾义演等。这些活动会在无形中拉近主持人与观众之间的距离，使主持人的社会形象及品牌得以提升。

6. 推行主持人明星化，建立专门策划推广部门

电视媒体的主持人明星化现象产生于 20 世纪四五十年代的美国，随后在欧美节目中广

泛流行，今天已经发展成为一种世界潮流。随着我国电视媒体改革的深入和经营观念的变革，主持人明星化策略得以逐渐推广。由于主持人作为电视媒体的明星，名主持人作为一个品牌，具有商业属性。因此，出于统筹营销的考虑，各电视台可以专门设置为节目和主持人服务的策划推广部门，按照成熟的市场化操作方法来包装节目和主持人，运用“流水线”方式对其进行宣传推广，实现主持人和电视台的双赢，达到经济效益与社会效益的双丰收。

（二）名人效应的可操作性

在主持人的包装与营销中，“名人效应”是对业已形成的主持人个性风格进行扩大化的一种操作手法，是对金牌主持人个体的一种彰显与肯定。不可否认的是，公众对于“名人”的衣着打扮、言行举止甚至是私生活都保有高度的兴趣。电视主持人的“名人效应”就是借由公众对名人的广泛关注度，利用人们普遍的“爱屋及乌”心理，通过主持人出现的频率、场合及其形象代言人的身份来吸引观众眼球，增强主持人竞争力、提高频道形象、赢得预期市场份额。

名人效应的可操作性层面包括：

1. 推出新节目

利用名人效应，推出新的节目，以此来提高收视率、扩大节目影响、吸引广告投资。比如孟非同时担任《非诚勿扰》和《四大名助》节目主持人；何炅担任《快乐大本营》《百变大咖秀》节目主持人；欧阳夏丹担任《第一时间》《共同关注》节目主持人；撒贝宁担任《梦想合唱团》《出彩中国人》主持人。

2. 制作个人形象片

节目推介以主持人为核心，为主持人制作个人形象宣传片，同时展现主持人风格和栏目风格。比如中央电视台曾推出主持人奥运宣传片、主持人旅游宣传片、主持人公益手语宣传片等，都是由多名主持人共同演绎，一方面根据主持人各自形象风格进行不同展示，另一方面又共同塑造了整个中央电视台的风格、形象。这种以具体画面形象取代抽象字幕显示的方法，可以使观众快速记住主持人的形象，继而熟悉频道、栏目，更加期待节目。

3. 多媒体共同操作

媒体对“名人效应”的操作不仅应在主持人所在电视台进行宣传推广，还要积极利用多媒体共同操作。比如安排其他媒体对本台主持人特别是具有一定知名度的主持人进行宣传报道，使主持人频繁出现在电视屏幕、报纸杂志、网络等多种媒体上，提高主持人及所在电视台知名度。

4. 主持人与观众“近距离”接触

“追星”在当今社会是一种很普遍的现象，“追星族”期望和喜爱的“明星”近距离接触。因此，可以通过发放签名照、馈赠礼品、抽取幸运观众一同出行等方式，拉近主持人与观众之间的距离，满足观众“追星”心理。比如中央电视台自 2005 年推出主持人新年挂历以来，广受观众追捧，特别是对于谁是“一哥”“一姐”的话题热度有增无减，不仅拉近与观众的距离，还制造了话题。

5. 出席社会活动

安排主持人参与社会活动尤其是公益活动。参与这些活动不仅可以增加主持人的出镜率、曝光率，更是建立主持人良好形象，提升主持人自身价值的有效途径。特别是对于公益组织和广大电视观众来说，明星在活动中所起到的表率作用远远超出他捐献的那部分可计算数额。比如主持人汪涵经常作为“湖南省交通文明形象大使”“湖南省无偿献血爱心形象大使”“湖南省博物馆形象大使”等出席参加各种社会活动和公益活动，对其自身形象品牌的打造极为有益。

6. 写书出版发行

赵忠祥、倪萍的自传式书籍红遍大江南北之后，很多主持人也纷纷效仿开始出书。从20世纪90年代到现在，主持人出书热度始终未减，如杨澜的《凭海临风》、何炅的《快乐如何》、白岩松的《痛并快乐着》《白说》、汪涵的《有味》、李咏的《咏远有李》、朱军的《时刻准备着》、孟非的《随遇而安》、郎永淳夫妇的《爱，永纯》、大冰的《他们最幸福》《乖，摸摸头》等。作为“名人效应”可操作层面的一种，应当鼓励主持人出书，主持人出书不仅可以展示自我，还能获得更多关注，扩大影响力，提升自我价值。

（三）个案分析

个案分析——《朗读者》之董卿

1. 概述

(1)《朗读者》背景资料：在泛娱乐化的当下，影视娱乐文化蓬勃发展，有关明星动态的节目比比皆是，注重人文情怀的节目却屈指可数。该节目通过朗读的形式，让朗读者及观众感悟文化的魅力，体验现代社会思维与传统文化的交流碰撞，感悟中华传统文明的魅力。

(2)新闻造势：2016年5月，中央电视台CCTV－3综艺频道在广州举办《领航中国综艺·创新改变未来》的创新节目推介会。2017年2月，央视推出以明星为主的众多公众人物向观众推荐收看《朗读者》的节目宣传片。同期，包括人民网、中国新闻网在内的国内各大主流媒体纷纷报道并给予高度评价。

(3)栏目宗旨：实现文化感染人，鼓舞人，教育人，展现有血有肉的真实人物情感。

(4)栏目定位：大型文化情感类节目。

(5)栏目广告语：朗读打动人心。

(6)节目内容设置：采用明星和“素人”相结合的模式，每期邀请一些具有丰富阅历或有故事的明星和“素人”来到现场，通过“访谈＋朗读”的形式分享他们的人生故事和心得。朗读内容由朗读者文学顾问团的国家顶级文学家、出版人、专家、学者精心挑选，展现丰富多彩的人文生活，描绘中国几代人具有时代特征的生活画卷，呈现出生命之美、文学之美和情感之美。

2. 主持人的包装与营销

主持人董卿背景资料：出生于上海，毕业于上海戏剧学院，MFA艺术硕士学位，中央电视台主持人，连续十三年主持央视春晚，其晚会“报幕”形象定型化较为明确。在主持《魅力12》《欢乐中国行》《我要上春晚》等多档栏目中逐渐呈现出浓郁的文化气质与良好的文学修养。

(1)自身优势:董卿在戏剧、表演等方面均有着良好的教育背景与素养。1994 年开始入电视台工作,科班出身,功力扎实,主持时间长,经验丰富,对各种类型的节目都具有较强的把控能力;在多年的主持中形成自己特有、鲜明的风格;有观众缘、知名度高;出身书香门第,爱好读书、勤于思考,是众多主持人中"一股清流"。

(2)品牌孵化:有央视的平台,通过董卿担任制作人与专业的打造,利用明星效应产生裂变与拓展。作为制作人,董卿可谓"全身心"投入,在这一档节目中,她自己把控自己所能到达的主持高度和可拓展的空间。这种品牌孵化是最自然,也是最合理的。编导或编导团队在这样一个品牌的保证下,更容易开展节目的具体方向性策划与运作。

(3)风格微调:与董卿以往的主持略有不同,《朗读者》作为一档文化情感类节目,其要求主持人具备丰富的知识储备和挖掘每个嘉宾亮点的能力。"朗读者"丰富的阅历、动人的故事和真诚的情绪与倾听者"董卿"温暖、富有文化、文学色彩与气息的回应融为一体,不再是舞台上哪个诵读、报说台词的晚会"报幕"人,也不是综艺节目中那个明亮笑容的主导者。

(4)量身定做:在之前的《中华成语大会》中,观众已经看到了董卿不一样的一面。除了一直以来为观众所熟知的端庄大气的主持风格,《朗读者》使董卿丰富的文化内涵得到了较好的展示,更激发出其潜在的特质,由于多年主持风格、节目的逐渐个性化,董卿让观众惊讶却不意外。

(朱　婕)

本章思考题:

1. 主持人的选拔途径有哪些?你认为还可以扩展何种方式?
2. 主持人需要具备哪些素质?为什么?
3. 主持人定位的原则有哪些?运作方式有哪些?
4. 如何打造主持人的形象?
5. 如何培育个性化的主持人?在培育过程中可能走入哪些误区?
6. 为什么说主持人的个性化不是个人化?

第十一章　微电影(微视频)剧作的创作与编导

第一节　微电影概述

随着新媒体时代的到来，电影作为与科技发展密切相关的艺术形式，其传播路径和呈现方式都发生了翻天覆地的变化。这种变化表现在，数字媒体技术让人们的影视欣赏方式开始“交互化”；电影艺术表现形式和呈现方式“多样化”；影视制作技术“简单化”和“平民化”。正是由于新媒体时代的技术革新和文化变迁，微电影让电影艺术以另外一种姿态悄悄在网络上兴起。2010年，微电影《一触即发》《老男孩》的走红，全面开启微电影时代。微电影在网络上快速发展，给人们带来了多样的文化景观，又呈现出多样的文化生态。

一、微电影的兴起

(一)社会原因：微时代的到来

新媒体技术的发展推动着文化传播进入了微时代。“微时代是以信息的数字化技术为基础，使用数字通信技术，运用音频、视频、文字、图像等多种方式，通过新型的、移动便捷的显示终端，进行以实时、互动、高效为主要特征的传播活动的新传播时代。”[①]微时代的到来推动了网络微文化的流行，一时间微博、微客、微信、微小说、微商等各种微文化盛行，微电影正是在这样的社会环境下诞生的。微电影以其“短小精悍”的传播特点，为处在消费社会中的人们提供了文化消费的新模式，迎合了微时代人们快餐文化消费的新需求。

(二)技术原因：传播模式的蜕变

科技的进步促使信息技术、电子技术和光纤通信技术等高科技领域取得了的突破性的发展，从而促进了新媒体技术的普及。新的媒介技术为影视作品传播方式的改变提供了技术支持，也推动了影视文化传播模式发生蜕变，影视文化由单一的被动传播转变为多维的互动传播。这种传播模式和传播行为的出现，是新媒体时代媒介技术的革新和开放式的媒介环境共同作用的结果。一方面科技推动了影视技术的发展，突破了影视制作技术的操作壁

① 林群：理性面对传播的“微时代”[J]，青年记者，2010，(1)：31。

垒。同时影视设备的购置成本也大幅降低，普通人也具有了购买影视设备的能力。另一方面网络技术的发展促进了智能手机等移动电子终端的普及，人们可以方便快捷地上传、欣赏、分享微电影。所以新媒体技术的革新为微电影的传播提供技术平台，促使影视文化传播模式的蜕变，院线不再是电影播放的主宰，受众成了文化传播的主体。

(三)理论原因：后现代文化的影响

1985年，美国学者弗雷德里克·詹姆逊(Fredric Jameson)是最早把后现代文化理论引入中国大陆的“启蒙”人物，他在中国的讲学内容整理出版为《后现代主义与文化理论》一书，从而掀起了国内后现代文化研究的热潮。对于后现代文化的解读我们可以理解为：在信息传播无限发达、人们物质生活极度丰富，而精神生活却趋向空虚的状态下，所产生的一种反理性、肤浅、平面化、日常生活审美化、对历史意识的解构、文化消费商业化的新兴文化与传统文化和现代文化有所区别。微电影以其传播内容的碎片化、文化内涵的多元化、思想承载的平面化、表现方式的“恶搞”化等文化特点充分体现了其对传统电影无限颠覆与解构。所以后现化文化是影响微电影文化发展的重要原因。

二、微电影的概念

从微电影诞生以来，一直受到影视行业和草根阶层的欢迎，同时引起学术界的广泛关注与研究。关于微电影的概念，学术界与电影界一直都存在争议，经研究分析总结，主要有“短片说”“第三电影”“广告说”“平台说”“网络说”等几种观点。

(1)短片说。导演陆川认为：“微电影其实就是微博诞生之前的电影短片。”[①]他认为在微电影这个概念正式提出以前，微电影一直以电影短片的形式存在，随着“微时代”的到来，电影短片才被人们更名为“微电影”。浙江传媒学院的骆育红在《“微电影”：网络时代的概念泡沫》一文中认为微电影只是一个泡沫化的概念，是一个裹着时尚华丽外衣的新鲜名词而已，其实质与原来的网络短片无异，并且指出在过度商业化的过程中其必然被另一个时尚所淘汰。

(2)第三电影说。中国艺术研究院电影艺术研究所所长丁亚平在《“大电影”视域下的微电影的发展》中认为微电影是一个开放的概念，并把它理解为“第三电影”，认为微电影是一种具有强大生命力的新型电影艺术形态，对微电影的发展持积极的态度。

(3)广告说。广告人孙康莫认为微电影就是以营销为目的“植入式广告”。暨南大学郑晓君在其论文《微电影——“微”时代广告模式初探》中认为：“微电影是能够在新媒体平台上播放，电影片长一般控制在30～300秒之间，一个具有完整故事情节的视频广告。”[②]认为微电影其实就是广告的高级形式。有学者认为微电影不能完全等同于广告，广告微电影只属于微电影的一个分类，并不能真正代表微电影全部内涵。不管有人认为它是电影也好，是广

① 熊丽：“5W”论微电影(上)[J]，成功营销学，2012，(7)。
② 郑晓军：微电影——“微”时代广告模式初探[J]，北京电影学院学报，2011，(6)。

告也罢,其实这两个观点只不过是微电影类型分化不同,一种是重注自我表达的文艺微电影,另外一种是就以广告为主的商业微电影。黄钧鑫对微电影的定义是这样的:“微电影,它既是加长版的广告片,也是精华版的电影,它是广告同时也传递了电影的剧情。它在受众紧张的生活节奏中,快速得如同快餐一样满足了受众的某种精神需求。”

(4)骆育红提出了“平台说”,认为“播放平台是区分微电影概念的唯一条件,在电影院放映的是电影,在电视上放的是电视电影,微电影则是特指专为网络制作,只在网络平台上播放的故事短片”[①]。然而“平台说”的概念不免偏颇,因为网络播放平台并不只是微电影的专利,很多传统电影也能在网上播放;微电影也不只是在网络上播放,同样也开始走向了电视媒体。

(5)网络说。百度百科所提出的概念相对全面,即“微电影(Short Film),即微型电影,又称微影、小型电影,指的是在电影和电视剧艺术的基础上衍生出来的小型影片,具有完整的故事情节和可观赏性。专门运用在各种新媒体平台上播放的、适合在移动状态和短时休闲状态下观看的、具有完整策划和系统制作体系支持的具有完整故事情节的‘微(超短)时’(8～15 分钟)放映、‘微(超短)周期制作(1～7 天或数周)’‘微(超小)规模投资(几千～数千/万元每部)’视频类短片,可以单独成篇,也可系列成剧。它具备电影的所有要素:时间、地点、人物、主题、故事情节。”[②]该定义从微电影的传播渠道、传播内容、传播特点、构成要素等方面阐述了微电影的概念。这个定义虽然相对全面,但是仍然具有争议。首先,微电影并不是只有在新媒体平台播放,很多省级卫视也开辟了微电影频道;播时间也不只能限定在 8～15 分钟之内,因为从几秒钟到一个小时左右的微电影都存在;制作周期和投资规模也是相对有弹性。不管是从历史的角度把微电影解理为电影短片,还是从营销的视角理解为视频广告,微电影的确需要一个理性、全面、专业的界定。笔者认为微电影除了播放时间短之外,一定要具备传统电影一切创作要素与艺术特点,才能算得上真正的微电影。同时微电影要与视频短片相区别,微电影具有完整的故事情节,讲究镜头语言的蒙太奇和戏剧冲突,而视频短片却不必有这样的要求,现在网络上把一些视频短片等同于微电影都是不科学的。所以经过以上分析,我们可以为微电影的概念下一个基本定义了,所谓微电影是随着新媒体技术的发展,兴起的一种微剧情、微时长,具有完整故事情节和影视艺术表现的视频短片。此定义认为,微电影必须具有完整的故事情节,还必须具于电影艺术的艺术性、文学性、娱乐性和商业性等艺术特点。

第二节　微电影的特点

微电影作为传统电影的一种创新变革,同样具有传统电影的科技性、商业性、娱乐性、艺术性和文化性等特点。另外微电影作为在新媒体平台上传播的特殊影视形式,还有自己独

① 骆育红:“微电影”:网络时代的概念泡沫[J],名作欣赏,2012,(30)。

② 百度百科:http://baike.baidu.com/view/4342291.htm

特的特性。

一、传播内容的“精短性”

首先在时间上，微电影时间不像传统电影那样有两个小时以上的超时长，它的播放时间一般在60分钟以内，从几十秒，到几分钟都可以独立成电影。在剧情上，微电影因为时间的限制，其剧情一般只会展现故事的精华部分。在投资上，微电影投资成本一般都比较低，正是因为这样一个微投资，才降低了其拍摄的门槛，让更多的普通人也能拍电影。但是也有一些大制作和高投资的广告微电影存在。

二、是传播模式的“多样化”

微电影虽然没有传统电影的院线播放平台，却以一种更广阔的、更多样的传播渠道，走进人们的视线。如网络电视、移动电视、智能手机、平板电脑，甚至是“谷歌眼镜”，这些多样化新媒体平台让微电影的传播更加方便快捷。

三、是传播主体的“平民化”

微电影把电影从艺术神坛拉到平民百姓中间，拍电影不再是专业人才和拥有雄厚资金的专业团队才能参与的艺术创作。普通百姓也能拿起拍摄器材，开始制作微电影，并通网络平台分享自己的作品。所以不管是专业导演，还是普通百姓都能拍电影，微电影的创作主体走向平民化。

四、是传播文化的“多元化”

微电影的文化内涵更加丰富，无论是广告营销，还是公益宣传；无论是搞恶整蛊，还是人间真情。微电影的文化表达，更加灵活多变，而这种文化呈现方式，是受种种审片限制的传统电影所不能企及的。微电影将精英文化与草根文化、大众文化与网络文化、视觉文化与媒介文化广泛融合，呈现出多样的文化生态。

（一）艺术性

微电影作为新型的影视艺术创作样式，无论是创作理念或创作方法都将在结合自身特点的同时遵循其基本的溯源。微电影的呈现同传统的影视戏剧一样都是动态感官的艺术体现，其构图成像的屏幕画面、拍摄的手法、故事叙述的方式甚至人物的荧幕塑造等都渗透了高于现实生活的艺术性。

（二）技术性

微电影的产生得益于影视技术与新媒体传播技术的进步，其本身就是科学技术迅速发展的成果体现。微电影的创作过程需要技术的支撑，微电影的播出更需要传播技术成熟的新媒体作为平台。因此，技术性是微电影的基本属性。

（三）文化性

微电影这一精神娱乐文化产品最初的正式形成来自网络，网络文化是其扎根的故土。微电影总体的网络文化印迹深刻，其特点体现在主题多为网络热门话题，台词语言风格的网络化，再加上新媒体具有网络评论、分享、弹幕等功能，这使人们在观看微电影的同时可以在交流中体味电影背后的文化意义。

（四）商业性

微电影在未正式形成之前的雏形便是商业性的广告短片，首次形成的尝试就是凯迪拉克的商业性微电影。微电影与商业广告短片如同一对孪生兄妹，彼此在外表轮廓上如出一辙。因微电影这种看似无强制性、温和变相的软性推销方式更容易被消费者所接受而受到广大商家的青睐。

（五）思想性

思想性是微电影形成发展以来现阶段所致力追求的，这也给微电影的质量提出了更高的要求。微电影不再是恶搞博人眼球、纯粹消遣娱乐的网络视频，它在潜移默化中传达了某种思想观念和社会意识，且在传达的同时会引导人们向正确的道德意识与价值观看齐。

（六）多元性

微电影制作的低成本、低门槛让微电影创作的范围扩展、限制缩小，这使得微电影创作更多元化。专业或非专业主体的创作、各式各样的主题、形态各异的影像呈现、不同的意义诠释、形形色色的人物塑造等都能最大限制地自由发挥。多元性体现了微电影创作的包容与兼爱。

第三节　微电影的类型

不同学者和业界人士从不同角度对微电影进行分类，目前也无统一的分类标准。从目前的研究现状来看，微电影的创作类型主要分为这几种：①娱乐类微电影，这类微电影充满无厘头的幽默元素，为人们提供娱乐消遣，如《一个馒头引发的血案》《七喜——穿越篇》都是娱乐类微电影的代表；②商业类微电影，主要是为了做商业推广的一些广告类型的微电影，如佳能拍的《看球记》、凯蒂拉克的《一触即发》《66 号公路》等；③还有一些宣传旅游景区的微电影，如《樱为爱情》等；④公益文化类微电影，这类微电影具有非常丰富的文化内涵，旨在传承和解读社会文化，发人深省，引人深思，如徐峥拍的《一部佳作的诞生》、黄渤拍的《特殊服务》等；⑤还有一些作品旨在宣传社会公益活动，以体现人文关怀为主题，如沙溢和胡可夫妇主演的《爱的代驾》等。本教材从微电影所代表的文化类型的视角给微电影进行以下分类：

一、商业类微电影

商业文化是指在生产和流通领域中商品经营活动所衍生的一切文化现象。电影作为一种传播媒介，一直被商业品牌作为营销平台所青睐，而微电影的诞生，又为商业广告提供一个崭新的营销渠道。“微电影快速传播的特点使其具备天然的广告价值，成为众多广告商在广告大战中比拼的新阵地。”①我们几乎在每个领域都能看到微电影广告身影，从凯迪拉克的《一触即发》到雪佛兰的《老男孩》；从三星手机的《四夜奇谭》到佳能的《看球记》；从益达木糖醇《酸甜苦辣》系列到七喜《穿越》系列。微电影广告几乎渗透到人们生活的方方面面，可以说广告成就了微电影，而微电影又给了广告全新的营销模式，这种营销模式拓宽了商业广告推广的载体和渠道，并形成了独特的商业文化。

传播学之父威尔伯·施拉姆(Wilbur Lang Schramm)最早提出大众传播的经济功能之说，他认为：“采用机械的媒介，尤其是电子媒介所成就的一件事，就是在世界上参与建立了史无前例的宏大的知识产业。”②作为大众传播媒介的微电影参与了商业营销，开启广告植入的新模式，从而实现了大众传播的经济功能。一方面，微电影制作成本低，传播渠道多样化，营销本成低，可以在网络上通过分享链接实现“病毒式营销”，并且受众层次覆盖面广泛；另一方面，微电影广告有意淡薄电影中的品牌色彩，不再像传统电影那样对商品标识和形象硬性植入，而是通过感人的故事把品牌内涵巧妙地融入，用故事感动观众，用理念说服观众，用情感满足观众的心理需求。从而引发受众的情感共鸣，以达到“润物细无声”的传播效果，顺利建立商业品牌与观众之间的情感纽带。所以微电影广告宣传模式的成功，实现了商业文化传播的营销转型。

二、公益微电影

在广告微电影如火如荼传播的同时，公益微电影也开始纷纷登台。公益微电影不但追求美学传播效果，更注重人文关怀。一些优秀的公益微电影一直在努力地探寻现实生活真谛，挖掘生活中“真、善、美”的资源，唤起人们的理性思考。由合润传媒出品的系列公益微电影《梦想的力量》之《寻找失去的孩子》讲述一个“微博打拐”的故事。另外，由著名导演贾樟柯监制的以“爱的联想”为主题的系列公益微电影，如《十二邻》提倡关爱空巢老人；《多背一公斤》倡导对贫困山区孩子的关注等。这些微电影主题和现实生活密切联系，快速准确传达了社会公益的精神内涵，引导人们关注社会弱势群体，传递社会正能量，树立了公益榜样。所以公益微电影让公益广告从生硬理性说教转变为关注人们情感诉求的情感表达。

还有很多微电影关注食品安全、环境保护、社会法制等社会问题，运用幽默的手法，使受众在轻松愉悦中接受公益思想。通过唤醒人们心中的良善，让受众在情感深处获得共鸣，凝聚社会正能量，引导人们对社会公益事业的广泛关注与参与。公益微电影具有丰富的公益内涵与独特的社会感召力，充分体现了对社会公益的倾情奉献。公益微电影也同样是大众传播媒介社会功能的监督者和守望者，并积极实现着大众传播的教育大众和传播文化的正

① 丁敏玲，成毅涛：广告图像的叙事特征[J]，新闻爱好者，2010，(02)。

② [美]W. 施拉姆：《传播学概论》[M]，北京大学出版社，2007，155。

功能。从幽默娱乐到爱心公益,迎合了受众个性化的审美需求,将娱乐精神与社会担当相融合,在幽默中彰显公益,完成了微电影社会功能的深度嬗变,实现了影视文化的责任担当。

三、草根类微电影

这类微电影主要有非影视行业的人士制作,其特点是小制作、小成本、小人物、小题材。因为制作技术水平不高,这类作品的艺术性和技术性一般不高。如《笑爽天下》这部微电影就是在东阳市横店镇一幢不起眼的出租房内出炉的,这部自导自演、自募资金、零片酬的电影讲述了一个普通人领悟幸福和珍惜拥有的故事。

新媒体技术的发展,使得平民百姓也能够掌握简单的视频制作技术。草根阶层已经不再是影视传播活动的简单陪衬,他们也积极参与到各种视频的制作过程中。无论普通市民,还是乡野村夫都扛起了摄像机,做起了生活的导演。我们把非影视制作专业的人士创作的微电影作品称为草根微电影。虽然草根微电影在制作技术上无法与专业的影视作品相比,但有很多草根作品都富有丰富的思想内涵,如草根导演王太利和肖央拍摄的微电影《老男孩》就是一个很好例证。这部微电影把怀旧、青春、梦想的主题演绎得淋漓尽致,体现了80后草根受众的心声。当然草根微电影作品中不乏思想深刻、叙事流畅的优秀作品,如《顶缸》就是一部充满着东北味的黑色幽默喜剧,故事叙述得深刻而不沉闷,把人性的自私、人们在利益面前荒诞的心灵扭曲和不良的社会现象批评得淋漓尽致。还有很多民间的草根创作团队,如江西安远县的"远点印象"创作团队,他们穿行于山村小镇,挖掘本地乡土文化,创作出《美丽女孩》等10多部充满乡土气息的微电影,广受好评。

草根文化是区别于阳春白雪的精英文化、宫廷文化以及传统文化的一种"亚文化"现象,具有平民文化的特质。草根微电影中的人物是由普通民众来扮演,微电影让普通百姓纷纷从幕后走到台前,展示出平民生活中最自然、最真诚的幽默天赋与个人才华。微电影一改传统电影的精英制作模式,将荧屏从普通民众遥不可及的艺术神坛上拉入民间,成了草根民众的狂欢。草根微电影代表着一种民间力量,体现了平民思想的感情诉求,是平民文化的个性表达,所以微电影的盛行恰恰也是草根文化的时代流行。

四、专业微电影

这类微电影是由专业的团队和专业的电影人创作,其特点是制作技术"专业""专注""精良",一般也配合规模化宣传、市场化运作、职业化团队、企业化管理和统一化发行。比如3D技术的运用,炫目特技、各种蒙太奇手法的运用等,再配以明星和专业化演员的表演,如微电影《一触即发》中,吴彦祖类似于007的角色表演,帅气潇洒的特技动作,扑朔迷离的眼神,惊心动魄的极限追逐,以及片中直升机和火箭炮等场景和道具的使用,这些好莱坞式电影元素的融入是草根制作团队所望尘莫及的。

"精英文化是一种自觉文化,是社会道德和社会良心的守望者,它承担着教化大众,提升社会价值的功能,它为全社会确立了一种普世的信念,并负责向全社会提供高尚的精神文化产品，向民众传递社会理想和理性精神，确立价值尺度和审美标准。”①一直以来影视文化被视为精英文化，精英文化的高尚品格决定着精英文化一般是由社会精英所创造和引领，而微电影的草根创作却打破了这一常规。微电影并不只是草根文化狂欢的舞台，因为微电影的兴起同时也引起了专业导演、影视明星、作家、主持人等社会精英的关注与参与。如果说微电影将电影从精英文化的艺术神坛拉入了平民草根的庙堂，那么专业电影制作人士的热情参与无疑又将这精英文化得到了延伸。

微电影制作门槛相对较低，资金投入相对较少，制度审查相对灵活，这让各大传媒文化公司、专业的视频网站也纷纷力邀社会精英参与进来，如：优酷出品“大师微电影”系列便集结了顾长卫、张元等亚洲顶级电影大师，拍摄了《龙头》《床上关系》等作品。

继专业的影视导演拍摄微电影后，影视演员也走进了拍摄微电影的行列，由搜狐视频和中影集团联合打造的“7 电影”系列微电影，主要作品有王学兵的《坚定的锡兵》、李光洁的《幸福速递》、张默的《未分类死亡》、黄磊的《老男人历险记》、黄渤的《特殊服务》等。微电影的创作不但吸引了名导、明星，更有很多音乐制作人、主持人、作家等来自不同领域的文化精英，也纷纷加入了制作微电影的队伍，如“体育名嘴”黄健翔监制的《跑出我人生》；由作家苏芒与郭敬明监制的《霓裳》；还有宁财神和高晓松合作的《夜行动物》等。这些微电影由专业的影视集团和视频网站鼎力协作，启动了业界最优质的资源和实力派影星，以其新颖的策划内容、高品质的制作水准、国际化的创作班底在业界得到了广泛关注和高度评价。名人微电影不但在制作技术上提高了微电影的制作质量，更从艺术创作上升格了微电影的文化内涵，将原创视频带入了大片时代，对网络微电影行业和传统电影行业都是一个全新的挑战，掀起电影行业的一次创意革命。名人参与制作微电影提升了微电影的创作品质、使其摆脱“草根”标签，引导微电影向精品化和优质化升级。由此可见微电影既是草根文化的流行，也同样是精英文化的延伸。

第四节　微电影剧本创作

一、什么是电影剧本

剧本是电影的设计蓝图，又是一种文学形式，为电影创作提供角色、故事情节、主题思想和环境等要素信息。微电影创作和电影创作一样，同样需要剧本创作。所以在微电影创作之初，要厘清什么是电影剧本。关于电影剧本的界定，国内外学者都有不同的看法。美国的L. 赫尔曼认为：“电影剧本是供电影导演作为工作蓝图使用的一种文字材料。”②赫尔曼更多

① 欧阳宏生：《电视文化学》[M]. 四川大学出版社，2006 年。

② [美]L. 赫尔曼：《电影电视剧实中教程》[M]，1 页，北京，文化艺术出版社，1982。

是把剧本看作是导演工作台本，而我国有学者则把剧本看作是一种文学体裁，可见影视剧本具有浓重的文学色彩。国内学者桂青山把影视剧本定义为：“电影(电视)剧本是可供导演作为拍摄蓝图使用的一种独具特色的，与小说、诗歌、散文、戏剧(舞台本)等并列的重要文学体裁。”①经过梳理我们可以把剧本理解成三种文体：

第一，由编剧完成的文学剧本。电影文学剧本是文学与电影艺术相结合起来的产物，兼有电影与文学双重特性。《中国电影大辞典》对“电影文学剧本”解释如下：“一种运用电影思维创造银幕形象的文学样式。是电影剧作者根据自己对生活的感受、认识和理解进行艺术构思，并按照电影表现手段通过文字描述以表达自己对未来影片设想的作品。电影文学剧本主要为拍摄影片而写作，因此它必然受到电影特性的制约，必须符合电影艺术的基本规律和要求；它所创造的形象虽然以文字为媒介，但必须能够通过影片的摄制，以电影的各种艺术技术手段在银幕上体现出来……”②此定义比较全面、客观地从“主要写作的目的”“电影特征”和“文学特征”这三个方向来阐释，电影文学剧本是具有电影的表现技巧与叙述方式的文学形式，具有很强的可读性。编剧从生活中获得启示、灵感、冲动和思想，对素材进行分析、选择、加工、提炼，使之成为一部影片特定的题材，构思出人物和情节，形成一种富有画面性和声音性的文学艺术形式。

如《为了不变的承诺》电影文学剧本：

为了不变的承诺

故事梗概：

秦升是某省城师范类高校音乐系的一名大四学生，也是小提琴音乐才子。大一的暑假期间他在乡下支教时认识了一个家庭贫困的血友病小男孩友友，并与友友结下了深厚的友谊。从此以后秦升便一直帮助友友。很快秦升就大四了，他获得了全国小提琴大奖赛金奖，为学校争得荣誉，为此他即将得到国家奖学金。这时友友的病情加重，急需做手术。秦升想把这次奖学金的奖金全部转给友友做手术，但是手术费还不够，于是他便到街上拉小提琴赚钱，帮助友友筹集手术费。然而，此事被学校发现，学校取消了他的奖学金资格。这件事对秦升打击很大，他还受到了老师和同学们的误解，但是为了兑现对乐乐的承诺，他仍然冒着被学校处分的危险，继续到街上拉琴。秦升的女朋友何音音一直暗暗帮助秦升，但还是不能解决手术费的问题，何音音劝秦升说出事情真相，好让大家一起帮助他，但是秦升觉得这是他一个人的事，不想麻烦大家。马上就毕业会演了，班里的同学都忙着毕业演出的排练，这次演出关系着他们能否进入国家一流交响乐团工作。每人都想争取这样的机会，只有秦升一人忙着到处拉琴赚钱，根本无暇顾及毕业会演的事情。何音音只好瞒着秦升说了实情，班里的同学与老师知道了此事，决定利用这次毕业会演的机会，发起一场公益演出帮助秦升筹

① 桂青山：《影视剧本创作教程》[M]，278页，北京师范大学出版社，2009，8。

② 张骏祥，程季华：《中国电影大辞典》[M]，上海辞书出版社，1995：190—200。

集善款。最后秦升的奖学金失而复得，友友也顺利地进行了手术，他和何音音也都得到了国家级交响乐团的聘书。然而秦升却放弃了这样难得的工作机会，去了友友所在的山村小校，当了一名音乐教师。让他没有想到是，何音音也拉着行李箱来到这个山村小学。

主要人物：

秦　升：男，23岁。师范音乐学院的研究生，器乐班的音乐才子。外表冷俊，不修边幅，性格内敛，沉默寡语，做事低调。学习期间到农村支教时认识了一位患有血友病的小学生友友，并一直在默默地资助他。

何音音：女，22岁。师范音乐学院的校花，器乐班的素颜美女，长发飘飘，亭亭玉立，善良温柔。她一直暗恋同班的秦升，毕业后和秦升一同去了贫困山村支教。

高　亮：男，23岁。器乐班的班长、师范音乐学院学生会主席。英俊帅气，衣着鲜亮，颜值高，爱表现，有优越感，好胜心强。暗中追求何音音。

徐乐乐：女，22岁。声乐班的学生，何音音的同房闺蜜。身材肥胖，爱吃零食，快人快语，活泼可爱，热心开朗，爱管闲事。

王老师：男，36岁。师范音乐学院老师，器乐班的主任。原国家神州乐团的首席小提琴手，对学生的宽容仁慈，深得学生喜爱与信任。

友　友：男，10岁。贫困山村小学的学生，血友病患者。纯真烂漫，朴实可爱，酷爱音乐，天生一副天籁般的歌喉。

院　长：男，50岁，音乐教授，严厉、刻板。

罗　总：班主任王老师的大学同学，西餐厅的老板。

学　生：师范音乐学院器乐班男女同学数人。

保　安：地铁青年男女保安。

正文：

1. 片头(小提琴与空镜头平行蒙太奇)

优美抒情的小提琴声中……(《我和我的祖国》的主旋律)

热闹繁华的城市。

高楼林立，车水马龙，大道两旁的香樟枝繁叶茂，建筑物间处处是绿地，花草芬芳……

穿城而过的赣江，江水清亮，悠悠前行，晨风拂起微澜，阳光下的水面，宛如无数的宝珠在滚动。

大道上，小汽车、自行车、上班和上学的人们，各行其道，来来去去………

转动着的汽车轮和自行车轮，人们匆匆迈动的脚步……

2. 地铁站口内、日内(秦升、何音音、徐乐乐、地铁保安、过往群众)

何音音和徐乐乐在行驶的地铁上说笑聊天。

一个青年在地铁站台拉琴，他叫秦升。

他的脚下摆着一个提琴合，里面有些零钱。

人们站在电动扶梯上，缓缓地上来，缓缓地下去。

有人在秦升身边匆匆地走过去。

有人似乎被琴声吸引,停下脚步,随即还是忙碌地往前走去。

也有人站在一旁,认真地倾听他的琴声。

还有人将钱轻轻放在那个盘子中。

还有人拿着手机,朝着他拍照。

两个女生从地铁下来,听到琴声停了下来。

徐乐乐拿出手机拍了起来:怎么是他?

何音音把徐乐乐拉到一边,躲藏起来。

何音音塞了一把钱到乐乐手里,她指了指秦升:帮忙把这些钱都投到他的琴盒里。

徐乐乐:什么? 脑残了吧! 平时你对我那么小气,对他怎么就这么大方啊! 对了,你自己怎么不去?

何音音:你就别问这么多,快去就是了。

徐乐乐:你和他什么关系?

何音音:先别问了,快去呀?

徐乐乐走到秦升面前,看见他陶醉于自己的琴声里,她把钱快速地"丢"到他的琴盒里,一不小心,那张一百的飘了出来。

远处地铁的保安人员,向这边走来。

秦升见有人来,赶忙收拾琴盒,狂奔出地铁站,一下子就没了踪影。

徐乐乐慌忙捡起那一百元钱,追赶着秦升。

地铁保安边喊边追了过来。秦升跑得飞快,转身消失在人群中,

3. 地铁站口外、日外(秦升、何音音、徐乐乐、过往群众)

何音音赶忙跑了过来:他人呢?

徐乐乐上气不接下气:这家伙跑得真够快,应当去巴西参加里约奥运会啊!

何音音:你也跑得够快的,很甩肉啊!

徐乐乐喘着气:我是被保安吓的。

何音音心痛地:他也一定受了惊吓?

徐乐乐喘了口大气:我才受到了惊吓好吗,刚才吓死宝宝了,快给我来包鸭脖压压惊。

何音音看着乐乐:你不是喜欢吃辣条的吗?

徐乐乐气喘吁吁地学做表情包模样:我改低脂的减肥了不行吗?

何音音看着乐乐样子忍不住笑了。

徐乐乐看着手里的一百元钱:我用尽了洪荒之力,可惜这张大票没有送出去。只好本小姐收了,买点好吃的,就当是刚才跑腿的辛苦费吧。

何音音突然一把将钱夺了回来:还吃! 看看你这一腰的救生圈。

徐乐乐:有你这么"补刀"吗?"友尽"!

何音音:别啊,想吃什么,我请你! 可以了吧!

徐乐乐:这还差不了多

4. 红谷滩江边、日外(何音音、徐乐乐)

徐乐乐:你和他什么关系?

何音音:我和他没关系。

徐乐乐:真的没关系?看你那眼神,傻子都能看得出来!

何音音:看出来什么?

徐乐乐(唱):莫名我就喜欢你,深深地爱上你,没有理由,没有原因……

何音音:行了别唱了,知道你嗓子好,声乐班的高才生!

徐乐乐更加来劲地唱:你知道我在等你吗?

何音音假装生气:你再唱,我们就“翻船”了。

徐乐乐收住:那小鲜肉长得还蛮帅啊,只是可惜了。

何音音心里一紧:可惜什么?

徐乐乐:可惜不是我的菜。

何音音终于松口气:我知道你喜欢重口味。

徐乐乐:你的口味也不差啊,那么多帅哥追,偏偏喜欢这个流浪艺人。可你什么时候开始的?连我这个闺蜜都不知道?

何音音:你问题真多?以后再告诉你吧!

徐乐乐:真矫情,你要是喜欢谁就直接约得了。

何音音:我能像你一样没节操吗?

徐乐乐:哈哈,懂我,我发现自从不要脸以后,做人就轻松多了。你要向我学习,爱情深似海,节操是路人。

何音音:“臣妾”做不到啊,人家不喜欢我怎么办?

徐乐乐:为什么要他喜欢你,你喜欢他不就得了?

何音音神情无奈:神逻辑!

5. 师范音乐学院校园、日外(秦升、围观学生)

秦升背着琴,骑车路过校园广场

校园宣传栏里贴着海报——我院器乐班研究生秦升同学,在全国高校的小提琴演奏中获得金奖……另一旁的公示栏里,贴着学生申报奖学金的名单,有秦升和高亮等人的名字。

6. 院长办公室、日内(王老师、院长)

院长严肃地:学生不好好学习,去大街上拉琴卖艺?没毕业就想着赚钱?

王老师:我了解秦升,他不是这样的人!

院长:他是什么样的人?网上传得到处都是,这也太损学院的形象了。这样的学生成绩再优秀,也不能给奖学金。

王老师:他可能另有原因。

院长:有什么原因也不能破坏校规!申报奖学金不是有两个候选人吗?把另外一个学生报上来就行了。

王老师:是。

7. 学院排练厅、日内(秦升、王老师、女教师)

手机里正播放着秦升在街头拉琴卖艺的视频……

秦升站在王老师面前,低头不语。

王老师生气地训斥:地铁站不许表演,不许乞讨,你两样占全了,你让老师脸往哪搁?

秦升低着头,不辩解也不回话。

王老师:师范音乐学院的高才生在地铁卖艺,被保安驱赶,有人拍下照片和视频,发到网上,你想过会给学校造成负面影响吗?

秦升仍然低头不语,王老师更加生气。

王老师:为什么要这样做呢?请给我一个解释。行为艺术吗?或者,你说我想出名,再或者,你说我就是想做点与众不同的事?想做什么网红?

秦升轻声地:对不起。

王老师:你家里出了事?

秦升摇了摇头。

王老师:你急需要钱!

秦升点头又摇头!

王老师不解:什么意思?你到底为什么去街头卖艺?你的行为已违反校规了,这次的奖金怕是也泡汤了。

秦升一听,惊得半天说不出话来!

秦升:凭什么?

王老师:一提奖学金,你终于说话了啦?一直以为你是一个很优秀的学生,没想到你竟然……

秦升:老师,我没有做什么?为什么要取消我的奖学金,我真的很……

王老师:你很想得奖学金是吧?想得的同学多着呢,没有一个像你一样去大街上拉琴的……

秦升被王老师说得面红耳赤,不等王老师把话说完,秦升转身就走了,王老师气得说不出话来。

8. 校园宣传栏、日外(高亮、围观学生)

宣传栏上贴着通告:2016 年度奖学金公示名单里只有高亮,没有了秦升的名字。

一群同学围观议论……秦升默默从宣传栏走过,一脸冰霜。

9. 学院琴房、日内(何音音、高亮、徐乐乐)

何音音在弹钢琴,心思却没在乐谱上。

高亮走进来,把一张电影票放在她的钢琴上。

高亮:新上映的 4D 影片《谍影重重 5》,约吗?

何音音:不约!

高亮:怎么啦,谁惹你生气!

何音音:我们学生会的高主席就要获得奖学金,恭喜你如愿以偿了。

高亮：什么意思？

何音音：什么意思？是你向学校告的密吧？

高亮：你说什么啊！我没明白！

何音音：别装了，秦升在街头拉琴的事是你说出去的吧？

高亮：他在街头拉琴赚钱的事，微信朋友圈里都有，全学院都知道了啊！你为什么总是帮着他说话？还有，他能评奖学金，我就不能吗？

何音音：你和他不一样！

高亮上前抓住何音音的手。

高亮：我和他当然不一样。为什么赢的总是他？我就不能赢一回？

何音音：为什么你总要与他比？

高亮：为什么你总是替他说话？我为你……算了不说了，真情总是被辜负，套路偏偏得人心！

何音音挣脱他的手。

何音音：我不想和你说这个，你知道他为什么要这么拼命赚钱吗？你知道这个奖学金对他多重要吗？

高亮：你知道你对我多重要吗？

何音音：……

高亮：电影七点正式开始，你不来，我不走。

高亮说完放下电影票离开了。

何音音看着电影票一脸无奈。

徐乐乐走了进来，看见钢琴上的电影票。

徐乐乐：什么电影票？还是4D的。

何音音灵机一动：想看就送给你了，还有赠品帅哥陪伴。

徐乐乐拿起票高兴地：哇！闺蜜就是好！

10. 音乐学院湖边、日外（秦升、何音音）

校园的静湖边，垂柳成荫。

秦升专注地练着琴……（《爱在深秋》主旋律）

琴谱上夹着一张画有“太阳下，一片绿色树叶中滴下了一滴红色的血液图案的画”。

何音音来到一旁，站在秦升的身后凝望了很久……

一阵微风将琴谱上的图画吹落。

何音音捡起图画。

秦升发现了何音音，他停止了练琴。

何音音关切地问他：听说你的奖学金要被取消了？是真的么？

秦升点了点头：不想说，各种“心塞”！

何音音：友友的手术费还差多少？

秦升：本来拉琴赚的钱，再加上这次奖学应该差不多就够他做手术的了，唉，这下可好了，真不知道怎么给友友交代。

何音音：帮你联系了一家艺术培训中心，教小朋友练琴，只是工资结得比较慢。以后不要再到街上拉琴了。

秦升：谢谢你，不用费心了。不就是奖学金吗？不稀罕！

何音音：同学们都在误解你，不如你把这事说出来吧，好让大家都帮你。

秦升：我的事，不需要别人帮忙！

何音音：这事你不该一个人扛着。

秦升：这本来就是我一个人的事，与别人无关。

何音音：你……

秦升看着何音音生气地离开，内心充满了歉意，倔强的他不允许自己低头。

11. 滕王阁广场、日外(秦升、过往游客、围观群众)

辉煌雄伟的滕王阁广场。

大门前的广场游客如织。

秦升激情地拉着琴，沉浸在音乐中……(《秋来秋去》主旋律)

随着委婉动听的提琴声，闪现秦升过去在贫困山区支教锻炼时的情景……

12. (闪回)山村的小院子、日外(秦升、友友)

(OS：那年学院安排秦升去一个贫困山村小学支教锻炼，他认识了一位因患血友病而无法行走的小男孩友友。血友病是一种不为多数人所熟知的遗传病，一旦患上这种病，病苦便终身伴随着他们。据说如果他再不动手术，就永远站不起来了。可是几万元的医疗费用，让这个贫困家庭负担不起。友友也因此辍学在家无法上学。秦升向友友承诺，一定会筹钱送他去大医院治疗，让他重返学校。)

以下场景画面，配以上 OS 旁白……

友友，一个小男孩，他的关节已经变形了，坐在轮椅上，在纸上画着图案……"太阳下，一片绿色树叶中滴下了一滴红色的血液图案的画。"

秦升伸手拿起友友画的图案深情地看着！

友友抬头看着他。

秦升搂着友友，眼中噙着泪……

13. 摩天轮下、日外(秦升、何音音、围观群众)

秦升继续拉着琴。

很多人在围观。

有人将钱放进琴合里。

不远的地方何音音默默地望着正在拉琴的秦升。

14. 秋水广场、日外(秦升、何音音、围观群众)

赣江边的新城是那样的生机勃勃，八一大桥尽在画中。

秦升在广场拉琴。琴声悠扬……

15.(回闪)山村路口、黄昏(秦升、友友、山村小学生、小学校长)

残阳如血。

秦升背着行李,拎着提琴合,默默地走出山村。

身后,可看到一所简陋的乡村学校。

学校的大门口,站着一些小学生,他们朝着秦升招手。

山村小学校长用轮椅推着友友过来。

友友将那张画有图案的纸送给了秦升……

16. 万达茂广场、日外(秦升、何音音、围观群众)

秦升在拉琴。

游客们围成一圈在欣赏他们的演奏。

优美的琴声中,有人将钱放进琴合里。

何音音偷偷地求路人帮她把钱放进琴合里。

何音音的发夹掉了,她浑然不知。

17. 繁华城市、日外、夜外(秦升、何音音、围观群众)

八一广场、万达茂、八大山人、八一公园、步行街、艾溪湖等地……

凡能去的地方秦升背着琴都去了。虽然收入不多,但这也是他唯一的办法。

何音音实在不忍心再看着秦升这样奔波辛苦了。于是,她拍下他上街拉琴的照片,配上文字,把秦升救助友友的真实故事发了微信朋友圈……

18. 师范音乐学院、日外(王老师、徐乐乐、院长、女教师、男女同学)

王老师看微信点赞、转发。

徐乐乐看微信点赞、转发。

院长看微信点赞、转发。

女教师看微信点赞、转发。

男女同学看微信点赞、转发。

短短几分钟,这个信息被刷屏!

19. 学院琴房、日内(高亮)

高亮一人正在练琴……

他拿起手机,认真地看着何音音在朋友圈发的信息……

高亮一时沉默无语,若有所思地拉起了琴……

20. 校园宣传栏、日外(高亮、围观学生)

几位同学在观看。

宣传栏上贴着通告:各位同学,中秋佳节即将来临,我院将举办音乐汇报演出。望全体同学每晚课余时间,准时到音乐厅参加排练。

何音音看见,气冲冲离去。

21. 学院音乐厅、夜内(何音音、高亮、王老师、一帮同学)

高亮和同学们正从排练厅走出来。

何音音走到高亮身边:节目排练为什么不安排秦升,他可是我们班的首席小提琴。

高亮:他每天上街拉琴,哪有时间参加学院活动!

何音音:你这是公报私仇?

高亮:随你怎么说,我做的这一切都是为了……为了……

何音音:都是为了你自己吧。

高亮:以后你会明白的。

何音音:我一直都明白,你就是想和他争个高低。

高亮:我只是想与他争你!

何音音被他的话惊住,一时语塞。

22. 红谷滩蒸气火车头广场、黄昏外

(秦升、何音音、高亮、徐乐乐、王老师、一群同学、围观群众)

秦升在尽情地拉琴……

只有个别行人停下脚步来听。

琴合里只有几张小票和硬币。

但他还是专注地拉着……(《同一首歌》主旋律)

琴声中传来其他提琴的和弦……

他抬起头,看见何何音音在一旁拉着大提琴为他助演……

音乐传来合奏声,琴声开始丰富起来……

他转头看去,被眼前的景象惊呆了!

高亮和全班的同学带着乐器,来到现场为秦升助演,大家演奏着同一首曲子,音乐委婉动听,感人肺腑……

秦升看到,有些吃惊。

秦升:你们怎么来了?

高亮:我们来开音乐会呀。

秦升有些糊涂了。

高亮:你看,还有这些。

几位同学手中拉开条幅:XX大学梦想交响乐团,为血友病男孩义演。

另外一个条幅是:关爱血友病人,让我们伸出援助之手。

还有同学撑开一个个易拉宝,上面全是介绍血友病的图片、海报。

另一些同学正在给路人发宣传单。

秦升终于明白了,他们要搞什么了。

这时徐乐乐抱着捐款箱走过来。红着脸对秦升说:对不起,你拉琴的事,是我传到网上的……

秦升打断她的话:没关系,你也不是故意的,你今天不是来帮我了吗……

徐乐乐忙着摆海报,何音音走过来帮忙。

何音音:海报设计不错啊!亲!

徐乐乐：谁让我们是中国好闺蜜啊！你看看搞这些宣传材料，有多麻烦，找了各种朋友，已经尽了我的洪荒之力了啊！

何音音：真的要谢谢你，乐乐

何音音一本正经地说，反而让徐乐乐不自在起来。

徐乐乐：哎哟哟，别这么肉麻，好不好。真要谢我，就把你那帅哥班长介绍给我认识认识呗？

何音音：发挥一下你的才华，自己去追啊！

徐乐乐：我还需要才华么？靠脸就行了！要是我追到，你别后悔！

何音音：我已心有所属。（目光转向秦升）

徐乐乐：哎，你为他做了这么多又不在一起，为什么？

何音音：因为深爱不纠缠。

高　亮：秦升，快过来，首席小提琴的位置一直为你留着呢！（秦升赶了过来）

秦　升：谢谢你，班长。

高亮：不客气，你可从来不叫我班长的啊！要谢，就谢音音吧！所有的一切都是因为……

何音音：都是因为友友啊。

这时何音音走了过来，抢过话来。秦升刚要接话，被另一位同学叫走。

何音音：对不起，高亮，是我误解你了！你怎么也不辩解？

高　亮：我没做过，无须辩解。

何音音：谢谢你，所做的一切。

高　亮：比起秦升来，这都不算什么！

何音音：听说你向学校申请放弃奖学金了？

高　亮：是的。

何音音：为什么？

高亮：钱多人傻，不想要了呗！

何音音：你不是一直想赢……

高亮：或许吧，但失了你，赢了世界又何！

何音音被他的话镇住了，一时不知道怎么回答。这时一位男同学冲他们喊！

男同学：班长，你们还在聊什么？一切已经准备就绪，开工啦！

高亮和何音音赶紧入队。

高亮担任指挥。乐团开始演奏！

高亮："关爱血友病人"大型义演音乐会，现在开始！

同学们手持各种乐器，场面很是壮观，演奏着一首首气势恢宏的交响乐。引来无数路人围过来欣赏，人群中传来阵阵掌声，很多人把钱放进捐款箱里。

远处，王老师和罗总看着这一切，很是欣慰。

罗总：当年我们毕业时多想办这样一个音乐会呀！不能小看了90后啊！

王老师得意:是呀,那要看是谁的学生了。

罗总:给你点阳光就灿烂了!

王老师:羡慕吧?

罗总:那个拉小提琴的学生,就是你要介绍到我餐厅上班的秦升?

王老师:对!

罗 总:这件事你也没给我说清楚?只说介绍个学生来上班,背后还有这么多故事。

王老师:我怎么好开口向你筹钱!

罗总:那有什么?那个小朋友的医药费我全包了。

王老师:这可是你说的啊!

罗总:当然啦!我可是一直在做公益啊!

这时人群中一个中年人站了出来,走上前。

中年人:那位患血友病小男孩还需多少手术费,我全包了。

秦升与同学们听了都吃惊起来,有些不敢相信。

中年人:呵呵,我是你们的校友,学建筑的,现在做房地产,为有你们这样的学弟学妹,感到骄傲!

同学们一听都欢呼起来。

班主任他们看到了这边的情况。

班主任:坏了,老同学,有人要抢你的风头了,快!

罗总:啊,等一等,还有我……说着他飞奔着冲向人群。

班主任远远地看着,会心地笑了。

人群里一片欢呼。

(音乐声中,快闪以下场景)

23. 校园宣传栏、日内(高亮、围观学生)

校园宣传栏目里,奖学金最后公布的名单里只写着:秦升、高亮!

24. 医院病房、日内(友友、医生、护士)

做完手术的友友,躺在医院的病床上。

25. 院长办公室、日内(院长、王老师)

院长:告诉你们一个好消息,国家神州乐团招人,给了我院三个名额,你推荐的三个得意弟子,他们全要了,其中一人可能成为乐团的小提琴首席。

王老师:露出惊喜的神色!

院长高兴地:江西的音乐人才多,盛中国就是江西临川人。

王老师连忙点头:是啊,是啊!

25. 学院大门口、日内(王老师、秦升、何音音、高亮、来往同学)

王老师:你们三人是不是很开心啊!我当了一辈子的老师,就是希望弟子们,能一个个都站在世界的艺术之巅。

何音音、高亮二人,朝王老师鞠躬:谢谢恩师。

秦升的目光落到耸立一侧的石碑上的“师范大学”四字上。

秦升深情地：王老师对不起您了！说完，向王老师深深地鞠了个躬！

秦升坚定地说道：我决定到我支教锻炼的那个山区去当老师，把文化和艺术传授给山里的孩子。

秦升走到那块石碑前，轻抚着上面的“师范大学”四个字，动情地：当初考上师范大学，我就感觉到“师范”二字，早已与我建立了一种诚信关系。老师，秋天到了，山里面很美很美！欢迎你到山里走走，那里的孩子同样喜欢艺术。

王老师、何音音、高亮看着眼前的一幕，不知说什么好，心中感慨万分……

校门前石碑上的“师范大学”四个字！越来越大，仿佛在闪着金光！

OS：从小到大，我们所受的教育，就是让我们的目光永远向上，考上大学，我们受的还是同样的教育，继续攀登，名和利，就在前头。

我相信人往高处走，这是追求，我还相信水往低处流，这是规律。社会需要有人站在巅峰，一样也需要有人站在山坳里。我希望自己做一个站在山底，为山巅上的英雄鼓掌的人。

站在山巅之上，目光再远大，也看不到山下一棵小草的眼泪，我愿意自己是为小草拭去眼泪的人。很多成名成家身居高位的人，是学校的骄傲，在这里我想说，多少年来，众多的、成千上万的下到基层为教育默默奉献，没有任何名气的学长，他们同样是、而且更加是学校的骄傲！

（以上 OS 旁白，对以下场景）

26. 贫困山村小学、黄昏、外（秦升、何音音、友友、一群山村小学生）

秋天，山区一片金色。（《姑娘生来爱唱歌》主旋律）

山村小学校门外，秦升和孩子们在一起。

孩子们站成一排排，他们手里都拿着各种乐器。是乡下人那混杂的、有些土气的乐器。

友友在同学们当中，已会自己站立行走！

秦升拉着提琴，他和孩子们一同演奏着一首委婉动听的曲子……

村头石桥上，一个人影远远地走来……

何音音背着行李，拖着大行李箱，来到了山区，向秦升走来！

秦升拉着琴，激动地望着她。

何音音兴奋地朝着秦升走来！

秦升为她激情地演奏着……

秦升手里攥着何音音丢掉的发夹。

秦　升：去中国最好的交响乐团不一直是你的梦想吗？

何音音：是的！

秦　升：那你为什么又回来了？

何音音：我还有一个梦想，你还记得吗？

秦　升：等退休了，就和相爱的人相守一个世外桃源，拉琴，听风！

何音音展示双臂，闭上双眼，仿佛在倾听着什么。

何音音：对，你听，这就是风的声音！为什么还要等到退休呢？

秦升看着何音音会心地笑了。

友友和同学们高兴地为他们鼓掌、欢呼！

定格。剧终。

片尾字幕：关注血友病人，让爱为他们筑梦。

第二，分镜头剧本。分镜头剧本又常被称为导演台本或导演剧本。因电影是由场景和镜头组成，只有把文学剧本转换成一个个场景和镜头才有可能进行拍摄，而导演在拍摄前期的工作就是把文学剧本变成分镜头剧本。而把文学剧本加工成分镜头剧本是一个二次加的过程，里面融入了导演的蒙太奇思维。如拍摄需要多少镜头，用什么景别？用什么拍摄方法？拍摄的内容是什么？拍摄的时长是多少？甚至镜头后期的组接方式，使用什么样的音乐和旁白等，都可能要体现在分镜头剧本中。而这个过程可能不只是导演一个人的工作，而可能是由编剧和导演，以及电影制作团队的人一起来完成。

分镜头剧本创作方式一般分为两种，其中一种是分行式。这种创作方式相对简单，只有镜号、拍摄方法和拍摄内容。如：

镜头 1：摇摄远景　表现群山起伏的莽苍感。

镜头 2：固定全景　树丛中的山村。

镜头 3：特写　喜字对联

镜头 4：近处仰拍　新娘从窗口逃出

另外一种是表格式分镜头剧本。这种表格式的剧本，表述比较详细，全面展示了导演的思维方式和拍摄计划，但是可读性不强。

场景	镜头号	机号	景别	摄法	组接	时长	内容	解说词	脱画音	台词	音效	音乐	备注
河边、晚、雨	1	2	远中全近特	推拉摇移	切划淡出淡入	111秒	拍摄的主题	画外音		对白独白			

第三，由工作人员完成的完成台本，又常被称作镜头记录本，这是在整部影片拍完之后，由场记完成的工作。导演在拍片过程中并不总是按照分镜头剧本进行，他经常灵机一动地改变自己在分镜头剧本中订下的方案，作一些增删改动。完成台本的任务就是把拍成并定了稿的影片中的一切技术、艺术内容，原原本本地记录下来，并详细写明每个镜头的条数。每卖出一个影片拷贝，都附上一册完成台本。这样，电影理论工作者可以把它作为一种研究资料，比如通过它与文学剧本、分镜头剧本的对比，看看其间作了哪些改动，琢磨一下改动的

缘由。电影放映部门可以根据它对拷贝作检查，看看它的损坏程度，并据此进行修复。

二、微电影剧本创作特点

微电影剧本的创作活动，是电影创作的第一步，虽然我们也把剧本归为一种文学体裁，而它与小说、诗歌、散文等文学体裁的创作有着明显的区别，它与一般的文学作品的不同之处，在于它的语言描写应立足于如何以更为明晰的视觉形象出现于屏幕上，它已冲破了传统的文学叙事方式，而是用电影的形象思维按照电影的特殊规律来叙事的。完成的电影文学剧本应该具有独立的主题思想，塑造出深刻的人物形象以及设计出严谨合理的情节结构，其不但可以作为导演拍摄影片的基础，还可以独立地成为供读者欣赏的文学读物，具有独立的文学价值和审美价值。一般来说剧本创作特点具有以下的几个方面：

（一）视听语言

影视作品是通过画面和声音来表现的，所以影视剧本既要展现作品的视觉特征，又要有听觉的特性。剧本中要通过镜头的运动、灯光色彩的调配、场景的设置、人物的化妆、烟火的效果、画面的剪辑来创造真实丰富的有层次感的视觉形象；同时剧本通过表现丰富的声音，如人物的台词、环境声音的营造、音乐的配合来塑造人物性格，展示人物内心，创造节奏，渲染气氛。剧本创作通过对画面、声音、字幕、解说等视觉语言与听觉语言的综合运用，以塑造全新的影视视听形象。

（二）蒙太奇

影视艺术不仅仅是视听感知的方式，更是艺术思维的方式，这种思想方式就是指影视艺术的“蒙太奇”。“蒙太奇”是指对镜头画面、声音、色彩诸元素编排组合的手段。广义的蒙太奇不仅指镜头画面的组接，也指从影视剧作开始直到作品完成整个过程中艺术家的一种独特的艺术思维方式。以结构功能为标准，可将蒙太奇分为：叙事蒙太奇、表现蒙太奇和理性蒙太奇三种类型。叙事蒙太奇以交代情节，展示事件为旨，按照情节发展的时间流程、因果关系来分切组合镜头、场面和段落，从而引导观众理解剧情，这种蒙太奇组接，逻辑连贯，明白易懂。主要有：线性蒙太奇、平行蒙太奇、交叉蒙太奇、复现蒙太奇、颠倒式蒙太奇、叫板式蒙太奇。表现蒙太奇以镜头的对列为基础，通过相连或相叠镜头在形式上或内容上的相互对照冲击，产生一种单个镜头所不具有的丰富含义，以表现某种情感情绪、心理或思想，给观众造成心理上的冲击，激发观众的联想，启迪观众的思考。表现蒙太奇的目的不是叙述情节，而是表达情感、表现寓意、揭示含义，又分为对比蒙太奇、隐喻蒙太奇、心理蒙太奇、抒情蒙太奇。理性蒙太奇是指两个镜头的冲突会产生全新的思想。它是通过画面之间的关系，而不是通过连贯性叙事表情达意。理性蒙太奇与连贯性叙事的区别在于，即使它的画面属于实际经历过的事实，按这种蒙太奇组合在一起的事实总是主观视像。不受原剧情约束，为了表达某种抽象的理性观念，往往硬摇进某些与剧情完全不相干的镜头，又分杂耍蒙太奇、垂直蒙太奇、反射蒙太奇、思想蒙太奇，剧本创作也要追寻这种创作方式。

(三)戏剧冲突

戏剧冲突是推动剧情发展示的重要因素,剧本创作就是要体现人物的冲突性。剧本的冲突主要有:

(1)语言的冲突,如说话人对某人某事发表看法而引发的冲突;说话人发出的宣告、断言或由于说话人对客观事实的叙述等引发的冲突;说话人发出的具体指令而引发的冲突等。

(2)剧情冲突,也就是设置悬念。悬念是全剧主要冲突的焦点所在,它是贯串全剧的戏剧性结构的情绪支柱,能吸引观众注意力和观看兴趣。"悬念的形成、保持和加强,还需要依靠'抑制'和'拖延'的艺术手法,有的剧作理论也称之为'延宕'或'缓解':它指在尖锐的冲突和紧张的剧情进展中,作者利用矛盾诸方各种条件和因素,以副线上的某一情节或穿插性场面,使冲突和戏剧情势受到抑制或干扰,出现暂时的表面的缓和,实际上却更加强了冲突的尖锐性和情节的紧张性,加强了观众的期待心理。"①

(3)人物性格冲突。编剧应重视主人公意愿、欲望、目的、任务、动作的对立面所引起的冲突:

① 阻挡和反阻挡(动态时);

② 受压迫和反抗(静态时);

③ 差异的摩擦(同行者);

④ 错位(不同步不协调);

⑤ 竞争与比赛;

⑥ 选择与纠结(内心);

⑦ 排他性对立(你死我活)。

三、微电影剧本创作技巧

(一)剧本的主题

创作故事前先确立主题。主题是剧作的灵魂,它贯穿于剧情的整体脉络之中,决定着剧本的结构、情节、人物的安排,影响着剧情中矛盾冲突的设计。主题又是怎么样确立的呢?高尔基认为:"主题是从作者的经验中产生、由生活暗示给他的一种思想。它聚集在他的印象里还未完全形成,当它要求用形象来体现时,它会在作者心中唤起一种欲望——赋予它一个表现形式。"②可见电影的主题来源于作者的生活实践和心灵领悟,是编剧借故事和人物表达的最高精神追求,也是整部作品的终极人文价值。主题就是一个剧想传达的价值观,它想互换的、想表达的价值观。主题要符合国家基本社会文化道德水准,主要还是歌颂真善美,鞭笞丑恶与虚伪。具体说来,剧本的主题应该鲜明(不含混不晦涩)、单纯(不杂乱不纷繁)、巧妙(不俗套不说教)、高远(不拘泥不狭隘)、高尚(不庸俗不猥琐)。

---

① 孙惠柱:《第四堵墙:戏剧的结构与解构》[M],上海书店出版社,2011,9。

② [苏]高尔基:《高尔基文学论文选》,人民文学出版社,1959 年版,第 296 页。

另外，微电影篇幅有限，因而在主题表达上不能面面俱到，开端、过程、高潮、结果均展开表述，而是最好通过一个困惑与碰撞的生活片段，来透视现实生活中人性、人与社会、人与人的价值取向，通过具象且精巧的人物与情节安排来揭示出深刻的人生感悟。抓住“小故事、大环境、深寓意”应当成为一个重要的评价尺度。

（二）人物塑造

人物是影视作品的形象表达，是故事情节运动的重心，起着支撑情节、烘托主题，抓住观众眼球的决定性作用；编剧正是通过人物刻画来链接故事情节的，观众也是通过人物动作以及外化的人物语言来理解故事、升华主题寓意的。人物创作需要注意把握以下几个问题。

1. 人物设置不宜多

微电影中的人物因为受到作品时间短、剧情容量小、人物关系简单的限制，对人物的设置、刻画主要定位在随剧情推进的表演要求上，而围绕剧作主题寓意对人物综合的、多侧面的深入刻画就显得薄了许多。这微剧的主要人物只能设置一或两个，辅助人物也只能考虑情节发展的必须。

2. 是非线性的，复合的，立体的

①差异化，性格趋同的删掉；②紧密勾连，不认识或不相遇的删除；③动静、强弱搭配；④必须有坏人（负面人物）；⑤不一定复杂，但一定要纠结。

3. 人物语言要有寓意，更具动作性和性格化

微电影人物语言的重要性不言而喻，它能够起到引导人物定位、刻画人物情感、交代故事背景、删减画面情节、引导故事走势的作用，因此对语言的精雕细刻是十分必要的。一方面，要注意拓展微电影人物语言的内涵，在直白表述的同时，更多地反映剧情要求的寓意。笔者以为，台词是含蓄的，最好的台词总是指示清楚，又弦外有音、言外有意。另一方面，人物语言则必须要与人物的心理、性格和动作相契合。就是要依据人物的心理动因和性格特点，把握住性格与动因对动作的指引，并以此为依据，将人物语言的内容、情绪、节奏、语气、韵味与人物性格、动作要求相一致，使语言真正附着在某个特定的人物身上。只有这样，语言才能成为情景动作下的语言，才能成为特定人物的语言。

4. 写好人物简介

创作剧本时要写人物简介，让人对人物有一个全面的了解。首先人鲜活了就有趣了，如果人干巴巴、单薄的，故事再离奇也是有问题的，所以人物小传是一个剧的基础。当主人公做得足够好时，就要去给他进行相应的搭配，设置次要人物、反派，设置一些功能性的一些次要人物，这都是由主人公生发的。

①历史（个人经历和家族史）；②外在特征（年龄，性别，身材，长相等）；③内在特征（性格）；④世界观（价值取向）；⑤与其他人物的关系。

（三）情节设计

情节是作品在特定时空下人物矛盾冲突、情绪状态所形成的故事片段。情节是有内核的，它以生活原型为基础，通过戏剧化处理，表达着一种情绪和动作，一串情节就是一个完整

的故事;一组内核就是整个作品的主题寓意。情节是相互关联的,故事离不开情节,情节离不开人物,以人物动作为主线所形成的情节链条就是作品的基本脉络。情节是动态的,它不是一幅静止画面,而是一条流淌的小溪。情节是生动的,矛盾冲突中透露着人的需求、态度和情感,从这个意义上说情节是有生命的。

1. 情节与主题的关系

由于微电影时长短、人物线索单,故事的情节不可能是复杂的,而这种"简化"的情节不是用裁剪的方法来实现的,因为这样的剧情常常像一杯白开水那样没有滋味。因此,情节的创作就要把握住加快节奏、高度浓缩、生动感人、流畅自然、富有深意。

2. 情节与人物的关系

是故事带出人物,还是人物带出故事一直是业界同仁讨论的一个问题。编者以为,这既是一个根据作品类型确定表现重心的问题,同时也有思考与写作习惯的影响。作为初学者,在结构情节的基础上设计人物不失为是一种好方法。微剧作品的创作就更有其典型性。第一,它始终要求在强化情节中带出人物的刻画与描写,即先有情节再安排情节中的人物,这是比较妥当的,也是微剧创作中经常采用的方法。第二,要加大情节描写的张力,通过人物命运的悲欢离合来丰富情节的内涵,引起观赏兴趣,增强剧作的感染力。

3. 主线情节与支线情节的关系

在影视作品中,为配合主线情节的推进也安排了一定数量的支线情节,也叫辅助情节,微电影剧本创作也是如此。支线情节的设计是为主线情节服务的,主线情节是大树的主干,支线情节是枝杈。主线情节为支线情节提供动因;支线情节的展开有的是为推动主线情节运行,有的是为主线情节实现其合理,还有的是为主线情节做说明或强化。剧本创作中,由于主线情节相对简单且少有平行叙事或交叉叙事,因此应尽量减少支线情节的设置,既可以提升作品时空的使用效率,也使主线情节更加清晰。

4. 情节的运行节奏

作品的演出节奏需要由情节的快慢和转换来控制,对于微剧作品这个问题就更有意义。把握节奏的前提是对情节描写的收放自如,要凸显人物在情节推进中的支撑作用,情节转换时要略写,使之既有跳跃又不中断;矛盾冲突时要详写,做到主线清晰,副线紧随且不脱离。这还是有相当难度的,必须经过长期的艺术实践才能得心应手。另外,更要注意把握戏剧冲突对故事节奏的调控作用,人物及戏剧冲突点设计得好,节奏也就把握得好,这对于提升故事情节的感染力,强化主题寓意都是十分重要的。

5. 情节的连贯性与整体性

观摩作品使我们看到,作品的场景和镜头总是在切换之中,而情节却是连续的、流畅的,主题寓意总是在情节的流动中被传递着、被放大着,直至推向高潮。这就要求作者始终注意把握故事情节的发展轨迹,绝不使场景、人物、语言的每一个细节游离于情节之外。同时,还要关照每一个片段情节的有序链接,并使它始终符合剧作主题的整体性安排和要求。

(四)结构安排

剧作家汪流曾经对影视作品的结构做过精辟的论述,他说:"结构就是对创作素材的布局和剪裁，也就是对情节的安排。”[①]剧作家胡可也曾对结构的重要及解构的艰难做过如下描述：“在编写剧本的全部工程当中，我觉得最困难的阶段，最吃力的部分，莫过于结构了。”可见结构对剧本创作的重要。微电影的结构因为受时间和空间的严格限制也有其特殊要求。从微剧结构的类型看，可以概括为“开放式”结构和“闭锁式”结构两种。而“人物展示式”结构因为其具有作品角色多、挖掘展示问题的正面宽、接近生活真实等特点，一般不在微剧创作中使用。笔者通过课题研究对微剧结构的解构方法做了一些梳理和总结：有“三段式”时间轴解构方法；有“荒唐”到“合理”的故事线索解构方法；有“发现”与“突转”的矛盾冲突解构方法；也有伏笔与悬念情节描写解构方法等。在微剧创作中，这四种解构方法通常是结合在一起运用的。笔者认为这样的梳理和总结是非常有意义的，它为我们科学地认识和把握微剧创作的结构问题提供了思路、创造了条件。

1. “三段式”——时间轴解构方法

影视作品在时间轴上的“三段式”结构是客观存在的。“开端”是为了交代条件、铺垫高潮；“中段”是通过故事矛盾冲突的描写来实现主题表达；“结尾”意在戏剧高潮中形成有寓意韵味的结局。“三段式”的两个分割点必须是重要的情节转换点。微电影作品的结构创作与传统电影还是有很大不同的，它的“三段式”叙事结构突出强调了“弱两边、强中间”的解构方法。具体的运用就是，首先要巧妙地设计安排好故事的“启式”，并尽量压缩其时长，既完成要素交代，又迅速托举出高潮；其次就是要注意在高潮中形成有韵味的结尾；而中间部分的创作既要加大张力，从时间上向两端挤压，又要适当加大结构中矛盾冲突的起伏与频率，把“发现”与“突转”的戏中戏做好，以最大限度增强微剧的冲击力与感染力。

2. “荒唐”到“合理”——故事线索解构方法

荒唐与合理是一个问题的两个方面，反映在故事线索的结构问题上，就是要以新奇的事件为载体，把故事首先讲到荒唐至极，然后再利用矛盾冲突的突变使故事走向合理，反之则反。新奇的事件、荒唐的起点、合理的结局，它使故事线索呈现出大的起伏，从完全不可接受到心悦诚服地接受，观众被完全带到了剧情的喜怒哀乐之中。这种故事情节中的违规，恰恰是写故事的常规。如：超现实主义微电影 *leave me*，就是运用“荒唐”到“合理”这样一个故事线索解构方法，来解构微电影结构的典范。它讲述了一个悼念亡妻的丈夫离奇进入照片中，在那里找到妻子并永远留在照片中的故事。这个超现实故事的荒唐与新奇，人物情感的连续与合理以及故事结尾的感人悬念，都给我们带来了一定的视觉冲击和心灵感悟。

3. “发现”与“突转”——矛盾冲突解构方法

英国戏剧理论家威廉·亚却认为，在一个戏中，“当其中一个场面完全突出于其他场面之上，在观众的脑海中产生了特别动人的印象，十之八九会‘发现’这场戏里包含着一个突转。这样的场面是戏剧中的精华，是戏中最有戏的戏，它是一个十分集中的、精彩的激变”[②]。威廉·亚却所说的戏中戏就是指：当情节铺垫达到一个高潮时，观者就会“发现”剧情马上发

① 汪流：《电影编剧学》，广播学院出版社，2000 年版，第 132 页。

② [英]威廉·亚却：《剧作法》，吴钧燮，聂文杞，译，中国戏剧出版社，2004 年版，第 202 页。

生“突转”，这个故事情节由铺垫到高潮，再由高潮突转激变的全过程就是戏剧结构设计的最精华所在。微剧的结构设计其实也遵循上述原则和方法，其区别就在于“启式”往往从高潮入手，在这个高潮的铺垫中，为节省时空一般采用回溯过去，突出人物语言，浓缩故事进程，利用“不可能”来设置悬念等方法，迅速形成开端高潮，而后迅速突转，使故事在一开始就在观者心中形成纠结和震撼。微剧的这种结构设计使“启式”部分被大大压缩，也为结构中部在启示高潮的基础上建构起更激烈的矛盾冲突创造了条件。此种解构方式在戏剧结尾的结构表达上是开放的，是以高潮、悬念或自然方式结尾，还是以悲壮方式结尾主要是依剧情发展的需要而定。

4. 伏笔与悬念——情节描写解构方法

伏笔也叫伏线，它是对作品中尚未出现的重要情节的一种预示。为了使剧中的重要情节出现得符合情理且很自然，就需要在这些情节发生之前预先安排好伏笔。一般来说，伏笔在开端与发展部分使用得比较多。戏剧中的悬念是指：“引起观众对戏剧情节和人物命运关注的技巧。”①通俗地讲，就是观者对剧情发展急切期待的心理状态。西方戏剧理论家普遍认为：悬念是引起欣赏兴趣的一个重要手法，是戏剧中抓住观众的最大魔力。悬念通常设置在故事情节之中，一般设置在高潮的铺垫处；也可以设置在故事的开端与结尾；还可以设置在故事中部的情节转换处或讲故事中的平淡之处。这些依剧情需要设置的悬念都会相应地起到引起兴趣、抓住眼球的效果。伏笔与悬念通常结伴而生，伏笔有时就是悬念，有时却为悬念做了铺垫。为了铺垫戏剧高潮，也有将伏笔与悬念链接在一起使用的，如微电影《调音师》讲述了一个伪装成盲人的调音师误入险境，被雇主的妻子凶残杀害的故事。其中，作品开端用倒叙方法设置的凶杀情节即是整个故事的伏笔，也为观者急于了解案件背景设置了悬念。

（王小利）

本章思考题：

1. 微电影的具体类型及其特点是什么？
2. 试简要归纳微电影剧本创作的要素？
3. 微电影剧作创作的具体技巧有哪些？

① 陆军：《编剧理论与技法》，中国戏剧出版社，2005年版，第210页。

第十二章　电视栏目导播技术

第一节　导播概论

一、导播的概念

关于导播的概念，学术界有很多种看法，中国传媒大学的郑月教授认为“导播是一个工种、岗位的名称”“导播是一个具有独特工种性质的人”。并且从四个方面进行了说明。①

云南大学薛文宏教授认为：“导播一词来源于导演一词的诞生”…………现在通常意义上的电视导播是负责电视节目的现场制作的现场编辑，也就是电子现场制作，亦即电子演播室制作的现场编辑，也有称导播做导演。②

以上两位学者从不同的角度对导播进行了诠释，是从广义上对导播这一角色的完整描述，应该说十分到位。

综合二位学者的提法，结合导播服务的对象是电视荧屏前的观众这一特定群体，从电视受众这一客观角度出发，对导播一词作出客观意义上的描述：导播是以为引导节目现场以外的电视观众，通过荧屏接受其思维意志（艺术思维）和行为意志（技术手段）的及时电视制作人。

之所以如此说，是因为导播服务的受体是电视观众，也就是说，导播是为节目现场之外的电视屏幕前的观众服务的人。对于在节目现场观看节目的观众，观看节目的意志只受现场节目过程的影响，而不受现场电视导播的影响，是完全自主的观看。但是不在节目现场的荧屏前的朋友，对于正在进行的节目，不可能根据自己的视觉一时观看节目现场的方方面面，只能被动地观看电视荧屏所展示的内容。也就是荧屏前的人们所看的真实节目，从头到尾都是导播个人的思维意志和行为意志的结果。所以说，导播是一位引导节目现场以外的电视观众接受其思维意志（艺术思维）和行为意志（技术手段）的即时电视制作人，从这个意义上来说，“导播”带有一定的，没有选择的“强制”性。

---

① 郑月：《电视节目导播》，第 1 页，北京，中国传媒大学出版社。

② 薛文宏：《电视导播》，第 3 页，昆明，云南大学出版社。

在电视媒体工作的导播已发展成两种类型，职业导播和栏目导播，前者是传统意义上的全能型的导播，由于长期的锻炼可以胜任若干档节目的导播工作，所以叫栏目导播。（见图 12－1－1）

图 12－1－1

二、导播的历史

关于国内电视媒体领域中有关导播行业的发展过程，可以回溯到 20 世纪 80 年代末 90 年代初，在这一时期，我国的电视事业得到前所未有的快速发展，由于节目制作的需要，衍生出了导播一职。毫无疑问，站在当时的角度来说，导播工作充满神秘色彩，自然使得走进导播岗位的人物也神秘化了，那时候的导播可能是导演自己兼职，也可能是资格较老的摄影师担任，或者后期剪辑的剪辑师出马，后来慢慢地有学习编导的人进行尝试，或者电视台安排专业能力较全面的人去学习提升等。类似于行业中师傅带徒弟的模式，这种局面维持了一段时间，直到 20 世纪末 21 世纪初，国内的导播行业才逐渐走上正轨，进而形成职业化。

第二节　导播团队构成

电视是一门综合艺术，是一份特别依赖团队协作的工作，尤其是电视导播，它涉及灯光、舞美、声音、摄像、编导等多个部门的合作，无论节目直播还是录播，都需要一个分工明确、团结协作的团队才能完成。任何情况下，导播个人是不能独立完成一台节目播出和制作任务的，他必须组织、领导并依赖团队一起工作。通常一支导播团队由以下人员组成，导播、助理导播、摄像师、字幕师、混录师等。

一、总导播

总导播负责整个导播团队的组织领导，指挥协调统筹安排等，是整个团队的核心人物，通常由多年从事导播工作的人担此重任，随着团队内部的分工越来越专业化、目标化，总导播自然而然成了团队的核心人物。他是一个各方面都比较全面的关键人物，不仅要求具备指挥和管理能力，而且要求技术方面比较全面。处理和解决现场可能发生的各种相关技术问题，特别是对现场产生的突发事件，有娴熟、机智的应变能力，熟悉不同节目的制作流程和播出方式，能缜密制定现场工作计划和实施机位布置以及人员责任分工，同时具备丰富的EFP现场工作经验。此外，总导播还必须具备一定的艺术鉴赏能力，特别是在直播舞台艺术表演及舞台综合类节目时，能技巧性地艺术性地把发生在舞台上的精彩内容，用镜头展现给场外观众。（图12－2－1）

总导播还有另外一层意思，在某些大型活动的直播中现场，机位超过六台时，一个导播难以完成多机位的切换，此时会形成二重，甚至三重导播，例如美国的棒球比赛多达16台机位进行直播。此时，有四个一阶导播，两个二阶导播（包括广告、传播、插播等）和一个三阶导播（总导播），这就是典型的三重导播。2008年北京奥运会的摔跤比赛直播现场共有12台机位，在这种情况下，每四台机位配备一个导播，然后这12台机位的画面分别由三位导播分解成三路信号送给总导播，加上广告，插播等2路信号，总导播从五组信号中进行选择直播，实际多重导播，多重打磨的末端导播即是总导播。

此外，在某些媒体单位的机构中，不仅有总导播，还有执行导播一职。在这种情况下，总导播可能就是一个纯粹领导级的管理者，执行导播才是上述具体工作的执行者。

图12－2－1

二、助理导播

能够协助或者临时代理导播工作的人员，称为助理导播，根据需要由一至两人组成，而且有不同分工。为什么导播工作需要这么多助理呢？这是因为节目一旦开始，导播本身就要进入角色，观察节目进展，注意所有机位送过来的画面；不断发出调度指令，甚至亲自切换画面，时刻属于高度紧张状态，因此需要助手帮助完成其他的工作，比如光圈控制、自动切画面、声音合成、变频控制等。某些情况下，当导播临时处理其他问题时，助理导播还要马上顶替导播负责画面的切换调度等工作。通常情况下，助理导播还是一名优秀的摄影师，它可以根据需要随时顶替任意机位上的摄像师的工作。

三、摄像师

导播团队中的摄像师毫无疑问是一个非常重要的岗位。通常情况下，团队中摄像师的人数决定于长时间拍摄可能发生的特殊情况。一般会给摄像师配一位助手，以确保摄像过程的顺利进行。在一个多信道录制的现场，往往有几个到十几个甚至几十个摄像师，例如湖南卫视《我是歌手》节目多达 50 多位摄像师(图 12－2－2)。一名摄像师，不仅要对所掌控的摄像机有熟练的控制能力，而且要求对导播传递来的调度指令有准确的理解能力和快速的反应能力，工作过程中即使从返送器中观察到此刻正在被使用的画面不是本机位的画面，也不会被动地等待导播的调度指令而是积极捕捉镜头，随时给导播提供丰富的画面信息，而这些信息是导播做镜头调度和切换的重要依据。

图 12－2－2

通常情况下，一个成熟的导播团队一旦组成，团队中的摄像师就不会轻易变更人选，长期的磨合使得他们之间形成了很好的默契：摄像师与摄像师之间，导播与摄像师之间，他们各自熟悉对方的工作特点和习惯。这种彼此间的熟悉与了解给他们的合作成功提供了基本保障，这种长期在一起合作的团队，使导播的工作指令变得更加简练、精准，一个字或者两个字，就可以把所有想要表达的外人无法理解的调度指令快速传递到位。所以说一个优秀的导播团队是在导播的带领下磨合出来的。

需要强调的是，摄像师的工作是非常辛苦的，很多时候在现场一站就是几个小时，甚至更长，在户外工作时，可能会遇到各种恶劣的环境和长时间的战斗。所以做一名合格的摄像师，不仅要有精湛的技术和基本功，还要有强壮的体魄和充沛的精力。

四、字幕师

负责节目现场电子文档处理的技术员叫作字幕师。现在很多大型的直播综艺节目、晚会演出过程中的曲目名称、歌词内容、重要台本等，在直播时必须在屏幕上同步献给观众，这一工作就由字幕师来完成。正式演出之前有关字幕内容已经交给了字幕师，字幕师有充足的时间在电脑上（字幕机）完成这项工作并且已经在彩排过程中进行字幕预演，完成与演出内容相匹配的各种图标字母的工作，精准掌握画面速度以及字幕在画面上停留的时间。事实上即使进行了彩排，往往在现场直播过程中还是会有不可预料的变化发生，因此要求字幕师在节目进行过程中高度集中注意力，以便随机应变，保证节目正常播出。

五、混录师

所谓混录师，就是将导播不确定的直播画面和其画面所对应的声音进行有机合成的技术员。混录师工作分为现场直播节目混录和录播节目混录，录播节目混录是可以进行补救和反复修改的，而直播节目混录是一气呵成、不可补救和修改的。

一般来说，导播团队中的混录师不同于节目现场的音响师，音响师负责整个演出过程中的音响设备和音效操控，有着更高的专业水平。而混录师是将取自音响师工作台的合成音效声音以及由其他方式获取的声音（环境音，背景音等）与画面混录合成，简单地说是完成现场声音采集的过程。

现在很多大型节目的直播现场涉及许多不同工种的工作人员，如灯光、音响、舞美、化妆、道具等，通常这些人员的工作不属于导播团队，而是由节目的总导播统一指挥的。当然，作为导播来说，为保障电视播出效果，可以向上述工种的工作人员提出一些技术上的要求。

第三节　导播的设备及用途

导播工作现场无论是直播还是录播，要完成这项工作必须配备一些基本设备。因此，了解、熟悉这些设备的配置作用以及设备之间的关系，是学习导播课程和从事导播工作的必修内容。设备分为室内固定设备和移动户外设备两种。目前能够拥有像电视台那样适合商业性质、导播节目设备条件的学校相对较少。因此，从实用角度考虑，本章重点讲述普通移动型导播设备，这既可在教学中开展操控实训，也可模拟电视台的导播程序与模式，通过本章学习，可了解掌握完成中小型节目的现场制作和基本设备配置。

一、导播的基本设备

导播基本设备按场地需要分为固定和移动两种，按技术级别分为高清和标清两种。

固定导播设备一般是不可拆卸的，安装在固定的场地，多用在演播厅等地方。

移动导播设备也有两种。一种是可整体移动的导播系统——直播车（图 12－3－1），实际上这也是属于相对固定模式的导播系统，只是它可以整体移动，故归为移动设备一类。它的特点是无须在现场安装所有设备（摄像机除外），使用方便，常用于大型体育赛事、演唱会等电视流播厅以外的其他场地节目的直输、转播。由于直播时，导播与播出对象之间有着一定的不可互见的空间距离，不能在事件进行的现场与被摄对象面对面地形成直观印象，只能在导播车内根据演出现场的若干机位送过来的画面来进行画面调度，即导播是在导播车内完成的导播过程的，相对而言比较被动，因此对导播的经验与临场发挥是一种挑战和考验。另一种是组合形式的普通移动型设备。

导播工作最基本的设备有：切换台、摄像机、分配器、监视器、字幕机、录像机、对讲机、信号返送（TALLY）与光圈控制器等，它们共同组成一个完整的移动导播系统。

图 12－3－1

二、导播设备及用途

一名合格的导播必须熟悉各种相关设备，对设备的性能、作用，设备之间的连接、基本操作方法能熟练掌握，下面对导播工作中的上述设备进行简要介绍，对于其中最为核心的设备——切换台进行详细讲述。

（一）切换台

切换台是整个导播设备系统中的核心设备，通常情况下由导播亲自操控。它分为 4 信道、8信道、12信道等。所谓信道，是信号通道的缩写，就是指来自摄像机、录像机、DVD、电脑的信号源或者其他视、音频信号源。数字4、8、12是表示这台切换台可以同时输入信号源的路数。导播从所有输入的信道中根据需要选择其中一个即时播出，而且导播在直播过程中会不断地发出口令，调度其所需要的画面作为信道来源。我们说场外观众是被动观看导播意志所决定的节目，就是指这些节目都是导播调度镜头、操控切换台的结果。切换台除了有路数之分，还有模拟信号切换台和数字信号切换台之分。图12－3－2是松下4信道的模拟切换台，图12－3－3是松下8信道的数字切换台。显然，切换台的输入信道数越多，其操作难度越大。通常情况下，移动设备中的切换台使用几信道切换台没有特殊规定，视节目需要安排的几位数而定。总的来说，切换台是导播手中的重要工具。

切换台是用来进行现场剪辑的实时设备，它的作用就是从由切换台外部输入到切换台的若干信号中选择其中一路进行即时输出。通常，切换台具备4～8个基本信号通道的输入功能，加上其他辅助输入通道，可达6～12个信号同时输入。

1. 切换台的扩展功能

切换台除了切换功能以外，还有许多特技功能，如画面软切、硬切、划变、分割、图形移位、粘贴、画中画合成、字幕叠加、定格、淡入淡出等，且不需生成，是一种高效多功能实时编辑设备。

2. 切换台的种类

按档次级别分有普通型(图12－3－2)、专业型(图12－3－3)；

按信号输入方式分有模拟型(图12－3－2)、数字型(图12－3－3)；

按信号输入路数分有4路(图12－3－2)、8路(图12－3－3)等。

3. 切换台的输入、输出端口

切换台的所有链接端口集中在切换台的非工作面(图12－3－4)，大大小小不同形状多达十几个到几十个，看上去挺复杂，其实在使用中是不会同时用到的。这些端口的使用根据信号自身的性质来进行选择。主要端口的名称如下：多模式视频输入端口VIDEO IN、分量端口EXT IN、数字端口1394、数据端口EDITOR、态励端口TALLY、音频端口AUDIO、麦克风端口MIC、监听端口、PHONE等，用于输入不同模式的视频信号和音频信号。SDI数字Overlay端口可以输入CG字幕图文系统的信号，USB端口可以输入以静帧图像为主的图形文件。音频端口ADUIO还分为莲花插口和三芯卡口两种形式。通常情况下，根据摄像机通用的复合视频端口特点，为使用方便起见，在切换台输入模式上一般采用VIDEO端口输入。切换台的输入端口较多而输出端口很少，一般输入端口的识别为“IN”，而标识有“OUT”字样的就是对应的输出端口。

4. 切换台的键控功能

切换台的各种控制键常有好几十个，对于初学者来说可能感到很神秘。其实一旦了解了每个键用途，就不会感到那么难学了。因为在导播过程中，并不是所有的按键都会用到。

图 12-3-2

图 12-3-3

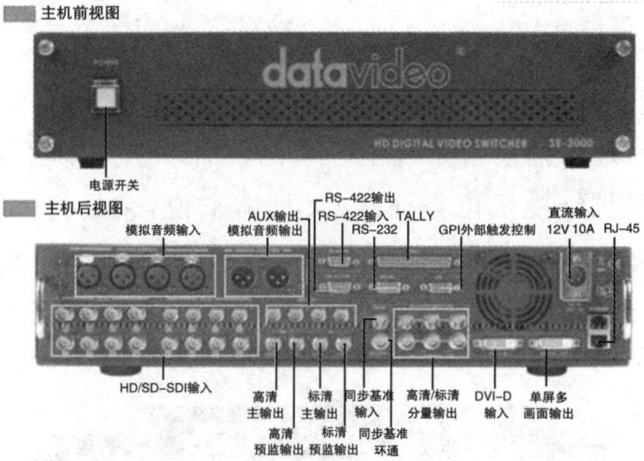

图 12-3-4

（二）摄像机

摄像机是导播系统中的前端设备，高清机、标清机、模拟机、数字机都可以在导播团队中使用，不同的是摄像机的档次同，其拍摄的画面质量也不一样。通常情况下电视媒体在进行现场直播时，采用的摄像机是专业级的，此类摄像机因为不能装磁带，所以不能录制节目。在使用过程中，摄像师根本不用考虑自身录制效果如何、磁带还能推插多长时间等问题，摄像师只需集中注意力配合导播进行画面构图就可以了。

当然，如果是录播就不一样了，就要尽可能地采用有记录功能的摄像机。因为录制节目可以进行再度创作，也就是后期剪辑，那么每台机位记录的内容就是宝贵的原始素材了。另外，虽然现在绝大部分采用的是硬盘、CF 卡等数字介质记录的方式，但也有的非专业电视媒体单位，其摄像机大都是多用途的，因此通常都是采用装带录制。然而传统的磁记录模式摄像机存在使用上的弊端，如磁带、磁头的不可靠性，记录时量的局限性等。因此在这里特别推荐摄像机外挂数字记录器HVR－MRC1K（图 12-3-5）和 HVR－DR60（图 12-3-6）用于画面记录。前者采用卡记录模式，使用 32G、90MB/s 的高速卡，可连续记录 144 分钟。后者采用硬盘记录模式，不用装卡，可记录 270 分钟连续画面。而且二者在所有摄像机上都可以很安全、方便地进行安装。还有很多功能可以扩展，在这里不作详细介绍。当然，如果已经具备使用新型数字介质记录的摄像机，则不存在磁记录模式摄像机的种种弊端。

图 12-3-5

图 12-3-6

（三）分配器

分配器也叫分信器，是导播设备系统中一个比较简单但又不可缺少的小设备，在整个导播系统中配备有多个分配器（视机位数而定）。具体来说，它是将一路视频或者音频信号经过分配器分配后可以得到两路甚至多路原信号，输送到同时需要些信号的设备，比如监视器、录像机、导播台等。分配器有一分四、一分六等情况，为备份起见，通常选用一分四以上的分配器（图 12-3-7）。

图 12-3-7

（四）监视器

监视器也就是平时简称的 TV，看上去像显示器，但是比显示器更专业、更高档，是导播选择画面的视觉依据。它有两种模式，一种是 CRT 阴极射线管结构（图 12-3-8），也就是当前还在使用的显像管模式；另一种是 LED 液晶显示模式（图 12-3-9），它具备显示器的功能，但是通常意义上的显示器是不能作监视器用的。CRT 的彩色还原效果特别好，亮度也好，但是温度高，比较笨重，价格较高。LED 的体积小，温升低，性价比好，视窗尺寸在 5 英寸至 14 英寸之间（指移动设备），目前大多数导播系统采用这种 LED 监视器。通常小尺寸的监视器由于其屏幕小，多用在便携式移动导播系统中。比如电视直播车由于其空间比较小，内部配备的显示器屏幕尺寸相对就较小，一般在 7～9 英寸。

图 12-3-8

图 12-3-9

还有一种监视器/切换台一体化的设备，如TOPVJ50B组合式移动导播系统(图12-3-10)，其监视器就是由一台17英寸的LED监视器将画面分割成4～9个小画面，使导播系统的设备更加小型化和集中化。

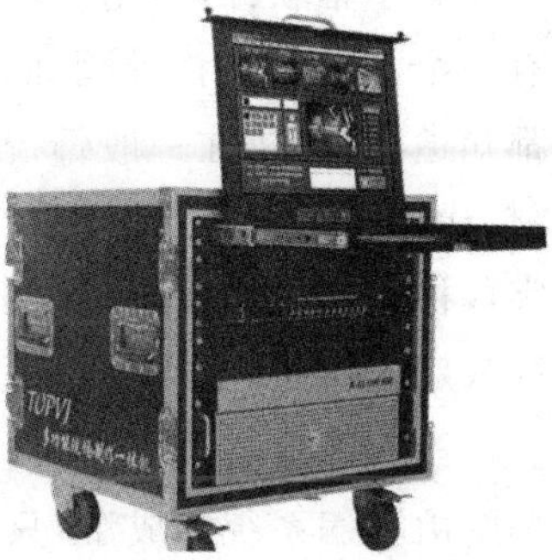

图12-3-10

但是，大多数导播都喜欢屏幕较大的监视器，不仅视觉效果好，而且心理感觉更好。导播系统中需要多少台监视器决定于信道数的多少，计算方式是输入总信道数+1。例如，现场仅用4台摄像机作为所有信号来源时，需要配备的监视器数为4+1=5台，为什么要加1呢，因为其中有一台要做终端监视器用，所谓终端监视器，就是直播(或者录播)出去的画面。因此，输入的信道越多，监视器也就越多，导播的视觉也就越容易疲劳，在调度画面的过程中，容易顾此失彼。所以通常情况下，一个导播以最多接受不超过5个信道的信号为宜。即使这样，导播也必须同时顾及6个监视器的画面。这也是为什么8、12、16信道需要多重导播的原因之一。

此外，在使用过程中，监视器内部器件的原因或者人为的原因，可能会导致监视器与监视器之间的色彩产生差异，也就是说，在多台监视器上观看同一个对象时，会出现色彩不一致的情况，这时就需要对监视器的色彩进行调整。调整方法一般是用一台摄像机输出标准8彩条(图12-3-11)，用一个1分6分配器，同时输入到6台监视器，调整监视器上面的R(红)、G(绿)、B(蓝)三基色的比例，观察每台监视器的8彩条基本一致即可。业余条件下，也可以用普通电视机代替专业监视器。

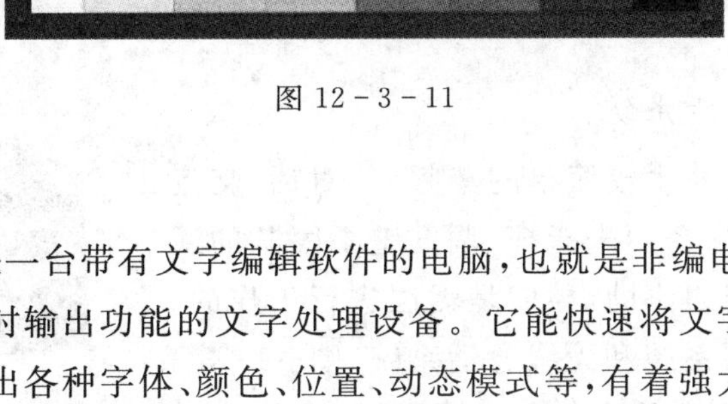

图12-3-11

（五）字幕机

字幕机实际上就是一台带有文字编辑软件的电脑，也就是非编电脑(图12-3-12)，不需生成，是一种具备实时输出功能的文字处理设备。它能快速将文字输入到切换台与画面即时合成，而且可以输出各种字体、颜色、位置、动态模式等，有着强大的实用功能。字幕机是由计算机、字幕卡和字幕制作软件三部分组成的。现在计算机很普及，大家对它也很熟悉。字幕制作软件就是控制字幕以何种方式叠加到背景画面上的软件，是与使用者交互的工具。没有字幕软件，使用者就没办法使用计算机制作字幕。在有了计算机和字幕软件后，必须有一个能够允许背景画面输入，并且在叠加字幕以后合成输出带有字幕视频的设备。大家都知道，计算机在一般情况下只有键盘、手写笔等输入功能，显示器、打印机等输出功能，要想让视频进入，而后把视频输出，需要其他附加设备才能完成，字幕机就是这样的设备。字幕机的质量取决于采用的字幕卡的质量，以及字幕软件本身的各种数法，其指标一般都由国家新闻出版广电总局进行检测，并且发放入网证明，这样字幕卡才可以在电视台进行使用。在没有非编系统之前，大部分的节目都要由字幕机进行字幕叠加，而现在大部分的节目字幕则由非编系统完成了，只有实时的字幕才由字幕机来完成。一般来说，字幕机应当具备以下功能：频道插播字幕、图形或声音画面广告；左飞、上飞、动画、划像、卷页、台标等一气呵成；具备 16777216 种颜色、广播甲级信号指标；可定时播、定通道播、定播出次数、定播出速度等；断电信号直通、播出极为安全稳定。导播团队中一般有专业字幕操作师，但是事先熟悉节目内容与要求是非常重要的。一个有经验的字幕操作师，他会事先了解节目，熟悉节目策划和台本，会默契地配合导播出色地完成好字幕合成工作。

（六）录像机

图 12－3－12

录像机是用来录制和播放视频节目的设备（图 12－3－13），有的还具备线性编辑功能。无论是直播还是录播，在节目导播现场都会使用到录像机。如果是现场直播，那么它录制的内容就是备份节目，在直播之后的后续重播中使用。如果是录播，那么它就是母带，而不是素材带。因为它基本上就是成品带，不加剪辑也可以直接播放。现场各摄像机录制的磁带就是素材带，而素材带是不能直接播放的。所以，如果是录播节目，那么母带加上素材带就是后期剪辑的主要素材源。因此无论是直播还是录播，导播现场的录像机都是必备的。早期的录像机大多采用磁带记录，磁带记录存在许多不足之处，如磁粉脱落造成的信号损耗、磁头磨损造成的录制可靠性低、磁带保存和信号采集不方便，等等。随着数字技术的快速发展，卡记录和硬盘式记录的多元化记录模式正在逐步取代磁介质记录模式，磁带介质记录模式的录像机正在逐步退出历史舞台。

（七）内部对讲通话系统

图 12－3－13

内部通话系统是一种比较简单的集呼叫、对话、交流的对讲设备系统，它是导播用来指挥、调度整个团队的通话系统。没有这套系统的协助，导播是无法进行工作的。通话系统分为有线通话系统和无线通话系统（图 12－3－14）。无论是有线还是无线通话系统，必须有一个共同点，那就是要求都能达到点对点和点对面的通话，它们有着各自的特点，无线对讲器没有线连接，优点是使用方便，传输距离长，使用者可移动，不受场地限制，缺点是抗干扰能力差，通话效果不理想。有线对讲器在通话者之间是有线连接的，设备架设比较麻烦，传输距离受到线的长度限制，通话中不能移动，但是这种对讲器通话质量好，抗干扰能力强，通话可靠性高，所以大多数导播在机位不是很分散的情况下喜欢使用有线对讲系统。总之，使用哪种对讲器取决于导播的习惯、爱好以及场地情况等，没有硬性规定。

图 12-3-14

（八）信号返送器与光圈控制器

信号返送器（TALLY，态励）与光圈控制器实际上是两套系统。TALLY 系统有着非常重要的作用，通常以字符或者指示灯的形式出现在摄像机头、寻像器和电视墙等系统节点，分别给主持人、摄像师等人予以提示，告知当前视频切换台选择的信道信息。而光圈控制器的作用是什么呢？由于在很多情况下现场环境的灯光照明不一定均匀一致，而且现场的灯光会根据演出需要而发生改变，这就要求摄像机的光圈不断进行调整。摄像师在拍摄中虽然可以自己根据画面亮度来调整光圈，但是这样或多或少会影响导播对画面的需求速度，影响直播的节奏与效果。尤其是在多机位的情况下，为了确保播出画面的质量，对现场所有摄像机提供的画面的亮度原则上要求基本一致或接近，这就不能由每个摄像师自己来调整本机的光圈了，因而采用光圈控制器，由导播在导播台对各机位进行光圈调整。一般情况下会配置一台带画面返送提示功能的信号返送器。这一设备比较特殊，它通过专用的复合数据线与现场的每一台摄像机连接，并可以对每台摄像机进行单独的数据控制。所谓画面返送，就是导播在每次切换了某一画面进行播出时，会提醒和告诉该机位的摄像师，当前正在播出的是谁的画面。如果某个摄像师看到本机的两个荧屏（一个为本机采集的画面，一个为导播台返送过来的画面）上的画面相同而且都是本机镜头给定的画面时，就会知道此刻正在播出自己机位的画面，而且寻像器中的 TALLY 灯会点亮。此时，其他机位的摄像师看到的是两个不同的画面，即自己机位的画面和正在被采用的画面。因此看到两个相同画面的摄像师会按照导播的要求稳定画面，而不会擅自随意地变更画面，这就是返送画面的作用。对于光圈控制，则是由导播的助手——副导播来协助完成的，在导播不断发出调度画面的口令过程中，助理导播会密切地观察所有监视器的画面亮度，随时根据画面的亮度情况，在光圈控制器上针对任意一台摄像机的光圈予以调整,目的就是始终保证监视器上所有机位的画面亮度一致,默契地配合着导播,同时也减轻摄像师的压力,让摄像师全神贯注地给导播需要的画面。业余条件下,这个设备也可以没有,但是导播和摄像师都会比较辛苦,而且在一定程度上会影响导播质量。在演播室里,TALLY 系统起着非常重要的作用,它通常以字符或指示灯的形式出现在摄像机头、摄像机寻像器和电视墙上等系统节点,分别给主持人、摄像和演播室制作人员予以提示,告之当前视频切换台所切出的 PGM 和 PST 信号是什么。通过视觉提示来协调各个岗位的工作人员及时了解节目的进展状态。在这个系统里,应该为一些工位提供动态 TALLY 指示;导控室的监视墙;磁带录像机和硬盘录像机的信号源指示它们是串接在矩阵上的,可以更改输入源;技术区各摄像机的监视器;调音岗位,演播室灯光间;等等。这些工位通过 TALLY 系统提示,确保节目制作顺利进行。

总之,现在演播室系统 TALLY 信号的应用已经不再仅仅起传统意义上简单的播出提示功能的作用,动态 TALLY 技术提供了丰富灵活的演播视频信号状态信息,为系统的智能化控制提供了有力的保障。有了它,演播系统能适应更多的节目类型,发挥更大作用。

以上就是完成导播工作所需要的设备,以及每件设备的功能作用。这些设备随着科技的发展也在不断更新换代,但基本的功能是不变的,在具体操作中涉及线路组接可以参考说明书或者会有器材提供方给予培训,本书就不再详述。

第四节　导播操作与技巧

电视导播是一门集艺术、技术和电视意识于一体的综合性工作,电视导播的创作思维和部署必须在电子设备的操作之前就已经存在。电视的本质要求导播通过指挥一个制作群体,并且操作复杂的机器设备来表达一系列视像,导播必须把意图交代给摄制群体,同时通过镜头的选择,并运用声音来辅助视频以最终完成节目。

一、导播工作的前期准备

(一)组建团队

导播团队的实力直接影响到节目播出的成功与否,对节目播出的质量起着关键性的作用。因此,作为团队中的首领,导播应非常重视这支队伍的组成与建设。通常在电视媒体中,这支团队一旦组成就不能轻易解散,即使团队中的成员有的可能还要负责其他日常工作,但是作为团队的成员必须服从团队的工作安排。这支队伍的基本结构不要改变,但是人数并非不变。团队的人数会因为节目的内容和规模而临时改变,规模大人数多,规模小人数少。经常在一起工作的团队成员能更好地理解、领会、接受导播的言行想法和意图。如果团队成员经常变换、不稳定,导播带领的是一支相互不熟悉的团队,工作起来会非常困难。

组建团队的重要性在于找到适应节目制作所需要的各岗人员,也在于人员之间是否配合默契。导播工作的成败,在很大程度上取决于这个团队的质量。

(二)考察现场

导播在接到一台节目的导播任务后,除了要熟悉、理解台本之类的个人任务之外,通常还必须带领团队的全体人员去节目演出现场考察。现场考察有两个目的:一是场地考察,这是对节目本身进行的场地以及周边环境的考察,其目的主要是为确定所需摄影机的数量、架设摄像机的位置提供依据,同时确定导播工作台的位置设在哪里比较合理。二是考察节目情况,也就是我们常说的看彩排。这两个方面的考察是非常必要的,导播会通过考察做重要的决定。在某些情况下,导播会因为现场机位数的增加而调整团队结构,尽管这样做可能会带来一定的困难,但不得不做出这样的决定,因为要尽可能地占据和利用最佳视点的位置,必须靠一定的机位数来保障。至于导播工作台的位置,以不受现场观众的影响和线路架设方便、安全为准,对于露天场地,有场地的情况下要隔离一个安全区。

(三)布置机位

多信道节目制作时,复杂的制作现场决定了导播必须具有很强的全面控制多信道节目拍摄现场的能力。导播必须把所有的实施细则考虑清楚,尽量通过各种技术手段将现场所要实施的工作纳入自己的视线范围之内,并对各个工作人员进行高效协调,合理分配自己的注意力,掌控现场。根据节目类型的不同,所用到的摄像机数量也是不同的,但每一档电视栏目对摄像机的安排涉及两点:机位数量和机位位置。特别是机位位置,因为镜头的体现主要来源于现场的摄影师提供的画面,所以电视节目开始前的机位设置问题是每一个学习导播工作的人必须了解、掌握的。这个问题解决得好坏,将直接影响节目播出或录制的质量高低。现场的考察结束后,导播的下一步工作就是根据考察结果指导机位布局。

(四)联机试播

联机试播是导播节目制作开始前的最后一道程序,是对团队人员和所有设备的状态进行检验测试,也是团队试播前的热身。在条件允许的情况下,可以要求灯光师、音响师一起配合。可以在空场的情况下进行通话、下达调度指令,进行各种常规切换,指出注意的问题,提出相关要求以及某些特殊约定等。时间允许时,可以让各岗位的副手上机练练手,做好充分的前期准备,以确保万无一失。

二、导播的技巧

导播的技巧分为三个方面:导播的口头指令技巧、镜头调度技巧、画面切换技巧。下面就从这三个方面展开讲述,可能无法完全涉及和覆盖这个技术领域,但是希望能够起到抛砖引玉、举一反三的作用。事实上,鉴于导播各自不同风格的思维取向,会有一些不受教条约束的自成体系的方法或者说技巧。因此,在学习时,不一定要把自己界定或者局限在本教材提出的经验与观点上,应该集思广益、取长补短、不断探索、不断总结,走一条符合并体现自己风格的导播之路。

(一)导播口令技巧

所谓口令技巧,实际上就是导播说话的技巧。导播的工作特点要求他不仅要能“动手”,而且还要能“动口”。这里所说的“动手”,指的是导播团队中包括切换台在内的所有设备的使用操作,特别是切换台的使用,更应该得心应手。而所谓的“动口”,则是导播给各个机位下达的各种指令。所以说,导播一旦进入工作状态,必须要用眼监看所有送来的画面和切出的画面,必须要用嘴进行指令调度,也必须要用手操作切换台,要用耳听合成音质和摄像师对指令的反馈,等等。所以说导播是一个眼、耳、嘴、手不能闲的睿智之人。如果说眼、耳是信息接收的工具,那嘴、手就是信息发出的工具了。

1. 命令与口令的区别

说到指令,大家就会联想到命令。是的,导播下达的指令也就是命令。口令寓于命令之中,是命令中的特征用词。通常,命令是不受内容长短约束的,可以是一个或者几个字、词,也可以是一段完整的句子。例如:

打!(字)

出发!(词)

把阵地夺回来!(短句)

…………

但是,口令则更为精炼,通常是指采用最简短的词或字,尽量不使用短句,这是由导播自行设定的不成文的规定。而且,导播会根据自己的语言习惯、个性特点等,与团队成员很巧妙地达成若干约定,从而简练、准确地表达自己的意图。往往这些口令的含义,在外人听来无法理解,但是在团队成员中绝对能准确无误地执行。例如:

松!(镜头拉开)

紧!(镜头推进)

…………

这是一种特定的术语,是一种由默契而达成的配合,它甚至可以达到天衣无缝而又兴趣盎然,令当事者乐、旁观者奇的境界。

2. 口令中的专业术语

值得注意的是,到目前为止,导播的口令并没有一定的规律可循,所有的导播都会按照自己的模式建立口令规定,所以,对于一个已经合作成熟的团队,通常情况下导播是不会轻易变更团队成员的,这也是导播不轻易去指挥一个他所不熟悉的团队的原因。当然,鉴于媒体领域中的一些公共的专业术语,每个导播都会充分发挥和利用的。比如有关摄像方面的术语:

推、拉、摇、移、跟;

仰、俯、平、降、升。

比如有关景别构图中的术语:

大全、小全、中景、近景、特写、大写等。

对于这些专业术语,导播在应用时可能会加以修改、变更甚至替换。由于地方方言、口语习惯、个人癖好等原因，不同地方的导播表达同样的口令时，会使用不同的词语。为了借鉴与学习，特此供大家参考。（表 12－4－1）

表 12－4－1

通用口令用词	对应旁系口令用词	例证
推	靠、紧、进	推一点＝紧一点＝进一点
拉	撤、松、退	拉开＝松开＝退
摇	摆、旋	右摇＝顺摆＝右旋，左摆＝逆摆
移（指轨道车、轮座）	走、冲（指摇臂）	移摄＝走起＝冲（摇臂）
跟	贴、粘	跟摄 A＝贴上 A＝粘上 A
仰（多指摇臂）	抬……	仰拍＝抬头
俯（多指摇臂）	低……	俯拍＝低头
平（多指摇臂）	平……	平拍＝平视
降（多指摇臂）	沉……	机位下降＝机位下沉
升（多指摇臂）	起、拔	升＝起＝拔
收光圈	紧光圈、减光圈	表示光圈过大需要减小光圈开度
放光圈	松光圈、加光圈	表示光圈过小需要加大光圈开度
急推拉	急变焦、手动快焦	表示用手动聚焦环快速改变景别
调白	校白、整白	表示调整、校正白平衡
调焦	校焦、整焦	表示画面虚焦、需要调整焦点
虚焦出画	虚化……	表示画面逐渐虚化而出
切 X 号	进 X 号、X 号在播	表示当前正在使用 X 号机位画面
X 号小全跟	X 号小全贴	表示 X 号机位用小全景跟拍主题
X 号近景右摇	X 号近景顺摆	表示 X 号机位用近景往右摇摄
X 号 X 号近景反打	X 号 X 号近景交叉	表示人物面对面交流的对话情景
X 号归位	X 号回原位、复位	表示 X 号机未恢复到先前状态

3. 位置配置与代号口令化

需要特别强调的是，在节目制作现场，导播无须也很难记住某个机位摄像师的名字，而是对机位直接编号。团队中摄像组的成员一旦其机位编了号，导播就不会也不能再称呼摄像师的名字，而是以机位号取而代之。那么，各机位的摄像师不仅要暂时忘记自己的名字，而且要牢牢记住自己的机位号，在导播呼叫或者下达口令时具有敏捷、准确的反应能力。否则，会因为没反应，或者反应迟钝而造成失误，让导播感到懊恼甚至生气。

关于机位位置配置，导播会根据摄像师的个人技术情况以及习惯等，有针对性地安排适合每个人的机位位置。而且这种位置一旦熟练了，在以后的拍摄中，甚至不会变更。这样做的最大好处是让在这个机位上工作的摄像师能够非常熟练地把握好这个机位的常规构图特点。

4. 导播口令中的约定原则

通常情况下，导播不会下达让团队成员难以理解的口令。严格地说，导播在工作现场发出的每一道口令都是一种比较专业的语言体系——导播语言。导播语言的基本原则是简单明了、通俗易懂。导播所发口令应力求使接受口令的人既容易听懂，又容易理解执行。且语言信息量不能太多、太烦琐，否则记不全、记不准。因此，导播会与团队成员之间建立约定的语言。

（二）镜头调度技巧

镜头调度技巧也叫镜头切换技巧，我们前面说的蒙太奇其实就是一种调度。镜头调度是导播视听语言的重要表述，也是导播对节目的二度创作，或者说艺术构思。镜头调度，更是导播工作的一道门槛，是衡量导播水平的试金石。走上导播岗位的新手，往往因为经验不足，顾得了切换顾不了调度，也就是顾得了手顾不了嘴，加之台上的节目总是在不断变化中的，这种手忙脚乱、顾此失彼的情况，对新手来说是很正常的。那么怎样有条不紊地进行镜头调度呢？下面分三种情况对被摄主体为静止状态时的镜头调度展开讲述。

这里所说的静止状态，是指镜头前的被摄主体基本上不存在位置变化。这类镜头常见于会议、报告、演奏、曲艺、相声、合唱、评书、讲座、座谈等特定场景。本小节专就这类情况讲述几种镜头调度手法。

(1)“静—静”调度，是指无画内主体运动，也无画外镜头运动的画面之间的调度，只有固定镜头与固定镜头之间的调度。例如前一个镜头用照片，下一个镜头用文字，再下一个镜头又回到另一幅照片，等等。可以是同景别之间的调度，也可以是不同景别之间的调度。例如两个相声演员的表演，可以用三个机位分别调度成一个两人小全景，两个前侧面（或者交叉反打）近景（图 12 - 4 - 1）。

其特点是：调度简单，操作简便，信息传递直观，表达容易，理解准确，观众注意力容易集中。

其缺点是：画面呆板，画面信息不丰富，缺乏艺术表现力。由于这种画面组合要求不高。操作比较简单适合于初学者练习。

(2)“动—静—动”调度，即运动中的镜头和静止中的镜头之间的画面调度。

被摄入主体单一且静止不动时。宜采用“动—静—动”调度。这里的动是镜头的推、拉、摇。例如：台上一位歌手站在麦克风前演唱，此时台上没有其他人伴奏和伴舞，整个台上显得很单调。这时就要使用摇臂等，以改变演出场景比较单调的情况。一首歌演唱完毕一般需要三到五分钟，如果完全采用上面的方法调度镜头，调来调去，就那么几个固定的镜头，画面没有什么看点。因此，作为导播，应该发挥和运用一定的调度技巧来丰富画面的内容，尽可能让画面动起来。

像这种情况，导播具体的做法是：先锁定大全景的 2 号机缓慢朝人物推进，景别逐渐向中近景接近，在此过程中调度 1 号机（或 3 号机）拍摄人物中近景。当两台监视器中的画面景别差别不大时，慢慢地软切至 1 号（或 3 号机）（图 12－4－2）。稍加停顿，又可慢慢拉开，甚至可以导入背景、观众场景等穿插镜头。如此交替进行时，整个过程贯穿着动、静、动、静的多元素变化。这样一来，由于镜头的运动而获得了运动的画面，也引导了观众的视觉变化，本来单调的内容变得丰富了。

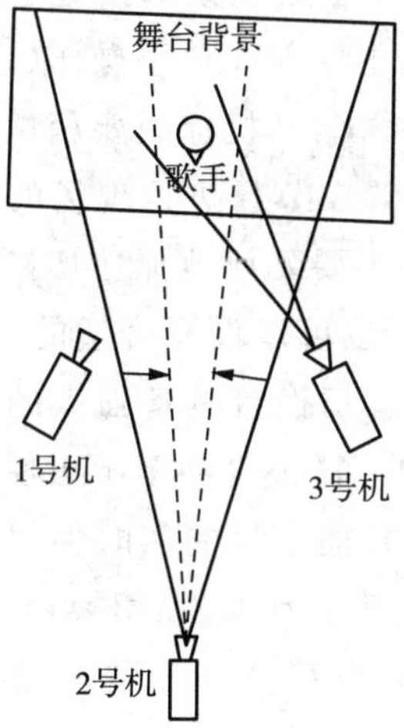

图 12－4－1

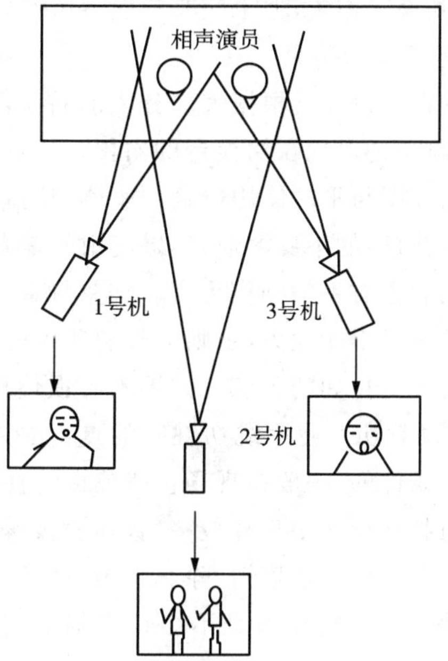

图 12－4－2

（3）“动—动”调度，即将现场的若干机位都调度成镜头运动形式。且各连接的组接画面都是由这些镜头运动而获得的画面组成，即运动中的镜头和运动中的镜头之间的调度与组接，我们称其为“动—动”调度。

例如大型革命史诗《四渡赤水》的大合唱，现场有交响乐团、指挥及 100 多人的合唱团。但和前面一样，台上所有的人都是静止不动的，假如我们的导播团队有五个机降、升，全都可以用上了，而且大全、小全、中景、近景、特写等各种景别都可巧妙地使用。特别是摇臂的加入，使画面变得更深动、更丰富。摇臂操作者如果非常上手的话，其画面使用率可以达到 40％，所以大多数导播都特别钟情于摇臂的使用。在摇臂加入的条件下，我们也可以把这个阵容，称为“三维”和“立体”的组合，这就是前面学习的、典型的三维机位布局。摇臂的运动是复合型的，除了镜头的变焦运动以外，还有摄像机本身的空间运动，所以它提供的镜头是非常有视觉冲击力的，这就是所有导播都看中它的主要原因。但是有的“三维”美称的多位机的动态调度不是那么容易能够做到和做好的，如果你是个导播新手可能会很不适应，可能会犯各种意想不到错误，比如说会越轴线的问题、景别跳跃的问题、机器甲技术进入机器乙的画面穿帮问题等。总之，这种“动一动”调度有着它非常奇特的效果，但也是对导播技术的严格考验。一般来说，需要有一个循序渐进、扎实练习、反复实践、逐步提高的过程。

（三）画面切换技巧

操作切换台，完成导播意识中的画面转换，是学习导播过程中必须具备和掌握的基本功。试想一下，一个连切换台都不会操作的人，怎么能带领并指挥整个导播团队进行工作？因此，导播自身首先是一个优秀的切换师，至少他干过切换师的工作，即使他现在是团队指挥，可能不做切换工作了，但也应非常熟悉切换台操作技巧。

1. 切换台的操作要点

切换台的操作设计是根据大部分人的右手习惯，常用的预选主键盘设计在切换台的左侧，切换杆和跳切键设置在切换台的右侧。因此操作时，左手放在预选按键区，右手放在切换杆上。座椅高度与平时使用电脑的座椅相同就可以了，不要养成单手操作（用一只手操作预选又操作切换杆）的不良习惯，如果使用的是有线对讲系统，耳机连线要稍微长一点，以不影响头部摆动和左右手的操作为宜。如果导播工作台安置在节目进行现场的观众席中，呼出调度口令的声音不能太大，否则会影响现场观众。右手不要死死地抓住切换杆，只要轻轻地把位就会有灵活自如的手感。如果不习惯使用切换杆，也可以设置合适的切换时间（ME Time）使用自动软切。使用跳切键时的点击要果断快速。切换台具备强大的特技功能，但在使用时是有条件的，一般在现场直播节目的直播过程中导播很少甚至不去使用，因为切换台上的某些特技在操作中步骤较多，甚至需要编程，由于直播节目的实时性很强，不容许导播有过多的时间去做其他事情，除非是事先已根据节目设计了台本，在切换台上已经进行了个别的应用编程，否则导播是不会在直播节目中随意进行特技操作的。当然，录播情况除外。

2. 被摄主体为运动状态时的调度（以 3 机位为例）

这里所说的运动状态，是指镜头前的被抓主体可能存在相对位置变化形式的运动，这类镜头常见于舞蹈、戏剧、杂技、话剧、小品、综艺、体育、音乐剧、栏目剧等节目。

（1）整体运动时的调度

当所有被抓对象存在相同或者不同形式的运动时，称为整体运动，比如体育运动中的篮球赛、足球赛等。就舞台演出来说，大型舞蹈就是一种典型的整体运动形式。对于这种情况，由于舞蹈表演中始终贯穿着各种造型，需要表现的是局部或者整体效果，导播在调度过程中，基本上采用以大全景为主，适当穿插一些局部小全景，如图 12－4－3 所示。而在主体对象运动的情况下，由于摄距变化等原因，会造成景深范围很小，因此近景、特写这样的镜头不宜使用。在运动状态下，被摄主体的近景和特写很容易虚焦。有适当机会时，可偶尔进行中景摇摄。例如在图 12－4－4 中，台上舞蹈演员排成某种队形，且有短暂队形状态保持时，导播可以调度 3 号机用中景摇摄。以什么样的节奏和时间摇完，决定于这个队形要保持多久。所以说，导插与摄影师事先熟悉节目很关键，这正是导播先期带领团队员看彩排的意义所在

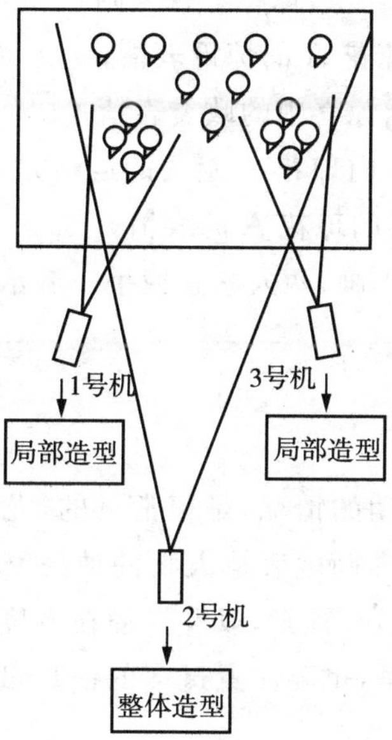

图 12-4-3

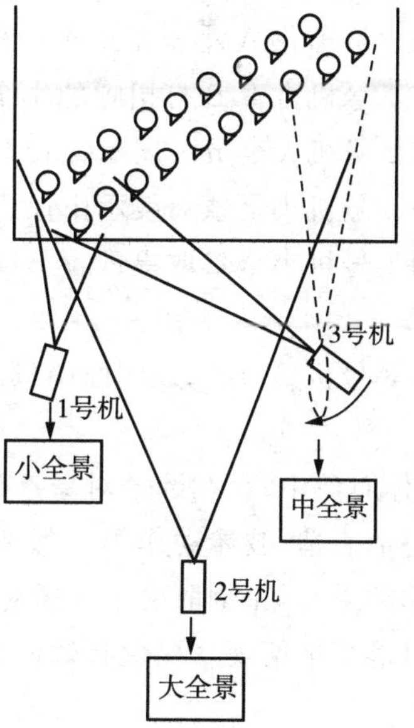

图 12-4-4

(2)局部运动时的调度

当被摄主体群存在运动,但不总是全体同时运动时,调度情况有着一定的灵活性。比如,话剧、戏剧、杂技等节目的演出,台上可能有很多演员同台演出,并且节目中的演员运动情况大多是局部位置的运动。因此,这类画面的镜头调度除了存在被摄对象之间的自然出画、入画以外,还可以采用合适的调度模式。当人物之间有相对运动、有对话、有情感交流时,会有丰富的面部表情和肢体动作展示。因此导播会积极并正确地调度机位获得理想的镜头。

例如图 12-4-5 是歌剧《红色娘子军》演出中的一个场景:图中琼花 A 向往革命,一路寻找红军,来到红军驻地,看到了正在操练中的部队,见到了之前为她指点革命道路的恩人洪常青政委 B。俩人突然相逢,意外之中的琼花 A 惊讶得待在原地,意料之中的常青 B 惊喜地边打招呼边走过去……如果导播只用 2 号机的大场景也可以从头至尾完整地展示这一情节。但是,在大场景中,人物之间的那种丰富的面部情感是不能很清楚的展示的,这种细节必须靠调度镜头来实现。导播首先会用 2 号机的大场最交代事件。在此期间,迅速调度 1 号机中景、3 号机小全景反打,切 3 号机同时要求其慢推至中景,切 1 号机要求跟摄 B 的同时慢拉,最后 B、A 两人小全景入画在 1 号机西面中。这一过程的画面展示依次是

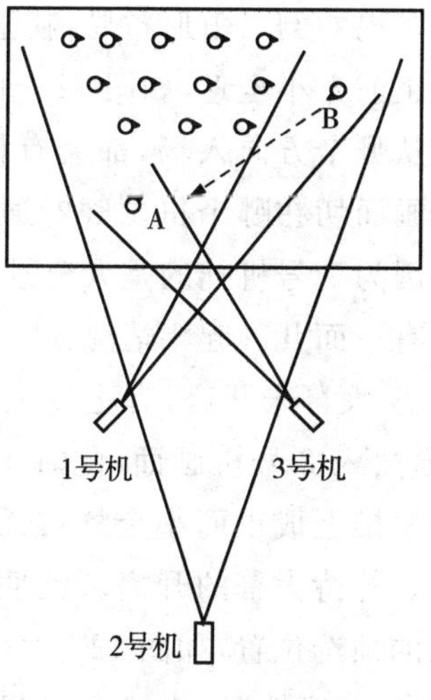

图 12-4-5

画面 1:2 号机全场大全景一展示事件发生的大环境,琼花上台人画;

画面 2:切 3 号琼花 A 小全景推至中景一展示琼花 A 的惊讶表情;

画面 3:切 1 号机常青 B 打招呼的小全景一展示惊喜中的政委表情;

画面 4:切 2 号机大全员一展示常青 B 在说话时向琼花 A 走去的运动方向;

画面 5:切 3 号机小全景一晨示由惊讶转为惊喜的琼花 A 的表情;

画面 6:切 1 号机小全景取摄常青 B 至琼花 A 入画,两人紧紧握手一展示战友般重逢的喜悦。

画面 7:切 3 号机 A.B 二人侧面中景。

…………

像这种群体对象中,存在部分对象产生局部运动的情况,是很常见的,尤其是人物之间的相对运动、对话表情、肢体动作等。怎么艺术地、准确地表达人物的情感交流、神态表情、肢体语言、动作结果等,完全取决于导播对节目的认知、预知,以及导播在调度过程中的镜头快速构思,尽可能多地给观众提供有效信息量。但是,也要注意过多的信息量可能会使观众产生视觉疲劳。

总之,在直播、录播过程中,每一瞬间都是节目整体的一部分。当一个节目的下一个瞬间将要出现的时候,导播都要快速设想接下来作品的面貌,设想将要出现的这一瞬间在作品中的分量,以此来相应地创造许许多多个一瞬间。因此导播始终要处理好局部与整体的关系。这种镜头组合的成功与否,往取决于导播的镜头调度能力。需要指出的是,这种能力不是一次两次、一天两天就能练出来的,需要经验的不断积累,需要导播自身不断总结,不断提高,是一个循序渐进的过程。

3. 起幅与落幅

(1)起幅。所谓起幅,就是一场、一段、一节电视节目的起始画面。在 EFP 的制作模式下,一般都会将切换台的预选键选择在拍摄大场景的机位号上。以 3 台机位布局为例,这是一种常规的倒三角形布局,在这种情况下,导播会规定三个机位初始状态时的景别为:1、3 号机正前方小全景,如图 12-4-6 所示。这样一来,无论是前场启幕还是中场入场,无论对象是从哪个方向入场,都会有机位拍摄到。但是预备状态下的起始画面切在哪个机位呢?通常情况下是预切在 2 号机位上。这是因为 2 号机挂的是大全景,可以覆盖整个舞台。

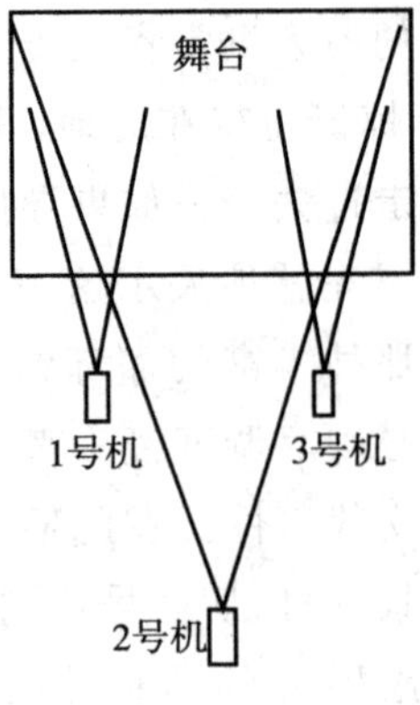

图 12-4-6

有下面几种起幅情况:

① 大幕未开启,有主持人,主持人从舞台中央推开大幕入场,自然入 2 号机画面,此时主持人画面景别太小,可调度 2 号机慢慢推上成正面小全景构图。主持人退场,导播指令 2 号机复位。等待大幕的开启。此期间切换台未操作,仍然处在 2 号机位的预选位置,如图 12-4-7 所示。

② 上述情况,由于 2 号机距离较远,通常觉得景别仍然偏小,应该在 2 号机推进的过程中,指令 1 号(或者 3 号)近景构

图。操作切换台从 2 号机的景别叠入 1 号(或者 3 号)成侧面近景构图。如图 12－4－8 所示。(2 号机复原)

③ 大幕徐徐开启,舞台大全景随着大幕的开启慢慢进入 2 号机的画面,主持人走入舞台左侧台口定位,切入 1 号机画面,中近景,如图 12－4－9 所示。

④ 大幕徐徐开启,没有主持人,演员从舞台两侧入场,入 2 号机大全景。入场起幅过程中因演员的连贯入场而无切换操作,如图 12－4－10 所示。

(2)落幅。所谓落幅,是指某一段时间内的镜头前节目的结束,既可以是整场节目的结束,也可以是一个段落的结束。无论何种情况,节目结束时的演员退场形式有自然退场(演员从舞台一侧或两侧退场)、舞台人物整体造型落幕退场、舞台灯光黑场退场等。无论镜头前的节目以何种形式退场,考虑到可能发生在舞台上的整体造型以及接下来的节目起幅需要,导播都会习惯性地将切换台切换在 2 号机位的画面上。所以 2 号机位通常总是承担着起幅和落幅的作用。有时候,导播也会采用淡出的方式来结束画面。

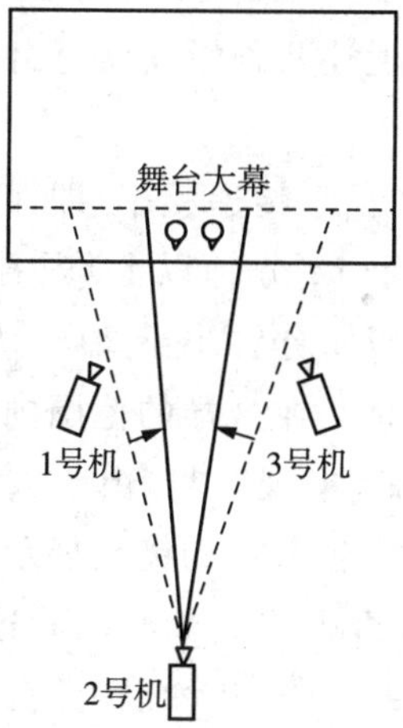

图 12－4－7

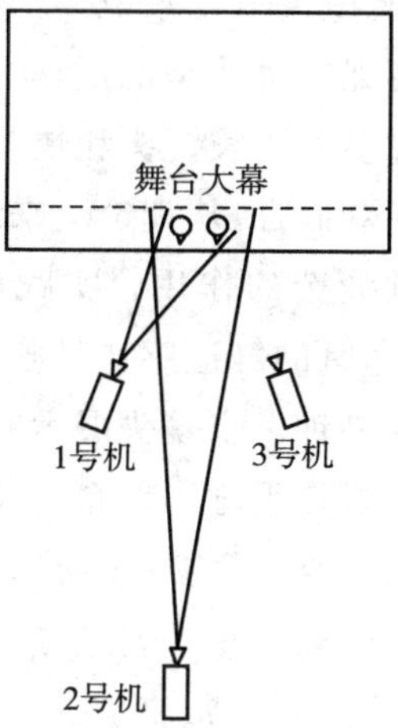

图 12－4－8

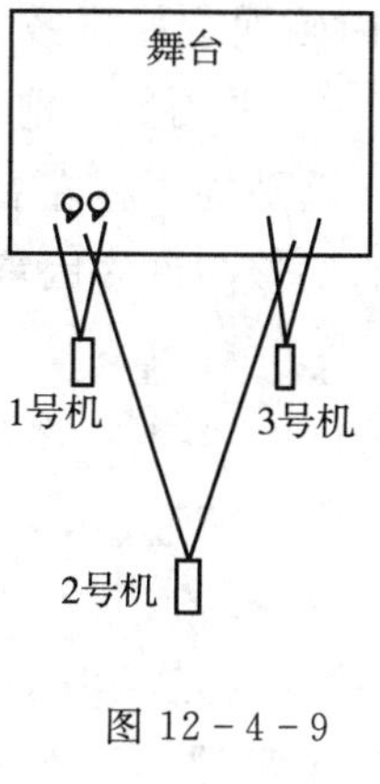

图 12－4－9

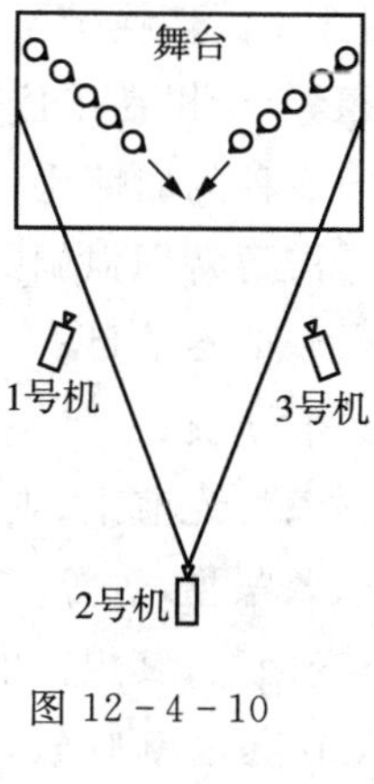

图 12－4－10

3. 切换节奏

切换节奏是指单位时间内画面变换的次数，也叫切换频率。

因为切换节奏直接影响到人们的视觉舒适与否，是直接引起人们产生视觉疲劳的原因之一。

视觉疲劳，通常是在两种极端情况下产生的：

一种是长时间看一个单调的对象。比如说，长时间盯着看一个静止对象，或者即使对象在运动，但运动很单一缓慢（比如转动中的电子时钟的秒针等），很容易导致大脑疲劳。这也就是高速公路为什么不能把很直的路段修很长的原因。

另一种是长时间看变化频率很快的对象（例如电视广告）。在快速接受大量信息的过程中，大脑总是处在高度兴奋、紧张的状态中，时间一长也容易引起中枢神经疲劳而导致视觉上产生幻觉式疲劳。

综上所述，过快或者过慢的视觉节奏都会引起视觉疲劳。

那么，对于观看电视节目来说，在忽略电视节目内容的观赏性的前提下，怎样才能有效避免产生视觉疲劳呢？也就是说，怎样才能有效避免上述两种极端情况出现呢？

那就是避免过多使用长镜头和快节奏的切换。

对于大部分观众而言，从理论上来说，保持适当的信息传递频率，即保持平均镜头时间，可以起到缓解视觉疲劳的作用。实践证明，在长时间（10 分钟以上）观看电视屏幕的情况下，人脑对画面信息量的舒适感知是画面变换的频率以每分钟小于 20 个大于 10 个，也就是大于 3 秒钟小于 6 秒钟一个镜头展示时间，就比较适宜。在这样的范围内，人们大脑对信息的接受和处理不会显得很吃力。带有情节展示的电影、电视节目，由于叙事的需要，单个镜头展示时间稍微长一点，平均单个镜头在 5 秒左右。广告节目的镜头展示频率最快，平均一个镜头不足 1 秒。好在单一广告的总时间都比较短，否则连续长时间看这种高频变化的画面，任何人很快都会感到非常吃力。长镜头（单个镜头时长 10 秒以上）在这里就不提了，因为在 EFP 模式下，基本上不会有或者很少有长镜头，即使有也是个别情况而已。

下面着重讲述切换节奏。

(1)切换节奏的理性化。切换节奏是指单位时间内画面变换次数。由于每一个画面的实际停留时间不一定相等，所以在单位时间内，它只是一个平均数。前面已经提到过这个平均数的概念，大概是 3～5 秒的周期比较适宜。也就是，以平均 4 秒左右的信息变化频率，不会使人感到视觉疲劳。需要特别强调的是，切换节奏的快慢与许多因素有关，比如：

节目类型：快节奏、慢节奏节目；

对象魅力：明星、一般演员；

演出环境：室内室外、灯光渲染、观众人数；

导播个性：冷静型、急躁型，等等。

所以，它是一种可变因素，其规律的可循性视上述因素而定。由于切换模式有软切和硬切两种模式，因此切换节奏也就有软切节奏和硬切节奏两种。下面分别学习这两种切换节奏。

① 软切节奏

软切是指两个画面在转换过程中存在叠化的过程，完成这个过程的方式有手动和自动两种模式。这一叠化过程从开始到结束所需要的时间，叫作叠化时间或者切换时间。这个时间的长短在手动模式（Men）时，取决于导播操作切换杆的快慢；在自动模式（Auto）时，取决于 Me Time 时间的设置。所以软切情况下的画面占有时间是该画面实际停留时间与叠化下一画面所用时间的和，也就是软切节奏周期。这个周期越长，切换节奏也就越慢。由于叠化过程中的时间是可变的，这种时间实际上就是弹性时间，所以这种节奏也叫弹性节奏，它可以根据节目对象的活动情况来灵活变更。由于软切节奏对大多数节目具有较好的表现效果，因此是导播常采用的切换模式。但是，由于节目类型的原因，并非所有的节目都可以使用软切模式。前面提过的话剧、魔术、相声、小品等语言类节目，由于人物之间存在对话、反应动作等特征，其画面中的角色转换可能比较快。比如，甲正在说话，乙就把话抢过去了，乙还没说上几个字，丙又接过去了……如果使用软切模式，显然画面的切换节奏赶不上实际节目进行中的演出节奏，所以此类节目不宜采用软切模式。

软切中的手感是非常具有技巧性的，导播非常重视这种手感的作用。有人说，既然自动软切模式更具稳定性和均匀性，为什么还要使用手动软切呢？这就是一个弹性节奏的应用问题。因为在自动软切模式下，切换时间是固定的，设定的叠化时间如果是两秒，那么，每次切换都是两秒，而经验丰富的导播不喜欢这种固定的时间模式，更看重手动模式下的弹性时间。他可以根据节目的情况，在每次推杆的过程中，根据演出情境，任意选择先慢后快或者先快后慢，甚至在某一叠化点进行短暂停顿（例如钢伴师手的特写与歌手面部特写的叠化）等，从而更加感性地、技巧性地、艺术性地把握这种节奏，完美地进行展示。

② 硬切节奏

在前面章节中，已经提到过有关硬切的概念，所谓硬切也叫跳切，实际上就是自动软切时间 Time 为 0 的特殊情况。如果采用滑动键（杆），无论你的动作有多快，滑动键（杆）从一端到达另一端总是需要时间的，无法完成真正意义上的 0 时间切换。在很多情况下，镜头与镜头之间的转换不容许有时间过程，比如，两个人物之间的对白转换，就需要快速跳切。因此，导播使用切换台的跳切键来完成信道之间的 0 时间切换，这就是硬切（也叫跳切）。在松下（Panasonic）WJ－AVE55 切换台上，这个过程的完成是将 TIME 时间设置钮设置在 0 位置，操作时直接点击自动切换键 AUTO TAKE 键即可。在 AG－MX70 切换台上，是按下 ME 键，用时间设置钮将显示屏上的 ME TIME 时间设置为 00：00F。

那么，具体什么情况下使用硬切？一般要根据节目的需要灵活掌握。比如演出节奏比较快、场景变化多、场景比较大等；还有一些节目是必须采用硬切操作的，比如话剧、人物访谈节目、剧情中的人物对话等；此外，播出现场不可预料的突发事件，比如镜头前突然有观众站起而遮挡住了镜头、演员出现失误、摄像机突然断电等，都需要导播快速反应，跳切镜头。

导播除了要知道什么情况下使用跳切，重要的是要把握好跳切的节奏，或者说是跳切点的把握。所谓跳切点，就是导播下意识按下跳切键的那一瞬间，这个瞬间既是前一个画面的断点，也是后一个画面的起点。

比如人物A、B的对话场景。A、B两个人你一句我一句交替进行，切换时，既不能快，也不能慢。快了，画面超前声音滞后(切反应镜头是例外)；慢了，声音超前画面滞后。这就要求硬切中精准把握切换点，也就是要精准把握硬切节奏。硬切节奏由于有一定的切换规律，也叫特定节奏。

另外，在某些情景剧中，跳切点的把握是没有规律可循的，需要导播对事件进展和结果有一定的判断经验，而且还得有快速捕捉信息的能力。例如，场景中诸人物(B、C、D……)对发生在场景中的关联事件(人物A)产生的情感反应，可能会用动作、表情、眼神等方式表现出来，于是，导播会迅速地调度机位抓住并切换到其中的某一精彩画面。这种捕捉模式不仅适合演出场景内，也同样适合场景外。例如，现场观众对场内事件的反应场景，观众往往会有非常热烈的情感表达，导播也会恰到好处地捕捉这些场景。这个过程从直接事件表达转换到间接事件表达，这种模式有着它的特殊艺术表现效果。由于这种跳切没有一定的规律可循，所以也叫弹性跳切，其节奏也叫弹性跳切节奏。

总之，硬切是一种常用模式，而且这种模式操作比较简单，如果不讲究叠化等其他技术效果，那么任何情况下，基本上都可以使用硬切模式，它等同于影视剧中没有叠化效果的镜头组接剪辑，所以硬切模式也叫作万能模式。

(2)摄像师对节奏的把握。在EFP制作中，除了导播对切换节奏的把握之外，要求摄像师与导播之间也要配合默契。如果节目自身的进行节奏比较快，摄像师就应该估计到导播会在来不及通知他们的情况下就已经进行了画面的切换。有经验的摄像师会自己放慢变更画面状态的运动节奏。因为万一播出画面切换到了自己的机位，这个画面至少不至于表达得太糟糕。

有时候导播需要一个景别变化很快的画面，会下达极短的强制性命令。例如“1号快推到底”，这就意味着该机位的摄像师必须以最快的速度推上去，而且他知道在推到位之前不会切换到他的画面。当然，导播会掌握好这样一个尺度：在一个镜头拍摄到位之前不切换到这个未完成动作的机位。如果提前切了，叫作“早切”。早切的结果是切出去的画面不完美，业内叫“烂镜”。

三、切换中注意事项

(一)以“情”为主

在访谈类节目中被访嘉宾动情之处一定要把镜头给他，要用近景和特写。这种情况下一般不要把镜头切走，切走要有理由。比如访谈栏目《做客五频道》采访著名小提琴演奏家薛伟时，当其讲述当初到英国的艰难历程时，出现一个观众镜头：中景，镜头慢推特写，他的眼圈红了、他的眼睛湿润了、眼泪流出来了、他在擦泪。随着薛伟的画外音的步步叙述，这位老人的感情也在渐渐升温。电视观众在想：他是谁？为什么比别人更动情？当主持人介绍他是薛伟的父亲时，现场响起热烈的掌声。原来这些遭遇薛伟从来没有告诉过父母。“儿行千里母担忧”，真正疼爱儿女的还是自己的父母。所以，像这样的观众镜头不仅应该切，而且还有文章可做。当然，这类访谈节目事先准备台本是必不可少的。

（二）以“演”为主

演：演唱者，表演者。尤其在演出的一些精彩之处（演唱的华彩部分）、惊险之处（杂技）、神秘之处（魔术）、动情之处（话剧、小品）以及绝活、绝技等，都不要中断演员的表演镜头。

（三）以动作为主

有些节目是以动作为主的，比如舞蹈、杂技、武术、哑剧等。它靠演员的形体动作即以肢体语言的形式来进行意境表达。所以，在切换中一定不要中断。若要切给观众，原则只有一条：不能影响“戏”的连续表达。

（四）要善于学习，取长补短

作为导播一定要记住：切出去的镜头是给电视观众看的，不是给现场观众看的，有着二度创作的实质意义。所以要从接受美学的角度去研究受众心理。切出去的画面是受众视觉和心理双重意义上的需要。有很多节目质量确实不错，但是因为导播水平的原因，播出效果大打折扣。优秀的电视导播要善于学习、取长补短。节目的成功与否除了自身质量之外，与现场导播水平的高低也有相当大的关系。

一个人的研究与探索是十分有限的。而且由于工作性质限制，导播不可能有那么多的机会不断地学习与实践，因此必须不断地研究、学习其他导播的经验与成功之处。要善于在平凡之中抓住不平凡，多观摩学习，这是成为优秀的电视导播不可缺少的过程。国外有不少大牌明星的演唱会由于准备充分、设计严密，十分具有借鉴价值。对于想提高水平的导播而言，应该在观看这些优秀节目的时候，不以普通观众的眼光来看节目，而要从专业的角度注意导播是怎样组织镜头、怎样切换、怎样调度、怎样把握观众情绪和节目节奏的，而且要努力去揣度、琢磨下一个镜头会是什么镜头。

（余克东）

本章思考题：

1. 什么是导播？
2. 导播团队是怎样的构成？
3. 导播操作的技巧有哪些？

参考文献

著作：

[1] 郭镇之．中国电视史[M]．北京：文化艺术出版社，1997．

[2] 徐志祥．广播电视概论[M]．武汉：武汉大学出版社，2000．

[3] 马赛尔·马尔丹．电影语言[M]．北京：中国电影出版社，1992．

[4] 艾丰等．新闻报道与写作[M]．北京：中国广播电视出版社．

[5] 赵玉明，王福顺．广播电视辞典[M]．北京：北京广播学院出版社，1999．

[6] 孙宝国．中国电视节目形态研究[M]．北京：新华出版社，2007．

[7] 孙宝国．中国电视节目形态通论[M]．北京：中国传媒大学出版社，2011．

[8] 杰尼·格拉汉姆·斯克特．脱口秀——广播电视谈话节目的威力与影响[M]．苗棣，译．北京：新华出版社，1999．

[9] 雷蔚真．电视策划学[M]．北京：中国人民大学出版社，2008．

[10] 时间，乔艳琳．实话实说的实话[M]．上海：上海文化出版社，1999．

[11] 唐世鼎，黎斌．世界电视节目荟萃[M]．北京：中国传媒大学出版社 2005．

[12] 钟大年．香港内地传媒比较[M]．北京：北京广播学院出版社，2002．

[13] 童庆炳．文学理论教程[M]．北京：高等教育出版社，1998．

[14] 谢耕耘，陈虹．真人秀节目：理论、形态和创新[M]．上海：复旦大学出版社，2007．

[15] 尹鸿，冉儒学，陆虹．娱乐旋风——认识电视真人秀[M]．北京：中国国际广播出版社，2006．

[16] 徐瑞育．电视文化形态论——兼议消费社会的文化逻辑[M]．北京：中国社会科学出版社，2007．

[17] 刘利群，傅宁．美国电视节目形态[M]．北京：中国传媒大学出版社，2008．

[18] 苗棣．美国经典电视节目[M]．北京：中国广播电视出版社，2006．

[19] 苗棣，毕啸南．解密真人秀：规则、模式与创作技巧[M]．北京：中国广播影视出版社，2015．

[20] 朱世达．当代美国文化[M]．北京：社会科学文献出版社，2001．

[21] 项仲平等．广播电视编导教程[M]．北京：高等教育出版社，2015．

[22] 张凤铸．中国电视文艺学[M]．北京：北京广播学院出版社，1999．

[23] 孙玉胜．十年——从改变电视的语态开始[M]．北京：人民文学出版社，2015．

[24] 胡智锋．中国电视策划与设计[M]．北京：中国广播电视出版社，2004.

[25] 胡智锋．电视美学大纲[M]．北京：北京广播学院出版社，2003.

[26] [美]W・施拉姆．传播学概论[M]．北京：北京大学出版社，2007.

[27] 欧阳宏生．电视文化学[M]．成都：四川大学出版社，2006．

[28] [美] L. 赫尔曼．电影电视剧实中教程[M]．北京：文化艺术出版社，1982.

[29] 桂青山．影视剧本创作教程[M]．北京：北京师范大学出版社，2009.

[30] 张骏祥，程季华．中国电影大辞典[M]．上海：上海辞书出版社，1995.

[31] 孙惠柱．第四堵墙：戏剧的结构与解构[M]．上海：上海书店出版社，2011.

[32] [英]威廉・亚却．剧作法[M]．吴钧燮，聂文杞，译．北京：中国戏剧出版社，2004．

[33] 陆军．编剧理论与技法[M]．北京：中国戏剧出版社，2005．

[34] 高鑫．电视剧创作概论[M]．北京：北京十月文艺出版社，1985.

[35] 王彦霞．中国电视剧创作史论[M]．北京：中国传媒大学出版社，2015.

[36] 高鑫．电视艺术理论[M]．北京：中国传媒大学出版社，2012.

[37] 蓝凡．电视艺术教程[M]．上海：复旦大学出版社，2009.

[38] 陈晓春．电视剧创作理论・技巧・案例[M]．北京：北京广播学院出版社，1999.

[39] 徐舫州，徐帆．电视节目类型学[M]．杭州：浙江大学出版社，2006.

[40] 姚扣根．电视剧写作概论[M]．上海：上海古籍出版社，2003.

[41] 苗棣，赵长军．论通俗文化：美国电视剧类型分析[M]．北京：北京广播学院出版社，2004.

[42] 高鑫．高鑫文存 第二卷 电视剧的探索[M]．北京：九州出版社，2009.

[43] 杨世真．电视艺术原理[M]．杭州：浙江大学出版社，2003.

[44] 吴保和．中国电视剧史教程[M]．北京：文化艺术出版社，2011.

[45] 钟艺兵．中国电视艺术发展史[M]．杭州：浙江人民出版社，1994.

[46] 尹鸿．尹鸿影视时评[M]．开封：河南大学出版社，2002.

[47] 魏南江．中国类型电视剧研究[M]．北京：中国传媒大学出版社，2011.

[48] 王利丽．新世纪中国电视剧创作与审美研究[M]．北京：中国国际广播出版社，2016.

[49] 邵奇．中国电视剧导论[M]．上海：上海交通大学出版社，2008.

[50] 刘书亮．中国优秀电视剧赏析[M]．北京：北京广播学院出版社，2000.

[51] 吴素玲．电视剧艺术类型论[M]．北京：中国传媒大学出版社，2008.

[52] 肖帅，等．影视导演基础[M]．开封：河南大学出版社，2013.

[53] 邵长波．电视导演基础[M]．北京：中国国际广播出版社，2008.

[54] 卢蓉．电视剧叙事艺术[M]．北京：中国广播电视出版社，2004.

[55] 刘誉，肖峣，张晗．新世纪中国电视剧导演创作研究[M]．北京：中国电影出版社，2012.

[56] 张仲年．创意荧屏导演的自我塑造[M]．北京：中国戏剧出版社，2005.

[57] 厉震林．电视艺术概论[M]．上海：上海百家出版社，2009.

[58] 顾俊杰．电视诗文的视听语言[M]．杭州：浙江大学出版社，2008.

[59] 何丹．电视文艺[M]．北京：中国广播电视出版社，2001.

[60] 黄超．音乐电视 MTV 编导艺术[M]．呼和浩特：远方出版社，2004.

[61] 王艳玲．电视文艺学导论[M]．成都：四川大学出版社，2006.

[62] 辛晓玲，赵建新．散文与电视艺术类节目文本创作[M]．兰州：兰州大学出版社，2005.

论文：

[1] 高建忠，吕晓志．奥普拉·温弗瑞秀节目风格研究[J]，中国电视，2007(7).

[2] 石拓．中国好声音．节目模式创新研究[J]．电视研究，2013(3).

[3] 张国涛．电视综艺的观念演变[J]．现代传播，2005(6).

[4] 刘俊，胡智峰．多元类型的"井喷"：中国电视综艺节目内容生产的新景观[J]．中国电视，2015(2).

[5] 刘正举．阳光、勇气、智慧、坚持——从《开门大吉》看引进类节目的本土化改造创新[J]．电视研究，2013(7).

[6] 罗姣姣．升级制片人[J]．中国广播影视，2014(4).

[7] 万国．论电视综艺节目的舞台设计创新[J]．当代电视，2014(9).

[8] 蔡贤胜．"真人秀"是把虚构的游戏和真实的人物结合起来——兼评"真人秀"节目的产生与发展[J]．南方电视学刊，2003(1).

[9] [美]M.J 波特，DL 拉森，A. 哈斯考克，K. 奈利斯．叙事时间的重新诠释——电视叙事结构分析[J]．徐建生，译．世界电影，2002(6).

[10] 毕啸南．电视真人秀的人造情境研究[J]．现代传播，2015(12).

[11] 谢建华．中国都市言情剧类型源流初探[J]．中国电视，2007(11).

[12] 温朝霞．1980 年后日韩影视剧在中国的传播[D]．广州：暨南大学，2006.

[13] 金花子．中韩电视剧叙事文化比较研究[D]．长春：吉林大学，2009.

[14] 鞠斐，汪保国．反腐电视剧应该怎样走[J]．中国广播电视学刊，2015(12).

[15] 蔡骐，蒋丹霞．反腐题材电视剧：对一种传播现象的深度解读[OL]．传播学论坛．

[16] 栾雪莲．新世纪中国军事题材电视剧研究[D]．长春：吉林大学，2010.

[17] 姚爱斌．现代历史理性的遗落与重拾——90 年代后电视历史剧的泛政治寓言化现象批判[J]．文艺评论，2006(5).

[18] 郝天石．从美剧的成功经验看国产电视剧存在的问题及其对策[J]．电影文学，2012(19).

[19] 杜红玲．漫谈英剧的兴起[J]．电影文学，2013(16).

[20] 张昕．英剧热的原因及对我国电视剧产业的启示——以《唐顿庄园》为例[J]．电

视研究,2017(4).

[21] 李洋洋．国产武侠电视剧的发展现状与建议[J]. 青年记者,2016(35).

[22] 姜燕．论电视剧中声音的艺术设计[J]. 当代电视,2010(8).

[23] 刘婷,杨公元．中国电视剧影像叙事30年[J]. 当代电影,2008(10).

[24] 赵健．电视剧《人民的名义》的多线叙事结构[J]. 当代电视,2017(7).

[25] 饶曙光,刘晓希．对"现象级"电视剧《人民的名义》的相关思考[J]. 中国电视,2017(7).

[26] 王晓旭．文化现实孕育的当代美学典范——评电视剧《人民的名义》[J]. 艺术评论,2017(5).

[27] 黄君辉.《人民的名义》:反腐斗争的艺术再现[J]. 当代电视,2017(8).

[28] 于晓川．中国政治生态的群像戏——从电视剧《人民的名义》谈起[J]. 当代电视,2017,(09):17－18.

[29] 王兵兵.《人民的名义》的正义伦理[J]. 电影评介,2017(9).

[30] 杨秋,倪祥保.《人民的名义》为什么这么火[J]. 当代电视,2017(8).

[31] 戴硕．以典型化手法刻画当代"官场现形记"——《人民的名义》人物塑造的特色探析[J]. 电影评介,2017(9).

[32] 薛静．夹缝中的"李达康":《人民的名义》如何缝合官方话语与民间逻辑[J]. 文艺理论与批评,2017(3).

[33] 康尔．表象之下的深刻蕴含——电视剧《人民的名义》的现象学解读[J]. 中国电视,2017(8).

[34] 丁柏铨．电视剧《人民的名义》的传播学启示[J]. 新闻与写作,2017(6).

[35] 卞天歌．电视剧《人民的名义》戏剧冲突特色分析[J]. 电影评介,2017(9).

[36] 王英男．探讨电视剧《人民的名义》中的悬念设置[J]. 电影评介,2017(9).

[37] 李群山．架空的历史与真挚的情感——电视剧《琅琊榜》艺术内涵分析[J]. 当代电视,2016(1).

[38] 祁娟．优美与崇高——谈电视剧《琅琊榜》的美学价值体系[J]. 当代电视,2016(1).

[39] 刘锚锚．开启电视剧的视觉盛宴——谈《琅琊榜》中的布景、画面、意境美学构建[J]. 当代电视,2016(3).

[40] 赵辉．从《琅琊榜》看电视剧画面的美学特征[J]. 当代电视,2016(2).

[41] 申朝晖,苏锑平.《琅琊榜》的空间叙事与中国艺术精神[J]. 中国文学研究,2017(1).

[42] 郑丹琪．从《琅琊榜》热播看电视剧创作的新思路[J]. 中国电视,2016(4).

[43] 葛娟．网络文学审美范式之建构——兼谈网络小说《琅琊榜》[J]. 中国文学批评,2017(1).

[44] 习近平．在文艺工作座谈会上的讲话[N]. 人民日报,2015－10－15(2).

[45] 祁娟．优美与崇高——谈电视剧《琅琊榜》的美学价值体系[J]．当代电视，2016(1)．

[46] 张虹．电视散文的创作及表现形式[J]．新闻爱好者，2011(8)．

[47] 朱军．电视散文初探[J]．中国广播电视学刊，2000(S2)．

[48] 周星．诗与画的交响——关于电视诗歌、散文艺术的思考[J]．中国电视，1999(1)．

[49] 徐清枝．电视散文的全新走向[J]．当代电视，2007(12)．

[50] 饶优明．电视散文艺术表现的创新探索——从《一封没有地址的信》说起[J]．电视研究，2010(2)．

[51] 李阳春，彭流萤．电视散文生存的叙事策略[J]．湖南社会科学，2009(5)．

[52] 任华龙．论电视散文的艺术美学特征——从影视编导视角出发的审美初探[J]．电影文学，2012(13)．

[53] 邵长波．电视散文的文化解码[J]．中国电视，2004(4)．

[54] 陈薇，李永刚．谈电视散文的审美及创作特征[J]．当代电视，2009(8)．

[55] 姚伟民．语言与视觉：塑造电视散文的灵魂[J]．当代电视，2008(8)．

[56] 羽健．论电视散文的审美特性[J]．中国电视，1999(6)．

[57] 陶弢．浅谈电视散文的画面艺术[J]．中国广播电视学刊，2001(9)．

[58] 喻健．关于电视散文创作的基本问题[J]．四川戏剧，2007(1)．

[59] 钱金慧，田泽学．电视散文意境的营造[J]．记者摇篮，2003(5)．

[60] 李北川．电视散文声音运用探析[J]．吉首大学学报(社会科学版)，2010(3)．

[61] 杨晶晶，于荣健．凝神之美——电视散文《崂山》音乐音响创作阐述[J]．当代电视，2004(10)．

[62] 邵长波．电视散文的困惑[J]．电视研究，2002(4)．

[63] 司思，张晖．中国传统音乐类电视节目现状与发展展望——以中央电视台音乐电视节目为例[J]．中国广播电视学刊，2013(2)．

[64] 何晓兵．中国音乐电视歌曲兴起的原因及其特征(上)[J]．中国音乐，2002(1)．

[65] 程辉．中国音乐电视(MTV)发展与趋势[J]．电影文学，2007(15)．

[66] 许同均．音乐电视断想(片断)——谈音乐电视画面创作的电影属性[J]．北京电影学院学报，1995(1)．

[67] 楚卫华．中国音乐电视研究述评[J]．电视研究，2001(9)．

[68] 杨晓峰．音乐电视的多元文化传播价值取向[J]．当代传播，2004(2)．

[69] 聂晓梅．引入MTV的电视商业广告[J]．现代传播，2000(2)．

[70] 王峥．电视与消费文化——解读音乐电视(MTV)现象[J]．现代传播，1994(6)．

[71] 李亚玲．从视觉的快感到购买的快感——音乐电视对当代中国青年消费的影响[J]．当代青年研究，2003(1)．

[72] 蔡莹莹，蔡海波．论儿童音乐电视的电视传播效应[J]．中国广播电视学刊，2007

(10).

[73] 吴保和．音乐电视创作论[J]，戏剧艺术，2002(6).

[74] 廖祥斌．小议电视音乐与音乐电视[J]，中国电视，2001(11).

[75] 姜晓东．浅谈中国音乐电视的艺术特色[J]．中国广播电视学刊，2000(3).

[76] 卓忠信．也谈音乐电视(MTV)[J]．中国广播电视学刊，1995(7).

[77] 张会军．音乐电视(MTV)创作之我见[J]．中国广播电视学刊，1997(7).

[78] 王莉娜．论音乐电视的本质特征[J]．当代电视，2017(3).

[79] 何晓兵．中国音乐电视歌曲兴起的原因及其特征(下)[J]．中国音乐，2002(2).

[80] 刘帼轶．试论音乐电视的画面艺术[J]．当代电视，2000(S8).

[81] 杨晓峰．中国音乐电视的复合文化品格[J]．当代传播，2005(3).

[82] 林群．理性面对传播的“微时代”[J]．青年记者，2010(1).

[83] 熊丽．“5W”论微电影(上)[J]．成功营销学，2012(7).

[84] 郑晓军．微电影——“微”时代广告模式初探[J]．北京电影学院学报，2011(6).

[85] 骆育红．“微电影”：网络时代的概念泡沫[J]．名作欣赏，2012(30).

[86] 丁敏玲，成毅涛．广告图像的叙事特征[J]．新闻爱好者，2010(2).

编 者 简 介

姜　滨	江西师范大学新闻与传播学院	副教授
李海丽	江西师范大学新闻与传播学院	副教授
余克东	江西外语外贸职业学院	讲　师
朱　婕	南昌航空大学科技学院	讲　师
王小利	江西农业大学商学院	讲　师